出纳入门

一点通

亦玲 编著

北京工业大学出版社

图书在版编目（CIP）数据

出纳入门一点通 / 亦玲编著 . —北京：北京工业大学出版社 .2012.3

ISBN 978-7-5639-2968-9

I. ①出… II. ②亦… III. ③出纳—基本知识 IV. ① F23

中国版本图书馆 CIP 数据核字（2011）第 000648 号

出纳入门一点通

编　　著：	亦　玲
责任编辑：	王　喆
封面设计：	汝俊杰
出版发行：	北京工业大学出版社
	（北京市朝阳区平乐园100号　100124）
	010-67391722（传真）bgdcbs@sina.com
出 版 人：	郝　勇
经销单位：	全国各地新华书店
承印单位：	三河市元兴印务有限公司
开　　本：	787 mm×1092 mm　1/16
印　　张：	25
字　　数：	496千字
版　　次：	2012年3月第1版
印　　次：	2021年1月第2次印刷
标准书号：	ISBN 978-7-5639-2968-9
定　　价：	45.00元

版权所有　翻印必究

（如发现印装质量问题，请寄本社发行部调换 010-67391106）

前　　言

随着中国经济的快速发展，企事业单位的数量不断增多，对出纳人员的需求也越来越大。出纳工作是整个会计核算工作的基础和重要组成部分，也是会计监督的重要关卡。出纳人员担负着现金、票据和有价证券等的保管职责，同时办理各种款项的收付和银行结算业务。可以说，出纳工作的质量和效率，直接关系到整个单位会计核算的质量和效率。

但是，出纳工作看似简单，实则不易。作为一名新手出纳人员——

或许你正为不知如何快速入门而忧愁；

或许你正为不懂出纳操作程序的某个细节而烦恼；

或许你正面对一笔新的出纳业务而无从下手；

或许你正想提升自己的业务知识，却找不准切入点，无处发力，无从着手……

那么，请打开本书。

本书是专门为出纳新手或即将走上出纳岗位的人员而编写的。书中充分考虑到出纳新手的特点，运用通俗易懂的语言介绍了出纳工作方方面面的知识，并且结合会计新准则和新政策，对出纳业务的理论知识和实务操作进行了详细的讲解，以期让读者在学习过程中能够快速掌握出纳各项工作以及相关的会计、工商、涉税业务的操作精要，用最短的时间了解和掌握出纳工作中最基本、最实用的技能，并将其准确运用到实际工作中。

衷心希望本书的出版能对你的出纳工作有所裨益。

由于水平有限，加之时间仓促，本书缺陷难免，诚望读者批评指正。

目　　录

第一章　走进出纳……………………………………………… 1
第一节　出纳概述…………………………………………… 1
第二节　出纳人员的工作任务……………………………… 6
第三节　出纳工作的日常流程……………………………… 8
第四节　克服不良心理搞好出纳工作……………………… 9

第二章　掌握必要的会计基础知识……………………………13
第一节　会计概述……………………………………………13
第二节　会计要素……………………………………………14
第三节　会计事项与会计循环………………………………17
第四节　会计基本假设或前提………………………………18
第五节　会计信息质量要求…………………………………20
第六节　会计科目的设置……………………………………24
第七节　账户的设置…………………………………………25

第三章　掌握正确的记账方法…………………………………34
第一节　记账概述……………………………………………34
第二节　借贷记账法…………………………………………36

第四章　了解会计凭证…………………………………………41
第一节　会计凭证概述………………………………………41
第二节　原始凭证……………………………………………42
第三节　记账凭证……………………………………………48
第四节　会计凭证的传递与保管……………………………53

第五章 了解会计账簿 57

- 第一节 会计账簿概述 57
- 第二节 会计账簿的设置与启用 60
- 第三节 会计账簿的登记 61
- 第四节 对账结账与错弊更正 64
- 第五节 会计账簿的更换与保管 86

第六章 出纳必备的业务技能 88

- 第一节 出纳常用符号与数字书写技巧 88
- 第二节 人民币防伪识别技巧与损伤券的处理 90
- 第三节 勤练点钞技术 95
- 第四节 珠算操作技能 99
- 第五节 学会作出纳报告 109
- 第六节 整理和保管会计档案 110

第七章 现金管理技能 117

- 第一节 现金管理制度 117
- 第二节 现金库存管理 121
- 第三节 现金提取与送存 123
- 第四节 现金支出业务的账务处理 125
- 第五节 现金收入业务的会计核算 127
- 第六节 复核现金记账凭证 130

第八章 银行结算账户管理技能 133

- 第一节 银行结算账户的种类 133
- 第二节 银行结算账户的注意事项 137
- 第三节 银行存款业务的处理 145

第九章 支付结算业务处理技能 153

- 第一节 支票结算业务 153
- 第二节 银行本票业务 159
- 第三节 商业汇票业务 160
- 第四节 银行汇兑业务 164
- 第五节 信用卡业务 166

第六节　委托收款业务……………………………………… 169

第十章　银行借款业务的处理技能…………………………… 175
　　第一节　银行借款概述……………………………………… 175
　　第二节　企业借款流程……………………………………… 176
　　第三节　银行借款的会计核算……………………………… 177

第十一章　银行利息业务处理技能…………………………… 179
　　第一节　银行利息概述……………………………………… 179
　　第二节　计算利息的方法…………………………………… 182
　　第三节　银行利息的核算…………………………………… 186

第十二章　外汇结算业务处理技能…………………………… 189
　　第一节　外汇概述…………………………………………… 189
　　第二节　汇率知识…………………………………………… 190
　　第三节　外币业务的核算…………………………………… 192

第十三章　出纳工作电算化…………………………………… 199
　　第一节　会计电算化概述…………………………………… 199
　　第二节　网上银行新方式…………………………………… 204
　　第三节　电算化会计舞弊的防范…………………………… 206

第十四章　出纳人员必备的工商税务知识…………………… 210
　　第一节　工商知识…………………………………………… 210
　　第二节　税务知识…………………………………………… 222
　　第三节　办理社会保险与住房公积金……………………… 238

第十五章　出纳工作的交接…………………………………… 246
　　第一节　出纳交接概述……………………………………… 246
　　第二节　出纳移交的注意事项……………………………… 248
　　第三节　出纳交接移交表…………………………………… 249

附录：相关适用法律法规……………………………………… 253

第一章 走进出纳

第一节 出纳概述

一、出纳的含义

出纳是会计工作的一个重要岗位，担负着现金收付、银行结算、货币资金的核算及各种有价证券的保管等重要任务。在有些人看来，出纳工作好像很简单，不过是点点钞票、填填支票、跑跑银行等事务性工作，其实不然。出纳工作不仅责任重大，而且有不少学问和政策、技术问题，需要深入学习才能掌握。

出纳，作为会计名词，在不同场合有着不同的含义，分别有出纳人员、出纳工作和出纳学三种含义。

（一）出纳人员

有狭义和广义之分。狭义的出纳人员仅指会计部门的出纳人员。广义的出纳人员既包括会计部门的出纳工作人员，也包括业务部门的各类收款员（或收银员，下同）。收款员从工作内容、方法、要求以及他们本身应具备的素质等方面看，与会计部门的专职出纳人员有很多相同之处。他们的主要工作是办理货币资金和各种票据的收付，保证自己经手的货币资金和票据的安全与完整；填制和审核原始凭证，还要直接与货币打交道。所以除了要有过硬的出纳业务知识，还必须具备良好的财经法纪素养和职业道德修养。所不同的是，收款员一般工作在经济活动的第一线，各种票据和货币资金的收付，特别是货币资金的收付，通常是由他们转交给专职出纳的；另外，由于他们的工作过程只是钱款的收付、保管、核对与上交，所以一般不专门设置账户进行核算。所以，可以说，收款员是会计机构派出的出纳人员，是整个出纳工作的一部分。出纳业务的管理和出纳人员的教育与培训，应从广义角度综合考虑。

（二）出纳工作

出纳工作是企业、机关、事业等单位的票据和货币资金、有价证券等的收付、保管、核算工作的总称。通常讲的出纳指的就是出纳工作。出纳工作也有狭义和广义之分，狭义的出纳工作仅指单位会计部门专设的出纳岗位和人员的各项工作。从广义上讲，只要是票据、货币资金和有价证券的收付、保管、核算，都属于出纳工作。它既包括单位会计部门专设派出机构的各项票据、货币资金、有价证券收付业务的处理、整理和保管，货币资金和有价证券的核算等工作，也包括各单位业务部门的货币资金收付、保管等方面的工作。

（三）出纳学

出纳学是出纳工作实践经验的概括和总结，是指导出纳工作实践的具体方法和基本原理的论述。它告诉人们，什么是出纳工作，出纳工作包括哪些内容，各项出纳工作应如何开展等实际问题，这是专职出纳和各种收款人员从事本职工作所必须具备的专业知识。

二、出纳的对象

出纳的对象，是指出纳所要反映和监督的内容。一般来说，由于各个单位的特点不同，其资金的运转也各有其特殊性。对于某个单位来说，只要有货币资金的收付，就要有出纳，但由于出纳主要是以货币资金、票据、有价证券的收付、保管和核算为主，所以各行各业出纳对象的内容必然存在着一定的共性，即反映和监督本单位货币资金的收付和存取两个方面。货币资金收付，是指货币资金进入和退出单位，单位货币资金总额发生增减变化；货币资金存取，是指货币资金存放地点的转移，如从银行提取现金、将现金存入银行等，企业货币资金总额不发生增减变化。因此，出纳的对象可以概括为企业在社会生产活动过程中，停留在货币形态的那部分资金的运动——货币资金运用。

三、出纳与会计之间的关系

会计，从其所分管的账簿来看，可分为总账会计、明细账会计，二者和出纳既有区别又有联系，是分工与协作的关系。

（一）总账会计、明细账会计和出纳，各有各的分工

总账会计负责企业经济业务的总括核算，为企业经济管理和经营决策提供总括的、全面的核算资料；明细账会计分管企业的明细账，为企业经济管理和经营决策提供明细分类核算资料；出纳则分管企业票据、货币资金以及有价证券等的收付、保管、核算工作，为企业经济管理和经营决策提供各种金融信息。总体上讲，必须实行钱账分管，出纳人员不得兼管稽核和会计档案保管，不得负责收入、费用、债权债务等账目的登记工作。总账会计和明细账会计则不得管钱管物。

（二）总账会计、明细账会计和出纳之间又有着密切的联系，既互相依赖又互相牵制

总账会计、明细账会计和出纳核算的依据是相同的，都是会计原始凭证和会计记账凭证。这些作为记账凭据的会计凭证必须在出纳、明细账会计、总账会计之间按照一定的顺序传递；它们相互利用对方的核算资料；它们共同完成会计任务，不可或缺。同时，它们之间又互相牵制与控制。出纳的现金日记账和银行存款日记账与总账会计的现金日记账和银行存款总分类账，以及总分类账与其所属的明细分类账，明细账中的有价证券账与出纳账中相应的有价证券账，有金额上的等量关系。这样，总账会计、明细账会计和出纳三者之间就构成了相互牵制与控制的关系，三者之间必须相互核对，保持一致。

四、出纳工作的实质

（一）出纳工作是一种账实兼管的工作

出纳工作，主要是现金、银行存款和各种有价证券的收支与结存核算，以及现金、有价证券的保管和银行存款账户的管理工作。现金和有价证券放在出纳的保险柜中保管；银行存款，由出纳办理收支结算手续。出纳工作既要进行出纳账务处理，又要进行现金、有价证券等实物的管理和银行存款收付业务，在这一点上和其他财会工作确有显著的区别。除了出纳，其他财会人员是管账不管钱，管账不管物的。

对出纳工作的这种分工，并不违背财务"钱账分管"的原则，由于出纳账是一种特殊的明细账，总账会计还要设置"现金"、"银行存款"、"长期股权投资"等相应的总分类账对出纳保管和核算的现金、银行存款、有价证券等进行总金额的控制。其中，有价证券还应有出纳核算以外的其他形式的明细分类核算。

（二）出纳工作直接参与经济活动过程

货物的购销，必须经过两个过程——货物移交和货款的结算。其中货款的结算，即货物价款的收入与支付就必须通过出纳工作来完成；往来款项的收付、各种有价证券的经营以及其他金融业务的办理，更是离不开出纳人员的参与。这也是出纳工作的一个显著特点，其他财务工作，一般不直接参与经济活动过程，而只对其进行反映和监督。

五、出纳工作的基本原则

出纳工作的基本原则主要指内部牵制原则或者说钱账分管原则。《会计法》第三十七条规定:"会计机构内部应当建立稽核制度。出纳人员不得兼管稽核、会计档案保管和收入、费用、债权债务账目的登记工作。"钱账分管原则是指凡是涉及款项和财物收付、结算及登记的任何一项工作,必须由两人或两人以上分工办理,以起到相互制约的作用。

例如,现金和银行存款的支付,应由会计主管人员或其授权的代理人审核、批准,出纳人员付款,记账人员记账;发放工资,应由工资核算人员编制工资单,出纳人员向银行提取现金和分发工资,记账人员记账。实行钱账分管,主要是为了加强会计人员相互制约、相互监督、相互核对,提高会计核算质量,防止工作误差和营私舞弊等行为。

《会计法》专门规定出纳人员不得兼管稽核、会计档案保管和收入、费用、债权债务账目的登记工作。我们知道出纳人员是各单位专门从事货币资金收付业务的会计人员,根据复式记账原则,每发生一笔货币资金收付业务,必然引起收入、费用或债权债务等账簿记录的变化,或者说每发生一笔货币资金收付业务都要登记收入、费用或债权债务等有关账簿,如果这些账簿登记工作都由出纳人员办理,会给贪污舞弊行为以可乘之机。

同样道理,如果稽核、内部档案保管工作也由出纳人员经管,也难以防止利用抽换单据、涂改记录等手段进行舞弊的行为。当然,出纳人员不是完全不能记账,只要所记的账不是收入、费用、债权债务方面的账目,是可以承担一部分记账工作的。总之,钱账分管原则是出纳工作的一项重要原则,各单位都应建立健全这一制度,防止营私舞弊行为的发生,维护国家和单位财产的安全。

六、出纳人员应当具备的职业道德标准

出纳是一项特殊的职业,出纳人员整天接触的是大把大把的金钱,成千上万的钞票,真可谓"万贯家财"手中过。没有良好的职业道德,很难顺利通过"金钱关"。与其他会计人员相比,出纳人员更应严格地遵守职业道德。其职业守则包括以下几个方面:

(一)敬业爱岗

出纳人员应当热爱本职工作,努力钻研业务,使自己的知识和技能适应所从

事工作的要求。

（二）熟悉法规

出纳人员应当熟悉财经法律、法规、规章和国家统一的会计准则，并结合会计工作进行广泛宣传。

（三）依法办事

出纳人员应当按照会计法律、法规和国家统一的会计准则规定的程序和要求进行出纳工作，保证提供的财务信息合法、真实、准确、及时和完整。

（四）客观公正

出纳人员在办理出纳事务时，应当实事求是，客观公正。

（五）搞好服务

出纳人员应当尽其所能，为改善单位的内部管理和提高经济效益服务。

（六）保守秘密

出纳人员应当保守本单位的商业秘密，除法律规定和单位领导同意外，不能私自向外界提供或泄露单位的财务信息。

（七）清正廉洁

清正廉洁是出纳人员的立业之本，是出纳人员职业道德的首要方面。出纳人员掌握着一个单位的现金和银行存款，若要把公款据为己有或挪作私用，均有方便的条件和较多的机会。这样，对单位、对自己都是十分有害的。

（八）坚持原则

出纳人员肩负着处理各种利益关系的重任，只有坚持原则，才能正确处理国家、集体与个人的利益关系。在工作中，有时需要牺牲局部与个人利益以维护国家利益，有时需要为了维护法律、法规的尊严而不得不得罪同事和领导。这些都是出纳人员应该坚持和必须做好的。

因此，出纳人员要在出纳工作中坚持原则，自觉抵制不正之风，为维护财务工作秩序的正常进行贡献自己的力量。

第二节　出纳人员的工作任务

出纳通常被认为是简单的"收付款机器",事实上,由于出纳人员对企业经济活动的高度参与,其工作任务绝不能用"简单"来形容。出纳人员在出纳岗位上,认清自己的工作性质是对资金活动的具体操作过程,其工作范围是资金收付的日常处理以及相关的账务处理,最终目的是加强企业的资金运用效果和经营管理水平,提高企业的经济效益。

一、出纳人员的工作范围

出纳人员的主要工作是:
(1)办理现金、备用金、银行存款、有价证券(包括股票和债券)、票据(如商业汇票)、其他货币资金等企业资金的收付业务。
(2)办理领取、使用、保管有关印鉴、收据、支票等重要票证和贵重物的业务。
(3)对上述经济业务进行明细核算,进行相应的账务处理,包括复核各项资金收付业务是否真实、完整、合理并办理收付事宜,根据收付款凭证逐日逐笔按顺序登记现金日记账和银行存款日记账及备查簿。
(4)定期盘点进行账实核对,定期编制并报送出纳报告。

二、资金收付的管理

企业货币资金的来源和运用主要体现在三个方面,即生产经营活动、企业筹资活动、企业投资活动。出纳人员的工作是对上述活动过程中产生的货币资金进行收付的核算。

(一)生产经营资金管理

企业货币资金投入生产经营活动之中,将经历投入资金、材料采购、生产耗用、销售实现、取得利润五个阶段,出纳人员所管理的内容分为经营资金收入和经营资金支出两部分,具体可分为:

1.经营资金收入

包括销售商品或提供劳务取得的收入及其他与生产经营活动有关的收入。收入的实现在于销售阶段,因此管理经营资金收入的重点是真实、全面、及时地反映收入状况,以避免出现少记收入或坏账现象。

2. 经营资金支出

包括采购阶段、生产阶段、销售阶段和管理费用的支出。

采购阶段支出指生产性固定资产投资支出、购买原材料及燃料、采购费用等。

生产阶段的资金支出包括支付员工工资、制造费用、辅助生产及加工费用、生产性租金等。

销售阶段支出包括促销支出、广告支出、销售机构及销售人员费用等。

管理费用包括管理人员工资、管理用品支出等。

在企业实现利润时，还要发生相应的税费支出及其他与经营活动相关的支出，对于经营资金运用，应当严格审核控制其费用支出，降低经营成本。

（二）筹资活动资金管理

企业的筹资活动主要采用资本投入和借入资金两种形式。筹资活动的主要目的是促进生产经营活动的顺利进行，扩大生产经营规模。主要管理内容有：

1. 投资者投入资本的管理

包括吸收权益性投资所取得的资金收入，发生筹资费用的资金支出，分配股利或利润支出，减少注册资本的支出等。管理重点在于维护投资者的资本权益。

2. 借入资金的管理

包括发行债券取得的收入，向金融机构借款取得的收入，偿还债务支出，偿付利息支出，融资租赁支出等。在管理过程中应注重企业的信用能力。

（三）投资活动资金管理

企业出现闲散资金或有长远的发展计划时，应当加强对投资资金的管理，投资活动分为权益性投资和债权性投资，主要管理内容有：

1. 权益性投资资金管理

包括投资支出、投资收回、分得股利或利润收入、分得被投资者破产清算收入等。

2. 债权性投资资金管理

包括投资支出、投资收回、取得债券利息收入等。

（四）库存资金的管理

出纳负责保管企业的库存资金，主要项目有：现金、外币、银行存款、信用卡、存折、银行本票、银行汇票、商业汇票、股票、债券等。由于库存资金的特殊性，出纳人员应当严格遵守有关的财务纪律，保证其安全完整，防止损失。另外企业的贵重物品、支票、发票、印鉴也由出纳负责保管。

第三节　出纳工作的日常流程

作为一名出纳人员，从一上班就投入到当天的工作之中，直到上班时间结束为止。也许你相当的忙碌，处理了很多琐碎的事情，接待了很多的客户，然而你在对一天的工作进行总结时，却可能发现自己还有更多的事情未处理完。因此出纳人员应当有一份流程表，只有按流程表来安排工作，才能使工作有条不紊，不会让你在忙碌中迷失了工作方向。

一、出纳工作每日流程

出纳人员每日的工作流程大致包括以下几方面：

（1）上班第一时间，列明昨日未办完事项，检查现金库存，查询银行存款余额。

（2）请示领导或财务主管当日资金收支安排，在当日工作安排簿上一一列明。

（3）根据领导批示办理付款手续，付款依据必须真实、完整、合理，超越权限范围的付款要求应当报送相应领导审批。

（4）办理各种收款事项，应当注意收入计算的准确性，明确收入来源。

（5）根据收付款单据，编制记账凭证。

（6）根据收付款凭证，逐日逐笔按顺序登记现金日记账和银行存款日记账，并每日结出余额。

（7）对收付款凭证进行检查，补齐手续并分类。

（8）逐笔注销工作安排簿中已完成事项。

（9）进行库存现金盘点，做到账实相符。

（10）对银行支票进行清点，核实当日银行收支金额。

（11）对未完成的经济业务列明待处理。

（12）对发票、收据等进行清点，核实当日相关业务。

（13）编制出纳日报表，反映当日资金收支情况。下班前，检查保险柜、抽屉是否锁好，资料凭证是否收好。

二、出纳工作每周流程

对于收支业务频繁的大中型企业，为了提高工作效率和便于资金安排，通常

以每周为一个出纳工作期,一般是:

(1) 星期一:各部门及结算单位报送付款申请或付款通知书。
(2) 星期二:领导审批付款申请或付款通知书后通知付款。
(3) 星期三:财会部门审核付款申请或付款通知书后安排付款。
(4) 星期四:根据审批单据,办理资金支付,登记出纳日记账。
(5) 星期五:根据收付款凭证,编制出纳报告。

第四节　克服不良心理搞好出纳工作

凡是独立核算的单位都有出纳。由于出纳天天与钱打交道,其工作的特殊性导致一些出纳在不同程度上产生了一些不良心理。

一、出纳不良心理的表现

出纳的不良心理主要表现在以下几个方面。

(一)恐惧心理

刚开始从事出纳工作的人感到单位委托自己经营数额如此巨大,普遍存在如下心理状态:首先怕管理不好,发生现金收付时,总是反复清点;在填写支票时,也总是反复核对;做了许多不必要的重复工作。其次怕丢失现金、有价证券及支票,反复检查保险柜是否锁好,有的甚至发展到保险柜里不敢存放现金和支票等有价值的东西,现金支票总是随身携带,这样反而使现金和支票丢失的可能性增大。在与别人交往时也避讳谈自己的职业,担心有"梁上君子"光顾自己。长期处于这种惶恐不安的状态,不但妨碍人际交往而且容易产生强迫症。也影响出纳的工作效率。

(二)麻痹心理

在从事了一段时间的出纳工作以后,出纳业务已经比较熟练,跟现金等打交道也比较习惯了,这时,出纳又容易产生麻痹心理。如在现金收付中可能出现多收多付或少收少付的情况,现金和支票的管理也相对放松,特别是对支票的管理更为松弛。例如,2009年3月,某棉纺织厂发生盗窃公款案,就与出纳吴某对支票管理不严有关。吴某将支票放在谁都拿得到的地方,给犯罪分子胡某提供了犯罪的便利。胡某盗得支票后,又在空白支票上盗盖了财务人员的印章,共取出银行存款309万元,其教训不可谓不深刻。现金和有价证券被盗,大都是由于出纳存在麻痹心理造成的。由于出纳对其工作已比较熟练,还会出现不及时登记现金日记账和银行存款日记账的现象，不及时与银行核对，导致现金短款和长款现象时有发生，在业务量较多的情况下，则要花相当大的精力才能查清楚，严重影响账目的质量。

（三）被诱惑心理

出纳直接与金钱打交道，每天都有钱摆在面前。有一些出纳抵挡不住金钱的诱惑，利用其工作的便利条件，走上了犯罪的道路。

（四）厌倦心理

长期从事出纳工作的人员很容易产生厌倦心理。出纳工作需要有很强的责任心，出纳时刻跟钱打交道，一不小心就会出差错，这就无形中对出纳造成了心理压力。假如出纳工作出现了几次差错，不管是主观原因或是客观原因造成的，首先必须理赔，这样就会在一定程度上影响其工作的积极性，产生厌倦情绪。出纳工作相对于财务部门的其他工作来讲也较为繁杂，现金的收付、保管和银行结算及登记账簿都要一人经管，每天跑出跑进，在业务量较多的单位，出纳尤为辛苦，很少有闲暇时间。出纳工作又较为单调，属机械性工作，似乎无从找到乐趣。另外，有些出纳认为出纳工作没奔头，无成就感。所有这些都会影响出纳的积极性，影响出纳工作的质量和效率。

二、出纳不良心理的调适

针对上述在出纳中常见的不良心理，调适对策如下

（一）做好岗前培训

出纳工作的特殊性，要求做好出纳上岗前的培训。这种培训应该包括业务培训和政治思想、道德品质培训。业务培训的目的，是让出纳了解出纳工作的性质、对象、方法以及国家统一规定的出纳工作制度。政治思想、职业道德培训，则要求出纳树立正确的金钱观，做到清正廉洁，公私分明。岗前培训可以使出纳有上岗前的思想准备，从而减少对出纳工作的恐惧心理。

（二）进行行为调整，克服恐惧心理

岗前培训不可能完全消除出纳的恐惧心理。当出现恐惧心理后，出纳不必惊慌失措，可以进行适当的行为调整，以减轻恐惧。首先，要坚信自己工作不会出差错，有信心、有能力搞好出纳工作。经常作这样的心理暗示对克服或者减轻恐惧心理是很有作用的。工作时认真、细心，无差错，就能提高工作的自信心，长

此以往恐惧心理必会消除。其次，要在工作之余经常参加友人聚会，培养开朗健康的性格。再次，要利用工作以外的时间或节假日，投身到大自然中去，进行有效的心理转移。恐惧心理经过自己的努力尚未能克服的，还可以找心理医生加以治疗。

（三）始终坚持思想政治工作，做到廉洁自律

对部分人来讲或多或少会受到金钱的诱惑，思想政治堡垒坚固的人能抵挡住这种诱惑，思想政治堡垒脆弱的人则不能抵挡住这种诱惑。这就要求单位领导要自始至终地加强思想政治工作，进行廉政教育，经常用正与反的事例教育出纳，经常敲警钟，提高出纳的思想政治觉悟和政策法制水平。

（四）热爱本职工作，讲究工作方法，提高工作效率，克服麻痹心理

出纳工作虽然不显眼，但同样是社会主义现代化建设中不可缺少的工作。各种经济活动都与出纳有关，出纳的工作效率影响着经济运行的效率，出纳工作是一件非常重要的工作。因此，广大出纳应该立足本职工作，认真做好本职工作，为社会作贡献。同时，出纳还应该注意工作方法，摸索和掌握出纳工作的规律，创造性地工作。要注意公私分明，要仔细认真，日清月结，账目清楚工整，发现问题及时解决。做到以上这些，就可以减少差错，克服麻痹现象，提高出纳业务水平。

（五）全社会都来关心出纳和出纳工作

出纳工作是一件十分重要的工作，需要全社会都来关心、理解出纳。要多关心出纳的生活和工作情况，解决他们的一些实际问题。当出纳出现差错现象时，应该友善指出。对犯了错误的出纳，要本着治病救人的态度进行教育和帮助。在评比先进和干部升迁方面应该着重考虑出纳，使出纳时刻感受到组织和群众的关心以及大家庭的温暖，这对出纳克服工作上的厌倦情绪将会起到积极作用。

小案例：出纳不能"缺德"

出纳直接与货币资金打交道，可见这个岗位是非常重要的，从而对出纳的职业道德要求也非常高，如果用人不当，又遇管理失控，将会给单位带来不可挽回的经济损失。在实际工作中，有这样一个案例，通过分析可能会给我们有所帮助和借鉴。

某公司因业务发展需要，从人才市场招聘了一名具有中专学历的张某任出纳。开始，他还勤恳敬业，公司领导和同事对他的工作都很满意。但受到同事在股市赚钱的影响，张某也开始涉足股市。然而事非所愿，张某进入股市很快被套牢，想急于翻本又苦于没有资金，于是他开始对自己每天经手的现金动了邪念。凭着财务主管对他的信任，张某拿了财务主管的财务专用章在自己保管的空白现金支票上任意盖章取款。月底，银行对账单也是其到银行提取且自行核对，因此在很长一段时间未被发现。直至案发，公司蒙受了巨大的经济损失。

张某犯罪，公司蒙受损失，教训是非常深刻的。这个案例给人们的启示是：

1. 要注重职业道德教育

出纳人员站在经济战线前沿，必须具备高度的法制观念，高尚的财务职业道德，因此单位在选人用人时，必须注重思想素质要求，并时时进行职业道德的教育和监督检查，避免道德失范以致沦为犯罪。本案例中的张某天天与现金打交道，思想防线一垮，道德缺失的一面就暴露出来，结果不顾一切地心怀侥幸以身试法，毁了自己，也给公司带来巨大的经济损失，不能不说是公司用人的失误。

2. 要加强对货币资金的管理

根据相关规定，现金要日清月结，要定期盘点，银行存款要有独立于出纳的人员进行核对，而上述案例中这些基本的管理要求该公司都没有做到。在上述案例中张某利用职务之便，反复利用银行支票"吞食"公款而不被发现，说明公司的货币资金管理严重失控。退一步讲，一个单位即使再疏于管理，但每年年终总要对各项资金尤其对库存现金、银行存款进行核对清理，而张某长期作案而不被发现，充分说明了该公司财务管理的严重混乱。

3. 要建立有效的内部牵制制度

建立有效的内部牵制制度是防范包括出纳在内的财务人员舞弊的必要手段。在上述案例中，该单位的内部牵制制度形同虚设。如在对印鉴的管理上，该公司印鉴虽然是分开管理的，但管理人员没有真正负起责任，而是把银行印鉴交由出纳任意使用，给思想素质极差的张某钻了空子。按照规定，印鉴与支票应由不同的人分开管理并存放保险柜内，保管人要自己亲手使用并审核支票用途，对已加盖印鉴的支票作废时要在支票正面写作废字样或打叉以示作废而且必须与有效支票存放在一起，不得撕毁，并做好记录。另外要由出纳以外的人员对支票等票据的使用号码进行登记，随时按号检查其连续性、完整性及使用情况，并与银行对账单的记录核对，如有舞弊，很快就可发现。

第二章 掌握必要的会计基础知识

第一节 会计概述

一、会计的含义

会计是以货币为主要计量单位，按照专门的技术方法，对各类企事业、行政等单位的经济活动进行连续、系统、完整地登记、核算、监督、控制并参与决策的一种经济管理活动。习惯上，人们把从事会计工作的人称为"会计"。

现代会计学家一般将会计看成是一个信息系统。从一般意义上看，信息是指人们在生产活动中与外部客观世界发生联系的介质，它存在于人类社会的一切领域，并处于不断的运动之中。会计信息是经过会计人员记录、计算、分类、汇总而形成的有用的会计数据。信息比数据的用途更大，价值更高。所谓系统是指由若干个相互联系、相互作用的要素所构成的具有特定功能的有机整体。会计信息系统就是一个以信息为处理对象的系统。在这里，信息处理既包括收集、存储、传输和加工会计数据，输出会计信息以满足信息用户对信息的需要，又包括对会计信息进一步加工，并利用加工后的信息参与经济管理。

二、会计的职能

会计职能是指会计工作应该具有的作用。会计的基本职能是核算和监督。会计机构和会计人员必须遵守各项法律、法规，依法办理会计事务，进行会计核算，实行会计监督。

（一）会计的核算职能

会计核算主要是通过确认、计量、记录、报告，从数量方面反映单位已经发生或已经完成的各项经济活动，具有为经营管理提供信息的功能。它是会计最为基础的工作，即事后核算。做账、算账、报账是会计执行事后核算职能的主要形式。

随着管理要求的提高，会计核算的职能不仅仅是对经济活动进行事后反映，为了在经营管理上加强计划性和预见性，会计还要利用信息反馈，对经济活动进行事前核算和事中核算。事前核算的主要形式是进行预测，参与决策；事中核算的主要形式是在计划执行过程中，通过核算和监督相结合的方法，对经济活动进行控制，使过程按计划或预期的目标进行。

（二）会计的监督职能

会计监督是单位内部的一种自我约束机制，主要是利用会计资料对经济活动加以控制和指导，它要求各项经济业务必须遵守国家的财政、财务制度及其他财经纪律，同时还应遵守单位的经营方针、政策。其内容包括合法性监督和合理性监督两个方面。会计监督按其与经济活动过程的关系，分为事前、事中和事后监督。事前监督就是在过程之初，对原始凭证，计划、合同的合法性，合理性所作的核查；事中监督就是在过程之中对计划，预算执行等所作的控制；事后监督就是在过程之后，对会计资料所作的分析。监督的依据是各种法规、制度、计划、预算、定额和合同等。

第二节　会计要素

会计要素是对会计对象具体内容所作的基本分类，它是对引起资金运动的会计事项所引起的变化项目所作的归类，也是进行确认和计量的依据。在企业中会计要素主要包括：资产、负债、所有者权益、收入、费用和利润。

一、资产

资产是指企业过去的交易或者事项形成的，由企业拥有或者控制的预期能给企业带来经济利益的资源。资产具有以下特点：

（1）资产是由企业拥有或控制的。一般来说，一项财产要作为企业的资产予以确认，对于企业来说要拥有其所有权，也就是企业对该项资产具有产权。对于一些特殊方式形成的资产，企业虽然对其不拥有所有权，但能够实际控制的，如融资租入固定资产，按照实质重于形式原则的要求，也应当将其作为企业资产予以确认。

（2）资产能够给企业带来未来经济利益，即能给企业带来现金流入的经济资源。资产必须具有交换价值或使用价值。没有交换价值和使用价值、不能给企业带来未来效益的物品，则不作为资产。

（3）资产必须能以货币计量。货币计量是会计的基本特征，企业拥有或控制的经济资源如果不能以货币加以计量，便难以确认和计量资产的价值，由资产转化形成的费用自然也难以确认和计量。所以，不能用货币加以确认和计量的经济资源就不能列为企业的资产。

（4）资产必须是通过过去的交易或事项而成为企业拥有或控制的资源。"交易"是指企业基于交换经济资源或资源产权,而使该资源或资源产权发生变动的行为(如商品的买卖);"事项"是指并非基于交换,但也使经济资源或资源产权发生变化的事件、活动(如单方面捐赠财产、在企业内部把材料加工为产品)。

(5)资产包括各种财产、债权和其他权利。企业的资产有些是有形的,如厂房、材料、现金等;有些是无形的,如商标权、专利权及债权等。由于它们都能为企业带来经济收益,所以都属于企业的资产。

二、负债

负债是指企业过去的交易或者事项形成的预期会导致经济利益流出企业的现时义务。负债具有以下特点:

(1)负债是由于过去交易或事项的结果而产生的,目前仍然存在的必须在未来以资产或者劳务偿付的一种义务。企业预期在将来要发生的交易、事项可能产生的债务不能作为负债。

(2)负债能够用货币确切计量或者合理估计其金额。负债通常都有一个确定到期偿付的金额,或者虽无确定的金额,但却可以合理估计出接近精确的数额。

(3)负债有确切的收款人和偿付日期,或者收款人和偿付日期可以合理地确定。负债将要由企业在未来某一个时日加以清偿。

(4)负债需要在将来通过转移资产或提供劳务予以清偿。在大多数的情况下,负债要用现金进行清偿;在有些情况下,负债也可以用商品和其他资产或者通过提供劳务的方式进行清偿;有些负债还可以通过举借新债抵补。

负债按其流动性(偿还期限的长短),可以分为流动负债和非流动负债。流动负债指将在一年或超过一年的一个营业周期内偿还的债务。非流动负债指偿还期限在一年或者超过一年的一个营业周期以上的债务。

三、所有者权益

所有者权益是指企业资产扣除负债后由所有者享有的剩余权益。企业净资产是企业的资产减去企业的负债后的余额。对于企业的全部资产,债权人有要求偿还的优先权,而所有者的所有权则是一种剩余权利。所有者权益相对于负债而言,具有以下特点:

(1)所有权益不像负债那样需要偿还,除非发生减资、清算。

(2)企业清算时,负债往往优先清偿,而所有者权益只有在清偿所有的负债后,才返还给投资者。

（3）所有者权益中的基本部分可以参与企业利润分配，而负债不能参与利润分配，只能按照预先约定的条件取得利息收入。

四、收入

收入是指企业在日常活动中形成的，会导致所有者权益增加的，与所有者投入资本无关的经济利益的总流入。

其特征是：企业发生收入业务时，必须带来货币资金或其他资产的流入，或引起负债的减少，或两者兼而有之。收入是企业获得利润、实现盈利的前提条件。企业只有取得收入，并补偿在生产经营活动中已消耗的各种支出，才能形成利润。按现行会计准则的规定，营业收入按企业经营业务范围的主次关系分为主营业务收入和其他业务收入。

（1）主营业务收入是指企业为完成其经营目标所从事的经常性活动实现的收入，不同行业的主营业务收入有所不同，如工业企业的产品销售收入、商品流通企业的商品销售收入等。

（2）其他业务收入是指企业为完成其经营目标所从事的与经常性活动无关的活动实现的收入。如销售材料的收入，技术转让收入，出租固定资产，包装物的租金收入等。

五、费用

费用是指企业在日常活动中发生，会导致所有者权益减少的，与向所有者分配利润无关的经济利益的总流出。费用具有以下特点：

（1）费用是企业在销售商品、提供劳务等日常活动中发生的经济利益的流出，像固定资产清理损失就不是日常活动发生的经济利益的流出，所以属于损失。

（2）费用可以表现为资产的减少，如耗用存货，也可能引起负债的增加，如负担利息，或者同时表现为资产减少和负债的增加。

（3）费用将引起所有者权益的减少。

根据现行会计准则的规定，费用按其归属不同，分为直接费用、间接费用和期间费用。直接费用是指为了生产产品或提供劳务等发生的能直接计入产品成本的各项费用，包括直接材料、直接人工和其他直接费用等。间接费用是指组织和管理生产经营活动而发生的不能直接计入产品成本的各项费用，如车间技术人员的工资等。期间费用是指应由某一会计期间负担的费用，包括管理费用、财务费用、销售费用等。管理费用是企业行政管理部门为组织和管理生产经营活动而发生的各种费用；财务费用是企业筹集生产经营所需资金而发生的费用；销售费用是企业在销售商品、提供劳务等日常活动中发生的除营业成本以外的各项费用以及专设销售机构的各项费用。

六、利润

利润是指企业在一定会计期间的经营成果。企业的利润通常表现为企业净资产的增加额。

按现行会计准则的规定，利润包括营业利润和营业外收支净额两部分。

（1）营业利润是企业在销售商品或提供劳务等日常活动中所产生的利润。

营业利润＝营业收入－营业成本－营业税费及附加－销售费用－管理费用－财务费用－资产减值损失＋公允价值变动收益（－公允价值变动损失）＋投资收益（－投资损失）

（2）营业外收支净额是指企业发生的与日常活动无直接关系的各种营业外收入减去营业外支出后的净额。

第三节　会计事项与会计循环

一、会计事项

所谓会计事项是指那些能用货币计量，并足以引起会计要素增减变动的经济业务或经济事项。

根据会计事项对资产、负债和所有者权益所引起的变化，可概括为以下类型：

（1）资产增加，负债或所有者权益增加。

（2）资产增加，另一项资产减少。

（3）负债减少，资产减少。

（4）负债减少，另一项负债增加。

（5）负债减少，所有者权益增加。

（6）所有者权益减少，资产减少。

（7）所有者权益减少，负债增加。

（8）所有者权益减少，另一项所有者权益增加。

二、会计循环

所谓会计循环，是指会计单位依照会计程序，会计期间发生的经济业务，运用一定的会计方法，按照一定的会计步骤进行计量、汇总、报告的过程。具体有下列几个基本步骤：
(1) 会计事项分析。
(2) 会计分录的编制。
(3) 记入有关账户。
(4) 以总分类账户期末余额为依据，编制调整前试算表。
(5) 会计分录调整并记入有关账户。
(6) 调整后试算表编制。
(7) 对临时性试算表的编制。
(8) 结账后试算表编制。
(9) 编制会计报表。
(10) 提出会计报告。

第四节 会计基本假设或前提

组织会计核算工作，需要具备一定的前提条件，即在组织核算工作之前，首先要解决与确立核算主体有关的一系列重要问题。这是全部会计工作的基础，具有非常重要的作用。国内外会计界多数人公认的会计核算基本假设或前提有以下四个。

一、会计主体

会计主体指的是会计核算服务的对象或者说是会计人员进行核算采取的立场及空间活动范围界定。组织核算工作首先应明确为谁核算的问题，这是因为会计的各种要素，如资产、负债、收入、费用等，都是同特定的经济实体即会计主体相联系的，一切核算工作都是站在特定会计主体立场上进行的。如果主体不明确，资产和负债就难以界定，收入和费用便无法衡量，以划清经济责任为准绳而建立的各种会计核算方法的应用便无从谈起。因此，在会计核算中必须将该主体所有者的财务活动、其他经济实体的财务活动与该主体自身的财务活动严格区分开，会计核算的对象是该主体自身的财务活动。

这里应该指出的是，会计主体与经济上的法人不是一个概念。作为一个法人，其经济上必然是独立的，因而法人一般应该是会计主体，但是构成会计主体的并不一定都是法人。比如，从法律上看，独资及合伙企业所有的财产和债务，在法律上应视为所有者个人财产延伸的一部分，独资及合伙企业在业务上的种种行为仍视其为个人行为，企业的利益与行为和个人的利益与行为是一致的，独资与合伙企业都因此而不具备法人资格。但是，独资、合伙企业都是经济实体、会计主体，在会计处理上都要把企业的财务活动与所有者个人的财务活动截然分开。例如，企业在经营中得到的收入不应计为其所有者的收入，发生的支出和损失，也不应计为其所有者的支出和损失，只有按照规定的账务处理程序转到所有者名下，才能算其收益或损失。

二、持续经营

持续经营是指在可以预见的将来，企业将会按当前的规模和状态继续经营下去，不会停业，也不会大规模削减业务。

企业是否持续经营对于会计政策的选择影响很大，只有设定企业是持续经营的，才能进行下一步的会计处理。比如，采用历史成本计价，是设定企业在正常的情况下运用它所拥有的各种经济资源和依照原来的偿还条件偿付其所负担的各种债务，否则，就不能继续采用历史成本计价，只能采用可变现净值法进行计价。由于持续经营是根据企业发展的一般情况所作的设定，企业在生产经营过程中缩减经营规模乃至停业的可能性总是存在的，为此，往往要求定期对企业持续经营这一前提作出分析和判断。一旦判定企业不符合持续经营前提，就应当改变会计核算的方法。

三、会计分期

会计分期是指将一个企业持续经营的生产经营活动划分成连续、相等的期间，又称会计期间。

会计分期的目的是，将持续经营的生产活动划分为连续、相等的期间，据以结算盈亏，按期编报财务报告，从而及时地向各方面提供有关企业财务状况、经营成果和现金流量信息。

根据持续经营前提，一个企业将要按当前的规模和状况继续经营下去。要最终确定企业的经营成果，只能等到一个企业在若干年后歇业时核算一次盈亏。但是，经营活动和财务经营决策要求及时得到有关信息，不能等到歇业时一次性地核算盈亏。为此，就要将持续不断的经营活动划分成一个个相等的期间，分期核算和反映。会计分期对会计原则和会计政策的选择有着重要影响。由于会计分期，产生了当期与其他期间的差别，从而出现权责发生制和收付实现制的区别，进而出现了应收、应付、递延、预提、待摊这样的会计方法。

最常见的会计期间是1年，以1年确定的会计期间称为会计年度，按年度编制的财务财务报表也称为年报。在我国，会计年度自公历每年的1月1日起至

12月31日止。为满足人们对会计信息的需要,也要求企业按短于1年的期间编制财务报告,如要求股份有限公司每半年提供中期报告。

四、货币计量

货币计量是指采用货币作为计量单位,记录和反映企业的生产经营活动。会计是对企业财务状况和经营成果全面系统的反映,为此,需要货币这样一个统一的量度。在市场经济条件下,货币充当了一般等价物,企业的经济活动都最终体现为货币量,所以采用货币这个统一尺度进行会计核算。当然,统一采用货币尺度,也有不利之处,许多影响企业财务状况和经营成果的一些因素,并不是都能用货币来计量的,如企业经营战略、在消费者当中的信誉度、企业的地理位置、企业的技术开发能力等。为了弥补货币量度的局限性,要求企业采用一些非货币指标作为财务报表的补充。

在我国,要求采用人民币作为记账本位币,是对货币计量这一会计前提的具体化。考虑到一些企业的经营活动更多地涉及外币,因此规定业务收支以人民币以外的货币为主的单位,可以选定其中一种货币作为记账本位币。但是,提供给境内的财务会计报告使用者的应当折算为人民币。

第五节 会计信息质量要求

1992年11月财政部发布的《企业会计准则——基本准则》中,规定了会计核算的12项一般原则,它是会计核算必须遵循的基本规则和要求。2006年新发布的《企业会计准则——基本准则》中,将原有的"一般原则"改称"会计信息质量要求",共规定了8项原则:客观性原则、相关性原则、明晰性原则、可比性原则、实质重于形式原则、重要性原则、谨慎性原则和及时性原则。它们同样是会计核算必须遵循的,对保证会计信息质量意义重大。

一、客观性原则

企业应当以实际发生的交易或者事项为依据进行会计确认、计量和报告,如实反映符合确认和计量要求的各项会计要素及其他相关信息,保证会计信息真实可靠、内容完整。会计必须根据审核无误的原始凭证,采用特定的专门方法进行记账、算账、报账,保证会计核算的客观性。

客观性原则是对会计工作的基本要求。会计工作提供信息的目的是为了满足会计信息使用者的决策需要,因此,就应该做到内容真实、数字准确、资料可靠。

在会计核算中坚持客观性原则，就应当在会计核算时客观地反映企业的财务状况、经营成果和现金流量，保证会计信息的真实性；会计工作应当正确运用会计原则和方法，准确反映企业的实际情况；会计信息应当能够经受验证，以核实其是否真实。

如果企业的会计核算工作不是以实际发生的交易或事项为依据，没有如实地反映企业的财务状况、经营成果、现金流量，会计工作就失去了存在的意义，甚至会误导会计信息使用者，导致决策的失误。

二、相关性原则

企业提供的会计信息应当与财务会计报告使用者的经济决策需要相关，有助于财务会计报告使用者对企业过去、现在或者未来的情况作出评价或者预测。会计的主要目标就是向有关各方提供对其决策有用的信息。如果提供的信息对会计信息使用者的决策没有什么作用，不能满足会计信息使用者的需要，就不具有相关性。

信息的价值在于其与决策相关，有助于决策。相关的会计信息能够有助于会计信息使用者评价过去的决策，证实或修正某些预测，从而具有反馈价值；有助于会计信息使用者作出预测，作出决策，从而具有预测价值。在会计核算工作中坚持相关性原则，就要求在收集、加工、处理和提供会计信息过程中，充分考虑会计信息使用者的信息需求。对于特定用途的会计信息，不一定都能通过财务会计报告来提供，也可以采用其他形式加以提供。如果会计信息提供以后，没有满足会计信息使用者的需求，对决策没有什么作用，就不具有相关性。

三、明晰性原则

企业提供的会计信息应当清晰明了，便于财务会计报告使用者理解和使用。根据明晰性的要求，会计记录应当清晰，账户对应关系应当明确，文字摘要清楚，数字金额准确，以便会计信息使用者能准确完整地把握信息的内容，更好地加以利用。

在会计核算工作中坚持明晰性原则，会计记录应当准确、清晰，填制会计凭证、登记会计账簿必须做到依据合法、账户对应关系清楚、文字摘要完整；在编制财务报表时，项目勾稽关系清楚、项目完整、数字准确。如果企业的会计核算和编制的财务会计报告不能做到清晰明了、便于理解和使用，就不符合明晰性原则的要求，不能满足会计信息使用者的决策需求。

四、可比性原则

企业提供的会计信息应当具有可比性。同一企业不同时期发生的相同或者相似的交易或者事项，应当采用一致的会计政策，不得随意变更。确需变更的，应当在附注中说明。不同企业发生的相同或者相似的交易或者事项，应当采用规定的会计政策，确保会计信息口径一致、相互可比。

可比性原则要求企业的会计核算应当按照国家统一的会计制度的规定进行，使所有企业的会计核算都建立在相互可比的基础上。只要是相同的交易或事项，就应当采用相同的会计处理方法。会计处理方法的统一是保证会计信息相互可比的基础。不同的企业可能处于不同行业、不同地区，经济业务发生于不同时点，为了保证会计信息能够满足决策需要，便于比较不同企业的财务状况、经营成果和现金流量，企业应当遵循可比性原则的要求。

五、实质重于形式原则

企业应当按照交易或者事项的经济实质进行会计确认、计量和报告，不应仅以交易或者事项的法律形式为依据。在某些情况下，经济业务的实质与其法律形式可能脱节，为此，会计人员应当根据经济业务的实质来选择会计政策，而不能拘泥于其法律形式。

在实际工作中，交易或事项的外在法律形式或人为形式并不总能完全反映其实质内容。所以，会计信息要想反映其所拟反映的交易或事项，就必须根据交易或事项的实质和经济现实，而不能仅仅根据它们的法律形式进行核算和反映。例如，以融资租赁方式租入的资产，虽然从法律形式来讲承租企业并不拥有其所有权，但是由于租赁合同中规定的租赁期相当长，接近于该资产的使用寿命；租赁期结束时承租企业有优先购买该资产的选择权；在租赁期内承租企业有权支配资产并从中受益，所以，从其经济实质来看，企业能够控制其创造的未来经济利益，因而，会计核算上将以融资租赁方式租入的资产视为承租企业的资产。

六、重要性原则

企业提供的会计信息应当反映与企业财务状况、经营成果和现金流量等有关的所有重要交易或者事项。对于重要的交易或事项，应当单独、详细反映；对于不具重要性、不会导致投资者等有关各方决策失误或误解的交易或事项，可以合并、粗略反映，以节省提供会计信息的成本。

对资产、负债、损益等有较大影响，并进而影响财务会计报告使用者据以作出合理判断的重要会计事项，必须按照规定的会计方法和程序进行处理，并在财务会计报告中予以充分、准确地披露；对于次要的会计事项，在不影响会计信息真实性和不至于误导财务会计报告使用者作出正确判断的前提下，可以适当简化处理。

重要性原则与会计信息成本效益直接相关。坚持重要性原则，就能够使提供会计信息的收益大于成本。对于那些不重要的项目，如果也采用严格的会计程序，分别核算、分项反映，就会导致会计信息的成本大于收益。

在评价某些项目的重要性时，很大程度上取决于会计人员的职业判断。一般来说，应当从质和量两个方面综合进行分析。从性质方面来说，当某一项事项有可能对决策产生一定影响时，就属于重要性项目；从数量方面来说，当某一项目的数量达到一定规模时，就可能对决策产生影响。

七、谨慎性原则

企业对交易或者事项进行会计确认、计量和报告应当保持应有的谨慎，不应高估资产或者收益、低估负债或者费用。也就是说在资产计价及损益确定时，如果有两种或两种以上的方法或金额可供选择时，应选择使本期净资产和利润较低的方法或金额。

需要注意的是，谨慎性原则并不意味着企业可以任意设置各种准备金，否则就属于滥用谨慎性原则，将视为重大会计差错，需要进行相应的会计处理。

企业的经营活动充满着风险和不确定性，在会计核算工作中坚持谨慎性原则，要求企业在面临不确定因素的情况下作出职业判断时，应当保持必要的谨慎，充分估计到各种风险和损失，既不高估资产或收益，也不低估负债或费用。例如，要求企业定期或者每年年度终了，对可能发生的各项资产损失计提减值准备等，就充分体现了谨慎性原则对会计信息的修正。

八、及时性原则

企业对于已经发生的交易或者事项，应当及时进行会计确认、计量和报告，不得提前或者延后。

会计信息的价值在于帮助所有者或其他方面作出经营决策，具有时效性。即使是客观、可比、相关的会计信息，如果不及时提供，对于会计信息使用者也没有任何意义，甚至可能误导会计信息使用者。在会计核算过程中坚持及时性原则，一是要求及时收集会计信息，即在经济业务发生后，及时收集整理各种原始单据；二是及时处理会计信息，即在国家统一的会计准则规定的时限内，及时编制出财务会计报告；三是及时传递会计信息，即在国家统一的会计准则规定的时限内，及时将编制出的财务会计报告传递给财务会计报告使用者。

如果企业的会计核算不能及时进行，会计信息不能及时提供，就无助于经营决策，就不符合及时性原则的要求。

第六节　会计科目的设置

所谓设置会计科目就是对会计要素构成内容按其性质的差别及管理上的要求进行归类，分为若干项目，并按每一具体项目的性质标志加以命名的一种专门方法。

一、会计科目的分类

企业的资金运行需要有一个完整的会计科目体系来全面地反映。各会计科目之间既有严格的区别，又有紧密的联系。会计科目按不同的标准可以作不同的分类：

（一）按反映的经济内容分类

借贷记账法下，会计科目按经济内容分类通常可以分为五大类：资产类科目、负债类科目、所有者权益类科目、成本类科目、损益类科目。

（二）按提供核算资料的详细程度分类

把会计科目按提供信息的详细程度一般可划分为总分类科目、二级科目和明细分类科目三个层次。

总分类科目，也称一级科目或总账科目，是对会计对象的组成内容进行总括划分的科目。如上述会计科目按其经济内容或性质的分类就属于这一层次的科目。例如，"原材料"、"固定资产"、"应付账款"等都是总分类科目。它们对资产、负债和所有者权益等内容概括性最强，每个会计科目之间相互区别，各有特性。

二级会计科目是对一级科目的进一步分类，即二级科目处于一级科目之下，在性质上，二级科目从属于一级科目。因而，二级科目反映的资产、负债和所有者权益的经济内容比一级科目具体、明确。

明细分类科目是对二级科目的进一步分类，它处于二级科目之下，一般而言，明细科目是会计科目的最低层次，在性质上，明细分类科目从属于二级科目和一级科目。与二级科目相比，明细分类科目反映的资产、负债和所有者权益的内容更为具体，更有针对性。仍以"原材料"总分类科目为例，在其所属的"原料及主要材料"二级科目下，还可以按材料的品种、规格设置明细科目。

二、设置会计科目的原则

设置会计科目时，一般应当遵循以下几项原则：

（一）全面地反映企业的会计对象

为了全面系统地反映企业各项经济业务引起的资产、负债和所有者权益的增减变动情况，完整地反映企业资金运动状况和结果，必须对会计对象的具体内容进行全面、科学地分类界定，设置相应的会计科目。各科目之间既相互区别、界限分明，又彼此联系，共同构成一个完整的体系。

（二）兼顾宏观调控和微观决策的需要

会计科目的设置，一方面要充分考虑到国家进行宏观调控和综合平衡的要求，另一方面又要满足企业经营管理和决策的需要，做到统一性与灵活性相结合。设置会计科目时，对会计科目名称的确定要做到含义准确、简明扼要、通俗易懂，以便于正确地使用。

（三）便于做账、查账

会计科目的设置应该满足会计核算技术现代化的要求，按照电子计算机的特点，对会计科目实行固定编码。

我国工业企业目前使用的会计科目是由财政部统一规定的，这样可以使企业提供的会计核算资料口径一致，便于统计和分析。企业在不违反计划、财务、统计制度的规定，不影响会计核算要求和会计报表指标汇总的前提下，可根据具体情况报经主管部门批准后，对会计科目作必要的增加、合并和减少。

第七节 账户的设置

一、账户的开设

会计科目是对会计对象的组成内容进行科学分类而规定的名称。对会计对象划分类别并规定名称是必要的，但要全面、系统地记录和反映各项经济业务所引起的资产变动情况，还必须在分类的基础上借助于具体的形式和方法，这就是开设和运用账户。

账户是根据会计科目设置的，它是对各种经济业务进行分类和系统、连续的记录，反映资产、负债和所有者权益增减变动的记账实体。会计科目的名称就是账户的名称，会计科目规定的核算内容就是账户应记录反映的经济内容，因而账户应该根据会计科目的分类相应地设置。如企业要开设资产类账户、负债类账户、所有者权益类账户、成本类账户和损益类账户。企业应从自身需要和科目的特点出发，根据总分类科目、二级科目和明细分类科目开设相应的账户，以便于分类、归集、总括和具体、详细地核算数据。

二、账户的格式

账户作为记录和反映经济业务活动的一种形式，其基本功能是便于对各项经济业务所引起的企业资产、负债、所有者权益、成本、损益的变动数额进行分类和归集、汇总。要使账户发挥其功能，不仅要确定其名称和进行分类，还要使其具备相应的结构。所有经济业务的发生所引起的企业资产、负债、所有者权益等的变动，从数量上看，不外乎"增加"和"减少"两种情况。因此，每个账户起码要划分出两个方位：一方登记增加额，另一方登记减少额，这是一切账户的基本结构。为了便于说明问题，账户的格式可简化为左右两方，即"T字形"，如图1所示：

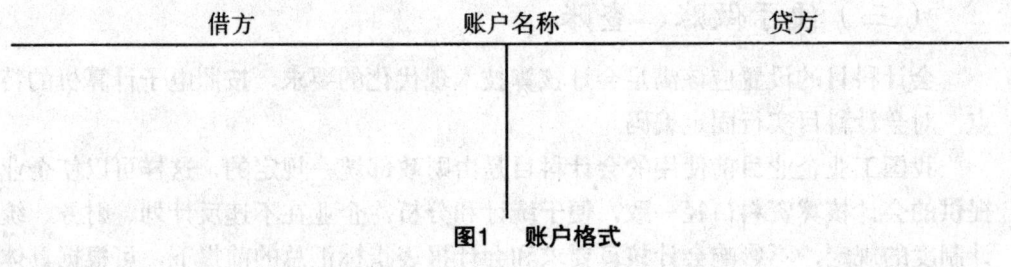

图1　账户格式

三、账户的种类

每一个账户只能记录企业经济活动的某一方面，不可能对企业的全部经济业务加以记录。而企业的经济活动作为一个整体，是需要一个相互联系的账户体系加以反映的。账户分类就是研究这个账户体系中各账户之间存在的共性，寻求其规律，探明每一账户在账户体系中的地位和作用，以便加深对账户的认识，更好地运用账户对企业的经济业务进行反映。

现代管理理论认为，分类是一种基本的管理。科学地进行账户的分类有助于科学地进行管理。按不同的标准对账户分类，可以从不同的角度认识账户，并把全部账户划分为各种类别。其分类标准一般有按会计要素分类，按提供指标的详细程度分类和按用途和结构分类等。

（一）按会计要素分类

会计的平衡等式为：资产＝负债＋所有者权益。这一平衡等式表明了会计核算的基本平衡关系，是会计核算的基础，制约和决定着整个会计核算工作。平衡等式中的各要素称为会计要素。账户按会计要素分类就是按账户所核算的经济内容与各会计要素的联系分类。企业进行生产经营活动，首先要拥有一定的场地、设备，同时也需要一定的周转资金，这些由企业拥有或控制的，可以用货币计量的经济资源为资产。为反映资产的增减变动及结存情况，需设置一类账户，通过账户的发生额反映资产的增减变动情况；通过账户的余额反映资产的结存情况。

企业资产主要来源于债权人和所有者的投资。债权人提供的，需以企业未来资产或劳务偿付的债务为负债。为反映债权人提供资金及其偿还等情况，需设置一类账户，通过账户的发生额反映负债的形成和偿付情况；通过账户的余额反映未偿还的债务情况。

所有者权益是企业总资产减去负债后的余额，在企业创建时，它是投资者投入企业的资本；在企业进行生产经营活动取得盈利以后，所有者权益就是投入资本与未分配利润之和。为反映投入资本和未分配利润的增减变动及其结果，设置一类账户，通过账户的余额反映投入资本和未分配利润的增减变动情况；通过账户的余额反映投入资本变动后的结果和未分配利润的实际数额。

企业从不同来源取得各项资产后，就投入生产经营活动。进行生产经营活动必然在销售商品或提供劳务等经营业务中取得各项收入，同时企业要进行生产经营活动必然相应地发生一些耗费。当企业取得的各项收入在补偿生产经营活动中已消耗的各项支出后，便形成了利润。为反映企业收入的取得、费用的发生和利润的形成，需设置两类账户，一类账户发生额反映企业的收益情况；一类账户的发生额反映生产经营过程中的成本费用情况。通过两类账户发生额的结转，结算出企业的利润形成情况。

因此，账户按会计要素分类，一般分为资产类、负债类、所有者权益类、成本类、损益类五大类。

反映资产的账户，按照资产的流动性和经营管理核算的需要，又分为反映流动资产、长期资产等的账户。反映流动资产的账户，按照各项资产的流动性和在生产经营过程中所起的作用，又可分为反映货币资金的账户，如"库存现金"、"银行存款"等账户；反映结算债权的账户，如"应收账款"、"其他应收款"等账户；反映存货的账户，如"原材料"、"库存商品"等账户；反映长期资产的账户，如"固定资产"、"累计折旧"等账户。

反映负债的账户，按照形成负债的原因划分，又分为反映由于生产经营活动形成的负债账户和反映由于经营成果形成的负债账户。反映由于生产经营活动形成的负债账户，如"应付账款"、"预收账款"、"短期借款"等账户；反映由于经营成果形成的负债账户，如"应交税费"、"应付股利"等账户。

反映所有者权益的账户，按照权益的来源划分，又分为反映投入资本的账户、反映从利润中提取资金的账户和反映未分配利润的账户。反映投入资本的账户，如"实收资本"账户、"资本公积"账户；反映从利润中提取资金的账户，如"未分配利润账户；反映未分配利润的账户，如"未分配利润"等账户。

反映成本的账户，制造业企业的成本类账户用于归集、计算、结转产品的制造成本。具体包括"生产成本"、"基本生产成本"、"辅助生产成本"、"制造费用"、"劳务成本"等账户。

反映损益的账户，按照收益与企业的生产经营活动是否有关，又分为营业性收益账户和非营业性收益账户。反映营业性收益的账户，如"主营业务收入"账户；反映非营业性收益的账户，如"营业外收入"账户。

（二）按提供指标详细程度分类

企业经营管理所需要的会计核算资料是多方面的，不仅要求会计核算能够提供一些总括的指标，如通过"原材料"账户核算，提供有关材料增减变动及结构情况的总括资料；利用"应收账款"账户核算提供企业全部应收款项的形成、收回及结果的总括资料，而且要求会计核算能够提供一些详细的指标，如通过对材料的核算，要提供某一类材料、某一种材料的增减变动及结存情况；通过对应收账款的核算，要提供具体应收账款的单位或个人及应收金额。为满足各方面的要求，上述各类账户还需要进一步细分，形成不同层次的账户，提供各类经济活动的详细资料。账户按提供指标的详细程度分类，分为总分类账户和明细分类账户。

1. 总分类账户

总分类账户是对企业经济活动的具体内容进行总括核算的账户，它能够提供某一具体内容的总括核算指标，亦称总账账户、一级账户。在我国，为了保证会计核算指标口径规范一致，并具有可比性，保证会计核算资料能在一个部门、一个行业、一个地区乃至全国范围内综合汇总、分析，为了便于企业编制会计凭证、汇总资料和编制会计报表，总分类账户的名称、核算内容及使用方法通常是统一制定的。每一个企业都要根据本企业业务的特点和统一制定的账户名称，设置若干个总分类账户。

2. 明细分类账户

明细分类账户是对企业某一经济业务进行明细核算的账户，它能够提供某一具体经济业务的明细核算指标。在实际工作中，除少数总分类账户，如"累计折旧"账户、"本年利润"账户不必设置明细分类账户外，大多数总分类账户都须设置明细分类账户。如在"原材料"总分类账户下，按照材料的类别、品种或规格设置明细分类账户；在"应收账款"总分类账户下，按照购买单位的名称设置明细分类账户。

明细分类账户是依据企业经济业务的具体内容设置的，它所提供的明细核算资料主要是满足企业内部经营管理的需要。各个企业、单位的经济业务具体内容不同，经营管理的水平不一致，明细分类账户的名称、核算内容及使用方法也就不能统一规定，只能由各企业、单位根据经营管理的实际需要和经济业务的具体内容自行规定。如企业可以根据其材料供应单位的具体名称设置"应付账款"总分类账户的明细分类账户。

如果某个总分类账户所属的明细分类账户较多，为了便于控制，还可增设二级账户。二级账户是介于总分类账户和明细分类账户之间的账户。它也是由企业、单位根据经营管理的实际需要和经济业务的具体内容自行确定的。如企业的材料类别、品种较多，为便于控制，可在"材料"总分类账户下，按材料的类别设置"主要原材料"、"燃料"、"辅助材料"等二级账户，在二级账户下再按材料的品种设置"元钢"、"碳钢"、"角钢"等明细分类账户。

（三）按用途和结构分类

账户是按会计科目设置的，同时，账户又有各自特定的用途和结构。为了更好地记录经济业务，理解和掌握账户提供核算指标的规律性，有必要进一步研究账户按用途和结构的分类。

在借贷记账法下，账户按用途和结构的不同，可以分为盘存账户、基金账户、结算账户、调整账户、集合分配账户、跨期摊配账户、成本计算账户、账务成果账户、待处理账户九类。盘存账户、基金账户、结算账户、待处理账户和一部分调整账户是对资产账户的进一步分类；集合分配账户、成本计算账户和跨期摊销账户是对成本、费用账户的进一步分类；财务成果账户和另一部分调整账户是对收入成果账户的进一步分类。

各类账户的特点分述如下：

1. 盘存账户

盘存账户是用来核算和监督各种财产物资和货币资金增减变动及结存情况的

账户。这类账户可以通过盘点的方法来检查账面结存数是否与实存数额相符。盘存账户借方登记财产物资或货币资金的增加数，贷方登记财产物资或货币资金的减少数，余额在借方，表示期末各项财产物资和货币资金的实存数额。

2. 基金账户

基金账户是用来核算各种基金的增减变动及其实有数的账户。这类账户的共同用途是核算和监督企业长期占用不需归还的经营资金和专用资金的形成和使用。这类账户的贷方登记拨入或提留数额，借方登记减少或支出数额，余额在贷方，表示各项基金的实有数。

3. 结算账户

结算账户是用来核算和监督企业同其他单位和个人之间发生结算关系而产生的各种应收、应付账款的账户。这类账户按照用途和具体结构可分三类，即资产结算账户、负债结算账户和资产负债结算账户。资产结算账户是专门来核算同各个债务之间的结算业务的账户。在这类账户中，借方登记各种应收款项的增加和预收款项的减少数，贷方登记应收款项的减少和预收款项的增加数，余额若在借方，表示尚未收回的应收款，若在贷方，表示应退回的预收数额。负债结算账户是专门用来核算和监督同各个债权之间结算业务的账户。这类账户的贷方登记应付款项的增加和预付款项的减少数，借方登记应付款项的减少和预付款项的增加数，余额一般在贷方，表示尚未偿付的债务，或应收回的预付款项。资产负债结算账户既可用来核算债权，又可用来核算债务，借方登记债权的增加或债务的减少数，贷方登记债务的增加或债权的减少数，余额方向不固定，若为借方余额，则为资产结算账户，若为贷方余额，则为负债结算账户。

4. 待处理账户

待处理账户是用来核算在财产清查中发生的盘盈盘亏情况，以达到账实相符的账户。

5. 集合分配账户

集合分配账户是用来归集和分配经营过程中某一阶段所发生的某种费用的账户。借方登记费用的发生额，贷方登记费用的分配数额，期末无余额。

6. 跨期摊销账户

跨期摊销账户是用来核算应付几个时期共同负担的费用，以便正确计算各期成本的账户。在跨期摊销账户中，用来核算本期已经支付，但应计入本期和以后各期产品成本的费用账户，称为"长期待摊费用"账户。

7. 成本计算账户

成本计算账户是用来核算经营过程中某一阶段所发生的全部费用，并确定各个成本计算对象实际成本的账户。这类账户借方登记直接计提的费用和集合分配账户分配来的费用，贷方登记完工转出的实际成本，期末如有余额在借方，表示在产品成本。

8. 财务成果账户

财务成果账户是用来确定企业的利润或亏损，以便核算和监督企业最终财务成果的账户。借方汇集各项损失，贷方汇集各项收益，期末余额在贷方表示实现的利润总额，在借方表示发生的亏损总额。

9. 调整账户

调整账户是用来调整其他有关账户的数字而设置的账户。在会计核算中，由于经营管理上的需要和其他原因，对于某些资产、负债或所有者权益，有时需要用两种不同的数字来记录和反映。这种情况下，就需要设置两个账户。一个用来反映资金占用和资金来源的原始数字，称为被调整账户；另一个账户则反映对原始数字的调整数字，称为调整账户。将原始数字同调整数字相加或相减，可以求得实有数字。调整账户由于调整方式的不同，可以分为备抵账户和附加账户两类。

账户除按上述标准进行分类以外，还可以按其他标准分类，如按列入会计报表分类，按有无期末余额分类等。

账户按列入会计报表分类，分为资产负债表账户和利润表账户。资产负债表账户是指账户所提供的资料是编制资产负债表的依据，包括资产类、负债类和所有者权益三类，分别与资产负债表中的这三类项目对应。如果"制造成本"账户期末有余额，也应列入资产负债表。利润表账户是指账户所提供的资料是编制利润表的依据。利润表账户包括收入类和费用类两类，这些账户是根据利润表的项目设置的。

账户按会计主体分类，分为表内账户和表外账户。表内账户是指用来核算一个会计主体的资产、负债、所有者权益、收入、费用及经营成果的账户，前面列举的账户均为表内账户。表外账户是指用来核算不属于本会计主体资产的账户，如租入固定资产账户、委托代销商品账户是表外账户。

账户按期末余额分类，可分为借方余额账户、贷方余额账户和期末无余额账户。借方余额账户是指账户的借方发生额表示增加，贷方发生额表示减少，期末余额一定在借方的账户。资产类账户一般都是借方余额账户。贷方余额账户是指账户的借方发生额表示减少，贷方发生额表示增加，期末余额一定在贷方的账户。负债类和所有者权益类账户的期末余额一般都在贷方。期末无余额账户是指期末结账时，将本期汇集的借（贷）方发生额分别从贷（借）方转出，结转后期末没有余额的账户。收入类和费用类账户为期末没有余额的账户。通常将期末有余额的账户称为实账户，实账户的期末余额代表着企业的资产、负债或所有者权益；将期末无余额的账户称为虚账户，虚账户的发生额反映企业的损益情况。

四、账户的基本结构

从数量上看，发生经济业务所引起的会计要素变动，无非是增加和减少两个方面，因而账户也分为左方、右方两个方向，一方登记增加，另一方登记减少。至于哪一方登记增加，哪一方登记减少，取决于所记录经济业务和账户的性质。登记本期增加的金额，称为本期增加发生额；登记本期减少的金额，称为本期减少发生额；增减相抵后的差额，称为余额，余额按照表示的时间不同，分为期初余额和期末余额，其基本关系如下：

期末余额 = 期初余额 + 本期增加发生额 － 本期减少发生额

上式中的四个部分称为账户的四个金额要素。从账户的核心部分看，账户的基本格式如表1、表2所示。

表1 资产类、成本费用类账户的结构

科目名称：

摘 要	借 方	贷 方
期初余额		
	本期增加额	本期减少额
期末余额		

表2 负债类、所有者权益类、收益类账户的结构

科目名称：

摘 要	借 方	贷 方
期初余额		
	本期减少额	本期增加额
期末余额		

表1、表2只是账户结构的抽象图示，除此之外，会计账户还应包括以下内容：

(1）账户的名称，即会计科目。会计科目是指一个含义明确、概念清楚、简明扼要、通俗易懂的标准名称。

(2）日期与摘要。记录经济业务的日期与对经济业务简明扼要的说明。

(3）增加额与减少额及余额。账户中有分别记录增加额和减少额的位置，还有记录增减变动的结果即余额的位置。

(4）凭证编号。账户记录要依据一定的证据，可称为记账凭证，凭证按规则编号，可据以索引。

五、账户与会计科目的联系和区别

（一）二者的联系

会计科目与账户都是对会计对象具体内容的科学分类，两者口径一致，性质相同，会计科目是账户的名称，也是设置账户的依据，账户是会计科目的具体运用。没有会计科目，账户便失去了设置的依据；没有账户，就无法发挥会计科目的作用。

（二）二者的区别

会计科目仅仅是账户的名称，不存在结构，而账户则具有一定的格式和结构。在实际工作中，对会计科目和账户不加严格区分，而是相互通用。

第三章 掌握正确的记账方法

第一节 记账概述

一、记账的原理——会计等式

会计等式是反映会计要素之间平衡关系的计算公式,它是各种账务处理方法的理论基础。

(一)资产 = 负债 + 所有者权益

这是最基本的会计等式。我们知道,资产能为企业带来未来经济利益。资产来源于所有者的投入资本和债权人的借入资金及其在生产经营中所产生的效益,分别归属于所有者和债权人。归属于所有者的部分形成所有者权益,归属于债权人的部分形成债权人权益(企业的负债)。

资产和权益(包括所有者权益和债权人权益)实际是企业所拥有的经济资源在同一时点上所表现的不同形式。资产表明的是资源在企业存在、分布的形态,而权益则表明了资源取得和形成的渠道。资产来源于权益,资产与权益必然相等。

企业在生产经营过程中,每天都会发生多种多样、错综复杂的经济业务,从而引起各会计要素的增减变动,但并不影响资产与权益的恒等关系。下面通过分析兴旺公司 2007 年 1 月份发生的几项经济业务,来说明资产与权益的恒等关系。

(1)2007 年 1 月 2 日,兴旺公司收到所有者追加的投资 500000 元,款项存入银行。

分析:这项经济业务使银行存款增加了 500000 元,即等式左边的资产增加了 500000 元,同时等式右边的所有者权益也增加 500000 元,因此并没有改变等式的平衡关系。

(2)2007 年 1 月 10 日,兴旺公司用银行存款归还所欠 B 企业的货款 20000 元。

分析:这项经济业务使兴旺公司的银行存款即资产减少了 20000 元,同时应付账款即负债也减少了 20000 元,也就是说等式两边同时减少 20000 元,等式依然成立。

(3)2007 年 1 月 15 日,兴旺公司用银行存款 80000 元购买一台生产设备,设备已交付使用。

分析：这项经济业务使兴旺公司的固定资产增加了 80000 元，但同时银行存款减少了 80000 元，也就是说企业的资产一项增加一项减少，增减金额相同，因此资产的总额不变，会计等式依然保持平衡。

（4）2007 年 1 月 28 日，由于资金周转困难，兴旺公司向银行借入 100000 元直接用于归还拖欠的货款。

分析：这项经济业务使企业的应付账款减少了 100000 元，同时短期借款增加了 100000 元，即企业的负债一项减少一项增加，增减金额相同，负债总额不变，等式仍然成立。

在实际工作中，企业每天发生的经济业务要复杂得多，但无论其引起会计要素如何变动，都不会破坏资产与权益的恒等关系（会计等式的平衡）。经济业务的发生引起等式两边会计要素变动的方式可以总结归纳为以下四种类型：

（1）经济业务的发生引起等式两边金额同时增加，增加金额相等，变动后等式仍保持平衡。

（2）经济业务的发生引起等式两边金额同时减少，减少金额相等，变动后等式仍保持平衡。

（3）经济业务的发生引起等式左边即资产内部的项目此增彼减，增减的金额相同，变动后资产的总额不变，等式仍保持平衡。

（4）经济业务的发生引起等式右边负债内部项目此增彼减，或所有者权益内部项目此增彼减，或负债与所有者权益项目之间的此增彼减，增减的金额相同，变动后等式右边总额不变，等式仍保持平衡。

资产与权益的恒等关系，是复式记账法的理论基础，也是编制资产负债表的依据。

（二）收入－费用＝利润

企业经营的目的是为了获取收入，实现盈利。企业在取得收入的同时，也必然要发生相应的费用。通过收入与费用的比较，才能确定企业一定时期的盈利水平。

广义而言，企业一定时期所获得的收入扣除所发生的各项费用后的余额，即表现为利润。在实际工作中，由于收入不包括处置固定资产净收益、固定资产盘盈、出售无形资产收益等，费用也不包括处置固定资产净损失、自然灾害损失等，所以，收入减去费用，并经过调整后，才等于利润。收入、费用和利润之间的上述关系，是编制利润表的基础。

二、记账方法的种类

记账方法,是指根据一定的原理和原则,运用一定的记账符号和记账规则,用价值计量,在账户中记录经济业务的专门方法。简而言之,即指在会计账户中登记经济业务的方法。作为一种记账方法,一般包括记录经济业务的方式、记账原理、记账符号、平衡公式、记账规则和试算平衡方法等要素。

记账方法,按记录经济业务的方式不同,可分为单式记账法和复式记账法。

单式记账法,是比较简单的一种记账方法,账户之间的记录没有直接联系,也没有相互平衡的关系,缺乏科学性,一般不采用。复式记账法,是指对每一笔经济业务,在两个或两个以上相关联的账户中进行记录的一种记账方法。每一笔经济业务的发生,客观上都要引起两方面的变化,如从银行存款提取现金,这笔经济业务的发生,一方面是记录"银行存款"的减少;另一方面是记录"现金"的增加,这样,同时反映两方面的变化,才能表达经济业务的全貌。对发生的各项经济业务,都要至少在两个账户中相互联系地进行分类记录,对一定时期发生的全部经济业务的记录,进行全面的试算平衡,比较科学。复式记账法,由于记账符号、账户分类、记账规则和试算平衡的不同,又可分为借贷记账法、增减记账法、收付记账法。为了使会计的记账方法与国际惯例接轨,我国均采用借贷记账法。

第二节 借贷记账法

一、借贷记账法的含义

借贷记账法是指以"借"、"贷"为记账符号的一种复式记账法。复式记账法是指对每一笔经济业务,都要在两个或两个以上的相互联系的账户中以借贷方相等的金额进行登记的记账方法。

借贷记账法产生于12世纪的意大利。当时由于海上贸易的不断发展,所使用货币的种类、重量和成色等日益复杂,通过银行进行转账结算便受到人们的普遍欢迎。银行为了办理转账结算业务,设计了"借"、"贷"两个记账方向,将债权记入"借方",将债务记入"贷方"。到了15世纪初期,人们除增设了"资本"、"损益"账户外,又增设了"余额"账户,进行全部账户的试算平衡。随后借贷记账法传遍欧洲、美洲等世界各地,成为世界通用的记账方法。借贷记账法20世纪初由日本传入我国,目前成为我国法定的记账方法。

二、借贷记账法的记账符号

顾名思义，借贷记账法以"借"、"贷"为记账符号，分别作为账户的左方和右方。这里的"借"、"贷"已失去其原有的含义，变成了纯粹的记账符号。至于"借"表示增加还是"贷"表示增加，则取决于账户的性质及结构。

三、借贷记账法的记账规则

从上述两类账户中不难分析出，经济业务无论怎样复杂，均可概括为以下四种类型：

（1）资产与权益同时增加，总额增加；
（2）资产与权益同时减少，总额减少；
（3）资产内部有增有减，总额不变；
（4）权益内部有增有减，总额不变。

无论哪一种类型的经济业务，都将以相等的金额记入有关账户的借方，同时记入有关账户的贷方。以上四种经济业务的记账方法如表3所示。

表3 各种经济业务的记账规则

经济业务	（1）资产与权益同时增加，总额增加。
账务处理	借：资产类科目　贷：权益类科目
经济业务	（2）资产与权益同时减少，总额减少。
账务处理	借：权益类科目　贷：资产类科目
经济业务	（3）资产内部有增有减，总额不变。
账务处理	借：资产类科目　贷：资产类科目
经济业务	（4）权益内部有增有减，总额不变。
账务处理	借：权益类科目　贷：权益类科目

现举例说明如下：

（1）企业收到投资人10000元投资，存入银行。此项业务中，一方面使资产类中的"银行存款"账户增加10000元，记入该账户借方，另一方面使权益类中的"实收资本"账户增加10000元，记入该账户贷方，借贷金额相等。

（2）企业用银行存款5000元偿还短期借款。此项业务中，一方面使资产类中的"银行存款"账户减少5000元，记入该账户贷方，另一方面使权益类中的"短期借款"账户减少5000元，记入该账户借方，借贷金额相等。

（3）企业以银行存款3000元购买材料。此项业务中，一方面使资产类中的"原材料"账户增加3000元，记入该账户借方，另一方面使资产类中的"银行存款"账户减少 3000 元，记入该账户贷方，借贷金额相等。

（4）企业从银行借入短期借款 6000 元，直接偿还应付账款。此项业务中，一方面使权益类中的"短期借款"账户增加 6000 元，记入该账户贷方，另一方面使权益类中的"应付账款"账户减少 6000 元，记入该账户借方，借贷金额相等。

综上所述，借贷记账法的记账规则为：有借必有贷，借贷必相等。

四、借贷记账法的试算平衡

为了检验一定时期内所发生经济业务在账户中记录的正确性，在会计期末应进行账户的试算平衡。所谓试算平衡，是指根据资产与权益的恒等关系以及借贷记账法的记账规则，检查所有账户记录是否正确的过程，包括发生额试算平衡法和余额试算平衡法两种方法。

（一）发生额试算平衡法

发生额试算平衡法是根据本期所有账户借方发生额合计与贷方发生额合计的恒等关系，检验本期发生额记录是否正确的方法。公式为：

全部账户本期借方发生额合计＝全部账户本期贷方发生额合计

在借贷记账法中，根据"有借必有贷，借贷必相等"的记账规则，每一笔经济业务都要以相等的金额，分别记入两个或两个以上相关账户的借方和贷方，借贷双方的发生额必然相等。推而广之，将一定时期内的经济业务全部记入有关账户之后，所有账户的借方发生额合计与贷方发生额合计也必然相等。对上述四项业务进行账务处理后，编制发生额试算平衡表如表 4 所示。

表4　试算平衡表

会计科目	期初余额		本期发生额		期末余额	
	借方	贷方	借方	贷方	借方	贷方

（二）余额试算平衡法

金额试算平衡法是根据本期所有账户借方余额合计与贷方余额合计的恒等关系，检验本期账户记录是否正确的方法。根据余额时间不同，又分为期初余额平衡与期末余额平衡两类。期初余额平衡是期初所有账户借方余额合计与贷方余额合计相等，期末余额平衡是期末所有账户借方余额合计与贷方余额合计相等，这是由"资产＝负债＋所有者权益"的恒等关系决定的。公式为：

全部账户的借方期初余额合计＝全部账户的贷方期初余额合计

全部账户的借方期末余额合计＝全部账户的贷方期末余额合计

实际工作中，余额试算平衡是通过编制试算平衡表方式进行的。

在编制试算平衡表时，应注意以下几点：

第一，必须保证所有账户的余额均已记入试算表。因为会计等式是对五项会计要素整体而言的，缺少任何一个账户的余额，都会造成期初或期末借方余额合计与贷方金额合计不相等。

第二，如果试算表借贷不相等，肯定账户记录有错误，应认真查找，直到实现平衡为止。

第三，即便实现了有关三栏的平衡关系，并不能说明账户记录绝对正确，因为有些错误并不会影响借贷双方的平衡关系。例如：漏记某项经济业务，将使本期借贷双方的发生额发生等额减少，借贷仍然平衡；重记某项经济业务，将使本期借贷双方的发生额发生等额虚增，借贷仍然平衡；某项经济业务错记有关账户，借贷仍然平衡；某项经济业务在账户记录中，颠倒了记账方向，借贷仍然平衡；借方或贷方发生额中，偶然发生多记少记并相互抵消，借贷仍然平衡等。

因此在编制试算平衡表之前，应认真核对有关账户记录，以消除上述错误。

小案例："不计差错"就是错

出纳差错是出纳业务素质、技术水平诸因素造成的现金差错。现在，对临柜现金差错，金融系统基本上还是采取"行政处罚为主，经济处罚为辅"的办法，其中"短款自赔"就是经济处罚的一种手段。专业银行实施企业化管理以后，采取出纳差错率考核，出纳差错问题普遍受到各家银行的重视，目前，某些银行在制定企业化管理改革措施时，把经济处罚作为主要手段，对出纳采取"以罚代管"的办法，实行内部"短款自赔，不计差错"的做法。但我们认为，实行"短款自赔"未尝不可，但"不计差错"就未必可行了。

当前，随着金融改革步伐的加快，各专业银行的经营管理得到了进一步加强，各专业银行在系统内普遍建立和健全了岗位责任制，并制定了相应的考核办法，如有的银行采取了"全赔处罚"形式处理出纳短款。这种做法实际上打破了长期以来金融系统处理出纳错款施用行政处罚手段为主的惯例。从现在情况看，"短款自赔"虽然不可避免地给出纳带来心理压力，但由于这项措施看得见、摸得着，同时避免了行政处罚所存在的感情因素，所以容易被出纳接受。因此，这种做法对提高出纳业务素质、增强出纳责任心，有更加积极的作用。

但是，众所周知，金融部门把长短款作为出纳现金差错是现行国家会计出纳制度的规定，这个规定明确了出纳现金差错是以长短款为基准的。据此，"短款即差错"是毋庸置疑的。某些银行按照"短款—差错—自赔—无差错"的思路，以自赔抵消短款，实行"短款自赔不计差错"，这实质上只承认了短款的客观性，否认了差错的必然性，理由如下。

其一，"不计差错"掩盖了出纳差错的真实性，容易给决策管理部门造成错觉，带来工作失误。"短款自赔"虽然是某些银行自行采取的经济处罚措施，但它是在既成短款事实的情况下实行的，而"不计差错"则是对差错的纯"技术处理"。

其目的是通过自赔来否认差错。这种用主观性否定客观性的做法，一旦以报表形式实现，其危害是很大的，它不仅给上级领导决策和主管部门造成错觉，导致指挥失误，而且容易造成忽视管理工作中的漏洞，诱发"短款不报，以长补短"的现象，也不利出纳的思想政治建设。

其二，"不计差错"使管理部门产生依赖性，放松对出纳的管理。"不计差错"制度一旦形成，出纳短款可以通过自赔得到内部处理，出纳差错率控制权由出纳掌握，主管部门便不必再为出纳短款而头痛，对出纳的管理就可以放手，因而便可能出现"甩手掌柜"的情况。

其三，"不计差错"使出纳管理工作陷入被动。"不计差错"从某种角度理解，就是出纳短款只要自赔，就不作为工作差错对待。由于这个原因，出纳不再会自觉接受主管部门的管理，从而使主管部门工作陷入被动。

其四，"不计差错"破坏了执行出纳制度的严肃性。出纳制度明确规定："一旦发生差错事故，应及时向有关部门报告，并采取有力措施认真查找"。实行"不计差错"办法后，实际差错得不到反映和上报，必然影响执行出纳制度。

其五，"不计差错"给考评、考核、考察工作带来了盲目性。"不计差错"以自赔为原则，不反映实际差错情况，从而造成不能如实考核出纳工作，给评选先进、职称认定、晋级加薪、提拔任用等增加了考评、考核、考察难度。

根据上述分析，建议将"出纳自赔不计差错"改为"出纳自赔，统计差错，不作考核"。即把短款自赔部分统计差错上报，但不作考核内容，这样既能加强对出纳的考绩考评，又利于各级主管部门掌握了解情况，更好地进行出纳工作的管理。

第四章　了解会计凭证

第一节　会计凭证概述

一、会计凭证的含义

会计凭证，是指记录经济业务，明确经济责任，并作为记账依据的书面证明，也是组织、协调经济活动，传输经济信息，进行会计工作的重要手段。

每个会计主体办理任何一项经济业务，都必须办理凭证手续，由执行或完成该项经济业务的有关人员填制或取得会计凭证，详细载明各项经济业务的内容，并在会计凭证上签名或盖章，明确经济责任。对填制或取得的会计凭证，都要有有关人员进行审核，经审核无误并由审核人员签章后，才可作为记账的依据。填制和取得会计凭证是会计核算工作的初始和基本环节，也是会计核算的专门方法。

出纳记账的依据是会计凭证，办理各项货币资金收付的依据也是会计凭证，出纳人员不但要受理和审核（是指出纳人员受理凭证时的复核，不是主管费用报销等人的审核）各种会计凭证，而且还要填制大量会计凭证来明确经济责任和传递会计信息。

会计凭证的种类繁多，但就常用的会计凭证来说，按其填制程序和用途，可以分为两类：原始凭证和记账凭证。

二、会计凭证的设计

会计凭证设计，就是根据被设计单位的实际情况，对凭证的种类、内容、用途、格式、传递程序作出科学的规划，绘制出科学、规范的格式，以便为完整、及时、真实地记录经济活动提供所需要的信息载体。

会计人员在设计会计凭证时，应遵循以下原则。

（一）统一性原则

统一性原则要求凭证的内容和格式应尽量做到统一和标准化。全国使用的凭证如车船票、机票、增值税专用发票等，有关部门设计时应做到全国统一，不能大小不一、内容不一。一个单位内部使用的凭证更应做到标准化。贯彻统一性原则不仅使凭证内容更清晰，同时也便于装订和归档保存，还有利于机械化操作和在全国范围内传递及使用。

（二）清晰性原则

清晰性原则要求设计者做到：
（1）能全面反映经济活动的真实情况。
（2）凭证要素齐全。
（3）中心内容或主要内容排列在凭证的重要位置。
（4）对记账凭证而言，科目对应关系清楚，不仅有总账科目的位置，还要有明细科目的位置。
（5）颜色鲜明，易于区分不同用途的联次。

（三）有利于加强经济核算和内部控制原则

自制的许多原始凭证是为加强经济核算和企业内部管理服务的，因此，设计时应充分注意贯彻这一原则。

（四）经济性原则

经济性原则要求设计者做到：
（1）尽量考虑一证两用或多用，以节约纸张和减少数字的转抄。
（2）凭证面积以能充分反映业务内容为原则，不宜过大或过小。过大浪费纸张；过小则不便于保管。
（3）专用凭证的常用项目应事先印刷在凭证上，以免手写耽误时间且影响整洁和美观。

第二节 原始凭证

一、原始凭证的含义与种类

原始凭证是在经济业务发生或完成时取得的，用以证明经济业务已经发生或完成的最初书面证明文件，是会计核算的原始资料，编制记账凭证的依据。根据不同的管理目的，可对原始凭证进行如下分类。

（一）按取得来源分类

原始凭证按取得来源可分为自制原始凭证和外来原始凭证。自制原始凭证是单位内部发生经济业务时，由本单位内部经办业务的单位或个人填制的凭证。外来原始凭证是与外单位发生经济业务时，从外单位取得的凭证。

（二）按填制手续分类

原始凭证按填制手续可分为一次凭证、累计凭证和汇总凭证。一次凭证是指填制手续一次完成，一次记录一项或若干项经济业务的原始凭证。一次凭证是一次有效的凭证，已填列的凭证不能重复使用。外来的原始凭证都是一次凭证，自制原始凭证中的收料单、发货票、银行结算凭证等都是一次凭证。累计凭证是在一定时期内，在一张凭证上，连续多次记录不断重复发生的同类经济业务的原始凭证，随时计算累计数及结余数，以便按计划或限额进行控制。制造业的限额领料单是典型的累计凭证。汇总凭证是将一定时期内记录同类经济业务的若干张原始凭证汇总起来编制的原始凭证。

（三）按所起作用分类

原始凭证按所起作用可分为通知凭证、执行凭证和计算凭证。通知凭证是对某项经济业务起通知或指示作用的凭证，对这类凭证的管理，不能完全等同于其他原始凭证，因为其不能证明经济业务已经完成。执行凭证是对某项经济业务执行后填制的原始凭证，可以证明经济业务已经完成。计算凭证也是某项经济业务完成后填制的原始凭证，可以证明经济业务完成，但是，该凭证上的数字是按照一定的方法计算后形成的。

二、原始凭证的基本内容和格式

（一）原始凭证包括的基本内容

（1）填制凭证的名称，如收料单、领料单、销货单、出库单、发货票、收据等。
（2）填制凭证的日期及编号。
（3）接受凭证单位的名称。
（4）经济业务的具体内容，如发货票包括货品的品种、规格、数量、单价、金额和总额等。
（5）填制单位的名称和填制人员的签名或盖章，如果是外来原始凭证，还必须有填制单位所盖的公章。

（二）原始凭证的格式

为了使原始凭证的内容能协调一致，满足有关单位核算和管理上的需要，应由主管部门为同类的经济业务制定统一的格式。

三、原始凭证的设计

原始凭证按其来源不同，分为两种：自制凭证和外来凭证。对于外来凭证，不在本企业会计制度设计的范围之内。因而原始凭证的设计侧重于自制原始凭证的设计。

在设计自制原始凭证时，应着重考虑每一类经济业务发生时需要记录哪些方面的内容；处理各类经济业务分别需要经由哪些手续；据以编制记账凭证或登记分类账、日记账时各有哪些要求；审核原始凭证应把握哪些要件等。应根据这些来规定原始凭证设计的种类、内容、格式和联次等。

（一）原始凭证设计的基本内容

原始凭证设计的基本内容包括：原始凭证的名称；接受凭证单位的名称；填制凭证的日期；经济业务的内容摘要；经济业务所涉及的数量、单价和金额；填制凭证单位、人员的签章；凭证的编号；凭证的联次、附件等。

（1）确定所需原始凭证的种类。
（2）明确各种原始凭证的用途。
（3）拟定原始凭证的格式。
（4）规定原始凭证的传递程序。
（5）严格原始凭证的保管制度。

（二）原始凭证设计应遵循的要求

在原始凭证设计过程中，还应注意遵循下列要求。
（1）要适应企业生产经营的特点，兼顾统计部门、业务部门以及其他有关部门对业务管理的具体要求。
（2）要适应企业内部机构设置和人员分工情况，贯彻内部控制制度，加强各业务部门和经办人员的责任意识，防止错误及舞弊行为。
（3）要保证原始凭证简便易行，以使会计信息及时、高效传递。
（4）要正确处理好借鉴与改进的关系，尤其对于有统一规范格式的原始凭证，如非必要应尽量采用，以简化设计工作，保证会计实务规范统一。

四、原始凭证的填制

原始凭证是进行会计核算的重要原始依据，是具有法律效力的证明文件。因此，为了保证原始凭证能够正确、及时、清晰地反映经济业务的真实情况，原始凭证的填制必须符合下列基本要求。

（一）凭证记录内容要真实

凭证上填制的日期、业务内容、数量、金额等，必须与实际情况完全符合，确保凭证所反映的经济业务真实可靠。从外单位取得的原始凭证的号码、金额和内容等，由经办单位会计机构负责人、会计主管人员和单位领导人批准后，才能作原始凭证。如果确实无法取得证明的，如火车、轮船、飞机票等凭证，由当事人写出详细情况，由经办单位会计机构负责人、会计主管人员和单位领导人批准后，代作原始凭证。

（二）凭证填写要素要齐全

原始凭证必须按规定的格式，将内容逐项填写齐全，不得遗漏，必须符合手续完备的要求，并做到如下几点。

（1）凡填有大写和小写金额的原始凭证，大写与小写必须相符；购买实物的原始凭证，必须有验收证明；支付款项的原始凭证，必须有收款单位和收款人的收款证明。

（2）一式几联的原始凭证，应当注明各联的用途，只能以一联作为报销凭证；一式几联的发票和收据，必须用双面复写纸套写，并连续编号；作废时应当加盖"作废"戳记，连同存根一起保存，不得撕毁。

（3）职工因公出差的借款凭据，必须附在记账凭证之后；收回借款时，应当另开收据或者退还借据副本，不得退还原借款收据。

（4）发生销货退回的，除应填制退货发票外，还必须有退货验收证明；退款时，必须取得对方的收款收据或者汇款银行的凭证，不得以退货发票代替收据。

（5）填制的原始凭证必须由经办人员和部门签名盖章。从外单位取得的原始凭证，必须盖有填制单位的公章；从个人取得的原始凭证，必须有填制人员的签名或者盖章。自制原始凭证必须有经办单位领导人或者指定的人员签名或者盖章。对外开出的原始凭证，必须加盖本单位公章。

（6）如果一张原始凭证所列支出需要几个单位共同负担的，应当将其他单位负担的部分，开给对方原始凭证分割单，进行结算；原始凭证分割单必须具备原始凭证的基本内容：凭证名称、填制日期、填制凭证单位名称、经济业务内容、数量、单价、金额和费用分摊情况等。

（7）经上级有关部门批准的经济业务，应当将批准文件作为原始凭证附件；如果批准文件需要单独归档的，应当在凭证上注明批准名称、日期和文件字号。

（三）凭证的书写要清楚、规范

原始凭证要用蓝色或黑色墨水笔书写（套写可用圆珠笔），文字、数字以及填写的格式要规范，不得随意简化和省略，字迹要工整、清晰具体书写要求见第六章第一节。

（四）各种凭证不得随意涂改、刮擦、挖补

在凭证填写发生错误需要更改时，应用划线更正法予以更正，即用红墨水笔将错误的文字或数字划红线注销，再将正确的文字或数字用蓝字写在画线部分的上方，并加盖经手人的印章。填写支票必须使用碳素笔，对提交银行的各种结算凭证的大小写金额，一律不准更改，如果填写错误应加盖"作废"戳记重新填写。

（五）各种原始凭证必须连续编号以便查考

如果凭证已预先印有编号，在写坏作废时，应加盖"作废"戳记，妥善保存，不得撕毁。必须及时地填制各种凭证，并应按规定程序及时送交财会部门，由有关人员加以审核，据以填制记账凭证。

五、自制原始凭证的审核

自制原始凭证绝大部分涉及的是物资出入库、费用分配和结转等转账业务，为此，应审核凭证所列的经济业务是否存在如下情况。

（1）未按国家规定和有关计划使用资金。
（2）多计或少计了成本费用，形成了虚假利润。
（3）未按规定的渠道、标准、比例提取费用或摊销费用。
（4）物资核算不实，虚假冒领。
（5）费用的发生不合理。

不符合要求的自制原始凭证均不能接受，具体如下。

（1）没有经办人员的签名或者盖章。
（2）凭证摘要填写不清楚。
（3）凭证的联次不符。
（4）凭证有涂改。
（5）凭证所列的经济业务不符合开支范围、开支标准。
（6）凭证所列的金额、数量计算不正确。

六、外来原始凭证必须具备的内容

根据财政部《会计基础工作规范》第四十八条的规定，外来原始凭证必须具备如下内容。

（一）凭证的名称

外来原始凭证必须有明确的名称，以便于凭证的管理和业务处理。

（二）填制凭证的日期

凭证填制的日期就是经济业务发生的日期，便于对经济业务的审查。

（三）填制凭证单位名称或者填制人姓名

填制的单位或个人是经济业务发生的证明人，有利于了解经济业务的来龙去脉。

（四）经办人员的签名或者盖章

凭证上的签名、盖章人，是经济业务的直接经办人，签名、盖章可以明确经济责任。

（五）接受凭证单位名称

证明经济业务是否确实是本单位发生的，以便于记账和查账。值得注意的是，单位的名称必须是全称，不得省略。例如，"北京市××五金商贸有限公司"，不得写为"五商公司"。

（六）经济业务内容

完整地填写经济业务的内容，便于了解经济业务的具体情况，检查其真实性、合理性和合法性。

（七）数量、单价和金额

这是经济业务发生的量化证明，是保证会计资料真实性的基础。特别是大、小写金额必须按规定完整地填写，防止出现舞弊行为。

七、外来原始凭证的审核

外来原始凭证种类繁多，格式各异，在审核时要重点注意以下几个方面。

（一）凭证真实性的审核

凭证是否真实，例如，是否为税务局的统一发票，防止虚假发票；凭证所记载的经济业务是否真实发生；开出发票的单位是否存在等。

（二）凭证完整性的审核

即审核外来原始凭证所应填写的内容是否全部具备，不得有遗漏。

（三）凭证合规性的审核

凭证所记载的经济业务是否符合有关财经法规和会计制度的规定；是否符合开支标准；凭证所填写的文字和金额是否字迹清楚、规范，使用的笔和颜色是否符合要求等。

失真、违规或不完整的外来原始凭证均不能接受，具体如下。

（1）应盖有税务局发票监制章、填制凭证单位公章，而未加盖。
（2）未填写填制凭证单位名称或者填制人姓名，没有经办人员的签名或者盖章。
（3）填制单位的名称与所盖的公章不符。
（4）未填写接受凭证单位名称或者填写的名称与本单位不符。
（5）凭证的联次不符。
（6）凭证有涂改。
（7）凭证所列的经济业务不符合开支范围、开支标准。
（8）凭证所列的金额、数量计算不正确。

第三节 记账凭证

一、记账凭证的含义

记账凭证是会计人员根据审核后的原始凭证进行归类、整理，并确定会计分录而编制的凭证，是直接凭以登账的依据。记账凭证记载的是会计信息，从原始凭证到记账凭证是经济信息转换成会计信息的过程，是一种质的飞跃。

记账凭证要根据原始凭证所反映的经济业务，按规定的会计科目和复式记账方法，编成会计分录，以确保账簿记录的准确性。这是由于原始凭证只表明经济业务的具体内容，不能反映其归类的会计科目和记账方向，不能凭此直接入账。而且原始凭证多种多样，其格式、大小也不尽一致。为了做到分类反映经济业务的内容，必须按会计核算方法的要求，将其归类、整理为能据以入账的形式，指明应记入的账户名称以及应借、应贷的金额。

二、记账凭证的种类

（一）收款凭证、付款凭证和转账凭证

记账凭证按其反映的经济业务是否与货币资金有关，可以分为收款凭证、付款凭证和转账凭证。

1. 收款凭证

收款凭证是用以反映货币资金收入业务的记账凭证，根据货币资金收入业务的原始凭证填制而成。实际工作中，出纳人员应根据会计管理人员或指定人员审核批准的收款凭证，作为记录货币资金的收入依据。出纳人员根据收款凭证收款（尤其是收入现金）时，要在凭证上加盖"收讫"戳记，以避免差错。收款凭证一般按现金和银行存款分别编制。

2. 付款凭证

付款凭证是用以反映货币资金支出业务的记账凭证，根据货币资金支出业务的原始凭证填制而成。实际工作中，出纳人员应根据会计主管人员或指定人员审核批准的付款凭证，作为记录货币资金支出并付出货币资金的依据。出纳人员根据付款凭证付款时，要在凭证上加盖"付讫"戳记，以免重付。

3. 转账凭证

转账凭证是用以反映与货币资金收付无关的转账业务的凭证，根据有关转账业务的原始凭证或记账凭证编制填制而成。

收款凭证、付款凭证和转账凭证分别用以记录货币资金收入事项、货币资金支出事项和转账业务（与货币资金收支无关的业务），为便于识别，各种记账凭证一般印制成不同颜色。

会计实务中，某些经济业务既是货币资金收入业务，又是货币资金支出业务，如现金和银行存款之间的划转业务。为了避免记账重复，对于这类业务一般编制付款凭证，不编制收款凭证。即：将现金存入银行时，编制现金付款凭证；从银行存款提取现金时，编制银行存款付款凭证。

（二）复式记账凭证和单式记账凭证

1. 复式记账凭证

复式记账凭证是把一项经济业务所涉及的会计科目，集中填列在一张凭证上的记账凭证，即一张凭证上登记两个或两个以上的会计科目，既有"借方"，又有"贷方"。如收款凭证、付款凭证、转账凭证和通用凭证都是复式记账凭证。其优点在于集中反映账户的对应关系，了解经济业务的全貌，减少凭证数量，节约纸张。其缺点是不便于汇总计算每一会计科目的发生额。

2. 单式记账凭证

单式记账凭证是把一项经济业务所涉及的会计科目，分别按每个会计科目填制凭证的记账凭证，即把同类经济业务所涉及的会计科目分别记入两张或两张以上的记账凭证中，每张记账凭证只填列一个会计科目。

三、记账凭证的填制和审核

（一）记账凭证的基本要素

记账凭证是登记账簿的直接依据，它是在审核无误的原始凭证的基础上系统归类整理编制而成的。记账凭证有很多种类，同一种类的记账凭证又有不同的格式，但所有的记账凭证都必须具备下列基本内容。

（1）记账凭证的名称。
（2）记账凭证的编号。
（3）填制凭证的日期。
（4）有关经济业务内容提要。
（5）有关账户的名称（包括总账、明细分类账）、方向和金额。
（6）有关原始凭证张数和其他有关资料份数。
（7）有关人员的签名或盖章。

（二）记账凭证的填制要求

填制记账凭证，就是由会计人员将各项记账凭证要素按规定方法填写齐全，便于账簿登记。

记账凭证虽有不同格式，但就记账凭证确定会计分录、便于保管和查阅会计资料来看，各种记账凭证除严格按原始凭证的填制要求填制外，还应注意以下几点。

（1）要将经济业务的内容以简练概括的文字填入"摘要"栏内。这样做对于日后查阅凭证十分必要，也是做好记账工作的一个重要方面。

（2）要根据经济业务的性质，按照会计制度所规定的会计科目和每一会计科目所核算的内容，正确编制会计分录，从而确保核算口径一致，以便于指标的综合汇总和分析对比，同时，也有助于根据正确的账户对应关系，了解有关经济业务的完成情况。

（3）每张记账凭证只能反映一项经济业务，除少数特殊业务必须将几个会计科目填在一张记账凭证上外，不得将不同类型经济业务的原始凭证合并填制记账凭证，对同一笔经济业务不得填制对应关系不清的多借多贷的记账凭证。

（4）附件数量完整。除结账与更正差错的记账凭证可以不附原始凭证外，其他记账凭证必须附有原始凭证，以便于复核会计分录是否正确，也便于日后查阅原始凭证。

（5）填写内容齐全。记账凭证中的各项内容必须填写齐全，并按规定程序办理签章手续，不得简化。

（6）凭证顺序编号。记账凭证应按业务发生顺序连续编号，若一笔经济业务需填制多张记账凭证的，可以采用按该项经济业务的记账凭证数量编列分数顺序号的方法，如前面的整数为总顺序号，后面的分数为该项经济业务的分号，分母表示该项经济业务的记账凭证总张数，分子表示该项经济业务的顺序号。

若记账之前发现记账凭证有错误，应重新编制正确的记账凭证，并将错误凭证作废或撕毁。已经登记入账的记账凭证，在当年内发现填写错误时，应用红字填写一张与原内容相同的记账凭证，在摘要栏注明"注销×月×日×号凭证"，同时再用蓝字重新填制一张正确的记账凭证，注明"订正×月×日×号凭证"。

如果会计科目没有错误，只是金额错误，也可以将正确数字与错误数字之间的差额，另编一张调整的记账凭证。调整时，调增金额用蓝字，调减金额用红字。发现以前年度的错误，应用蓝字填制一张更正的记账凭证。

（三）记账凭证的审核

记账凭证是登记账簿的直接根据，需要严格审核，确保其正确无误。记账凭证的审核，主要包括以下方面。

调增金额用蓝字，调减金额用红字。发现以前年度的错误，应用蓝字填制一张更正的记账凭证。

（1）所附原始凭证是否齐全，是否经过审核，原始凭证所记录的经济业务内容和数额与记账凭证是否一致。

（2）会计科目和核算内容是否与财务会计制度的规定相符，会计分录和账户对应关系是否正确,金额正确与否。

(3)需要填制的内容是否有遗漏。

审核时发现错误,要查清原因,按规定更正。

(四)计算机凭证的审核

1.凭证审核的重要性

对计算机凭证的审核是会计工作中非常重要的工作环节。按照会计制度的规定,输入的凭证必须经过审核并确认无误签章后方可在计算机中生效,设置凭证审核功能的目的在于防止凭证输入人员有意或无意的错误,因此,只有认真审核凭证,才能保证会计信息的质量。

在电算化日常账务系统中,编制并输入记账凭证几乎是唯一由人工进行的操作,所有账簿的数据都是由计算机自动计算汇总记账凭证产生的,用户无法在记账过程中再次确认和计量,所以对记账凭证的审核就更加重要了,只有做好记账凭证的审核工作,才能为以后获得正确的账簿数据、报表数据打好基础。根据会计电算化管理制度的规定,输入计算机内的记账凭证必须进行审核,这是会计电算化账务系统非常重要的工作环节。尽管账务处理系统在凭证录入的过程中设计了大量的正确性检验功能,但一些人为的错误,计算机系统是很难检测的,这就要求审核人员检验原始凭证的内容是否与记账凭证的内容完全一致。

2.记账凭证不同输入方式的审核

(1)如果记账凭证是根据手工编制的记账凭证输入到计算机上,记账凭证的审核主要是审核输入计算机内的记账凭证是否与审核无误的手工记账凭证相同,有无输入错误。同时也应对手工记账凭证做进一步的复核,这种复核与手工审核内容相同。根据会计制度要求,审核有关会计业务是否真实、合法;记账凭证是否与原始凭证相符;会计分录编制是否正确。

(2)如果记账凭证是根据原始凭证直接在计算机上编制的,凭证审核人员按照会计制度的要求,对凭证录入人员输入的凭证进行检查核对。审核认为有错误的记账凭证,应退回凭证录入人员重新修改。输入错误的凭证,录入员应及时改正。只有审核无误的记账凭证才能据以登记账簿。

第四节　会计凭证的传递与保管

一、会计凭证的传递

会计凭证的传递，是指各种会计凭证从填制、取得到归档保管为止的全部过程，即在企业、事业和行政单位等内部有关人员和部门之间传送、交接的过程。

（一）传递的作用

为了能够利用会计凭证及时反映各项经济业务，提供会计信息，发挥会计监督的作用，必须正确、及时地进行会计凭证的传递，不得积压。正确组织会计凭证的传递，对于及时处理和登记经济业务，明确经济责任，实行会计监督，具有重要作用。从一定意义上说，会计凭证的传递起着在单位内部经营管理各环节之间协调和组织的作用。会计凭证传递程序是企业管理规章制度重要的组成部分，传递程序的科学与否，说明该企业管理的科学程序。

1．有利于完善经济责任制度

经济业务的发生或完成及记录，是由若干责任人共同负责，分工完成的。会计凭证作为记录经济业务、明确经济责任的书面证明，体现了经济责任制度的执行情况。单位会计制度可以通过会计凭证传递程序和传递时间的规定，进一步完善经济责任制度，使各项业务的处理顺利进行。

2．有利于及时进行会计记录

从经济业务的发生到账簿登记有一定的时间间隔，通过会计凭证的传递，能使会计部门尽早了解经济业务发生和完成情况，并通过会计部门内部的凭证传递，及时记录经济业务，进行会计核算，实行会计监督。

（二）注意事项

在制定会计凭证的传递程序、规定其传递时间时，应注意两个方面的问题，合理组织会计凭证的传递。

1．定传递路线

各单位应根据经济业务的特点，结合内部机构和人员分工情况以及满足经营管理和会计核算的需要，规定会计凭证的传递程序，并据此规定会计凭证的份数，使经办业务的部门和人员能够及时地办理各种凭证手续，既符合内部牵制原则，又能加速业务处理过程，提高工作效率。

2. 定传递时间

各单位要根据有关部门和人员办理经济业务的情况，恰当地规定凭证在各环节的停留时间和交接时间。

总之，会计凭证的传递既要能够满足内部控制制度的要求，使传递程序合理有效，同时又要尽量节约传递时间，减少传递的工作量。

二、会计凭证的保管

会计凭证的保管是指会计凭证记账后的整理、装订、归档和存查工作。

（一）会计凭证保管的要求

会计凭证的保管主要有下列要求：

（1）会计凭证应定期装订成册，防止散失。从外单位取得的原始凭证遗失时，应取得原签发单位盖有公章的证明，并注明原始凭证的号码、金额、内容等，由经办单位会计机构负责人、会计主管人员和单位负责人批准后，才能代作原始凭证。若确实无法取得证明的，如车票丢失，则应由当事人写明详细情况，由经办单位会计机构负责人、会计主管人员和单位负责人批准后，代作原始凭证。

（2）会计凭证封面应注明单位名称、凭证种类、凭证张数、起止号数、年度、月份、会计主管人员、装订人员等有关事项，会计主管人员和保管人员应在封面上签章。

（3）会计凭证应加贴封条，防止抽换凭证。原始凭证不得外借，其他单位如有特殊原因确实需要使用时，经本单位会计机构负责人、会计主管人员批准，可以复制。向外单位提供的原始凭证复制件，应在专设的登记簿上登记，并由提供人员和收取人员共同签名、盖章。

（4）原始凭证较多时，可单独装订，但应在凭证封面注明所属记账凭证的日期、编号和种类，同时在所属的记账凭证上应注明"附件另订"及原始凭证的名称和编号，以便查阅。

（5）每年装订成册的会计凭证，在年度终了时可暂由单位会计机构保管一年，期满后应当移交本单位档案机构统一保管；未设立档案机构的，应当在会计机构内部指定专人保管。出纳人员不得兼管会计档案。

（6）严格遵守会计凭证的保管期限要求，期满前不得任意销毁。

（二）会计凭证的装订

会计凭证的装订是指把定期整理完毕的会计凭证按照编号顺序，外加封面、封底，装订成册，并在装订线上加贴封签。在封面上，应写明单位名称、年度、月份、记账凭证的种类、起讫日期、起讫号数,以及记账凭证和原始凭证的张数,并在封签处加盖会计主管的骑缝图章。如果采用单式记账凭证,在整理装订凭证时,必须保持会计分录的完整。为此,应按凭证号码顺序还原装订成册,不得按科目归类装订。对各种重要的原始单据,以及各种需要随时查阅和退回的单据,应另编目录,单独登记保管,并在有关的记账凭证和原始凭证上相互注明日期和编号。

1. 会计凭证装订的要求

会计凭证装订的要求是既美观大方又便于翻阅,所以在装订时要先设计好装订册数及每册的厚度。一般来说,一本凭证,厚度以 1.5～2.0 厘米为宜,太厚了不便于翻阅核查,太薄了又不利于戳立放置。凭证装订册数可根据凭证多少来定,原则上以月份为单位装订,每月订成一册或若干册。有些单位业务量小,凭证不多,把若干个月份的凭证合并订成一册就可以,只要在凭证封面注明本册所含的凭证月份即可。

为了使装订成册的会计凭证外形美观,在装订时要考虑到凭证的整齐均匀,特别是装订线的位置,如果太薄时可用纸折一些三角形纸条,均匀地垫在此处,以保证它的厚度与凭证中间的存度一致。

2. 会计凭证的装订步骤

会计凭证的装订多采用角订法,装订起来较简单易行。它的具体操作步骤如下。

(1) 将凭证封面和封底裁开,分别附在凭证前面和后面,再拿一张质地相同的纸(可以再找一张凭证封皮,裁下一半用,另一半为订下一本凭证备用)放在封面上角,做护角线。

(2) 在凭证的左上角画一边长为 5 厘米的等腰三角形,用夹子夹住,用装订机在底线上分布均匀地打两个眼儿。

(3) 用大针引线绳穿过两个眼儿。如果没有针,可以将曲别针顺直,然后将两端折向同一个方向,将线绳从中间穿过并夹紧,即可把线引过来,一般装订机打出的眼儿是可以穿过的。

(4) 在凭证的背面打线结。线绳最好在凭证两端也系上。

(5) 将护角向左上侧折,并将一侧剪开至凭证的左上角,然后抹上胶水。

(6) 向后折叠,并将侧面和背面的线绳扣粘死。

(7) 待晾干后,在凭证本的脊背上面写上"某年某月第几册共几册的字样。装订人在装订线封签处签名或者盖章。现金凭证、银行凭证和转账凭证最好依次顺序编号,一个月从头编一次序号,如果单位的凭证少,可以全年顺序编号。

（三）会计凭证销毁的规定

根据《会计档案管理办法》的规定，按规定可以销毁的会计凭证，销毁时应办理如下手续。

（1）由本单位档案机构会同会计机构提出销毁意见，编制销毁清册，列明所销毁的会计凭证的名称、卷号、册数、起止年度、档案编号、应保管期限和销毁的时间等。

（2）由单位负责人在销毁清册上签署意见。

（3）销毁时，应由档案机构和会计机构共同派员监督。

（4）监销人员在会计凭证销毁前，应当按照销毁清册所列的内容清点核对所要销毁的会计凭证，销毁后，应当在销毁清册上签名盖章，并将监销情况报告本单位负责人。

第五章 了解会计账簿

第一节 会计账簿概述

一、会计账簿的含义与作用

会计账簿，简称账簿，是指由具有一定格式的账页组成，以会计凭证为依据，全面、系统、连续地记录各项经济业务的簿册。设置和登记账簿，是连接会计凭证和会计报表的中间环节，可以使会计凭证上分散的会计资料系统化、条理化，可以为编制会计报表提供系统的会计核算资料，在会计核算中具有重要意义。

需要指出的是，账簿与账户有着十分密切的联系。账户是根据会计科目开设的，账户存在于账簿之中，账簿中的每一账页就是账户的存在形式和载体；没有账簿，账户就无法存在。然而，账簿只是一个外在形式，账户才是它的真实内容。账簿序时、分类地记载经济业务，是在个别账户中完成的。因此也可以说，账簿是由若干账页组成的一个整体，而开设于账页上的账户则是这个整体中的内在部分，所以，账簿与账户的关系，是形式与内容的关系。

登记会计账簿有以下三方面的作用：

（1）可以全面、系统、连续地反映各单位的资金运动情况以及资金、负债的变化。监督资金的合理使用，以及单位财产物资的安全完整。

（2）可以提供各项资金、成本和利润指标，用以考核资金、成本、利润计划的执行情况，评价企业的经营成果。督促企业改善经营管理，提高资金使用效益。

（3）可以为编制财务报表提供主要的资料来源。会计账簿的登记是否正确、完整，直接影响财务报表的质量。经核对无误的账簿资料，是编制财务报表的主要依据。

二、会计账簿的分类

会计账簿的种类是多种多样的，为了便于了解和运用各种账簿，可以按不同的标准进行适当的分类。

（一）会计账簿按其用途可分为序时账簿、分类账簿和备查账簿

序时账簿，又称日记账，是指以每项经济业务为记录单位，按照经济业务发生的时间先后顺序，逐日逐笔地连续进行登记账簿。如现金日记账、银行存款日记账。银行存款日记账格式如表5所示。

表5　银行存款日记账

第　页

日期	凭证号	摘要	对方科目	收入	支出	结余

另外，对外币存款应按不同币种和开户银行分别设置日记账。外币存款日记账的格式如表6所示。

表6　银行存款（××外币户）日记账

第　页

日期	凭证号	摘要	借方			贷方			余额		
			原币	汇率	人民币						

分类账簿，是指根据经济业务的不同种类，将全部业务或者某类具体业务进行分类登记的账簿。这里所说的分类登记，是按照会计科目进行分类的。分类账簿又可分为总分类账簿和明细分类账簿两种。总分类账簿又称总分类账，简称总账，是指根据总账科目分类设置的，用来登记全部经济业务，提供总括核算资料的分类账簿。明细分类账簿，又称明细分类账，简称明细账，是指在总账科目下根据明细科目开设的账簿，用来登记某一经济业务，提供比较详细的核算资料的分类账簿。

在经济业务比较简单，总分类账为数不多的情况下，为了简化记账工作。可以把序时记录和总分类记录结合在一本账簿中进行登记，这种账簿称之为联合账簿，又称日记总账。但是，采用日记总账的单位，仍应设置现金日记账和银行存款日记账。

总分类账和明细分类账的格式如表7、表8所示。

表7 总分类账

第 页

日期	凭证号数	摘要	对方科目	借方	贷方	借或贷	余额

表8 明细分类账

级或明细账户：

第 页

日期	凭证号数	摘要	借方	贷方	借或贷	余额

备查账簿，又称辅助账簿、备查账，是指对某些未能在序时账簿和分类账簿记录的事项或记载不全的经济业务进行补充登记的账簿。如经济合同执行情况登记簿等。这些账簿没有固定格式，可根据实际情况加以设计。

（二）会计账簿按其形式可分为订本式账簿、活页式账簿和卡片式账簿

订本式账簿，是指在尚未使用之前，就把若干张具有专门格式、编有固定序号的账页，固定地装订成一本的账簿。

活页式账簿在启用前不用装订账页，在使用时可以根据需要随时加入空白账页。

卡片式账簿与活页式账簿性质相同，是由若干零散的具有专门格式的硬纸卡片组成的账簿。

一般对于控制要求较严、比较重要或者带有统驭性的账户都采用订本式账簿，如现金日记账、银行存款日记账、总账等，明细分类账一般采用活页式账簿，卡片式账簿一般适用于固定资产等明细分类账。

（三）会计账簿按其账页格式可分为三栏式、多栏式和数量金额式三种

三栏式账簿，是指以"借方"、"贷方"、"余额"三栏反映经济业务的内容。

这种格式是账簿的基本格式，主要用于只进行价值核算的账户，如日记账、总账和往来明细账等。

多栏式账簿，是指在"借方发生额"和"贷方发生额"下分别设置若干金额栏，分别登记各明细项目的数额，其栏次的多少根据经济业务特点和经营管理的需要而定的账簿。经营过程中的现金或银行存款收入、支出日记账一般采用表9、表10这种格式。

表9 现金收入日记账

日期	收款凭证号数	摘要	贷方科目				支出合计	余额
						收入合计		
						…		…

表10 现金支出日记账

日期	收款凭证号数	摘要	结算凭证		贷方科目			
			种类	号数				
								支出合计
		…						…

数量金额式账簿是指在一张账页上，分别在"借方"、"贷方"和"余额"三栏中设置数量和金额栏，这种格式适用于既进行价值核算，又进行实物数量核算的各种财产物资的明细账，如材料明细分类账等。

第二节 会计账簿的设置与启用

一、会计账簿的设置

出纳主要设置订本式的"现金日记账"、"银行存款日记账"和有关的有价证券方面的一些明细分类账。有价证券明细账主要核算股票、债券等有价证券的增减变动及结存情况，出纳人员对由自己保管的各种有价证券要分设明细账进行核算。

日记账可以选用"三栏式"账簿，也可以根据经济业务的特点和经营管理的需要选用"多栏式"账簿。明细账一般选用"三栏式"账簿。

二、会计账簿的启用

账簿是重要的会计档案和历史资料。启用会计账簿时，应当在账簿封面上写明单位名称和账簿名称。在账簿扉页上应当附启用表，内容包括启用日期、账簿页数、记账人员和会计机构负责人、会计主管人员姓名，并加盖名章和单位公章。记账人员或者会计机构负责人、会计主管人员调动时，应当注明交接日期、接办人员或者监交人员姓名，并由交接双方人员签名或者盖章。启用表一般格式如表11 所示。

表11　启用表

账簿启用表				
账簿名称_____		单位名称_____		
账簿编号_____		主管人员_____		
账簿页数_____		记账人员_____		
账簿册数_____		启用日期_____		
移交日期	移交人	接管日期	接管人	主管人员

启用订本式账簿，应当从第一页到最后一页顺序编定页数，不得跳页、缺号。使用活页式账页，应当按账户顺序编号，并须定期装订成册。装订后再按实际使用的账页顺序编定页码。在总分类账和明细分类账第一页的前面，分别另加目录，记明每个账户的名称和页次，以便检查、登记和防止账页散失。

第三节　会计账簿的登记

一、登记会计账簿的基本要求

出纳人员应当根据审核无误的会计凭证登记会计账簿。登记出纳账簿的具体要求是：

（1）登记会计账簿时，应当将会计凭证日期、编号、业务内容摘要、金额和其他有关资料逐项记入账内，做到数字准确、摘要清楚、登记及时、字迹工整。

（2）登记完毕后，要在记账凭证上签名或盖章，并注明所记账簿的页数，或作一登账符号"√"，表示已经记账，避免重记、漏记。

（3）账簿中书写的文字和数字上两要留有适当空格，不要写满格，一般应占格距的1/2。

（4）登记账簿要用蓝黑墨水或者碳素墨水书写，不得使用圆珠笔（银行的书写账簿除外）或者铅笔书写。但下列情况，可以用红色墨水记账：

①按照红字冲账的记账凭证，冲销错误记录。

②在不设借贷等栏的多栏式账页中，登记减少数。

③在三栏式账户的余额前，如未印明余额方向的，在余额栏内登记负数余额。

④根据国家统一会计制度的规定可以用红字登记的其他会计记录。

（5）各种账簿按页次顺序连续登记，不能跳行、隔页。如果发生跳行、隔页，应当将空行、空页划线注销，或者注明"此行空白"、"此页空白"字样，并由记账人员签名或盖章。

（6）凡需要结出余额的账户，结出余额后，应当在"借或贷"等栏内写明"借"或者"贷"等字样。没有余额的账户，应当在"借或贷"等栏内写"平"字，并在余额栏内用"√"表示。

现金日记账和银行存款日记账必须逐日结出余额。

（7）每一账页登记完毕结转下页时，应当结出本页合计数及余额，写在本页最后一行和下页第一行有关栏内，并在摘要栏内注明"过次页"和"承前页"字样，也可以将本页合计数及金额只写在下页第一行有关栏内，并在摘要栏内注明"承前页"字样。

对需要结计本月发生额的账户，结计"过次页"的本页合计数应当为自本月初起至本页末止的发生额合计数；对需要结计本年累计发生额的账户，结计"过次页"的本页合计数应当为自年初起至本页末止的累计数；对既不需要结计本月发生额也不需要结计本年发生额的账户，可以只将每页末的余额结转次页。

（8）实行会计电算化的，总账和明细账应当定期打印。发生收款和付款业务的，在输入收款凭证和付款凭证的当天必须打印出现金日记账和银行存款日记账，并与库存现金核对无误。但是，现金日记账和银行存款日记账的打印，由于受到打印机条件的限制，可采用计算机打印输出的活页账页装订成册，要求每天登记并打印，每天业务较少、不能满页打印的，可按旬打印输出。一般账页可以根据实际情况和工作需要按月或按季、按年打印；发生业务多的账簿，可满页打印。

二、出纳日记账的登记方法

（一）现金日记账的登记方法

三栏式现金日记账，是由出纳员根据现金收款凭证、现金付款凭证逐日逐笔顺序登记的。其中"收入"栏应根据现金收款凭证登记；"支出"栏应根据现金付款凭证登记；但对于从银行提取现金的收入数，由于这种业务只编制银行存款付款凭证，不编现金收款凭证，应直接根据银行存款付款凭证登记"收入"栏。登记时，还应填明日期、凭证号数、摘要、对应科目。每日登记完毕后，应结出库存现金的余额。

多栏式现金日记账的登记方法，基本与三栏式一样，区别在于现金收入和现金支出分别反映在两本账上。根据现金付款凭证登记现金支出日记账，并按日结出每天的现金支出总数填在"支出合计"栏内，同时将现金支出日记账上的支出合计数转记到现金收入日记账上的"支出合计"栏。根据现金收款凭证和有关的银行存款付款凭证登记现金收入日记账，并按日结出每天现金收入总数，登记在"收入合计"栏内。同时按"上日结余＋本日收入合计－本日支出合计＝本日结余"的计算公式，结算出当天现金的结存余额，并与现金实存数核对相符。

（二）银行存款日记账的登记方法

银行存款日记账是出纳人员根据各种银行存款的收款凭证和付款凭证及其有关的现金付款凭证登记的，其方法与现金日记账的登记方法基本相同。需要说明的是，任何单位不论采取哪一种会计账务处理程序，都不得用银行对账单或者其他方法代替日记账。

三、总账与明细账的平行登记

总分类账户是所属的明细分类账户的综合，对所属明细分类账户起统驭作用。明细分类账户是有关总分类账户的补充，对有关总分类账户起着详细说明的作用。总分类账户和明细分类账户，登记的原始凭证依据相同，核算内容相同，两者结合起来可既总括又详细地反映同一事物。因此，总分类账户和明细分类账户必须平行登记。所谓平行登记就是对每一项经济业务，一方面要在有关的总分类账户中进行总括登记；另一方面还要在其所属的有关明细账户中进行明细登记。平行登记的要点：

(一) 同期登记

即对发生的每一笔经济业务,根据会计凭证一方面在有关的总分类账户中进行总括登记;另一方面在同一会计期间记入该总分类账户所属的明细分类账户(没有明细分类账户的除外)。

(二) 同向登记

即将经济业务记入某一总分类账户及其所属的明细分类账户时,必须记在相同方向,即总分类账户记借方,其所属明细账户也记借方;相反,总分类账户记贷方:其所属明细账户也记贷方。

(三) 等额登记

即记入总分类账户的金额与记入其所属明细分类账户的金额之和必须相等。

第四节 对账结账与错弊更正

一、对账的方法

对账是为了保证账簿记账和会计报表的数字真实可靠,每月将各账簿的账户记录进行核对,以确保账账相符、账证相符、账实相符。

通常所称的对账主要包括账证核对、账账核对、账实核对。

(一) 账证核对

账证核对,是指核对出纳账簿记录与原始凭证、记账凭证的时间、凭证字号、内容、金额是否一致,记账方向是否相符。这种核对主要是在日常的记账和编制凭证时进行的。月终,如果发现账证不符,就回过头来对账簿记录与会计凭证进行核对,以保证账证相符。会计凭证是登记账簿的依据,账证核对主要检查登账中的错误。核对时,将凭证和账簿的记录内容、数量、金额和会计科目等相互对比,保证二者相符。

(二) 账账核对

账账核对,是指各种账簿之间有关数字的核对,以保证账账相符,具体核对内容主要包括:

(1) 总分类账中各账户本期借方发生额合计数与贷方发生额合计数应核对相符;借方期末余额合计数与贷方期末余额合计数核对相符。

（2）总分类账中有关账户发生额和余额与其所属各明细分类账户的发生额之和及余额之和应分别核对相符。

（3）现金日记账和银行存款日记账的发生额和余额与总分类账中各账户的发生额和余额核对相符。

（4）会计部门各种财产物资明细分类账的发生额和余额与财产物资保管部门和使用部门的有关财产物资保管账目的发生额和余额核对相符。

（三）账实核对

账实核对是指各种财产物资的账面余额与实存数进行核对，以保证账实相符，具体核对内容包括：

（1）现金日记账的金额与现金实际库存数逐日核对相符；

（2）银行存款日记账的余额应定期与开户银行对账单核对相符；

（3）各种财产物资明细分类账的结存数量定期与实存数量核对相符；

（4）各种债权债务明细分类账的余额应经常或定期与有关的债务人和债权人核对相符。账实核对一般是通过实地盘点的方法来进行的。

二、如何结账

（一）结账前的准备工作

结账，就是在将本期所发生的经济业务事项全部登记入账的基础上，按规定的方法对该期内的账簿记录进行结算，计算出本期发生额和期末余额，并将期末余额结转至下期或转入新账的一种方法。

在结账前，必须将本期内发生的各项经济业务全部登记入账。应及时调整需要期末调整的账项，按照权责发生制的要求，查对有关收入和费用是否进行账项调整。例如，待摊费用是否在本期进行了摊销，预提费用是否在本期进行了预提。

在结账前，要事先进行对账，保证账证相符，账账相符，账实相符，妥善处理应收、应付及暂收、暂付款的清偿事宜，力争减少呆账和坏账损失的发生。

在确认当期发生的经济业务，调整账项及有关转账业务全部登记入账后，可办理结账手续，结计总分类账，现金日记账，银行存款日记账，明细分类账各账户的当期发生额、余额，并结转下期账簿记录。

（二）结账规定

（1）结算期内发生的各项经济业务都要全部入账，不能提前也不得延时结账。

（2）对企业已实现而尚未取得的利润、应计提的折旧、应摊销和预提的费用、应交的税费等,应按权责发生制原则进行计算,编制会计记账凭证,记入有关账簿。

（3）对于各种费用、收益账户的余额要在有关账户间进行结转。

（4）对于现金日记账、银行存款日记账、总账以及各明细账户,结出本期发生额和期末余额。

（三）结账方法

（1）日结账。每日业务终了,出纳人员逐笔、序时地登记完现金日记账和银行存款日记账后,应结出本日余额,现金日记账应与当日库存现金核对。

在分别登记"收入日记账"和"支出日记账"的情况下,出纳人员在每日终了按规定登记入账后,结出当日收入合计数和当日支出合计数,然后将支出日记账中当日支出合计数转记入收入日记账中的当日支出合计栏内,在此基础上再结出当日账面余额。该余额与现金日记账当日余额相符。

（2）月结账。月结账是以一个月为结账周期,每个月末对本月内的经济业务情况进行总结。在每个月底,要采用划线结账的方法进行结账,即在各账户的最后一笔账的下一行结出"本期发生额"和"期末余额",在"摘要"栏内注明"本月合计"字样。月末如无余额,应在"借或贷"一栏中注明"平",并在"余额"栏中划上一条红线。对需逐月结算本年累计发生额的账户,应逐月计算自年初至本月份止的累计发生额,并登记在月结的下一行。在"摘要"栏内注明"本月止累计"字样。

（3）季结账。办理季结,应在各账户本季度最后一个月的月结下面划一通栏红线,表示本季结束;在红线下结算出本季发生额和季末余额,并在摘要栏内注明"本季合计"字样,最后,需在摘要栏下面划一通栏红线,表示完成季结工作。

（4）年结账。年结账是以一年为周期,对本年度内各经济业务情况及结果进行总结。在年末,将全年的发生额累计,登记在第四季度季结合计数的下一行,在"摘要"栏内注明"本年合计"字样,并在下面划双红线。对于有余额账户,应把余额结转至下一年,在年结数的下一行的"摘要"栏内注明"结转下年"字样。在下一年的新账页的第一行的"摘要"栏内注明"上年结转"字样,并把上年末余额数填写在"余额"栏内。

（四）结账时的划线规则

结账划线的目的是为了突出本期合计数及期末余额,表示本会计期的会计记录已经截止或结束,并将本期与下期的记录明显分开。月结、季结划单红线,年结划双红线,划线应划通栏线,不应只在本账页中的金额部分划线。

（五）实现会计电算化后的结账方法

每月月底都需要进行结账处理，计算机结账不仅要结转各账户的本期发生额和期末余额，还要进行一系列电算化处理，检查会计凭证是否全部登记入账并审核签章、试算平衡、辅助账处理等。与手工相比电算化结账工作更加规范，结账全部由计算机自动完成。结账工作需要注意的事项如下：

（1）由于某月结完账后将不能再输入和修改该月的凭证，所以使用会计软件时，结账工作应由专人负责管理，以防止其他人员的误操作。

（2）结账前应检查该月的所有凭证是否均已记账、结账日期是否正确、其他相关模块的数据是否传递完毕，以及其他结账条件是否完备。若结账条件不满足，则退出本模块，检查本月份输入的会计凭证是否全部登记入账，只有在本期输入的会计凭证全部登记入账后才允许结本月份的账。与手工记账不同的是，通过电算化一个月可以记账数次，而只能结一次账。

（3）结账必须逐月进行，上月未结账也不允许结本月的账。若结账成功，则做月结标志，之后不能再输入该月的凭证和记该月的账；若结账不成功，则恢复到结账前的状态，同时给出提示信息，要求用户作相应的调整。

（4）年底结账，系统自动产生下年度的空白数据文件（数据结构文件，包括凭证临时文件、科目余额发生额文件），并转年度余额。同时自动对"固定资产"等会计文件作跨年度连续使用的处理。

（5）跨年度时因年终会计工作的需要，会计软件允许在上年度未结账的情况下另建账套输入本年度一月份的凭证；各单位可以根据具体情况，将结账环境设置为：在上年未结账的情况下不允许在该账套输入本月的凭证。

（6）结账前应做一次数据备份，如果结账不正确可以恢复重做。

三、财产清查

（一）财产清查的定义

财产清查就是通过对各种实物、现金的实地盘点和对各项银行存款、债权债务的查对，确定财产物资、货币资金、债权债务的实存数，并查明实存数同账存数是否相符的一种专门的会计核算方法。

在企业里，进行账面上的核对虽然能够保证账簿记录的准确性，但很难保证财产物资的账存数额与实存数额一致。事实上，造成财产物资账实不符的原因有很多，如保管过程中的自然损耗；保管不善或工作人员失误造成的人为损坏；在收、发各项财产过程中，由于计量、检验不准确而发生的差错；因未达账项或拒付而引起单位之间账账不符等。

所以，为了保证会计核算资料的真实客观性，也为了确保财产物资的完整，企业必须在账簿记录的基础上，不定期地进行全面或局部的财产清查。

（二）财产清查的种类

1. 按照财产清查的范围和对象不同分类

（1）全面清查。全面清查是指对企业全部财产物资所进行的盘点和核对。一般包括以下几项：

①现金、银行存款、股票、债券等。
②固定资产、原材料、在产品、半成品及其他物资等。
③委托其他单位代保管、代加工的各项材料物资等。
④在途的各种材料物资、货币资金等。
⑤应收账款、应付账款、其他应收款、其他应付款、各种银行借款等。

由于全面清查的范围广，工作量大，参加的人员多，花费的时间长，因此，不宜经常进行。

一般在下述情况下需进行全面清查：年终决算前，单位撤销、合并或改变隶属关系时，开展清产核资时，单位主要负责人调查工作岗位时以及企业改制之时进行。目的是保证会计报表信息的真实和准确，明确经济责任。

（2）局部清查。局部清查是指根据需要对一部分财产进行的清查。清查对象主要是流动性较大的财产。

这种清查范围小，工作量轻，涉及人员少，但专业性较强，一般多在下列情形进行：

①现金，每日业务终了时清点核对，日清月结。
②银行存款、借款，每月应有专人至少同银行核对一次。
③各种贵重的物资，每月应至少清查盘点一次。
④一般的库存商品、原材料、在产品等流动性物资，除年终全部清查外，年内应轮流盘点或重点抽查。
⑤债权债务，每年至少应同对方核对一至二次。

2. 按照财产清查的时间不同分类

（1）定期清查。定期清查是指在规定时期内对企业财产所进行的全面或局部清查。这种清查一般是在月末、季末或年终结账前进行。

（2）不定期清查。不定期清查是指根据需要临时对财产进行的全面或局部清查，因此，又称临时清查。

不定期清查通常在以下几种情况下进行：
①更换财产物资和现金保管人时。
②发生自然灾害或意外损失时。
③上级主管部门对企业进行审计查账时。
④单位撤销、合并或改变隶属关系时。
⑤进行临时性财产核资工作时。
定期清查和不定期清查，可以是局部清查，也可以是全面清查。

（三）财产物资的盘存制度

财产清查的重要环节是盘点财产物资的实存数量，为使盘点工作顺利进行，应建立一定的盘存制度。一般来说，财产物资的盘存制度有两种：实地盘存制和永续盘存制。

在不同的财产物资盘存制度下，各项财产物资在账簿中的记录方法是不同的。

1. 实地盘存制

实地盘存制又称定期盘存制，是指在期末通过对库存货物的盘点，来确定财产物资的数量，并据以推算出财产物资期末结存额和本期销售成本的一种财产登记方法。

具体方法：实地盘存制平时账面上只记财产物资的购进或收入，不记发出，期末通过实地盘点确定数量后，通过下面公式，就可以计算确定财产物资的期末结存额和本期减少额。

实地盘存制计算公式：

本期销售（耗用）额＝期初结存额＋本期入库额－期末结存额

期末结存额＝期末结存数量（实地盘存数）×单价

优点：核算工作较简单，工作量小。

缺点：手续不严密，无法连续反映存货的真实变化，缺少安全性。

适用范围：价值低和数量不稳定损耗大的鲜活商品。

2. 永续盘存制

永续盘存制又叫账面盘存制，是指通过设置明细账，逐日逐笔地登记财产收入发出数，并随时结出账面余额的一种财产登记方法。

采用这种盘存方法，平时某种财产的增加或减少，都要根据会计凭证逐日逐笔在该财产明细账上作连续记录，并随时结出账面余额。

企业在永续盘存制下计算存货本期销售或耗用成本和期末存货成本时，应按下列公式计算：

本期销售（耗用）成本＝本期销售（耗用）数量×单位成本

账面期末余额＝账面期初余额＋本期增加额－本期减少额

其单位成本的计价方法与实地盘存制下的方法相同。

优点：在财产明细账中，可随时掌握财产收入、发出和结存的情况，发现问题及时处理，堵塞管理上的漏洞。缺点：日常核算的工作量较大。适用范围：除特殊情况采用实地盘存制外的其他存货。

（四）财产清查的组织与方法

财产清查是一项极其复杂的工作，清查对象多、范围广，工作量大，参与人员多。因此，为了保证财产清查有计划、有组织地进行，财产清查一般可分为组织准备阶段、实施清查阶段及分析、处理阶段。

1. 财产清查的组织

（1）组织准备。财产清查，尤其是全面清查，必须专门成立清查组织。其主要任务有：

① 在财产清查前，确定清查的对象、范围及时期，制订详细的财产清查计划，掌握清查工作的进度，配备清查人员，确定清查方法。

② 在清查过程中，随时掌握清查情况，及时解决清查中出现的问题。

③ 在清查结束后，及时进行总结，形成书面文件，将清查结果和处理意见上报有关部门审批。

（2）业务准备。为做好财产清查工作，财产清查前，有关部门应做好下列工作：

① 会计部门和会计人员，应在财产清查之前，将有关账目登记齐全，结出余额，做到账簿记录完整、计算准确、账证相符、账账相符，为账实核对提供正确的账簿资料。

② 财产物资保管人员和有关部门，应在财产清查截止日前，登记好各种财产物资明细账，并结出余额；将所保管的财产分类整理好，排列整齐，挂上标签，详细标明品种、编号、规格、结存数量，以便盘点核对。

③ 准备好各种必要的计量器具和印制清查登记用的清单、表册。如现金盘点报告表、盘存单、实存账存对比表等。

2. 财产清查的方法

（1）货币资金的清查方法。

① 库存现金的清查方法。库存现金的清查应采用实地盘点法。在日常工作中，现金出纳员每日先盘点库存现金的实有数额，再及时与现金日记账的结余额进行核对，以查明账实是否相符。

对现金进行盘点时，出纳员必须在场；在清点时不能以不具法律效力的借条、收据充抵库存现金。

特别要注意检查有无挪用、白条抵库的情况。

盘点结束后，应根据现金盘点结果，填制"现金盘点报告表"。"库存现金盘点报告表"是重要的原始凭证，"库存现金盘点报告表"填制完毕，应由盘点人员和出纳员签章。

"库存现金盘点报告表"的格式如表12所示。

表12　库存现金盘点报告表

单位名称：　　　　　　　　　　　　　　　　　　　　　　　　　年　月　日

实存金额	账存金额	实存与账存对比		备注
		盘盈（长款）	盘亏（短款）	

盘点人盖章：　　　　　　　　　　　　　　出纳员盖章：

② 银行存款的清查方法。银行存款的清查与库存现金的清查方法不同，采取与银行核对账目的方法进行。

在同银行核对账目之前，应把截至清查日所有银行存款的收付业务登记入账，详细检查账目的正确性及完整性，发现有错记或漏记，应及时更正、补记；然后与从银行转来的对账单逐笔核对，发生错账、漏账，应查清原因并及时更正。

即使双方记账均无差错，但也会出现银行存款日记的余额与银行对账单的余额不相一致的情况。这主要是由未达账项引起的。

未达账项，是指单位与银行之间，由于结算凭证传递的时间误差，造成一方已登记入账，而另一方尚未收到结算凭证而尚未登记入账的款项。

具体有以下四种情况：

第一种是企业已付款入账，而银行未付款入账的款项。企业开出的支票或其他付款凭证已作为存款减少登记入账，而银行尚未计入企业存款账户。如企业开出一张现金支票购办公用品，企业可根据现金支票存根、发票及入库单等凭证，登记付款入账，而银行由于尚未收到支付款项的凭证而没有付款入账。如果此时对账，就会形成企业已付款入账，而银行尚未付款入账的款项。

第二种是企业已收款入账，而银行未收款入账的款项。企业存入银行的款项已作为存款入账，而开户银行尚未计入企业存款账户。如企业销售产品收到支票，送存银行后就可以根据银行盖章退回的"进账单"回单联登记收款入账，而银行需等款项收妥后才能记账。如果在此时对账，就会形成企业已收款入账，而银行尚未登记入账的款项。

第三种是银行已付款入账，而企业未付款入账的款项。银行代企业支付款项后,已作为款项登记企业存款户,而企业没有收到付款通知尚未入账。如银行在年初代企业支付款项,并已付款入账,而企业由于没有收到付款通知尚未登记入账。如果此时对账,就会形成银行已付款入账,而企业尚未付款入账的款项。

第四种是银行已收款入账,而企业未收款入账的款项。银行已将企业委托银行代收的款项或银行付给企业的利息登记入账,而企业没有收到有关凭证尚未入账。如某供货单位给企业汇来货款,银行收到汇款单后,登记入账,而企业由于尚未收到汇款凭证没有记账。如果此时对账,就会形成银行已收款入账,而企业尚未收款入账的款项。

上述任何一种情况发生,都会造成企业与银行的账簿记录出现不一致。因此,在核对账簿时,除了对发现记账造成的错误要及时进行处理外,还必须注意有无未达款项。若双方存在未达款项,应做好标记,并通过编制"银行存款余额调节表"予以调整,以此来确定双方的余额是否相符。

下面举例说明"银行存款余额调节表"的编制方法。

例,某企业2008年5月31日银行存款日记账账面余额为89500元;银行对账单余额为97500元。经核对发现有以下未达账项:

① 企业存入银行一张转账支票,金额27000元,银行尚未入账。
② 企业开出转账支票一张,金额9500元,持票单位尚未到银行办理手续。
③ 银行收取企业借款利息4200元,企业尚未收到付款通知。
④ 企业委托银行收款16500元,银行已入账,企业尚未收到收款通知。

根据双方的账面余额和查明的未达账项,编制"银行存款余额调节表",如表13所示。

表13　银行存款余额调节表

2008年10月31日　　　　　　　　　　　　　　　　　　　　　　　　　　单位:元

企业银行存款账面余额	89500	银行对账单的账面余额	97500
加:银行收企业未收的款项	4200	加:企业收银行未收的款项	27000
减:银行付企业未付的款项	16500	减:企业付银行未付的款项	9500
调节后的存款余额	115000	调节后的存款余额	11500

从表13可以看出,在双方记账都不发生错误的前提下,调整后的余额应该相等。

如果长期存在未达账项,应及时查明原因,予以解决。未达账不是错账、漏账,编制"银行存款余额调节表"的目的只是用来核对企业与银行双方的账簿记录的正确与否,而不能作为调整账面余额的原始凭证,应等到收到有关的原始凭证后,才能登记银行存款日记账。

(2)实物资产的清查方法。实物资产,主要包括原材料、半成品、在产品、固定资产等。常用清查方法主要有以下几种：

① 实地盘点法，就是通过对财产物资的逐一清点、过磅、度量等方法来确定其实存数量的方法。一般机器设备、原材料、产成品等的清查可以通过此方法进行。

② 技术推算盘点法，即将实物整理成近似某种几何体，然后通过测量出体积，据以计算出实物数量的方法。一般一些体积庞大和无法逐一点数过磅的财产物资可以通过此方法进行，如水泥、沙石等物资的清查。

③ 抽样盘点法，即通过对实物财产抽取一定数量的样本进行盘点，以此来推断其整体实存数量的方法。一般适用于数量较大、重量均匀的财产清查。

盘点时，应对财产物资的实有数、质量着重盘查，同时还应查明财产物资在保管上存在的问题。为明确经济责任，在进行盘点时，保管人员必须在场，对盘点结果，应如实编制好"盘点表"，并由盘点人员和保管人员签字盖章。

（3）往来款项的清查方法。企业的往来款项一般包括应收账款、其他应收款、预付账款、应付账款、其他应付款和预收账款等。

各种结算往来款项一般采取"询证核对法"进行清查，即企业应在清查日截止时，将其中的回执联（格式见图2）送交对方单位并委托对方单位进行核对。

往来款项对账单

企业名称：
　你单位××××年×月×日购入我单位×产品××件，已付货款××元，尚未付清××元货款，请核对后将回单联寄回。

　　　　　　　　　　　　　　　　　　　　核对企业：（盖章）
　　　　　　　　　　　　　　　　　　　　××××年×月×日

- -

往来款项对账单（回联）

核对企业名称：
　你单位寄来的"往来款项对账单"已收到，经核对相符或不符（应注明不符具体原因及内容）。

　　　　　　　　　　　　　　　　　　　　×××企业（盖章）
　　　　　　　　　　　　　　　　　　　　××××年×月×日

注：沿虚线裁开，将下面回单联寄回

图2　往来款项对账单

如对方单位核对无误，应在回单上盖章后退回发出单位；如果经核对数字不相符，对方应在回联单上注明情况并退回本企业，进一步查明原因，再行核对，直到相符为止。

最后，再根据清查结果编制"往来款项清查报告"，其一般格式如表14所示。

表14 往来款项清查报告表

×××企业　　　　　　　　　　　　　　　　　　　　　　　　　　年　月　日

明细分类账户		清查结果		不符原因及分析				备注
名称	金额	相符	不相符	未达账项	托付款项	争执款项	无法收回	

（五）财产清查的结果处理

财产清查后，如财产物资实存数与账存数不一致，一般会出现盘盈、盘亏两种结果。盘盈是指实存数大于账存数；盘亏是指实存数小于账存数。实存数与账存数一致，但实存的财产物资有质量问题，不能按正常的财产物资使用的，称为毁损。

以上情况概括为以下四点：

(1) 实存数 = 账存数。

(2) 实存数 > 账存数→**盘盈**。

(3) 实存数 < 账存数→**盘亏**。

(4) 实存数 = 账存数，但财产物资有质量问题→**毁损**。

不论是盘盈，还是盘亏或毁损，都需要进行账务处理。在清查中，发现账存数与实存数不一致时，必须马上作出处理，以避免不必要的损失。

财产清查结果的账务处理分两步进行：

(1) 在审批之前：根据清查中取得的原始凭证，编制如"账存实存对比表"等记账凭证，并分析产生不符的原因，核准数字。

(2) 在审批之后：根据有关领导和部门批复的意见（视为原始凭证），编制记账凭证，登记有关账簿，并追回由于责任者个人原因造成的损失。

为了反映和监督企业在财产清查中查明的各种财产盘盈、盘亏和毁损及其处理情况，应设置"待处理财产损溢"账户。该账户的借方登记发生的待处理财产盘亏、毁损数及按规定程序批准的盘盈转销数；贷方登记发生的待处理财产的盘盈数及按规定程序批准的盘亏、毁损转销数；期末处理后，本账户应无余额。该账户属于双重性质的账户。

在该账户下应设置"待处理固定资产损溢"和"待处理流动资产损溢"两个明细分类账户进行明细核算。

1. 存货清查结果的账务处理

(1) 存货盘盈的账务处理。

① 盘盈存货时：按同类或类似的存货市场价格作为实际成本或计划成本：

借：原材料

库存商品

贷：待处理财产损溢——待处理流动资产损溢

②查明原因后：

借：待处理财产损溢——待处理流动资产损溢

贷：管理费用

存货资产盈余多是收发计量及核算上的误差造成的，查明原因后，可以对管理费用进行冲减。

例1，某企业在财产清查中，发现盘盈甲材料2500元，盘盈原因是记录错误。

根据"实存账存对比表"作会计分录如下：

借：原材料——甲材料　2500

贷：待处理财产损溢——待处理流动资产损溢　2500

上述甲材料盘盈经董事会批准后予以转销。

经董事会批准后，直接冲减期间费用计入"管理费用"账户，根据批准文件作会计分录如下：

借：待处理财产损溢——待处理流动资产损溢　2500

贷：管理费用　2500

（2）存货盘亏的账务处理。

①盘亏存货时，按实际成本或计划成本：

借：待处理财产损溢——待处理流动资产损溢

贷：原材料

库存商品

②查明原因后，属于能够收回残料、过失人赔偿和保险赔偿的部分：

借：原材料

　　其他应收款

贷：待处理财产损溢——待处理流动资产损溢

③剩余的净损失属于一般经营损失的部分：

借：管理费用

贷：待处理财产损溢——待处理流动资产损溢

④剩余的净损失属于非常损失的部分：

借：营业外支出

贷：待处理财产损溢——待处理流动资产损溢

根据造成亏空的不同原因作不同处理。

例2，某企业在财产清查过程中，发现盘亏乙材料4200元。

根据"实存账存对比表"作会计分录如下：

借：待处理财产损溢——待处理流动资产损溢　4200
　　贷：原材料——乙材料　4200

上述盘亏材料经批准作如下处理：盘亏中有600元为定额内自然损耗，作为管理费用；有400元是因保管不善，作为其他应收费，由相关责任人赔偿；有500元属于自然灾害所造成的损失，作为营业外支出。

根据批准的处理意见作会计分录如下：

借：管理费用　600
　　其他应收款　400
　　营业外支出　500
　　贷：待处理财产损溢——待处理流动资产损溢　1500

2. 库存现金清查结果的账务处理

对库存现金清查盘点后，应将清查盘点发现的现金盈余和短缺，根据"现金盘点报告表"中所列数额，编制记账凭证。

（1）库存现金盘盈的账务处理。

①盘盈库存时，按实际盘盈的金额：

借：库存现金
　　贷：待处理财产损溢——待处理流动资产损溢

②查明原因后：

借：待处理财产损溢——待处理流动资产损溢
　　贷：其他应付款——应付现金溢余（明确责任人的）
　　或营业外收入——现金溢余（无明确责任人的）

（2）库存现金盘亏的账务处理。

①盘亏存款时，按实际短缺的金额：

借：待处理财产损溢——待处理流动资产损溢
　　贷：库存现金

②查明原因后：

借：其他应收款——应收现金短缺款（有明确包赔责任人的）
　　　　　　　——应收保险赔款
　　管理费用——现金短缺（无明确责任人的）
　　贷：待处理财产损溢——待处理流动资产损溢

（3）固定资产清查结果的账务处理

企业在财产清查过程中，出现固定资产亏损或毁坏的原因有很多，各单位应根据实际情况作出相应的处理。

通常的做法是：自然灾害所造成的固定资产毁损，在扣除保险公司赔偿和残值收入后，经有关部门批准作营业外支出；责任事故造成的固定资产损毁，应由责任人赔偿的损失；丢失的固定资产，应列作营业外支出。

固定资产盘盈大多数都是企业自制设备交付使用后，未及时入账所造成的。经核准应列作营业外收入处理。

（1）固定资产盘盈的账务处理。

①盘盈固定资产时，按同类或类似固定资产的市场价格：

借：固定资产
　　贷：累计折旧
　　　　待处理财产损溢——待处理固定资产损溢

②查明原因后：

借：待处理财产损溢——待处理固定资产损溢
　　贷：营业外收入——固定资产盘盈

例，某企业在财产清查中，发现盘盈卷扬机一台，其原价值为29000元，估计已提折旧8400元，净值为20600元。

根据"固定资产盘盈盘亏报告表"作会计分录如下：

借：固定资产　29000
　　贷：累计折旧　8400
　　　　待处理财产损溢——待处理固定资产损溢　20600

经查明，盘盈原因是自完工交付使用后，未及时入账所致。经有关部门核准后，转作营业外收入处理作会计分录如下：

借：待处理财产损溢——待处理固定资产损溢　20600
　　贷：营业外收入　20600

（2）固定资产盘亏的账务处理。

①盘亏固定资产时，按亏损的固定资产价值额：

借：待处理财产损溢——待处理固定资产损溢
　　累计折旧
　　固定资产减值准备
　　贷：固定资产

②查明原因后：

借：其他应收款——责任人
　　　　　　　——保险公司
　　营业外支出——固定资产盘亏
　　贷：待处理财产损溢——待处理固定资产损溢

例，某企业在财产清查中，发现一项原价为24000元的固定资产，已提折旧

8000元，净值为16000元。

根据"固定资产盘盈盘亏报告表"作会计分录如下：

借：待处理财产损溢——待处理固定资产损溢　16000
　　累计折旧　8000
　　贷：固定资产　24000

经查明，盘亏属于非常损失，保险公司同意赔款6000元，其余损失经批准同意列入营业外支出。作会计分录如下：

借：营业外支出　8000
　　其他应收款　6000
　　贷：待处理财产损溢——待处理固定资产损溢　14000

四、账簿中的常见错弊与查找

（一）账簿中的常见错误

会计账簿中错误主要存在于启用、设置、登记、结账等环节。

1. 会计账簿启用错误

出现在会计账簿启用中的错误主要表现在以下几个方面：

在账簿封面上未写明单位名称和账簿名称。

在账簿扉页上未附"启用表"，或虽附有"启用表"，但所列内容不齐全、不完整。

会计人员调动工作时，未按规定在账簿中注明交接人员、监交人员的姓名或未加签章，无法明确有关责任。

启用订本式和活页式账簿时，未按规定对其编订页数等。

2. 会计账簿设置错误

会计账簿设置错误主要表现在以下几个方面：

账簿形式设计不合理。包括装订形式、账页的尺寸、账页划线、印刷颜色及账页用纸等不合理。

账簿设计不齐全。任何单位必须设置数量能满足需要的总账，对现金和银行存款必须设置日记账，对需要提供详细经济活动情况的总账，还必须在其下设置能够满足需要的明细账。另外，根据工作需要，还应设置若干备查簿，以反映一些特殊的不能在正规账簿进行反映的经济事项。在实际工作中存在着账簿设置不齐全的问题主要有：

未设置应有的总账。

未设置应有的明细账,或明细账的分类不合理。
未设置必需的备查簿或设置项目不全等。
所设置的账簿未能很好地形成一个账簿体系。

3．会计账簿登记错误

会计账簿登记错误主要包括以下几个方面的内容:

登记的方式不合理。明细账一般是根据记账凭证和原始凭证登记的,而总账要根据所采用的会计核算形式的不同选择性进行登记。在实际中存在着所采用的核算形式、登记总账的依据不合理、不能满足生产经营管理需要的问题。

账簿摘要不合理。一种是摘要过于简略或表达不清,使人不能明白到底是什么业务;另一种是摘要虽然写得很好,但所反映的经济业务不合理、不合法。

登记不及时。

账簿中书写的文字和数字所留空距不合理。

登记账簿所用笔墨不合要求。

登记中发生跳行、隔页的情况。

未按规定结出账簿中账户的余额。

(二) 账簿中的常见舞弊

账簿上常见的舞弊形式有:

1．无据记账,凭空记账

账簿中所列的业务不是根据经审核无误的原始凭证填制的记账凭证逐笔登录的,而是凭空捏造出来的,或者在合法的凭证中插入一些不合法的业务内容。

2．涂改、销毁、"遗失"、损坏账簿

如用类似涂改凭证的方法来篡改有关账簿,有的制造事故,造成账簿不慎被毁的假象,从而将不法行为掩盖于一般的过失当中,使查账人员的线索中断。

3．设置账外账

即一个企业建立两套或三套账,一套用于内部管理(对外不公开),一套用于应付外来部门的检查。

4．登账、挂账、改账、结账作假

登账作假,就是不按照记账凭证的内容和要求记账,而是随意改动业务内容,或故意使用错误账户,使借贷方科目弄错,混淆业务应有的对应关系,以掩饰其违法乱纪的意图。

挂账作假，就是利用往来科目和结算科目将经济业务不结清到位而是挂在账上，或将有关资金款项挂在往来账上，等待时机成熟再回到账中，以达到"缓冲"、不露声色和隐藏事实真相之目的。

改账作假，就是对账簿记录中发生的错误不按照规定的改错办法，而是用非规范的改错方法进行改错，或者利用红字"改错"随意对账户中的记录进行加减处理，如利用红字改变库存数、冲销材料成本差异数、无据减少销售数额等，以达到其违法乱纪之目的。

结账作假，就是在结账及编制报表的过程中，通过提前或推迟结账、结总增列或结总减列和结账空转等手法故意多加或减少数据，虚列账面金额；或者人为地把账做平，而故意调节账面数据，以达到其掩饰或舞弊的目的。

5. 利用计算机舞弊

随着计算机会计系统的普及，计算机舞弊正被日益关注。其主要的作案手法是在实现计算机会计核算的单位，利用计算机的知识和经验，在系统程序中设置陷阱，篡改程序，篡改输入，篡改文件和非法操作等。

（三）错账的查找

1. 发生错账的原因

出纳工作过程中，记账差错在所难免，由于账簿错误会引起账账、账实不符，从而影响会计信息的质量。实际工作中错账原因各种各样，归纳起来主要有以下几种：

（1）重记。
将已登记入账的记账凭证在现金、银行存款日记账上重复登记。
（2）漏记。
某记账凭证在现金、银行存款日记账上没有登记。
（3）记账方向错误。
将应记入借方的金额误记入贷方，或将应记入贷方的金额误记入借方。
（4）记账科目错误。
将应记入某一会计科目的金额误记入另一会计科目。
（5）计算错误。
出纳人员在计算过程中，如加计合计数、余额时，由于计算有误而形成的错账。
（6）数字记录错误。
主要包括数字移位和数字颠倒。数字移位是指该数中的各位数码并列向前或向后移位，或者小数点点错，如将 345 写成 34.5 等。数字颠倒是指一个数字中相邻两个数码相互颠倒，如将 83 写成 38。

2. 差错查找的方法

（1）二除法。

"二除法"是指用除以 2 来检查数字错误的方法。根据"有借必有贷、借贷必相等"的记账规则，借贷双方记录的金额应保持平衡关系。

"二除法"适用于对漏记、重记、方向记错而导致的差错的查找。用误差数除以 2，得到的商数可能就是账簿记错方向的数字，然后再到账簿中去查找差错，待查到这个数值后再与记账凭证核对，便可找到错记的方向。

（2）九除法。

"九除法"是指用除以 9 来检查数字错误的方法，主要适用于数字颠倒或数字移位而导致的记账错误的查找。

①数字颠倒。

数字颠倒差错有以下特征：

误差是 9 的倍数，也就是说误差的绝对值可以被 9 整除。

将误差的各位上的数字相加，其和应等于 9。

数字颠倒的具体查找方法如下：

当误差是 9 的倍数同时又小于 90 时，可能是个位数和十位数位置的颠倒，例如：把 73 记成 37，误差为 36（9 的 4 倍）。

如误差为 9 的一倍，则错数的两个数字本身相差为 1，如把 65 记成 56，误差为 9 的二倍，则错数的两个数字本身相差为 2，如把 79 记成 97，误差为 97－79=18 是 9 的两倍，依此类推。在实际工作中，可以通过"数码颠倒速查表"进行查找，"数码颠倒速查表"如表 15 所示。

表15 数码颠倒速查表

误差	9		18		27		36		45		54		63		72		81	
倍数	9的一倍		9的二倍		9的三倍		9的四倍		9的五倍		9的六倍		9的七倍		9的八倍		9的九倍	
数值范围	01	10	02	20	03	30	04	40	05	50	06	60	07	70	08	80	09	90
	12	21	13	31	14	41	15	51	16	61	17	71	18	81	19	91		
	23	32	24	42	25	52	26	62	27	72	28	82	29	92				
	34	43	35	53	36	63	37	73	38	83	39	93						
	45	54	46	64	47	74	48	84	49	94								
	56	65	57	75	58	85	59	95										
	67	76	68	86	69	96												
	78	87	79	97														
	89	98																

当误差是 9 的倍数同时又大于 90 小于 900 时，可能是百位数和十位数位置的颠倒，例如：把 2730 记成 2370，误差为 360（9 的 40 倍）。

当误差是 9 的倍数同时又大于 900 小于 9000 时，可能是百位数和千位数位置的颠倒，例如：把 2730 记成 7230，误差为 4500（9 的 500 倍）。

如误差是由一位整数和一位小数组成的小数时，则差错可能是小数点前后两位数码的颠倒，如把 37.24 写成 32.74，误差为 37.24－32.74=4.5 是 9 的 0.5 倍。

如误差为"纯小数"时（误差为 0.9 除外），则差错可能是十分位和百分位的颠倒，如把 18.38 写成 18.83，误差为 18.83－18.38=0.45，是 9 的 0.05 倍。

②数字移位。

数字移位是指该数中的各位数码并列向左或向右移位。数字移位差错有以下特征：

误差是 9 的倍数。

将误差的各位上的数字相加，其和均等于 9。

数字移位的具体查找方法如表 16、表 17 所示。

表16　向右移位表（小数记成大数）

移动位数	误差数	正确数字	举例
一位	误差数是正确数的9倍	正确数等于误差除以9	将2.5记成25，误差为25－2.5=22.5 正确数=22.5/9=2.5
两位	误差数是正确数的99倍	正确数等于误差除以9再除以11，或者等于误差除以99	将2.5记成250，误差为250－2.5=247.5 正确数=247.5/9/11=2.5 或：正确数=247.5/99=2.5
三位（注：这种情况一般很少发生）	误差数是正确数的999倍	正确数等于误差除以9再除以111，或者等于误差除以999	将2.5记成2500，误差为2500－2.5=2497.5 正确数=2497.5/9/111=2.5 或：正确数=2497.5/999=2.5

表17 向左移位表（大数记成小数）

移动位数	误差数	正确数字	举例
一位	误差数是正确数的9倍	正确数等于误差除以9	将25记成2.5， 误差为25－2.5=22.5 正确数=22.5/9=2.5
两位	误差数是正确数的99倍	正确数等于误差除以9再除以11，或者等于误差除以99	将250记成2.50， 误差为250－2.50=247.5 正确数=247.5/9/11=2.5 或：正确数=247.5/99=2.5
三位（注：这种情况一般很少发生）	误差数是正确数的999倍	正确数等于误差除以9再除以111，或者等于误差除以999	将2500记成2.500， 误差为2500－2.500=2497.5 正确数=2497.5/9/111=2.5 或：正确数=2497.5/999=2.5

数字移位差错查找的关键是将误差试除以9得到一个商，再根据这个商从账簿中找出错误数。

（3）差数法。

根据误差数直接查找差错的方法称为差数法。此法主要适用于漏记、重记差错的寻找。如月末账账核对时，发现现金日记账余额比现金总账余额少（或多），出纳可以回忆是否有该笔业务，同时着手查找有关记账凭证，检查是否漏记、重记。

通常发现账实不符时，先用上述方法进行查找，如果采用上述方法后仍未找出差错的，则应采用顺查法、逆查法、抽查法继续查找，一直到发现差错为止。

顺查法是指按原来账务处理程序，即原始凭证、记账凭证、登记账簿、结账、试算平衡这个顺序，依次一一查对的一种差错查找方法。

逆查法是指按与原来账务处理程序相反的顺序，依次一一查对的一种查错方法。

抽查法对账簿记录中估计出现差错可能性较大的部分进行检查的方法。

差错各种各样，查错的方法也有许多，要求出纳人员掌握各种查错方法和规律，有针对性地查找，避免盲目。差错有时是由一笔业务引起，有时是由几笔业务相互交叉而引起，出纳人员在查找错时必须耐心、细致，避免急躁。

五、错账更正的方法

出纳账记录错误常见的有反向、串户、错位、倒码、写错等。如把借方金额记为贷方金额称之为反向；把现金记成银行存款称之为串户；把10记成100、100记成10称之为错位；把27记成72称之为倒码。

账簿记录发生错误,不准涂改、挖补、刮擦或者用药水消除字迹,不准重新抄写,必须根据错误发生的具体情况,相应地采取规定的方法予以更正。

(一)划线更正法

划线更正法,又称红线更正法。凡在结转前发现账簿记录有错误,而记账凭证无错误,可用划线更正法予以更正。更正时,先在错误的文字或数字上划一条红线,以表示予以注销,但必须使原有字迹仍可辨认;然后,将正确的文字或数字用蓝字写在被注销的文字或数字的上方,并由记账人员在更正处盖章。对于错误的数字,应当全部划红线更正,不得只更正其中的错误数字。对于文字错误,可只划去错误的部分。

例,记账员张某在根据记账凭证登账时,将记账凭证上的 85600 元错误记为 86500 元。更证时应将错误数字全部用红线划销,在其上面写上确的数字。即:

85600
~~86500~~　何××章

而不能只划掉"65"或"56"两个数码,如 86500 或 85600
　　86500　85600

(二)红字更正法

红字更正法,又称赤字冲账法、红字冲销法。记账以后,如果发现记账凭证中应借、应贷科目发生错误或者记账凭证中实填金额大于应填金额时,应采用红字更正法进行更正。

(1)记账以后发现记账凭证中应借、应贷会计科目或者记账方向有错误,且记账凭证同账簿记录的金额相吻合。更正时,先用红字金额填制一张内容与错误的记账凭证相同的记账凭证,据以用红字登记入账,以冲销原有错误记录,然后再用蓝字填制一张正确的记账凭证,据以重新登记入账。

例,光华机械厂×月销售产品取得现金收入 600 元。编制记账凭证时,误将应贷科目填为"营业外收入"(注:实际应贷科目为"主营业务收入"),其会计分录如下:

借:现金　600
　　贷:营业外收入　600

上述凭证登记入账。记账员发现这种错误。更正时,应先用红字填制一张与原错误记账凭证内容完全相同的记账凭证,并据以用红字金额登记入账,冲销原有错误的账簿记录,其会计分录如下:

借:现金　600

贷：营业外收入 [600]
（注：用方框圈住表示红字）

然后，再用蓝字填制一张正确的记账凭证，据以用蓝字登记入账，其会计分录如下：

借：现金　600
　　贷：主营业务收入　512.82
　　　　应交税费——应交增值税（销项税额）87.18

（2）记账以后发现记账凭证中应借、应贷的会计科目，记账方向都没有错误，记账凭证和账簿记录的金额也相吻合，只是所记金额大于应记的金额。更正时，按照正确金额与错误金额之间的差额，用红字金额填制一张记账凭证，据以登记入账，冲销其多记的部分金额。

例，光华机械厂从银行实际提取现金为3000元，填制记账凭证时，误记为30000元，其会计分录如下：

借：现金　30000
　　贷：银行存款　30000

上述记账凭证登记入账后，出纳员发现这种错误。更正时，用红字填制一张27000元的记账凭证，并据以用红字登记入账，其会计分录如下：

借：现金　[27 000]
　　贷：银行存款　[27 000]

（注：用方框圈住表示红字）

（三）补充登记法

在记账以后，如果发现记账凭证中应借、应贷的会计科目，记账方向都没有错误，记账凭证与账簿记录中的金额也相吻合，只是所记金额小于应记的正确金额时，采用补充登记法进行更正。更正时，将应填金额与实填金额之间的差额用蓝字填制一张记账凭证，据以登记入账，加以补充。

例，阳光机械厂购入材料一批，银行存款支付，其实际成本为6 000元，填制记账凭证时，误记为4 000元，其会计分录如下：

借：原材料　4 000
　　贷：银行存款　4 000

为了更正有关账户中少记2 000元的错误，应用蓝字金额填制一张记账凭证，其会计分录如下：

借：原材料　2 000
　　贷：银行存款　2 000

总之，在当年内发现已经登记入账的记账凭证发生填写错误时，要用红字更正法和补充登记法更正错账，更正时，都要在更正错误的记账凭证摘要栏内，注明"注销某月某日某号凭证"或者"订正某月某日某号凭证"字样。发现以前年度记账凭证有错误的，应当用蓝字填制一张更正的记账凭证。

第五节　会计账簿的更换与保管

一、会计账簿的更换

为了，清晰地反映各个会计年度的财务状况和经营成果，每个会计年度开始时，一般都要启用新账，并把上年度的会计账簿归档保管。

现金日记账、银行存款日记账、总分类账及明细分类账都要每年更换新账，但固定资产明细账或固定资产卡片可以继续使用，不必每年更换新账。

等终结账后，有期末余额的账户，应将其余额结转至下年度新账簿的相应账户中去。结转时，将有余额的账户的余额直接记入新账簿中相对应的账户中的余额栏内，不需要编制记账凭证，也不必将余额再记入本年账户的借方或贷方，使本年有余额的账户的余额为零。

下年度新开账户的第一行，填写的日期是1月1日，"摘要"栏注明"上年结转"字样，同时，将上年结转余额记入"余额"栏，并标明余额方向。上年度该账户的借方余额，转至本年度新账内仍为借方余额，上年度该账户的贷方余额，转至本年度新账内仍为贷方余额。

二、会计账簿的保管

各种账簿是重要的经济档案，必须按规定妥善保管，不得丢失和任意销毁。否则，原有债权、债务无法理清；重要的经济资料和经济信息将丧失，经济责任将无法明确，故妥善保管账簿意义重大。账簿的保管，既要安全、完善、机密，又要保证使用时能及时迅速查到。年度终了更换新账后，旧账页应清点整理，所有活页归档保管。账簿归档保管要做到五防：防火、防盗、防潮、防霉烂变质、防虫蛀鼠咬。存档后的会计账簿，调阅时必须提出理由，经会计主管人员批准，在保管员陪同下方可查阅，原则上不得借出。

账簿的保管期限如下：
（1）现金和银行存款日记账保管25年。
（2）总账和明细分类账保管15年。
（3）涉外账簿应长期保存。

账簿保管期满，需要销毁时，由档案保管部门提出销毁意见，会同财务部门共同鉴定，编造销毁清册，报本单位领导或上级批准方可销毁。销毁时，应由档案保管部门、财务部门和有关部门共同监销。

三、电算化会计档案的保管

电算化会计档案主要包括：由计算机打印输出的各种书面形式的会计凭证、会计账簿、会计报表及其他会计资料；以磁盘、光盘、微缩胶片等磁性介质储存的会计数据；会计电算化系统开发和使用的全套文档资料及软件程序。

对于电算化会计档案的管理，各单位应建立以下安全与保密措施：

（1）对电算化会计档案管理要做到防磁、防火、防潮、防尘等工作。

（2）采用磁性介质储存的会计档案，要定期进行检查，定期进行复制，防止由于磁性介质损坏而使会计档案丢失。

（3）严格执行安全和保密制度，不得随意堆放会计档案，严防毁损、散失和泄密。

（4）各种会计资料包括打印出来的会计资料以及储存会计资料的软盘、光盘、微缩胶片等，未经单位负责人同意，不得外借和拿出单位。

（5）借阅会计资料应履行相应的借阅手续，经手人必须签字记录。存放在磁性介质上的会计资料借阅归还时，还应认真检查，防止感染病毒。

第六章　出纳必备的业务技能

第一节　出纳常用符号与数字书写技巧

一、出纳常用符号

出纳人员在填写记账凭凭证、登记账簿和编制报表时，通常使用一些约定俗成的会计符号，具体为如下：

（1）√——表示已记完账或已核对。填在凭证金额右边或账页余额右边的格子内。

（2）¥——表示人民币。已在金额前写此符号的，金额后边就不用写"元"字。

（3）@——表示单价。

（4）△——表示复原。将原来书写的数字画红线更正，或文字更改后发觉错误，即原来是对的，仍应恢复原来记载，便在被画线的数字或被更改的文字下边，用红墨水写此符号，每个数码或文字下边标注一个△，并在这笔数字或文字加符号处盖小章。

（5）□——表示赤字。在一笔数字周边画长方形框框，墨水书写，通常应用在不能用红墨水书写的地方。

（6）#——表示编序的号码。

（7）∑——表示多笔数目的合计，即总和。

（8）※——表示对某笔数字或文字另附说明。

二、数字书写技巧

出纳人员要不断地填制凭证、记账、结账和对账，经常要书写大量的数字。如果数字书写不正确、不清晰、不符合规范，就会带来很大的麻烦。因此客观上要求出纳人员掌握一定的书写技能，使书写的数字清晰、整洁、正确并符合规范化的要求。

（一）小写金额数字的书写

小写金额是用阿拉伯数字来书写的。具体书写要求如下：

(1) 阿拉伯数字应当从左到右一个一个地写，不得连笔写。在书写数字时，每一个数字都要占有一个位置，这个位置称为数位。数位自小到大，是从右向左排列的，但在书写数字时却是自大到小，从左到右的。书写数字时字迹工整，排列整齐有序且有一定的倾斜度（数字与底线应呈 60 度的倾斜），并以向左下方倾斜为好；同时，书写的每位数字要紧靠底线但不要顶满格（行），一般每格（行）上方预留 1/3 或 1/2 空格位置，用于以后修订错误记录时使用。

(2) 阿拉伯数字前面应当书写货币币种符号或者货币名称简写。

币种符号与阿拉伯金额数字之间不得留有空白。凡阿拉伯数字前写有币种符号的，数字后面不再写货币单位。人民币符号为"￥"。

(3) 角分书写情况。

所有以元为单位（其他货币种类为货币基本单位）的阿拉伯数字，除表示单价等情况外，一律填写到角分；元角分的，角位和分位可写"00"，或者符号"—"；有角无分的，分位应当写"0"，不得用符号"—"代替。

（二）大写金额数字的书写

大写金额是用汉字大写数字：零、壹、贰、叁、肆、伍、陆、柒、捌、玖、拾、佰、仟、万、亿等来书写的。具体书写要求如下：

(1) 以上汉字大写数字一律用正楷或者行书体书写，不得用一、二、三、四、五、六、七、八、九、十、百、千等简化字代替，不得任意自造简化字。

(2) 大写金额数字到元或者角为止的，在"元"或者"角"字之后应当写"整"字或"正"字；大写金额数字有分的，分字后面不再写"整"或"正"字。

(3) 大写金额数字前未印有货币名称的，应当加填货币名称，货币名称与金额数字之间不得留有空白。如"人民币伍佰元正"。

(4) 阿拉伯金额数字中间有"0"时，汉字大写金额要写"零"字，阿拉伯数字金额中间连续有几个"0"时，汉字大写金额中可以只写一个"零"字；阿拉伯金额数字元位是"0"，或者数字中间连续有几个"0"、元位也是"0"，但角位不是"0"时，汉字大写金额可以只写一个"零"字，也可不写"零"字。

(5) 大写金额中"壹拾几"、"壹佰（仟、万）几"的"壹"字，一定不能省略，必须书写。因为，"拾、佰、仟、万、亿"等字仅代表数位，并不是数字。

第二节　人民币防伪识别技巧与损伤券的处理

一、人民币防伪识别技巧

（一）人民币的主要特征

1. 纸张

纸张是指印制钞票的主要材料，印制人民币的纸张使用的是印钞专用纸张，其特点是：用料讲究，工艺特殊，预置水印。造成的印钞纸光洁挺括、坚韧耐磨。

印制人民币纸张的主要成分是棉短绒，这样的纸张具有纤维长，强度高，耐磨擦等特点。在鉴别真假票时，通过检查纸张的成分，能够作出正确的鉴别。

在造纸时，人民币的纸张没有荧光增白剂，在紫外光下观察时，看不到荧光，把真币和假币放在紫外灯光下比较，就会发现假币的纸张出现明亮的蓝白光度，而真币没有这种现象。

第五套人民币纸币采用特种原材料由专用抄造设备抄制的印钞专用纸张印制，在紫外光下无荧光反应。

2. 水印

是指制造印钞纸时采用的特殊防伪手段，它是利用纸纤维的不均匀堆积，形成明暗层次不同的图案或图形。人民币的水印，有固定部位水印和满版水印两种。

固定部位水印的人民币，有第三套人民币 10 元券（正面左侧为天安门水印），第四套人民币 10 元券、50 元券、100 元券（依次在正面左侧有农民半侧面头像、工人半侧面头像和毛泽东浮雕半侧面头像水印）。

满版水印的人民币，有第三套人民币 1、2、5 元券（为国旗五星满版水印），第四套人民币 1、2、5 元券（为古钱币图案满版水印）。这种满版水印位置不固定，需要仔细观看。

第五套人民币 50 元、100 元为毛泽东人头像固定水印；1 元、5 元、10 元、20 元为花卉固定水印。

3. 制版

人民币的制版，除使用我国传统的手工制版外，还采用了多色套版印制钞票图纹的胶印或凹印接线技术，以及正背面图案高精度对印技术。这是人民币制版中广泛采用的，比较可靠的防伪技术手段。

手工雕刻制版。雕刻制版一直是钞票防伪的重要手段，它具有墨层厚、手感强的特点，用放大镜仔细观察，就可以看出图案的各个部位的点线排列，疏密程度，景物的深浅等都有明显的特征。我国人民币从第二套开始都采用了这一技术，真伪币仔细对照，很容易辨别。

对印技术。把正、反面图案一次印制成型，使特定部位的图案，正、反面完全一致。第四套人民币 1、2、5 元券均采用了这一技术。一般的印刷机，甚至精密的印刷机，由于采用正、背面分次印刷，都很难印出这样好的效果来。

凹印接线技术。它的特点是一条完整的线，印上几种不同的颜色时，不产生重叠、缺口的现象，这是其他印刷技术所不及，是目前我国人民币采用的比较先进可靠的防伪技术。

4. 油墨

印制人民币所用油墨，均为特殊配制的油墨，使用这种油墨多次套版印制的人民币，色泽鲜艳、色调协调、层次清晰。人民币印制时，在大面额票面上，还采用了无色荧光油墨、磁性油墨等主要防伪手段。

我国人民币采用同色异谱油墨印制，这种油墨它所表现的特征是：在太阳光下和普通的灯光下，同一般的胶印油墨没有区别，但在紫外灯光下，就会发亮或变成另一种颜色。我国第四套人民币元以上票币都采用了这种油墨。

第五套人民币用特定的检测仪检测，100 元的黑色横号码和 20 元的双色横号码中黑色号码有磁性，可供机读。

5. 印刷

第四套人民币中 1 元券以上的主币，正面人像、行名、国徽、面额、花边、盲文等，背面拼音符名、主景、面额、少数民族文字、行长章等，均采用了凹版印刷技术。凹版印刷的钞票，油墨厚，用手触摸，有凹凸感，因此，防伪性能强，是较先进的特种印制工艺。

第五套人民币中国人民银行行名、面额数字、盲文面额标记、凹印手感线等均采用雕刻凹版印刷，用手指触摸有明显凹凸感。

6. 安全线

1990 年版 50 元、100 元人民币，在其正面右侧 1/4 处，采用了特殊的金属安全线工艺，增加了大面额人民币的主动防伪功能。

第五套人民币 100 元、50 元为磁性微文字安全线；20 元为明暗相间的磁性安全线。10 元、5 元为全息开窗安全线。

（二）假币的类型及主要特征

1. 机制胶印假币的类型及主要特征

主要特征为：纸张韧性较差，无弹性；纸张内无水印图案，水印用浅色油墨加盖在纸面且模糊不清；底纹呈网状结构；接线出现断裂或重叠；主景图案层次不丰富；在紫外光下呈荧光反映，安全线用黄色油墨加印在纸面。

拓印假币，主要特征为：纸质较差，无挺度，纸张由三层组成，正背两面各为一薄纸，且纸面上涂有一层油质，中间为一白纸；墨色暗淡，无光泽；水印系描绘在中间白纸上，失真度较大；在紫外光源下，呈强烈荧光；纸幅一般比真票略小等。

复印假币，又分为黑白复印、彩色复印和激光复印等。主要特征为：纸质为复印机专用纸，弹性差，手感光滑；线条呈点状结构；正反面出现色差，正面人像偏红或偏黄；水印是用白色油墨加盖在背面；在紫外光下有强烈荧光反应。

石、木板印制伪币，通过石刻、木刻制版后进行套印。主要特征为：手法粗糙，人像、图案失真较大，水印多为手工描绘等。

蜡版油印假币，又分为手工刻印和卷印两种，主要采用蜡纸进行刻印或通过电子扫描技术制成蜡版，然后油印而成。其主要特征是：纸质无弹性，正反两面黏合而成；水印手工描绘、失真度大；油墨无光泽、色彩暗淡；在紫外光下呈荧光反应等。

照相版假币，主要特征为，纸面较光滑，纸质无弹性；人像、图案无立体感；无底纹线；墨色出现色差；水印系描绘而成，失真度较大；纸幅比真币略小等。

描绘假币，主要采用手工描绘进行伪造而成。近年来此类假票有所减少。其特征为：底边凹印图案呈不规则状；人像、图案等失真度较大；在紫外光下有荧光反应等。

剪制假币，主要是通过书报杂志上印有人民币图案剪制下来而成假票，一般在黄昏或夜晚进行使用，稍加注意极易发现。

2. 变造币的类型及主要特征

将真币变形、变态升值者，即为变造币，主要有以下几种类型：

涂改变造币特征。使用消字、消色等方法，将小面额人民币的金额消去，描绘或刻印成大面额人民币的金额，以此来混充大面额钞票。其主要特征是：钞票金额数字部位有涂改或用刀刮过的痕迹。花纹、颜色、图案以及尺寸均与真币不符。

拼凑变造币特征。用剪贴的方法，使用多张真钞经过接拼，多拼出张数以达到混兑、混用，从中非法渔利的目的。其主要特征是：拼出的钞票纸幅比真钞短缺一截，花纹不衔接，钞票背面有纸条或叠压粘贴痕迹。

揭张变造币特征。经过处理，将真钞揭开为正、背面两张，再贴上其他纸张，折叠混用，以达到非法渔利之目的。其主要特征是：揭张后的钞票比原有钞票纸质薄，挺度差，一面用其他纸张裱糊，只要将票面打开，正反面一看即可发现。

（三）鉴别真假币的常用方法

1. 人工鉴别法

人工鉴别变造币比较容易，这是因为变造币都改变了真币的现状和特征，只要注意是容易识别的。

眼看法：查看可疑币的颜色、轮廓、花纹、线条、图案等与真币的区别。真币的花纹、线条粗细均匀，图案清晰，色彩鲜艳，颜色协调，层次分明。而伪造币则线条凌乱、粗细不一，图案、色彩、层次不清，水印模糊无立体感。

手摸法：主要凭手感、触摸可疑币的纸质薄厚及挺括程度。花纹、图案、文字等有无凹凸感。真币纸张坚挺，薄厚适中，在特定部位有凹凸感。而伪造币一般纸质薄、挺括程度差、表面光滑无凹凸感。

2. 仪器鉴别法

目前，鉴别伪造币的仪器可分为普及型和专用型两种。专用型鉴别仪器由于价格比较昂贵，操作较复杂，一般单位不宜配置。在这里仅介绍几种常见的检测仪器：

单功能紫外光鉴别仪：该仪器是专门检测紫外发光油墨标记的专用仪器，适用于新版人民币识别真假。

磁感应鉴别仪：该仪器是专门检测磁性防假油墨标记的专用仪器，操作方便、可靠，适用于新版人民币检测。

透射光鉴别仪：主要用来检测钞票水印的真伪。一般为多功能鉴别仪器中的一种功能。

放大镜：一般要求能放大 6～10 倍，借助于放大镜一般可以对比检测真假图案、花纹的细微差别。

多功能鉴别仪：一般为 1～4 种功能。功能即为上述四种的不同形式的组合。

点钞机附加防伪装置或防伪点钞机，目前较为流行的是紫外光自动停机或报警的反假装置。

二、人民币损伤券的处理

人民币在长期商品交换中,有的纸质松软,有的票面脏污,有的磨损或残缺。群众习惯称之为"破钱",银行术语称之为"损伤券"。一张人民币即使是已经变旧、变脏、甚至已经破损的人民币仍然可以在商品交换中起到价值职能,一样得到社会的承认。为提高人民币的整洁度,银行出纳部门按照中国人民银行的有关规定,在收入现金过程中,要积极主动办理损伤人民币的挑剔、兑换和回收工作。单位的财会人员(主要是出纳人员)在办理现金收付、整点票币时,应随时把损伤票币挑出来,以配合银行出纳部门的工作。

(一)损伤人民币的认定标准

(1)票面缺少部分损及行名、花边、字头、号码、国徽之一的。

(2)票面裂口超过纸幅1/3或损及花边、图案的。

(3)票面纸质较旧,四周或中间有裂缝,或断开而粘补的。

(4)由于油浸、墨仿造成脏污面积较大或涂写字迹过多,妨碍票面整洁的。

(5)票面变色严重影响图案清晰的。

(6)硬币残缺、穿孔、变形、磨损、氧化损坏花纹的。

根据中国人民银行公布的《残缺人民币兑换办法》和《残缺人民币兑换办法内部掌握说明》,残缺人民币可以向当地银行办理兑换。

(二)残缺人民币的兑换办法

(1)对残缺部分没有另行拼凑多换可能的票券,可从宽掌握兑换:缺少1/4的兑换全额;缺少5/8的可兑换半额;呈正十字缺去1/4者按半额兑换。

(2)对票面污损、熏焦、水湿、油混、部分变色等,能辨别真假者,亦可按上述标准给予兑换。

(3)对于因遭火灾,虫蛀、鼠咬、霉烂等特殊原因而损失严重剩余面积较少或因污染变色严重的票面,可由持票人所在地政府或其工作单位出具证明,经审查来源正当,能分清票面种类,能计算出票券的张数,金额,可予以照顾兑换(例如由于火灾等原因只剩余一小部分经组织证明情况属实可予兑换全额)。对大宗的火灾、虫蛀、鼠咬、霉烂券除需有兑换人所在单位证明外银行还必须认真调查,如情况属实,经兑换行领导在证明上签字盖章,方可兑付。对此项损伤券,为了在销毁时便于检查,应将原证明附上。

(4)对企业误收的图案文字不相连接的拼凑券,可根据其中最大的一块按规定标准兑换。如两半张贴在一起，纸幅基本不短少者，可兑换全额。

（5）凡在流通过程中摩擦受到损伤的硬币中要能辨别正面的国徽或背面的数字，即可兑换全额。

（6）凡经穿孔、裂口、破缺、压薄、变形以及正面的国徽、背面的数字模糊不清的硬币，如确非持币人损毁者，亦可按全额兑回。兑付额不足一分的不予兑换，五分券按半额兑换。

（7）不予兑换的票券，如持币人不同意打洞，可不打洞；不予兑换的票券和硬币，均可退回原主。

（8）对确系故意损毁人民币者，应将票币没收，并视情节轻重给予批评教育，或交由司法部门依法处理。

（9）兑换的残券，应当由兑换人在票面上加盖"全额"或"半额"戳记。

第三节　勤练点钞技术

一、点钞的程序

点钞作为整理、清点货币的一项专门技术，它对于为社会经济提供信用中介、支付中介以及各项金融服务的银行来说尤其重要。

点钞的基本程序：拆把→点数→扎把→盖章。

（1）拆把：把待点的成把钞票的封条拆掉。

（2）点数：手点钞，脑记数，点准100张。

（3）扎把：把点准的100张钞票墩齐，用腰条扎紧。

（4）盖章：在托好的钞票腰条上加盖经办人名章，以明确责任。

点钞的考核标准如下：

（1）优秀：5分钟单指单张600张；单指多张800张。

（2）良好：5分钟单指单张400张；单指多张600张。

（3）及格：5分钟单指单张300张；单指多张500张。

二、点钞的基本步骤

出纳人员进行点钞时，应按以下程序进行操作，以避免技术性失误：

（1）准备工作。收到票币前，应保持桌面干净整齐，不得乱放其他杂物，尤其是现金，以避免出现混杂不清的情况。

（2）按券别分类。出纳员收到票据后，先按硬币和纸币分类，再按不同的面值分类。硬币应当码齐，纸币应当平放铺开。

(3) 整理票币。整理票币时,下列几点应该加以注意:
① 清点票币时,损伤券要及时挑出来。
② 断裂的纸币可用纸粘好,但不得用大头针、回形针或订书针随意夹订。
③ 对于破损严重、难以辨认的损伤票币应予退回;不便退回的应做书面记录并由交款人确认,待送存银行时参照有关规定办理。
④ 对于伪造、变造的票币必须当场向有关当事人声明,同时予以退回或作废处理。
⑤ 对于停止流通的票币应予退回。
⑥ 挑选好后,将票币墩好码齐,准备清点。
(4) 清点数量。出纳人员清点数量时,按券别由大到小,按一定的要求(如好、烂分开)清点张(枚)数,进行一次初点。初点后,应采用不同的点钞方法再重点一次,核对无误后再行捆扎并写好数量。
(5) 计算金额。根据复点无误的数量与相应的票币面值进行计算,得出现钞的实有金额,最后统计并与收款依据核对金额,确认无误后收好现钞并出具收款单据,完成点钞工作。

三、点钞的基本原则

在实际工作中,点钞应当遵循以下基本原则:
(1) 点准。票币整点的数量必须准确无误,这是点钞工作的核心,而且由于现钞涉及直接的物质利益,因此在整点时必须当面点清,双方确认。
(2) 算对。票币的金额应当计算正确,收款依据(如合同、发票)的金额应当合计准确,两者必须一致。
(3) 挑净。出纳人员在挑选整理票币的过程中,必须以严格的标准将损伤券、变造或伪造币挑选干净,防止鱼目混珠;对于辨认不清或存在疑问的票币,必须当场声明并作出相应的处理。
(4) 码齐。票币在挑选整理和清点无误后,都应码齐整好,以便于存放。

四、点钞的技术要领

点钞技术是出纳人员必须掌握的基本功之一。
出纳人员通过刻苦锻炼,不仅要掌握机器点钞技术,而且还必须掌握一种或几种手工点钞方法,做到点钞快、准。在货币盘点的实务中,主要有以下几种点钞技术及其盘点要领:

（一）手持式单指单张点钞法

这是最常用的点钞法，也就是一张一张清点钞票。其操作要点主要有：

（1）将钞票正面向内，持于左手拇指左端中内，食指和中指在票后面捏着钞票，无名指自然卷曲，与小拇指在票正面共同卡紧钞票。

（2）右手中指微微上翘，托住钞票右上角，右手拇指指尖将钞票右上角向右下方连张捻动，食指和其他手指一道配合拇指将捻动的钞票向下弹动，拇指捻动一张，食指弹拨一张，左手拇指随着点钞的进度，逐渐向后移动，食指向前推动钞票，以便加快钞票的下落速度。

（3）在此过程中，同时采用 1、2、3…自然记数方法，将捻动的每张钞票清点清楚。

（二）手按式单张点钞法

这种方法也是常用的方法之一。这种方法简单易学，便于挑剔残损券，适用于收款工作的初、复点。

其操作要点主要有：

（1）将钞票平放在桌子上，两肘自然放在桌面上。

（2）以钞票左端为顶点，与身体呈 45 度角，左手小拇指、无名指按住钞票的左上角，用右手拇指托起右下角的部分钞票。

（3）用右手食指捻动钞票，推动到食指、中指之间夹住，操作。每捻起一张，左手拇指即往上完成一次动作后再依次连续。

（4）在完成这些动作的同时，采用 1、2、3…自然记数方法，即可将钞票清点清楚。

此法与手持式相比，点钞的速度慢一些，但点钞者能够看到较大的票面。

（三）手持式四指四张点钞法

这种方法也是纸币复点中常用的一种方法，它就是以左手持钞，右手四指依次各点一张，一次四张，轮回清点，速度快，点数准，轻松省力，挑剔残损券也比较方便。

其操作要点主要有以下同点：

（1）钞票横放于台面，左手心向上，中指自然弯曲，指背贴在钞票中间偏左的内侧，食指、无名指和小拇指在钞票外侧，中指向外用力，外侧的指头向内用力，使得钞票两端向内弯成为"U"字形。

（2）拇指按于钞票右侧外角向内按压，使右侧展作斜扇面形状，左手腕向外翻转，食指成直角抵住钞票外侧，拇指按在钞票上端斜扇面上。

（3）右手拇指轻轻托在钞票右里角扇面的下端，其余四指并拢弯曲，指尖成斜直线。

（4）点数时小指、无名指、中指和食指尖依次捻钞票右上角与拇指摩擦后拨票，一指清点一张，一次点四张为一组。

（5）左手随着右手清点逐渐向上移动，食指稍加力向前推动以适应待清点钞票的厚度。

这种点钞法采用分组记数法，每一组记为一个数；数到25组为100张。

（四）手按式四指四张法

手按式四指四张法的操作要点主要有：

（1）将钞票平放在桌子上，两肘自然放在桌面上。

（2）以钞票左端为顶点，与身体呈45度角，左手小拇指；无名指按住钞票的左上角，右手掌心向下，拇指放在钞票里侧，挡住钞票。食指、中指、无名指、小拇指指尖依次从钞票右侧外角向里向下逐张拨点，一指拨点一张，一次点四张为一组，依次循环拨动。

（3）每点完一组，左手拇指将点完的钞票向上掀起，用二指与中指将钞票夹住。

如此循环往复。这种点钞法采用分组记数法，每两组记为一个数，数到25组为100张。

（五）扇面式点钞法

扇面式点钞法就是将钞票捻成扇面形，右手一指或多指依次清点。

（1）扇面式一指多张点钞法。就是运用一指对钞票进行清点。

（2）扇面式四指多张点钞法。就是运用四个指头交替拨动，分组点，一次可以点多张。

这种点钞法，清点速度快，适用于收、付款的复点，特别是对大批成捆钞票的内部整点作用更大。但是这种方法清点时不容易识别假票、夹杂券，所以不适于收、付款的初点。此法需要较高的点钞技术，一般单位的出纳人员不易掌握。

（六）机器点钞技术

出纳人员在进行机器点钞之前，首先安放好点钞机，将点钞机放置在操作人员顺手的地方，一般是放置在操作人员的正前方或右上方。安放好后必须对点钞机进行调整和试验，力求转速均匀、下钞流畅、落钞整齐、点钞准确。机器点钞的操作方法主要如下：

（1）打开点钞机的电源开头和计数器开关。

（2）放钞。取过钞票，右手横握钞票，将钞票捻成前高后低的坡形后横放在点钞机的点钞板上，放时顺点钞板形成自然斜度，如果放钞方法不正确会影响点钞机的正常清点。

（3）监视点钞。钞票进入点钞机后，点钞人员的目光要迅速跟住输钞带，检查是否有夹杂券、破损券、假钞或其他异物。

（4）取票。当钞票全部下到点钞台后，看清计数器显示的数字并与应点金额相符后，以左手二指、中指将钞票取出。

如果还有钞票需要点验，再重复上述步骤即可。目前的点钞机一般都带有防伪功能，所以，出纳人员在用机器点钞时，还要学会用机器来识别假币的技术。

（七）整点硬币

（1）手工整点硬币。手工整点硬币一般常在收款、收点硬币尾零款时使用。整点时，一般包括拆卷、清点、记数、包装等几个步骤：

① 拆卷。右手持卷的 1/3 处，左手撕开硬币包装纸的一头，再用右手大拇指向下从左至右打开包装纸，把纸从圈的上面压开后，左手食指平压硬币，右手抽出已压开的包装纸，以备清点。

② 清点。将硬币由右向左分组清点，用右手拇指和食指持币分组清点。为了准确，可用中指在一组中间分开查看，验证每组数量。

③ 记数。记数方法采用分组记数法。一组为一次，每次枚数要相同。

④ 包装。清点完毕后，用双手的无名指分别顶住硬币的两头，用拇指、食指、中指捏住硬币的两端，将硬币取出放入已准备好的包装纸 1/2 处，再用双手拇指把里半部的包装纸向外掀起掖在硬币底部，用右手掌心用力向外推卷，然后用双手的中指、食指、拇指分别将两头包装纸压下均贴着硬币，这样使硬币两头压三折包装完毕。

（2）工具整点硬币。工具整点硬币是指大批硬币用整点工具进行整点。整点时，也需要经过拆卷、清点、包装等步骤。由于工具整点过程较之于手工整点，除了借助于整点器外，其他类似，而且操作也非常简便。

第四节　珠算操作技能

目前，现代化计算技术有了很大发展，计算器、计算机等新式计算工具得到了广泛使用和推广。然而，在某些计算方面，尤其是加减计算，如凭证汇总、账面余额的确定等，算盘显得更为简捷、方便，可以说，就加减计算来说较计算机更为优越。这宛若现代"空中客车"终难以取代陆上巴士、列车等交通工具，两者各有其妙，并行不悖。因此，出纳人员练好珠算技术是重要的基本功。

下面就我国传统计算工具——珠算技术做一简要介绍。

一、珠算的基础知识

（一）算盘的结构

算盘一般是木制的，也有塑料制成的，由框、梁、档、珠四部分构成。

框。框也叫"边"，即算盘四周的木框。

梁。梁是连接在左右框上的一条横木，将算盘隔成两部分。有的算盘在梁上嵌有"记位点"，做记位用。

档。档是连接上下边框并穿过横梁的杆，用以串珠；同时，不同的档还表示不同的数位。

珠。珠是串在档上的算珠，用以表示数字。位于梁上的叫做上珠，一个上珠表示五个单位数，位于梁下的叫做下珠，一个下珠表示一个单位数。

（二）置数法

珠算是以算珠表示数，以档表示位。位数的记法与笔算相同，高位在左，低位在右，每差一档即增大十倍或缩小十分之一，即自右向左依次是个、十、百、千、万……个位定在哪一档，可视运算的便利而定。一般进行多位数的加减运算时，最好将个位定在右侧档上，个位定好后，向左档每隔二至三档再熟记两三个位数，如百位档、千位档或万位档、十万位档，这样在进行多位数计算时，可迅速找出位置的位数来。有人往往因数位不易认清，在梁上用字条标明个、十、百、千、万……数位，以便识记。这是一个不良习惯，所以不要养成在梁上标记数位的习惯。

进行加减法的运算时，要从左逐个向右拨珠，亦即从高位起逐步向低位运算。其他运算要视其具体的方法而定。

（三）拨珠法

拨珠方法的巧拙，直接关系着各项运算的准确度和速度。

拨珠时，指尖要准确地触及珠的刃边，不可深入珠间，拨珠用力要适度，不可用腕或臂来带动手指拨珠，应靠指关节的活动，使手指或曲或伸地来拨动算珠。拇指、食指和中指有一定的分工：

拇指：从下往上拨下珠。

食指：从上往下拨下珠。

中指：专管上珠的上下拨动。

为了避免影响视线和妨碍三指拨珠，无名指和小指应向手心自然卷曲。在熟练三指分工拨珠的基础上，为了加快速度要运用两指同时拨珠。如拇指和中指、食指和中指、拇指和食指连拨等。然后，可以进一步练习三指拨。

（四）握笔法

握笔打算盘是提高计算与记数速度的有效办法。通常有两种握笔法：
（1）横夹在无名指和小指之间。
（2）用无名指和小指握笔。

（五）清盘法

在每次运算之前，要使所有算珠都离开横梁各靠上、下边，使全盘为空档，这叫做清盘。

（1）单指清盘法。需要清盘时，用左手将算盘上部抬起，使算珠落下，放平算盘，然后用食指由左至右划上珠的下部使其离梁，轻划下珠的上部使其离梁。

（2）双指清盘法。清盘时，将拇指和食指尖合拢，食指在梁上，拇指在梁下，顺着算盘横梁由右到左（或反向）迅速移动，用指尖把算珠推回原处。

（3）算盘上的原数不去，改作需要运算的数字，此法可以节省清盘时间。

（4）自动清盘法，算盘置于桌面上，用右手食指按下清盘按钮，右手拇指按着梁，拇指和食指同时用力，即完成清盘工作。

（六）算盘的位置和操作方法

（1）账簿本页合计数的运算。左手持算盘，随着拨珠的进行，不断移动算盘，使放在算盘下边的运算资料中要运算的数字随时出现在算盘的上沿，离算珠最近。

（2）票据合计数的运算。将所要加计的一叠票据下边和左边对整齐，左上端用大头针（或铁夹等）别住，然后轻轻捻开，使下沿成扇状放在算盘的下方，用左手中指、无名指、小指三指轻轻按住，用拇指翻起票据，随翻随用食指拨住。这样可以用一只手完成翻凭证的全部动作，腾出右手完全可以用于打算盘。操作时要把看数、拨珠、翻页三个动作配合好，以保证拨珠的不间断进行。对较软的或较薄的凭证，拇指动作须适当改变，才能翻起。

（七）打算盘的姿势与看数

打算盘时的姿势正确与否，直接影响计算的准确与速度。一般在打算盘时，身要正、腰要直、头稍低、脚平放，肘部摆动的幅度不宜过大。

打算盘要学会看数。看数绝不等于念数，也不是默诵。看数时不是逐个看，而是像摄像机一样，一次把若干数全摄下来。这些数字不需念出，只需直接用算珠拨打。否则，拨珠速度永不能超过口念速度，实际上练到一定程度，拨珠速度要快得多。

二、珠算的加减运算方法

（一）珠算加法

1. 加法的基础知识

加法是最基本的计算方法，把两个数或几个数合并一个数的计算方法叫做"加法"。例如：$9+7=16$，$6+10+3=19$。算式中第一个数为被加数，其余的数为加数，合并成的数叫做"和数"。两个以上的加数相加，叫"连加"。相加的符号是"＋"，读作"加上"。加法运算用算式表示为：被加数＋加数＝和。被加数和加数的位置可以互换，例如：$9+6=15$，$6+9=15$，结果都一样。

（1）加法的运算法则。加法运算的基本法则是：数位对齐，按位相加，满十进一。运算顺序，笔算一般从低位算起，珠算一般从高位算起，实际计算时从哪一位算起均可，可以灵活掌握。

加法运算的主要性质有"加法交换律"、"加法结合律"。

加法交换律：几个加数相加，交换被加数或加数的位置其和不变，这一性质叫做"加法交换律"，例如：$a+b+c=b+c+a=b+a+c=c+b+a$，应用加法交换律可以使一些计算简便。

例如：$158+793+642=158+642+793=1593$

加法结合律：三个数相加，先把前两个数相加，再加上第三个数，或者先把后两个数相加，再加第一个数相加，其和不变，即：$(a+b)+c=a+(b+c)$，加法的这一性质，叫做"加法结合律"。加法结合律可以推广到若干个数相加，先把其中任意几个数结合起来成一组相加，再与其余的数相加，其和不变。

加法交换律与结合律是建立加法运算的基础，可以简化计算。

例如：$257+641=(200+50+7)+(600+40+1)=(200+600)+(50+40)+(7+1)=800+90+8=898$

（2）加法的类别。珠算加法有不同的类别，按计算时是否使用口诀有"口诀加法"和"无口诀加法"，在运算形式中又分为"进位加法"和"不进位加法"等。

（3）加（减）法的运算顺序。珠算加（减）法的运算顺序一般是从左到右，由高位算起，运算时先确定个位档，然后按相同的数位加（减），即"同位相加，同位相减"的原则进行。但人们在实际计算中,为了提高计算速度和准确度,也采用有先从高位到低位(从左到右),再从低到高位(从右到左)来回穿梭地进行运算,有的还把每一行要加或要减的数字分成几段,首段从上而下数位对齐进行计算,然后,再从第二段、第三段依次进行计算。

(4)加法运算的基本步骤。在多位加法具体运算中,其基本步骤和方法如下:

① 先在算盘上选定个位档;

② 再拨上被加数;

③ 在相加时,要从高位向低位(从左到右)依次加,这与笔算由低向高的方向相反;

④ 加数要和被加数的档位对齐,然后进行同位数加法运算,百位对百位,十位对十位,个位对个位……

⑤ 要从左至右三位或四位一节看数拨珠,熟练后边看边打;

⑥ 在初学时要运用口诀,熟练以后就不用口诀。

2．口诀加法

口诀加法是运用一套完整的口诀来指导拨珠动作,进行运算,口诀始见于明代,珠算口诀是根据算盘位数、档位和五升十进位等特点,结合加减数字的内容,科学地概括、总结出来的,传统珠算加法,用口诀指导拨珠计算。珠算加法口诀有26句,如表18所示。

表18 珠算加法口诀26句加数

加数	不进位的加		进位的加	
	直接的加	凑五的加	进十的加	破五进十的加
1	一上一	一下五去四	一去九进一	
2	二上二	二下五去三	二去八进一	
3	三上三	三下五去二	三去七进一	
4	四上四	四下五去一	四去六进一	
5	五上五		五去五进一	
6	六上六		六去四进一	六上一去五进一
7	七上七		七去三进一	七上二去五进一
8	八上八		八去二进一	八上三去五进一
9	九上九		九去一进一	九上四去五进一

口诀中第一个字表示加数,后面的字表示拨珠的动作,在口诀中,"上"表示拨下珠靠梁,"下"表示拨上珠靠梁,"去"表示把靠梁的珠拨去,"进一"表示向前档(左档)拨入一颗下珠。

珠算是五升下进制，即算盘中下一珠当一，上一珠当五，遇下就要进位，这就必然会出现"凑五"和"补十"的问题，凑五数是把一个小于5的自然数，凑成5所要加上的数，叫做这个自然数的"凑五数"。如3的凑五数是2，4的凑五数是1等。补十数也叫凑十数，是把一个10的自然数凑成10所要加上的数叫做这个自然数的"补十数"或"凑十数"。如7的补十数是3，4的补十数是6，2的补十数是8等。

在珠算加法运算中，有的"先加后减"，因此出现了"先十法"和"后十法"两种运算顺序。

先十法：两数相加，当某一数位上的和满10时，先拨进位数叫做"先十法"，规律是"和满十，进一减补"。用先十法计算时必须算本位看下位才能减少拨珠次数。如27+46，在十位应加4，但两个个位数字较大，所以直接在十位上加5，相当于在个位上加10，而原来的数是6，多加了4，所以在个位上再减4，得73。

后十法：在某一档两数相加，和满10，先在本档减去加数的补十数，然后向前一档进1，这种方法叫做"后十法"。旧珠算加法口诀都按后十法编制的。

例如：$7+6=7-4+10$，口诀：六上一去五进一。

对初学者来说，只要正确掌握口诀，按口诀的拨珠法进行运算，就能很快计算出所需要的数据。熟练后，可不用口诀直接运算。珠算加法在运算形式中可分为"不进位加法"和"进位加法"。

（1）不进位加法。两数相加的和小于10，在算盘上本档的上珠和下珠都够使用，这种加法叫做不进位加法，就是"本档够加就加"，包括直接的加、凑五的加两种类型。

（2）直接的加。在同一数位上两数相加。只需拨动本档的上珠或下珠或上、下珠就可以加的叫"直接的加"。用"上几的"口诀，共九句。直接的加有两种拨珠法，如表19所示。

表19　直接的加口诀

口诀：直接的加	三指拨珠法	二指拨珠法
一上一 二上二 三上三 四上四	用拇指单拨靠梁	用拇指单拨靠梁
五上五	用中指单拨靠梁	用食指单拨靠梁
六上六 七上七 八上八 九上九	用拇指和中指连拨靠梁	用拇指和食指连拨靠梁

例如：算盘上已经有数码2，现要加2，直接拨加二颗下珠就行，即"二上二"成为四。

（3）凑五的加。也叫"升五加"、"满五加"，在同一数位上两数相加，如果两个加数都小于5，它们的和等于或大于5，那么相加时可加上5，同时减去多加了的数（就是第二个加数的凑五数）。这类加法叫做"凑五加"或"升五加"或"满五加"。其口诀是"几下五去几"，共四句，凑五的加有两种拨珠法，如表20所示。

表20　凑五的加口诀

口诀：凑五的加	三指拨珠法	二指拨珠法
一下五去四 二下五去三 三下五去二 四下五去一	用中指拨上珠靠梁，同时用食指拨下珠离梁（自上而下拨珠）	用食指拨上珠靠梁，并用食指拨下珠离梁（自上而下拨珠）

例如：算盘上已经有数码，现要加2，这时两数相加已经满了5，而本档下珠不够用，就需要拨加一个上珠。再去掉多余的三个下珠，即"二上五去三"。

（4）进位的加法。在同一数位档上两数相加，其和满10，要向左边一档进1（就是加10），同时在本档减去多加了的数（就是本档加数的补十数），这样的加法，叫做"进位加法"，包括直减进位加、破五进位加、连续进位加。

①直减进位加。进位加法中，能够用直接从本档减去第二个加数的补十数的，叫"直减进位加"。这类加法口诀是"几去几进一"。共九句。

直减进位加有两种拨珠法，如表21所示。

表21　直接进位加口诀

口诀：进十的加	三指拨珠法	二指拨珠法
一去九进一 二去八进一 三去七进一 四去六进一	先用中、食指联拨上、下珠离梁，再用拇指拨前档下一珠靠梁	先用食指拨下珠和拨上珠离梁，再用拇指拨前档下一珠靠梁
五去五进一	用中指拨上珠离梁，同时用拇指拨前档下一珠靠梁	用食指拨上珠离梁，同时用拇指拨前档下一珠靠梁
六去四进一 七去三进一 八去二进一 九去一进一	用食指拨下珠离梁，同时用拇指拨前档下一珠靠梁	用食指拨下珠离梁，同时用拇指拨前档下一珠靠梁

例如：算盘上已经有数码8，现要加4，这时本档上的上下珠都不够用了（一般老式算盘也不用顶珠和底珠），应向左档进1（进十），就要在本档上拨去多加的数（上珠一颗，下珠一颗），并在左一档拨加一颗下珠，即"四去六进一"。

②破五进位加。进位加法中，要用破五减从本档减去第二个加数的补十数的，叫"破五进位加"。当两个数相加时，本档上的被加数是5或大于5，同时加数也是5或大于5，这样，两个数相加后一定等于或大于10，因此必须将加数中的5和被加数中的5合并为10。进到前一档，并将加数中超5的数拨在本档，这类加法口诀的结构是："几上几去五进一"。

破五进位加共四句，有两种拨珠法，如表22所示。

表22　破五进位加口诀

破五进十的加	三指拨珠法	二指拨珠法
六上一去五进一 七上二去五进一 八上三去五进一 九上四去五进一	先用拇指拨下珠靠梁，同时用中指拨上珠离梁，再用拇指拨前档下一珠靠梁	先用拇指拨下珠靠梁，同时用食指拨上珠离梁，再用拇指拨前档下一珠靠梁

例如：算盘上已经有数码6，现要加6，这时，本档珠不够用（一般老式算盘也不用顶珠和底珠），必须破五进十，就是在本档拨加一颗下珠，去掉一颗上珠，同时在左一档拨加一颗下珠（进十），即"六上一去五进一"。

③连续进位加。在同一数位上相加，和满10，要向左档进1，如果左档或连续前几档的数都是9，则左档或连续前几档的数都要满10进1，在这种情况下的进位。叫做"连续进位"，用口诀"一去九九……（连续有几个9，就用几个9）进"一"。

（二）珠算减法

1.减法的基础知识

基本减法是加减中的常规运算方法，减法是从一个数中减去另一个或几个数，求出它们的差是多少的计算方法。减法的算式是：被减数－减数＝差。

珠算减法，应该遵守下面三个基本规则：

（1）应将被减数与减数相同的数位对齐，同位数与同位数才能相减，计算小数减法时，必须把被减数和减数的小数点对齐，然后相减。

（2）应按从高位数到低位数的顺序相减。

（3）减数与减数不可交换位置。

珠算减法也有不同的类别，按计算时是否使用口诀分为"口诀减法"和"无口诀减法"两种，在运算形式中又分为"退位减法"和"不退位减法"等。

2. 口诀减法

口诀减法同口诀加法一样是运用一套完整的口诀指导拨珠动作，进行运算。

对初学者来说，只要正确掌握口诀，按口诀的拨珠法进行运算，就能很快计算出所需要的数据。熟练后，可不用口诀直接运算，减法口诀同加法口诀一样共26句，如表23所示。

表23　珠算减法口诀26句

减数	不退位的减		退位的减	
	直接的减	破五的减	退十的减	退十还五的减
1	一去一	一上四去五	一退十还九	
2	二去二	二上三去五	二退十还八	
3	三去三	三上二去五	三退十还七	
4	四去四	四上一去五	四退十还六	
5	五去五		五退十还五	
6	六去六		六退十还四	六退十还五去一
7	七去七		七退十还三	七退十还五去二
8	八去八		八退十还二	八退十还五去三
9	九去九		九退十还一	九退十还五去四

口诀中第一个字表示减数，后面的字表示拨珠的动作，在口诀中，"退十"表示从前档借一颗下珠，"还"表示退去左档的数后应在本档上加，"上"表示拨下珠靠梁，"去"表示将靠梁的算珠拨去靠边框。根据口诀，减法运算可以分为两种情况：不退位的减法和退位的减法。

（1）不退位的减法。本档的被减数够减去减数，用不着向前位借一，这种减法叫不退位减法，就是"本位够减就减"。不退位减法，有两种情况："直接减"和"破五减"。

①直接减是指两个数相减时，只要将上珠或下珠拨去，或将上下珠同时拨去，以减去减数。用"去几的"口诀，共九句，直接减有两种拨珠法，如表24所示。

表24　直接减口诀

口诀：去几的	三指拨珠法	二指拨珠法
一去一 二去二 三去三 四去四	用食指单拨离梁	用食指单拨离梁
五去五	用中指单拨离梁	用食指单拨离梁
六去六 七去七 八去八 九去九	用食指和中指连拨离梁	用食指拨下珠和上珠离梁

例如，9876－6815＝3061

先定好个位档，将被减数9876拨在算盘上。

计算说明：认准档位，按"同位相减"原则从左到右，用六去六、八去八、一去一、五去五的口诀，依次从相应的各档上减去6815，便得出差3061。

②破五减。是指本档的被减数虽然够减，但下珠不够减，要拨去上珠，同时把多拨去的数用下珠补上，用"上几去五"的口诀，共四句，破五减有两种拨珠法，如表25所示。

表25　破五减口诀

口诀：上几去五	三指拨珠法	二指拨珠法
一上四去五 二上三去五 三上二去五 四上一去五	用拇指拨下珠靠梁，同时用中指拨上珠离梁（自下而上拨珠）	用拇指拨下珠靠梁，同时用食指拨上珠离梁（自下而上拨珠）

例如，75.76－32.42＝43.34

计算说明：定好个位档，并注意留出个位后小数需占用的档数，将被减数7（五）76拨在算盘上。

认准档位，按"同位相减"的原则，用三上二去五、二上三去五、四上一去五、二上三去五依次从被减数相应的各档上减去减数32.42，便得出差43.34。

（2）退位减法。本档的被减数不够减去减数。必须向左边一档借一才够减，就是"本位不够减就退一加补"，叫做退位减法。退位减法有两种情况："退十减"和"退十还五减"。

①退十减。是指向前档借一当十相减后，把差数加在本档上，用"退十还几"口诀，共九句，退十减有两种拨珠法，如表26所示。

表26 退十减口诀

口诀：退十还几的	三指拨珠法	二指拨珠法
一退十还九 二退十还八 三退十还七 四退十还六	用食指在前档拨一下珠离梁，用拇、中指在本档拨上、下珠靠梁	用食指在前档拨一下珠离梁，并用拇、食指在本档拨上、下珠靠梁
五退十还五	用食指在前档拨一下珠离梁，同时中指在本档拨上珠靠梁	用食指在前档拨一下珠离梁，并用食指在本档拨上珠靠梁
六退十还四 七退十还三 八退十还二 九退十还一	用食指在前档拨一下珠离梁，并用拇指在本档拨上珠靠梁	用食指在前档拨一下珠离梁，并用拇指在本档拨上珠靠梁

例如，22 716 − 8937 = 13 779

计算说明，先定好个位档，然后拨上被减数22 716，认准档位，按"同位相减"的原则，将减数自左到右依次相减，在减数时，都要同时把减数的补数在本档加上，最后得出差13 779。

②退十还五减。其是指本档不够减，向前档借一当十相减后所差的数与本档被减数相加，满五或大于五，要拨下一颗上珠，同时要把多加的数从下珠中拨去，用"退十还五去几"的口诀，共四句，退十还五减有两种拨珠法，如表27所示。

表27 退十还五减口诀

口诀：退十还五去几的	三指拨珠法	二指拨珠法
六退十还五去一 七退十还五去二 八退十还五去三 九退十还五去四	先用食指在前档拨一下珠离梁，并用中指在本档拨上珠靠梁，同时用食指拨下珠离梁	先用食指在前档拨一下珠离梁，并用食指在本档拨上珠靠梁，再拨下珠离梁

第五节 学会作出纳报告

一、出纳报告的基本格式

出纳员记账后，应根据现金日记账、银行存款日记账、有价证券明细账、银行对账单等核算资料，定期编制"出纳报告单"和"银行存款余额调节表"，报告本单位一定时期现金、银行存款、有价证券的收、支、存情况，并与总账会计核对期末余额。

"出纳报告单"的格式如表28所示。

表28　出纳报告单

单位名称　　　　　　　　　　　　　　　　　　　　　年　月　日至　月　日

项目	库存现金	银行存款	有价证券	备注
上期结存				
本期收入				
合计				
本期支出				
本期结余				

主管：　　　记账：　　　出纳：　　　复核：　　　制单：

二、出纳报告的填制

（一）出纳报告单的编制

（1）出纳报告单的报告期可与本单位总账会计汇总记账的周期相一致，如果本单位总账10天汇总一次，则出纳报告单10天编制一次。

（2）期结存数，是指报告期前一期期末结存数，即本期报告期前一天的账面结存金额，也是上一期出纳报告单的"本期结存"数字。

（3）本期收入按账面本期合计借方数字填列。

（4）会计是上期结存与本期收入的合计数字。

（5）本期支出按账面本期合计贷方数字填列。

（6）本期结存是指本期期末账面结存数字。它等于"合计数字"减去"本期支出数字"本期结存必须与账面实际结存数一致。

（二）银行存款余额调节表的编制

银行存款余额调节表也是出纳报告的组成部分。至于银行存款余额调节表的编制，详见前面第五章第四节的第三部分内容，这里不再赘述。

第六节　整理和保管会计档案

出纳员在办理正常的资金收付业务的同时，还应当做好会计档案的保管及相关工作。在离开出纳岗位之前，应认真办理相应的交接手续，圆满地结束出纳工作。单位为了加强对出纳工作的管理，提高工作效率和质量，也应定期或不定期地对出纳工作进行有效的考核。

《会计档案管理办法》第四条规定：各单位必须加强对会计档案管理工作的领导，建立会计档案的立卷、归档、保管、查阅和销毁等管理制度，保证会计档案妥善保管、有序存放、方便查阅、严防毁损、散失和外泄。而包括出纳档案在内的会计档案，是记录出纳业务内容，明确相关经济责任的书面证明或其他资料，一旦遗失或因保管不善而毁坏，将给出纳员本人和单位带来严重的不良影响。因此，出纳员必须按规定对有关的会计资料进行妥善的保管，保证会计档案记录的真实性、完整性、连续性和准确性。

会计档案归档的原则是"有用、真实、有效"，因此，出纳员应先对会计资料进行整理，哪些能用，哪些不需用，都要按照有关的规定和本单位的管理要求对会计资料进行挑选整理，做到定期归集、分类整理、按序排放。

一、会计档案的保管范围

会计档案是指会计凭证、会计账簿和财务报告等会计核算专业材料，同时也包括相关的重要单证等，出纳员应负责整理和保管的会计档案具体包括：

（一）会计凭证类

反映资金收付业务的原始单证、记账凭证、汇总凭证及其他出纳凭证。

（二）会计账簿类

现金日记账、银行存款日记账、其他货币资金明细账、辅助账簿及其他备查簿。

（三）财务报告类

包括月度、季度、年度的出纳报告、附注及文字说明、银行存款对账单及银行存款余额调节表，其他出纳报告。

（四）其他类

作为收付依据的合同、协议及其他文件，按规定应单独存放保管的重要票证单据，如作废的支票、发票存根联及作废发票、收据存根联及作废收据、出纳盘点表和出纳考核报告等。

（五）档案管理类

会计档案移交清册、会计档案保管清册、会计档案销毁清册。

二、会计档案的整理程序

出纳员对档案进行整理时,一般进行分类、装订和成册三个步骤。

(一)分类

会计档案应按经济业务的性质和本单位的财务管理要求进行分类。在对档案分类时,应当对一些无效或不需用的单据进行剔除。

(二)装订

由于原始单证大多零落散乱,容易遗失,所以出纳员在对档案归类后应加以装订,以保证会计资料不易散落遗失;在装订时,应当注意档案厚度以便于使用;使用活页账或卡片账的,在归档时应加以装订,并编齐页码,对不宜装订的应当连号存装防止散落;对于采用财务软件记账的单位,其打印出的纸质会计档案必须装订编号;对于具备采用磁带、磁盘、光盘、微缩胶片等磁性介质保存会计档案条件的,由国务院业务主管部门统一规定,并报财政部、国家档案局备案,保管时采用连号编排,保存在特定的档案盒里。

(三)成册

对于装订完毕的出纳资料,应当立卷成册,启用封面或扉页,用以记录每册的编号、所属单位、所属时期、其计号数及页数、经办人员等详细内容,并加盖单位公章和经办人员私章。在保管上有特殊要求的,可以加盖骑缝章或加贴封条。

三、会计档案的保管责任

(1)按照《会计档案管理办法》第六条的规定,各单位每年形成的会计档案,应当由会计机构按照归档要求负责整理成卷,装订成册,并编制会计档案保管清册。

(2)在当年或本会计期间内形成的会计档案,在会计年度终了后,可暂由会计机构保管一年,期满之后,应当由会计机构编制移交清册,移交本单位档案机构统一保管;未设立档案机构的,应当在会计机构内部指定专人负责保管,出纳人员不得兼管不在权限范围内的会计档案。

(3)移交本单位档案机构保管的会计档案,原则上应当保持原卷册的封装。个别需要拆封重新整理的,档案机构应当会同会计机构和经办人员拆封整理,以分清责任。

（4）各单位保存的会计档案不得借出。如有特殊需要，经本单位负责人批准，可以提供查阅或者复制，并办理登记手续。查阅或者复制会计档案的人员，严禁在会计档案上涂画、拆封和抽换。

（5）单位之间交接会计档案的，交接双方应当办理会计档案交接手续。移交会计档案的单位，应当编制会计档案移交清册，列明应当移交的会计档案名称、卷号、册数、起止年度和档案编号、应保管期限、已保管期限等内容。

交接会计档案时，交接双方应当按照会计档案移交清册所列内容逐项交接，并由交接双方的单位负责人负责监交。交接完毕后，交接双方经办人和监交人应当在会计档案移交清册上签名或者盖章。

四、会计档案的保存要求

会计档案的保存是一个长期过程，为了保证档案在保存期限内的安全和有效，各单位必须加强档案的保管工作，会计档案保管的具体要求如下：

（1）档案记录必须真实、完整、准确、连续，不得擅自篡改、涂抹或歪曲档案记录。

（2）档案整理、装订成册均按规定办理，做到不易散失、便于查阅。

（3）档案记录必须按照规定的保存年限进行保管。

（4）档案的使用、移交和销毁必须按照严格的程序办理。

（5）档案不得外借、撕毁、遗失。

（6）档案的存放地应当安全、防火、防盗、防潮、防虫。

（7）档案资料，应能积极地为本单位所利用。

五、会计归档资料的保管期限

各种会计档案的保管期限，根据其特点分为永久和定期两类。年度会计报表和某些涉外的会计凭证、会计账簿属于永久保管，其他属于定期保管。定期保管期限有3年、5年、10年、15年、25年5种。会计档案中出纳归档资料的保管期限应严格按照《会计档案管理办法》有关规定执行。各种档案资料的保管期限，从会计年度终了后的第1天算起。

六、会计档案的销毁

会计档案在保存期满后，对确无保留必要的资料，经本单位主要领导审查并报经上级主管部门批准后,方可办理销毁手续;保管期满但未结算的债权债务的原始凭证和涉及其他未了事项的原始凭证,不得销毁,应当单独抽出立卷,保管到未定事项完结为止。单独抽出立卷的会计档案,应当在会计档案销毁注册和会计档案保管清册中列明正在项目建设期间的建设单位,其保管期满的会计档案不得销毁。

在销毁档案资料时,应由档案部门和财务部门共同派人监销,如有特殊要求的,应由本单位主要领导或上级主管部门派人监销;监销时监销人应对档案逐一清点核对,确认其确实无保留必要;销毁后,监销人员应在销毁清册上签名盖章并将销毁情况报告本单位领导,其销毁清册由档案部门另行保存。

七、会计归档资料的移交与调阅

出纳部门形成的会计归档资料,是会计档案的重要组成部分,应由财务部门统一安排,按照归档的要求整理立卷或装订成册。

按《会计档案管理办法》规定:"当年会计档案,在会计年度终了以后,可暂由本单位财务会计部门保管一年。期满以后,原则上应由财务会计部门编造成册移交本单位的档案部门保管。"会计年度终了以后再由财务会计部门保管一年,主要是因为新旧年度之间的许多会计业务是有关联的,上年度的核算资料放在财务会计部门,以方便财会人员查找。同样基于这一考虑,在这一年内出纳归档资料的保管一般仍应由出纳部门负责。

出纳保存的核算资料,应积极为本单位提供应用。原则上不得外借,如遇特殊需要,必须报经上级主管单位批准,并应登记、签字,限期归还,而且不得拆散原卷册。

小案例:会计档案岂能随意销毁

2004年年底,四川省查处的两起销毁会计档案案件,是我国《档案法》颁布实施以来,该类案件中影响较大的案件。其中有些发人深省的地方,应引起人们的重视。

四川省大竹县中医院收费员周某,在担任收费员期间,利用工作之便,截留其经手的病人预交款21000元购买足球彩票。为逃避医院查处,周某窜至医院财务科盗取其领取的票据存根记录,但因资料太多无法找到,便用随身携带的打火机点燃档案柜内的票据。经清点,档案柜内2002年和2003年会计凭证220余册及相关的账簿、报表、合同等资料被烧毁,涉及流动资金4450多万元。该案由大竹县检察院提出公诉，县法院审理后，以故意销毁会计凭证罪判处周某有期徒刑3年，缓刑4年，并处罚金30000元。

无独有偶，1999年，陈某、刘某分别担任宣汉县日杂商店经理、会计，后刘某又兼任出纳人员。2001～2002年，宣汉县日杂商店实行企业改制，经召开全体职工大会通过，并报宣汉县日杂公司批准，由陈某、刘某代表企业出面主持，将商店的12个门市卖掉，共获得卖房款147万余元，另收取宣汉县建设银行租用门市租金10万元，共计金额150万余元。后对职工分别按人均制度4.1万元的费用进行安置。2003年6月的一天，陈某、刘某两人擅自决定，在刘某家将刘某经手的日杂商店会计凭证、账簿等资料烧毁，涉及金额达150余万元。2004年6月4日，宣汉县人民法院审理认为：两被告人的行为侵害了会计凭证的完整性、真实性和市场经济管理秩序，已触犯刑律，构成犯罪，依法判决陈某、刘某两人犯销毁会计凭证、会计账簿罪，单处陈某罚金4万元、单处刘某罚金3万元。

两起销毁会计档案案件开庭审理后，均在当地引起了强烈的反响。值得注意和思考的有以下几个方面：

（1）对于擅自销毁档案行为，依据我国《档案法》第二十四条的规定，是要追究法律责任的，由县级以上人民政府档案行政管理部门、有关管理部门对直接负责的主管人员或者其他直接责任人依法给予行政处分；构成犯罪的，依法追究刑事责任。可以看出，我国法律对会计档案的保护规定是明确和完善的，而且是严厉的。

（2）两案侵犯的客体是档案的安全，他们违反了我国《档案法》及国家制定的有关档案管理的其他法规和规章，对此应当时刻提高警惕，绝不可掉以轻心。应建立、健全档案各项管理制度，并严格执行规定，增强档案人员的安全意识，消除可能造成危害档案安全的隐患，确保档案安全万无一失。

（3）档案行政管理部门必须切实履行我国《档案法》赋予的权力和职责，对违法案件理应义不容辞、理直气壮地去查处。只有认真查处违反案件，我国《档案法》的权威才能树立起来。

（4）会计档案不能由财务部门保管，而必须由档案部门集中统一保管。这不仅是机关、团体、企事业单位加强会计档案管理的需要，更是反贪污斗争、堵塞财务管理漏洞的需要，以及打击经济犯罪，预防经济犯罪的需要。

近年来，为了逃避国家依法对单位财务进行监督的目的，涉及销毁国有、集体或者个人所有企业的会计档案的案例屡屡发生，且有逐渐增多趋势。各级公检法部门加大力度对侵害档案的违法犯罪行为给予严厉打击，维护了市场经济秩序，保障了我国经济建设的发展。而不容忽视的是，作为档案行政管理部门的法律监督活动却没有到位，维护档案管理秩序与维护市场经济秩序相脱节。因此，档案行政管理部门应以此为鉴，防患于未然，只有全面正确履行档案行政管理机关的行政职能，加大涉档违法犯罪行为的处置力度，才能有效保证档案的完整，加快依法治档进程。

第七章 现金管理技能

第一节 现金管理制度

一、国家现金管理制度

国家现金管理制度是指国家对各机关、团体、部队、企事业单位及其他在银行开设账户的单位现金使用范围与数量的监督与控制制度。主要由各级人民银行负责对开户银行的现金管理进行监督和稽核,再由开户银行负责现金管理的具体执行。

一个单位只能在一家银行开设现金结算户,支取现金,并由该家银行负责核实现金库存限额和进行现金管理检查。

现金管理的对象:在银行和其他金融机构(以下简称开户银行)开立账户的机关、团体、部队、企业、事业单位及其他在银行开户的单位(以下简称开户单位)。

现金管理制度的主要内容是:对开户单位现金使用范围的管理、使用限额的管理、库存限额的管理、货币现金的审批、违反现金管理行为的处理。

二、钱账分管制度

钱账分管制度是指管钱的不管账,管账的不管钱。一方面非出纳人员不得经管现金收付业务和现金保管业务,另一方面,出纳人员不得兼管稽核、会计档案保管和收入、费用、债权、债务账目的登记工作。但是,也不是说出纳人员不能管理任何账。出纳人员在办理现金收付业务和现金保管的同时,兼管登记现金日记账和编制现金日报表及银行存款日记账,由会计人员登记现金总账;也有的单位由出纳人员登记现金总账和日记账,会计人员编制现金日报表。

三、现金开支审批制度

现金开支审批制度包括以下几个方面:

(一)现金开支范围

各单位应根据《现金管理暂行条例》及其实施细则的规定,确定现金开支范围。如职工工资、个人劳动报酬,支付给个人的各种奖金、各种劳保、福利费用,差旅费,收购单位向个人收购农副产品和其他物资支付的价款结算起点以下的零星开支,等等。

(二)制定各种报销凭证,规定报销手续和办法

各单位要建立现金报销、使用制度,报销时由经手人将原始凭证粘贴在支出证明单后面并经单位领导在报销凭证上签章,交会计人员登录作会计分录,最后交由出纳人员付款。发放现金时,也要编制明细表,作为原始凭证。

(三)确定各种现金支出的审批权限

各单位规定不尽相同。出纳人员应根据按规定权限审核批准并签章的付款凭证及其所附原始凭证办理现金付款业务。没有经过审批并签章,或者超越规定审批权限的,出纳人员有权不予付款。

四、日清月结制度

由于现金收付业务十分频繁,业务量大,涉及的经办人员多,很容易造成差错,出纳人员应及时对现金进行清点,并与账面数字进行核对。因此,每日终了,出纳人员都要认真清点库存现金,结出当日现金日记账的账面余额,并将两者进行核对,以保证账实相符。如发现库存现金与账面余额不符,要及时查明原因,正确处理;到了月底,出纳人员还要按照规定及时结出当月收、付款的发生额和余额,与总账核对,看是否账账相符。

日清月结包括以下几点:

(一)清理各种现金收付款凭证,检查单证是否相符

检查各种收付款凭证所填写的内容与所附原始凭证反映的内容是否一致;同时还要检查每张单证是否已经盖好"现金收讫"或"现金付讫"的戳记。

(二)登记和清理日记账

将当日发生的所有现金收付业务全部登记入账,在此基础上,检查账证是否相符,即现金日记账所登记的内容、金额与收、付款凭证的内容、金额是否一致。清理完毕后,结出现金日记账的当日库存现金账面余额。

(三)现金盘点

出纳人员应按人民币面额(如壹分、贰分、伍分、壹角、贰角、伍角、壹元、

貳元、伍元、拾元、伍拾元、壹佰元）分别清点其数量，然后加总，即可得出当日现金的实存数。将盘点得出的实存数和账面余额进行核对，看两者是否相符。如发现长款或短款，应进一步查明原因，及时进行处理。

所谓长款，是指现金实存数大于账面存数；所谓短款，是指现金实存数小于账面余额。如果经查明长款属于记账错误、丢失单据等，应及时更正错账或补办手续；如属少付他人则应查明退还原主；如果确实无法退还，应经过一定审批手续可以作为单位的收益。短款时如查明属于记账错误应及时更正错账；如果属于出纳人员工作疏忽或业务水平问题，一般应按规定由过失人赔偿。

（四）按规定实际库存现金不得超过库存现金限额

如实际库存现金超过库存限额，出纳人员应将超过部分及时送存银行；如果实际库存现金低于库存限额，则应及时补提现金。

五、现金清查制度

由有关领导和专业人员组成清查小组，定期或不定期对库存现金进行清查盘点，重点清查账款是否相符、有无白条抵库、有无私借公款、有无挪用公款、有无账外资金等违纪违法行为。

一般来说，现金清查多采用突击盘点方法，不预先通知出纳人员，以防预先做手脚，盘点时间最好在一天业务没有开始之前或一天业务结束后，由出纳人员将截至清查时现金收付账项全部登记入账，并结出账面余额为止。这样可以避免干扰正常业务的进行。清查时出纳人员应始终在场，并给予积极配合。

清查结束后，应由清查人填制"现金清查盘点报告表"，填列账存、实存以及溢余或短缺金额，并说明原因，上报有关部门或负责人进行处理。

六、现金保管制度

现金保管制度一般应包括如下内容：
（1）超过库存限额以外的现金应在下班前送存银行。
（2）为加强对现金的管理，现金一律放入出纳人员专用的保险柜内，不得随意存放。
（3）单位的库存现金不准以个人名义存入银行，以防止有关人员利用公款私存取得利息收入，也防止单位利用公款私存形成账外小金库。银行一旦发现公款私存，可以对单位处以罚款，情节严重的，可以冻结单位现金支付。
（4）库存现金，包括纸币和铸币，纸币的票面金额和铸币的币面金额，以整数（大数）和零数（小数）分类保管。

纸币一定要打开铺平存放，并按照纸币的票面金额，以每100张为一把，每10把为一捆扎好。凡是成把、成捆的纸币即为整数（大数），均应放在保险柜内保管，随用随取。

铸币也要按照币面金额，以每100枚或50枚为一卷，每10卷为一捆，同样将成捆、成卷的铸币放在保险柜内保管，随用随取；不成卷的铸币，应按照不同币面金额，分别存放在特别的卡数器内之后仍须存放在保险柜内。

七、对违反现金管理制度行为的处罚

根据我国《现金管理暂行条例》及其实施细则的规定，企业、事业单位和机关、团体、部队现金管理应遵守"八不准"。八不准的主要内容是：不准用不符合财务制度的凭证顶替库存现金；不准单位之间相互借用现金；不准谎报用途套取现金；不准利用银行账户代其他单位和个人存入或支取现金；不准将单位收入的现金以个人名义存入储蓄；不准保留账外公款（即小金库）；不准发行变相货币；不准以任何票券代替人民币在市场上流通。

开户单位如违反《现金管理暂行条例》的有关规定，开户银行有权责令其停止违法活动，并根据其情节轻重给予警告或罚款。

（一）按规定，开户单位有下列情况之一的，给予警告或罚款

（1）超出规定范围和限额使用现金的，按超过额的10%～30%处罚。

（2）超出核定的库存现金限额留存现金的，按超出额的10%～30%处罚。

（3）用不符合财务制度规定的凭证顶替库存现金的，按凭证额的10%～30%处罚。

（4）未经批准坐支或者未按开户银行核定坐支额度和使用范围坐支现金的，按坐支金额的10%～30%处罚。

（5）单位之间互相借用现金的，按借用金额的10%～30%处罚。

（二）开户单位有下列情况之一的，一律处以罚款

（1）保留账外公款的，按保留金额的10%～30%处罚。

（2）对现金结算给予比转账结算优惠待遇的，按交易额的10%～50%处罚。

（3）只收现金拒收支票、银行汇票、本票的，按交易额的10%～50%处罚。

（4）开户单位不采取转账结算方式购置国家规定的专项控制商品的，按购买

金额的50%至全额对买卖双方处罚。

（5）用转账凭证套取现金的，按套取金额的30%～50%处罚。

（6）编造用途套取现金的，按套取金额的30%～50%处罚。

（7）利用账户替其他单位和个人套取现金的，按套取金额的30%～50%处罚。

（8）将单位的现金收入以个人储蓄方式存入银行的，按存入金额的30%～50%处罚。

（9）发行变相货币和以票券代替人民币在市场流通的，按发行额或流通额的30%～50%处罚。

具体处罚办法由中国人民银行各省、自治区、直辖市分行根据上述原则和当地实际情况制定。

开户单位对开户银行作出的处罚决定不服的，必须先按照处罚决定执行，然后在十日内向当地人民银行申请复议；开户单位对人民银行作出的复议决定不服的，可自收到复议决定之日起三十日内向人民法院起诉。

开户银行对各开户单位进行现金管理情况检查后，应及时汇总整理，填制现金管理执行情况检查报告表。

第二节　现金库存管理

一、现金库存管理的基本规定

（一）单位收入的现金不准以个人储蓄存款方式存储

单位收入的所有现金应由财会部门统一管理，存储在财会部门或开户银行，无论是收入的利息归单位所有还是归个人所有，都不能以个人储蓄方式存入银行。

（二）不能以"白条"抵库

"白条"，是指没有审批手续的凭据，故"白条"不能作为记账的凭据。其危害主要表现在以下几个方面：

用"白条"抵现金，使实际库存现金减少，日常零星开支所需的现金不足，还往往会使账面现金余额超过库存现金限额。

用"白条"支付现金，付出随意性大，容易产生挥霍浪费、挪用公款等问题，付出后不能及时进行账务处理，不便于进行财务管理。

"白条"一般不便于管理，一旦丢失，无据可查，难以分清责任，有时会给单位或个人造成不应有的损失。

（三）不准设"账外账"和"小金库"

"账外账"，是指有的单位将一部分收入没有纳入财务统一管理，而是在单位核算账簿之外另设一套账来记录财务统管之外的收入。"账外账"有的是财会部门自己设置的，也有的是单位其他部门、小单位设置的。

"小金库"又称"钱柜"，是单位库存之外保存的现金和银行存款，一般情况下与单位设置的"账外账"相关联，有"账外账"就有"小金库"，有"小金库"就有"账外账"。

设置"账外账"和"小金库"是侵占、截留、隐瞒收入的一种违法行为，为各种违法违纪提供了条件，危害性极大，必须坚决予以取缔。

二、库存现金限额的核定

库存现金限额，是指为保证各单位日常零星支付按规定允许留存现金的最高数额。库存现金的限额，由开户银行根据开户单位的实际需要和距离银行远近等情况核定。其限额一般按照企业3至5天日常零星开支所需现金确定。远离银行机构或交通不便的单位可依据实际情况按规定及时送存银行。

按照规定，库存现金限额每年核定一次。其核定程序为：

（1）由开户单位与开户银行协商核定库存现金限额。

核定公式为：

库存现金限额＝每日零星支出额×核定天数

每日零星支出额＝月（或季）平均现金支出总额（不包括定期性的大额现金支出和不定期的大额现金支出）÷月（或季）平均天数

（2）由开户单位根据银行核定的库存现金限额填报"库存现金申请批准书"。

（3）开户单位将申请批准书报送单位主管部门，单位主管部门签署意见后，再报开户银行审查批准。开户银行经过审查、核定和综合平衡之后，在申请批准书上填写批准限额数。开户单位以开户银行批准的限额数作为库存现金限额。经核定的库存现金限额，单位必须严格遵守。需要增加或减少库存现金限额时，应向开户银行提出申请，由开户银行核定。

一般而言，每日现金的结余数不得超过核定的限额，所有超过限额的现金必须于当天送存银行。但库存现金用完后或留存的库存现金低于库存限额，除可以用非业务性的零星现金收入（如退回差旅费、出售废品收入等现金收入）来补充

（允许坐支的单位可以从业务收入中补充）外，均应向银行领取现金补足限额。单位向开户银行领取部分，不能超过补充限额不足部分。再者，单位向开户行领取零星现金时，在现金支票用途栏应注明"备用金"字样，不属于备用金范围需要的现金，应另开现金支票领取。对没有在银行单独开户的附属单位需要保留现金，也应核定限额，其限额应包括在开户单位的库存限额之内。

第三节　现金提取与送存

一、现金的提取

各单位必须在银行规定的现金使用范围内提取现金业务，一般由出纳员填写现金支票到银行提取现金。现金支票的填写要求是必须使用钢笔，用碳素墨水或蓝黑墨水按支票排定的号码顺序填写，书写要认真，不能潦草，也不能用蓝墨水，更不能用红墨水填写；签发日期应填写实际出票日期，不得补填或预填日期；收款人名称填写应与预留印鉴名称保持一致；大小写金额必须按规定书写，如有错误，不得更改，须作废重填；用途栏应填清真实用途；签章不能缺漏，必须与银行预留印鉴相符；支票背面要由取款单位或取款人背书（签章），并核对无误后送交给银行结算柜，然后银行发牌作为取款对号的证明，到出纳柜对号取款。取款时要按支票上填写的金额当面清点现金。

二、整点现金

各单位出纳员在将现金送存银行之前，应对送存现金进行分类整理，其整理的方法为：纸币应按照票面额（券别）分别整理。纸币可分为主币和辅币，主币包括100元、50元、10元、5元、2元和1元，辅币包括5角、2角、1角。出纳员应将各种纸币打开铺平，然后按币别每100张为一把，用纸条和橡皮筋箍好，每10把扎成一捆。比如：100张100元，一把为10000元，一捆即为100000元。不满100张的，十九平一折或九平一折，从大到小平摊摊放。

铸币包括1元、5角、1角、5分、2分、1分。铸币也应按币别整理，同一币别每100枚为一卷，用纸包紧卷好，每10卷为一捆。例如：5角的铸币每一卷即为50元，每一捆即为500元。不满50枚的硬币，用纸包好另行放开。

残缺破损的纸币和已经穿孔、裂口、破缺、压薄、变形以及正面的国徽、背面的数字模糊不清的铸币，应单独剔出，另行包装，整理方法与前同。

三、填写现金送款簿

现金整理完后，出纳员应根据整理后的金额填写现金送款簿。现金送款簿一般一式四联，第一联为回单，由银行签章后作为送款单位的记账依据；第二联为银行收入传票；第三联为收账通知；第四联由银行出纳留存作为底联备查。出纳员在填写现金收款簿时，要按格式规定如实填写有关内容，包括收款单位名称、款项来源、开户银行、送款日期、科目账号、送款金额的大、小写及各券别的数量等。

出纳员在填写"现金送款簿"时应注意以下几点：

（1）出纳员必须如实填写现金送款簿的各项内容，特别是其中的款项来源等。

（2）交款日期应当填写送存银行当日的日期。

（3）券别的明细账的张数和金额必须和各券别的实际数一致，1元、5角、1角、5分、2分、1分等既有纸币又有铸币的，应填写纸币、铸币合计的数量和金额。

（4）另外，出纳员在填写"现金送款簿"时必须采用双面复写纸；字迹必须清楚、规范，不得涂改。

四、送存现金

各单位必须按开户银行核定的库存限额保管、使用现金，收取的现金和超出库存限额的现金，应及时送存银行。

现金送存的一般程序是，首先由出纳员清点票币，将同面额的纸币摆放在一起，按每100张为一把整理好，不够整把的，从大额到小额顺放。将同额硬币放在一起，1元、5角、1角硬币，按每50枚用纸卷成一卷，分币按100枚用纸卷成一卷，不足一卷的一般不送存银行，留作找零用。款项清点整齐核对无误后，由出纳员填写现金解款单存入银行。

五、现金差错的查找

每天工作结束对账时，如出现现金差错，首先要看差数多少和特点，然后确定查找方法。如当天出纳收付数与记账收付数相符就确定现金保管出现差错；如数字不符，而差额数字正好是出纳对账时相关的金额，就要确定查账或查凭证。

（1）查找方法。首先看有无凭证丢失漏记情况，再看是否有大写小写数错误。如发现现金差数既非大写小写数的差错，又不是颠倒的差错，那就要查是否是由于重记、漏记或误记而引起的差错。

（2）查库存现金。必须对所有的票币逐张、逐枚地复点，并加计总数看是否有误。

第四节 现金支出业务的账务处理

一、报销备用金

备用金是指付给单位内部各部门或工作人员用做零星开支、零星采购、售货找零或差旅费等用的款项。

备用金可以分为定额备用金和非定额备用金两种。

这里主要介绍定额备用金的核算。

所谓定额备用金是指单位对经常使用备用金的内部各部门或工作人员根据其零星开支、零星采购等的实际需要而核定一个现金数额,并保证其经常保持核定的数额。实行定额备用金制度,使用定额备用金的部门或工作人员应按核定的定额填写借款凭证,一次性领出全部定额现金,用后凭发票等有关凭证报销,出纳员将报销金额补充原定额,从而保证该部门或工作人员经常保持核定的现金定额。

有关部门或工作人员报销时,应编制现金付款记账凭证,其贷方科目为"库存现金",借方为相应科目。出纳员应将报销的金额用现金补给报销的部门或工作人员。这样报销后有关部门或工作人员手中的现金又达到核定的限额。

例如,某商店供应科使用定额备用金,定额为1200元。5月14日用现金购买商品800元,其备用金只剩下400元,次日到财务科报销,出纳员补给现金800元,这样供应科的备用金又达到了1200元。

不同的单位,其内部各部门或工作人员使用备用金的业务性质不同,会计制度的规定也不同,因而在报销备用金时,其编制的现金付款凭证的借方科目有很大的差别。

二、差旅费的预借与报销

(一)差旅费的预借

单位工作人员因出差需借支差旅费时,应首先到财会部门领取并填写借款单,按照借款单所列内容填写完整,然后送所在部门的领导和有关人员审查签字。各单位可以根据需要使用统一的"差旅费借款结算单",也可以使用普通的借款借据或者借款凭证。财务部门根据借款单编制现金付款凭证,其会计分录如下:

借:其他应收款——备用金
　　贷:库存现金

出纳员根据单位内部规定的审批权限和程序,对借款单和付款凭证进行审核,认为手续齐备并符合制度规定要求的即可予以支付。

（二）差旅费的报销

出差人员回到单位后报销差旅费，首先应填写报销单，经所在部门和财务部门领导审查签字，由财务部门有关人员对差旅费进行结算，编制会计凭证后交出纳员具体办理现金收付。

在具体结算报销过程中，对于实行定额备用金的部门和有关人员按其实际报销金额，编制现金付款凭证，其会计分录如下：

借：有关科目
  贷：库存现金

这里的有关科目取决于出差人员的业务部门和工作性质而定。在这方面，不同的单位具体情况也不同。

三、其他付款业务的处理

（一）预付现金

各单位因业务需要用现金向有关单位预付有关款项，包括按供货合同规定预付的货款、预付的书报费，等等。财务部门应根据对方单位提供或由本单位编制的收据、发票等，编制现金付款凭证，其借方科目则应根据情况而定。因购买货物、接受劳务而预付的货款，则其借方科目为"预付账款"（不设"预付账款"科目时可记入"应收账款"科目借方）。其会计分录如下：

借：预付账款
  贷：库存现金

出纳员对原始凭证和记账凭证进行审核，审核无误后付款，并在凭证上加盖"现金付讫"戳章。

（二）向有关人员支付劳务费

各单位因接受其他单位或个人劳务、服务经常需用现金支付有关劳务费、服务费。一般来说，支付有关单位的劳务费、服务费，应由对方单位开具发票、统一收据等原始凭证，付款单位凭原始凭证编制记账凭证，并付款。而支付给个人的劳务费、服务费，许多需要由本单位编制有关凭证，由提供劳务的个人签字后，据以编制付款凭证，并付款。财务部门在编制现金付款凭证时，其贷方科目为"库存现金"科目，其借方科目则应根据接受劳务的部门而定。对于企业来说，接受的劳务、服务的部门不同，有关劳务、服务费用的性质也不同，现金付款凭证的借方科目也不同。比如：接受劳务的是生产车间，则现金付款凭证的借方科目为

"制造费用"；如接受劳务的部门是销售部门，则借方科目为"销售费用"，如接受劳务的部门是行政部门，则借方科目为"管理费用"，等等。

（三）向职工发放非工资性资金

向职工发放非工资性奖金、劳动保护费、计划生育独生子女补贴等。

各单位按国家规定向本单位发放的非工资性奖金，如合理化建议奖、技术改进奖等，各种劳动保护费，计划生育独生子女补贴等，都应由本单位财务部门按照国家规定计算，并编制领款收据等原始凭证，经有关领导批准后编制现金付款凭证，其贷方科目为"库存现金"，其借方科目则为"管理费用"等有关科目。出纳员审核原始凭证的记账凭证，审核无误后付款并在凭证上加盖"现金付讫"戳章。

第五节 现金收入业务的会计核算

不同的单位，无论是企业、事业单位还是机关、团体、部队及其他单位，在其收到现金时，都应按规定编制现金收款凭证，其借方科目为"库存现金"，其贷方科目则应根据收入现金业务的性质和会计制度的规定来确定。

各单位收入的现金按其性质可以分为如下几个方面：

业务收入，如企业的营业收入，事业单位的业务收入，机关、团体等的拨款收入等。

非业务收入，如企业单位的投资收入、营业外收入，事业单位的其他收入等。

预收现金款项，如企业、事业单位按照合同规定预收的定金等。

其他收入现金款项。

下面分别加以简要介绍：

（一）业务收入现金的会计核算

在这里主要介绍企业的业务收入现金，即营业收入现金记账凭证编制。

（1）工业企业营业收入包括产品销售收入和其他业务收入两部分。工业企业对外销售产品，一般都通过转账结算，其零星销售才收取现金。收到现金，并编制收款凭证时，按照现行会计准则规定，其贷方科目为"主营业务收入"科目。此外由于实行增值税，贷方科目还包括"应交税费——应交增值税（销项税额）"科目。

例如，甲公司12月31日向外零售A产品10件，每件500元，计5000元，增值税税率为17%，对方用现金支付。

财务部门应当根据增值税专用发票存根联编制现金收款凭证,其会计分录如下:

借:库存现金　5850
　　贷:主营业务收入　5000
　　　　应交税费——应交增值税(销项税额)　850

(2)商品流通企业,特别是零售商店,其零售货物发生的现金收入一般都由柜台的收款员直接送存银行,不通过财务部门。财务部门只是于每日营业终了后,根据柜台收款员"现金交款单"的回单联和有关销售凭证,填制银行存款收款凭证,不作现金收款凭证。如果该商店不是由柜台收款员将现金收入送存银行,而是交给出纳员送存银行,则财务部门应先根据柜台收款员送交的现金收入填制现金收款凭证,贷方科目为"主营业务收入"。

例如,乙公司12月1日营业柜台收款员送来当日销货现金收入9360元,则财务部门应作如下会计分录:

借:库存现金　9360
　　贷:主营业务收入　8000
　　　　应交税费——应交增值税(销项税额)　1360

(二)非业务收入现金的会计核算

非业务收入是指企业、事业单位除业务收入外的非营业业务活动所取得的收入,主要指对外投资活动所取得的投资收入和企业的营业外收入。营业外收入是指企业发生的与企业生产经营无直接关系的各项收入,包括固定资产盘盈、处理固定资产净收益、罚款收入、援外费用收入、对外索赔收入、确实无法支付的应付款项等。一般来说,企业的投资收入都通过银行转账结算。当然也有可能是现金投资收益。而营业外收入,如企业处理固定资产取得的收入,职工违反制度要上交的罚款等,许多都是以现金结算的。如果企业取得的营业外收入为现金收入,则应按规定编制现金收款凭证,贷方科目为"营业外收入"。

例如,乙公司12月31日收到职工陈某因违反企业有关制度,按规定交纳罚款500元,其会计分录如下:

借:库存现金　500
　　贷:营业外收入　500

其他类型的企业营业外现金收入的记账凭证完全一样,可以照此处理。

（三）预收现金的会计核算

预收现金款项是指收到的购货或接受劳务单位或个人用现金预交的货款、劳务服务款或定金。按会计准则的规定，收到的预收现金账款应通过"预收账款"科目核算；不设"预收账款"科目的企业，通过"应收账款"科目核算。所以，当收取现金，编制现金收款凭证时，贷方应为"预收账款"或"应收账款"。

例如，丙房地产企业收取××交来的购房定金30000元，其会计分录如下：
借：库存现金　30000
　　贷：预收账款　30000

（四）其他现金收款业务的会计核算

其他现金收款业务，主要是指各单位向有关单位和个人收取的不属于营业收入、营业外收入和预收账款的其他现金款项的业务。这些现金收款业务包括：

（1）向有关单位和个人收取的各种赔款、罚款。
（2）向有关单位和个人收取的押金。
（3）向有关单位和人员收回的借款。
（4）向其他单位和个人收回的押金。
（5）向职工收回的各种代垫款项。

按照现行会计准则规定，这些款项一般都通过"其他应收款"、"其他应付款"科目进行核算。在收到现金时，应根据现金收款原始凭证编制现金收款记账凭证，其科目一般为"其他应收款"或"其他应付款"。

例如，甲公司12月31日在现金清查中发现库存现金短缺50元，经查是出纳员A工作失误造成的，按规定由A赔偿，其会计分录如下：
借：其他应收款——现金短款　50
　　贷：库存现金　50

在收到赔款时，应编制现金收款记账凭证，其会计分录如下：
借：库存现金　50
　　贷：其他应收款——现金短款　50

第六节 复核现金记账凭证

一、复核现金付款凭证

现金付款凭证复核的内容包括：

（1）对于涉及现金和银行存款之间的收付业务，只填制付款凭证，不填制收款凭证。如将当日营业款送存银行，制单人员根据现金据款单（回单）编制现金付款凭证，借方科目为"银行存款"，贷方科目为"库存现金"，不再编制银行存款收款凭证。

（2）发生销货退回时，如数量较少，且退款金额在转账起点以下，需用现金退款时，必须取得对方的收款收据，不得以退货发货票代替收据编制付款凭证。

（3）从外单位取得的原始凭证如遗失，应取得原签发单位盖有有关印章的证明，并注明原始凭证的名称、金额、经济内容等，经单位负责人批准，方可代替原始凭证。

支现的经济业务主要包括工资、奖金、退休金以及各种福利补贴支现、差旅费支现、医药费支现、部门领取备用金支现、日常零星的其他支出等。

二、复核现金收款凭证

为确保收款凭证的合法、真实和准确，出纳员在办理每笔现金收入前，都必须首先复核现金收款凭证，要求认真复核以下内容：

（1）现金收款凭证的填写日期是否正确。现金收款凭证的填写日期应为编制收款凭证的当天，不得提前或推后。

（2）现金收款凭证的编号是否正确，有无重号、漏号或不按日期顺序编号等情况。

（3）现金收款凭证记录的内容是否真实、合法、准确，其摘要栏的内容与原始凭证反映的经济业务内容是否相符。

（4）使用的会计科目是否正确。

（5）复核收款凭证的金额与原始凭证的金额是否一致。原始凭证大小写金额是否相同，有无印章。

（6）复核收款凭证"附单据"栏的张数与所附原始凭证张数是否相符。

（7）收款凭证的出纳、制单、复核、财务主管栏是否签名或盖章。

三、现金收、付款过程中的常见差错

（1）看错凭证的金额位数，或将金额颠倒看错。如把元看成角分，把69看成96等。

（2）凭证大、小写金额不一致，未经严格复核，就按大写（或小写）金额收款或付款。

（3）一笔收款（或付款）有若干张凭证，加计总数时没有认真进行复核，使得总金额计算有误。

（4）在收款、付款中有抵收抵付的现金凭证，在计算扣减时未认真复核，以致计算错误。

（5）违背收款、付款操作规则，没有及时在凭证上加盖"收讫"或"付讫"专用章，以致发生重付、少收。

（6）没有及时登记"现金日记账"，之后又不慎将凭证遗失。

（7）去银行提现金或收取外单位（个人）大额款项，未能核对查实，就予以签收，造成错款。

（8）将外币与人民币混放，造成错收错付。

（9）出纳员之间工作移交时未办理交接手续或交接手续不清而发生差错。

小案例：多行不义必自毙

某医院于2009年3月份向上级举报了一名出纳多次擅自涂改该院职工药费报销单据的问题以后，在当地有关部门协调安排下，审计人员对此案展开了历时1个多月的就地取证调查。一件件确凿的证据面前，那个出纳像泄了气皮球似的，再也无法抵赖其犯罪事实。至此，这起悬而未决的出纳违反法纪、吞蚀公款2万余元的案情真相得以澄清。

初露端倪

该出纳在2007～2008年期间，他竟利用经管现金出纳身份之便，先后将本院职工在有关医院开具的治疗费用报销单38张上涂改加码。有的报销单原来金额只有几元，被他加码改作几十元，有的报销单数额由几十元改成几百元，作案涂改费用金额均装进他的腰包。2009年，医院通过自查账目时才初步证实了该出纳的贪污行为。审计人员抓住这一线索为取证突破口，积极内查外访，调回附上费用报销单存根联，备全了原始凭据，威慑了不法之徒。

屡识假证

"难道他仅此一种贪污公款的方式吗？涂改这么多单据的背后，看来还会有较隐蔽的手段去作案"，审计人员清醒地思忖、推断出可能出现的新线索。现金收支账、证一本本地查阅、鉴别下去，就这样马不停蹄地一本本查起来。终于有了意外的收效。从那一页页单据中，分别查到该出纳竟然模仿领导审阅签字报批的业务费用有6笔，计款400多元。

智钓"大鱼"

查证过程中，发现一些门诊收入和住院收入仅以收费交款日报表顶替现金收据，此做法引起了审计人员的职业警觉性，审计人员询问门诊收费员，以探究其中的奥妙所在。收费员反映，现金收款在交款日报表中记载之后报送医院财务出纳，而出纳只作签章并不开具收据，这种日报表使用完后未交给财务科存档，交款日报表存根由收费员保管，出纳收款金额与进度未经别人复核，直接造成收入环节内控制度管理的失控。审计人员掌握了现金收入程序，调集上来收费员所保存的交款日报表35本存根，分别核对现金日记账和凭证附件，逐笔登记收入。经过20多天的汇总，整理出交款未入账的清单，筛选查验有笔交款单收入长期不入账计款18 000余元。在跟该现金出纳进行对证时，出纳这才承认经手的收入交款单已作了销毁。他用心炮制的这条收入未入账之"大鱼"，终被多谋善断的审计人员钓入法网之中。这真是"机关算尽太聪明，反误了卿卿性命"。

第八章 银行结算账户管理技能

第一节 银行结算账户的种类

银行结算账户,是指银行为存款人开立的办理资金收付的人民币活期存款账户。单位银行结算账户按用途可分为基本存款账户、一般存款账户、专用存款账户、临时存款账户四种类型。

一、基本存款账户

基本存款账户是存款人因办理日常转账结算和现金收付需要开立的银行结算账户。经营活动的日常资金收付以及工资、奖金和现金的支取均可通过本账户办理。存款人只能在银行开立一个基本存款账户。开立基本存款账户是开立其他银行结算账户的前提。

(一)开立基本存款账户的存款人资格

根据《账户管理办法》的相关规定,下列存款人可以申请开立基本存款账户:
(1)企业法人;
(2)非法人企业;
(3)机关、事业单位;
(4)团级(含)以上军队、武警部队及分散执勤的支(分)队;
(5)社会团体;
(6)民办非企业组织;
(7)异地常设机构;
(8)外国驻华机构;
(9)个体工商户;
(10)居民委员会、村民委员会、社区委员会;
(11)单位设立的独立核算的附属机构;
(12)其他组织。

(二)开立基本存款账户需要的证明文件

根据《账户管理办法》的相关规定,存款人开立基本存款账户,不同的存款人应按下列要求向银行出具下列证明文件。

（1）企业法人，应出具企业法人营业执照正本。

（2）非法人企业，应出具企业营业执照正本。

（3）机关和实行预算管理的事业单位，应出具政府人事部门或编制委员会的批文或登记证书和财政部门同意其开户的证明；非预算管理的事业单位，应出具政府人事部门或编制委员会的批文或登记证书。

（4）军队、武警团级（含）以上单位以及分散执勤的支（分）队，应出具军队军级以上单位财务部门、武警总队财务部门的开户证明。

（5）社会团体，应出具社会团体登记证书，宗教组织还应出具宗教事务管理部门的批文或证明。

（6）民办非企业组织，应出具民办非企业登记证书。

（7）外地常设机构，应出具其驻在地政府主管部门的批文。

（8）外国驻华机构，应出具国家有关主管部门的批文或证明；外资企业驻华代表处、办事处应出具国家登记机关颁发的登记证。

（9）个体工商户，应出具个体工商户营业执照正本。

（10）居民委员会、村民委员会、社区委员会，应出具其主管部门的批文或证明。

（11）独立核算的附属机构，应出具其主管部门的基本存款账户开户许可证和批文。

（12）其他组织，应出具政府主管部门的批文或证明。

根据《账户管理办法实施细则》的相关规定，如果存款人为从事生产、经营活动纳税人的，还应出具税务部门颁发的税务登记证。存款人为从事生产、经营活动的纳税人，根据国家有关规定无法取得税务登记证的，在申请开立基本存款账户时可不出具税务登记证。

二、一般存款账户

一般存款账户是存款人因借款或其他结算需要，在基本存款账户开户银行以外的银行营业机构开立的银行结算账户。

一般存款账户是存款人的辅助结算账户，用于办理存款人的借款转存、借款归还和其他结算的资金收付。该账户可以办理现金缴存，但不得办理现金支取。该账户开立数量没有限制。

（一）开立一般存款账户的存款人资格

只要存款人具有借款或其他结算的需要，都可以开立一般存款账户。开立基本存款账户的存款人都可以开立一般存款账户。

(二) 开立一般存款账户需要的证明文件

根据《账户管理办法》的相关规定,存款人开立一般存款账户,应向银行出具下列相关证明文件。

(1) 开立基本存款账户规定的证明文件。
(2) 基本存款账户开户许可证。
(3) 存款人因向银行借款需要开立的一般存款账户,应出具借款合同。
(4) 存款人因其他结算需要开立的一般存款账户,应出具有关证明。

三、专用存款账户

专用存款账户是存款人按照法律、行政法规和规章,对其特定用途资金进行专项管理和使用而开立的银行结算账户。

开立专用存款账户的目的是保证特定用途的资金专款专用,并有利于监督管理,所以,只要法律、行政法规和规章规定要专户存储和使用的资金,才纳入专用存款账户管理。

(一) 开立专用存款账户的条件

专用存款账户是针对特定事项开立的存款账户。根据《账户管理办法》的规定,对下列资金的管理与使用,存款人可以申请开立专用存款账户:

(1) 基本建设资金;
(2) 更新改造资金;
(3) 财政预算外资金;
(4) 粮、棉、油收购资金;
(5) 证券交易结算资金;
(6) 期货交易保证金;
(7) 信托基金;
(8) 金融机构存放同业资金;
(9) 政策性房地产开发资金;
(10) 单位银行卡备用金;
(11) 住房基金;
(12) 社会保障基金;
(13) 收入汇缴资金和业务支出资金;

（14）党、团、工会设在单位的组织机构经费；

（15）其他需要专项管理和使用的资金。

其中，收入汇缴资金和业务支出资金，指的是基本存款账户存款人附属的非独立核算单位或派出机构发生的收入和支出的资金。因收入汇缴资金和业务支出资金开立的专用存款账户，应使用隶属单位的名称。

（二）开立专用存款账户需要的证明文件

根据《账户管理办法》的相关规定，同一个证明文件，只能开立一个专用存款账户。存款人在申请开立专用存款账户时，应向银行出具其开立基本存款账户规定的证明文件、基本存款账户开户许可证和下列证明文件。

（1）基本建设资金、更新改造资金、政策性房地产开发资金、住房基金、社会保障基金，应出具主管部门批文。

（2）财政预算外资金，应出具财政部门的证明。

（3）粮、棉、油收购资金，应出具主管部门批文。

（4）单位银行卡备用金，应按照中国人民银行批准的银行卡章程的规定出具有关证明和资料。

（5）证券交易结算资金，应出具证券公司或证券管理部门的证明。

（6）期货交易保证金，应出具期货公司或期货管理部门的证明。

（7）金融机构存放同业资金，应出具其证明。

（8）收入汇缴资金和业务支出资金，应出具基本存款账户存款人有关的证明。

（9）党、团、工会设在单位的组织机构经费，应出具该单位或有关部门的批文或证明。

（10）其他按规定需要专项管理和使用的资金，应出具有关法规、规章或政府部门的有关文件。

四、临时存款账户

临时存款账户是存款人因临时需要并在规定期限内使用而开立的银行结算账户。临时存款账户用于办理临时机构以及存款人临时经营活动发生的资金收付，它主要是针对不同社会主体的不同经营活动的临时结算需要而开立的账户。

（一）开立临时存款账户的条件

根据《账户管理办法》、《账户管理办法实施细则》的相关规定，有下列情况的，存款人可以申请开立临时存款账户。

(1) 设立临时机构。
(2) 异地临时经营活动。
(3) 注册验资。
(4) 境外（含港澳台地区）机构在境内从事经营活动等。

另外，存款人为临时机构的，只能在其驻在地开立一个临时存款账户，不得开立其他银行结算账户；存款人在异地从事临时活动的，只能在其临时活动地开立一个临时存款账户；建筑施工及安装单位企业在异地同时承建多个项目的，可以根据建筑施工及安装合同开立不超过项目合同个数的临时存款账户。

（二）开立临时存款账户需要的证明文件

根据《账户管理办法》、《账户管理办法实施细则》的相关规定，存款人申请开立临时存款账户，应向银行出具下列证明文件。

(1) 临时机构，应出具其驻在地主管部门同意设立临时机构的批文。
(2) 异地建筑施工及安装单位，应出具其营业执照正本或其隶属单位的营业执照正本，以及施工及安装地建设主管部门核发的许可证或建筑施工及安装合同。
(3) 异地从事临时经营活动的单位，应出具其营业执照正本以及临时经营地工商行政管理部门的批文。
(4) 境外（含港澳台地区）机构在境内从事经营活动的，应当出具政府有关部门批准其从事该项活动的证明文件。
(5) 注册验资资金，应出具工商行政管理部门核发的企业名称预先核准通知书或有关部门的批文。
(6) 增资验资资金，应当出具股东会或董事会决议等证明文件。

其中，第（2）、（3）、（6）项还应出具其基本存款账户开户许可证。

第二节 银行结算账户的注意事项

一、开立银行结算账户应注意的问题

存款人应以实名开立银行结算账户，并对其出具的开户申请资料实质内容的真实性负责，法律、行政法规另有规定的除外。银行应负责对存款人开户申请资料的真实性、完整性和合规性进行审查。中国人民银行应负责对银行报送的开户资料的合规性以及存款人开立基本存款账户的唯一性进行审核。

根据《账户管理办法实施细则》的相关规定，存款人在开立银行结算账户的过程中，应注意下列问题。

（1）存款人为单位的，其预留签章为该单位的公章或财务专用章加其法定代表人（单位负责人）或其授权的代理人的签名或者盖章。存款人为个人的，其预留签章为该个人的签名或者盖章。

（2）存款人在申请开立单位银行结算账户时，其申请开立的银行结算账户的账户名称、出具的开户证明文件上记载的存款人名称以及预留银行签章中公章或财务专用章的名称应保持一致，但下列情形除外。

① 因注册验资开立的临时存款账户，其账户名称为工商行政管理部门核发的"企业名称预先核准通知书"或政府有关部门批文中注明的名称，其预留银行签章中公章或财务专用章的名称应是存款人与银行在银行结算账户管理协议中约定的出资人名称；

② 预留银行签章中公章或财务专用章的名称依法可使用简称的，账户名称应与其保持一致；

③ 没有字号的个体工商户开立的银行结算账户，其预留签章中公章或财务专用章应是个体户字样加营业执照上载明的经营者的签字或盖章。

（3）存款人因注册验资或增资验资开立临时存款账户后，需要在临时存款账户有效期届满前退还资金的，应出具工商行政管理部门的证明；无法出具证明的，应于账户有效期届满后办理销户退款手续。

存款人开立基本存款账户后，中国人民银行当地分支行应当为存款人打印初始密码，由开户银行转交存款人。存款人在提交基本存款账户许可证后，可以向中国人民银行当地分支行或者基本存款账户开户行使用密码查询其已经开立的所有银行结算账户的相关信息。

二、银行结算账户的用途

银行结算账号的不同，其用途也不同。根据《账户管理办法》对不同种类的银行结算账户用途的界定，不同银行结算账户的使用范围如下。

（一）基本存款账户

基本存款账户是存款人的主办账户。基本存款账户主要办理存款人日常经营活动的资金收付，以及存款人的工资、奖金和现金的支取。

（二）一般存款账户

一般存款账户用于办理存款人借款转存、借款归还和其他结算的资金收付；该账户可以办理现金缴存，但不得办理现金支取。

（三）临时存款账户

（1）临时存款账户用于办理临时机构以及存款人临时经营活动发生的资金收付。

（2）临时存款账户支取现金，应按照国家现金管理的规定办理。

（3）临时存款账户应根据有关开户证明文件确定的期限或存款人的需要确定其有效期限。存款人在账户的使用中需要延长期限的，应在有效期限内向开户银行提出申请，并由开户银行报中国人民银行当地分支行核准后办理展期，并有该分支行收回原临时存款账户开户许可证。中国人民银行当地分支行不核准展期申请的，存款人应当及时办理该临时存款账户的撤销手续。临时存款账户的有效期最长不得超过两年。

（4）注册验资的临时存款账户在验资期间只收不付，注册验资资金的汇缴人应与出资人的名称一致。增资验资临时存款账户的使用和撤销比照注册验资开立的临时存款账户管理。

（四）专用存款账户

专用存款账户用于办理各项专用资金的收付。针对不同的专用资金，《账户管理办法》规定了不同的适用范围：

（1）单位银行卡账户的资金必须由基本存款账户转账存入，该账户不得办理现金收付业务。

（2）财政预算外资金、证券交易结算资金、期货交易保证金和信托基金专用存款账户，不得支取现金。

（3）基本建设资金、更新改造资金、政策性房地产开发资金、金融机构存放同业资金账户需要支取现金的，应在开户时报中国人民银行当地分支行批准。中国人民银行当地分支行应根据国家现金管理的规定审查批准。

（4）粮、棉、油收购资金、社会保障基金、住房基金和党、团、工会经费专用存款账户支取现金应按照国家现金管理的规定办理。

（5）收入汇缴账户除向其基本存款账户或预算外资金财政专用存款户划缴款项外，只收不付，不得支取现金；业务支出账户除从其基本存款账户拨入款项外，只付不收，其现金支取必须按照国家现金管理的规定办理。

另外，对专用存款账户的专用资金使用，银行应按照相关规定和国家对粮、棉、油收购资金使用管理规定加强监督，对不符合规定的资金收付和现金支取，不得办理，但对其他专用资金的使用不负监督责任。

三、银行结算账户的管理原则

银行结算账户是各单位为办理结算和申请贷款等在银行开立的户头,也是单位委托银行办理信贷和转账结算以及现金收付业务的工具。

根据《账户管理办法》的规定,银行结算账户管理应遵守以下基本原则。

(一)一个基本账户原则

单位银行结算账户的存款人只能在银行开立一个基本存款账户,不能多头开立基本存款账户。存款人在银行开立基本存款账户,实行由中国人民银行当地分支机构核发开户许可制度。

(二)自主选择银行开立银行结算账户原则

存款人可以自主选择银行开立账户,除国家法律、行政法规和国务院规定外,任何单位和个人不得强制干预存款人到指定银行开立银行结算账户。

(三)银行结算账户信息保密原则

银行必须依法为存款人的银行结算账户信息保密,维护存款人资金的自主支配权。根据《账户管理办法》的相关规定,对单位银行结算账户的存款和有关资料,除国家法律、行政法规和国务院授权中国人民银行总行的监督项目外,银行有权拒绝任何单位和个人查询、冻结、扣划存款人账户内存款。对个人银行结算账户的存款和有关资料,除国家法律另有规定外,银行有权拒绝任何单位或个人查询。

(四)守法原则

银行结算账户的开立和使用应当遵守法律、行政法规,不得利用银行结算账户进行偷逃税款、逃废债务、套取现金及其他违法犯罪活动。

四、银行结算账户的变更

根据《账户管理办法》的要求,单位存款人下列账户资料变更后,应向开户银行办理变更手续。

(1)存款人的账户名称;
(2)单位的法定代表人或主要负责人;
(3)地址、邮编、电话;
(4)注册资金等信息;

（5）其他资料。

另外，个人存款人变更姓名、身份证件种类及号码、地址、邮编、电话号码，应及时到开户银行申请办理开户资料信息变更手续。"变更银行结算账户内容申请书"由开户银行统一印制和管理，内容如下。

（1）账户名称；

（2）账号；

（3）开户银行名称；

（4）开户登记核准号（其中非基本存款账户还需填写基本存款账户开户许可证核准号）；

（5）变更事项及变更后的内容。如银行预留印鉴的更换，企业在银行开设账户，开户时需要在银行预留印鉴，也就是财务章和法人代表（或者是其授权的一个人）名字的印章（俗称"小印"）。印鉴要盖在一张卡片纸上，留在银行（如表29所示）。当企业需要通过银行对外支付时，先填写对外支付申请，申请必须有如上印鉴。银行经过核对，确认对外支付申请上的印鉴与预留印鉴相符的话，即可代企业进行支付。

表29　预留印鉴卡

××银行		启用日期		年　月　日	
账号：				开户日期：	年 月 日
户名：				联系人：	
办公地址：		账户类别		电话：	
（请居中清晰盖章）					
审核员：		建卡操作员：		开户经办员	

各单位因印章使用日久发生磨损，或者改变单位名称、人员调动等原因需要更换印鉴时，应填写"更换印鉴通知书"，由开户银行发给新印鉴卡。单位应将原印鉴盖在新印鉴卡的反面，将新印鉴盖在新印鉴卡的正面，并注明启用日期，交开户银行。在更换印鉴前签发的支票仍然有效。

银行结算账户的变更指的是存款人名称、单位法定代表人或单位负责人、住址以及其他开户资料发生的变更，主要包括存款人申请变更、存款人变更账号和基本存款账户"转户"。

1. 存款人申请变更

存款人申请变更银行结算账户的存款人名称、法定代表人或单位负责人的，存款人应及时到开户银行申请办理开户资料信息变更手续，填写"变更银行结算账户申请书"，并加盖单位公章，连同相关证明文件及开户许可证在五个工作日内提交给开户银行。

银行在受理存款人的变更申请时，应对存款人提交的变更申请资料的真实性、完整性、合规性进行审查，于两个工作日内将存款人的"变更银行结算账户申请书"、开户许可证以及有关证明文件报送中国人民银行当地分支行。其中，基本存款账户、预算单位专用存款账户、异地临时存款账户存款人符合变更条件的由中国人民银行当地分支行核准其变更申请，收回原开户许可证，颁发新的开户许可证。不符合变更条件的，中国人民银行当地分支行不核准其变更申请并退回有关资料。

2. 存款人变更账号

如因各金融机构行内系统升级改造等原因改变存款人账号的，应由其开户银行造具账号变更清册与证明资料一并提交中国人民银行当地分支行办理变更手续。

3. 基本存款账户"转户"

"转户"是指存款人因迁址或其他需要，在原基本存款账户开户银行撤销基本存款账户后，选择其他银行，申请重新开立基本存款账户的行为。

存款人"转户"应按照《账户管理办法》规定办理销户手续，向其他银行申请重新开立基本存款账户时，应按规定如实填写"开立单位银行结算账户申请书"，并与相关的证明文件和原基本存款账户开户行出具的"销户证明"一并提交银行审核。

存款人撤销原基本存款账户后，重新开立基本存款账户时，开户资料信息发生变更的，应就变更事项及其内容向银行说明。但存款人的类别、登记证书和营业执照编号不得变更。银行应对存款人提交的"开立单位银行结算账户申请书"填写的各项内容和开户证明文件的真实性、完整性、合规性进行审查，符合开户的，应将开户申请书、相关的证明文件和银行审核意见等开户资料报送中国人民银行当地分支行，经其核准后，核发基本存款账户开户许可证。

单位存款人申请更换预留公章或财务专用章的，应向开户银行出具书面申请、原预留公章或财务专用章等相关证明材料。单位存款人申请变更预留公章或财务专用章，可由法定代表人或单位负责人直接办理，也可授权他人办理。由法定代表人或单位负责人直接办理的，除出具相应的证明文件外，还应出具法定代表人或单位负责人的身份证件；授权他人办理的，除出具相应的证明文件外，还应出具法定代表人或单位负责人的身份证件及其出具的授权书，以及被授权人的身份证件。

单位存款人申请更换预留公章或财务专用章但无法提供原预留公章或财务专用章的，应向开户银行出具原印鉴卡片、开户许可证、营业执照正本、司法部门的证明等相关证明文件。

五、银行结算账户的撤销

银行结算账户的撤销是指存款人开户资格或其他原因终止银行结算账户使用的行为。

（一）银行结算账户撤销的事由

根据《账户管理办法》的规定，发生下列事由之一的，存款人应向开户银行提出撤销银行结算账户的申请。

（1）被撤并、解散、宣告破产或关闭的；
（2）注销、被吊销营业执照的；
（3）因迁址需要变更开户银行的；
（4）其他原因需要撤销银行结算账户的。

（二）银行结算账户撤销的手续办理

1. 存款人主体资格终止后，银行结算账户撤销手续的办理

存款人发生被撤并、解散、宣告破产或关闭，或被注销、被吊销营业执照等主体资格终止的，应于五个工作日内向开户银行提出撤销银行结算账户的申请。存款人申请撤销基本存款账户的，存款人基本存款账户的开户银行应自撤销银行结算账户之日起两个工作日内将撤销该基本存款账户的情况书面通知该存款人其他银行结算账户的开户银行；存款人其他银行结算账户的开户银行，应自收到通知之日起两个工作日内通知存款人撤销有关银行结算账户；存款人应自收到通知之日起三个工作日内办理其他银行结算账户的撤销。

根据《账户管理办法实施细则》的有关规定，存款人主体资格终止后，撤销银行结算账户的，应当先撤销一般存款账户、专用存款账户、临时存款账户，将账户资金转入基本存款账户后，方可办理基本存款账户的撤销。

银行得知存款人主体资格终止情况的，存款人超过规定期限未主动办理撤销银行结算账户手续的，银行有权停止其银行结算账户的对外支付。

2. 因地址变更或其他原因需要变更开户银行，银行结算账户撤销手续的办理

银行在收到存款人撤销银行结算账户的申请后，对于符合销户条件的，应当在两个工作日内办理撤销手续。存款人需要重新开立基本存款账户的，应在撤销其原基本存款账户后十日内申请重新开立基本存款账户。存款人在申请重新开立基本存款账户时，除应根据前述开立基本存款账户的规定出具相关证明文件外，还应当出具"已开立银行结算账户清单"。

3. 办理银行结算账户撤销手续应当注意的事项

在办理银行结算账户撤销手续的过程中，应当注意以下事项。

（1）未获得工商行政管理部门核准登记的单位，在验资期满后，应向银行申请撤销注册验资临时存款账户，其账户资金应退还给原汇款人账户。注册验资资金以现金方式存入，出资人需提取现金的，应出具缴存现金时的现金缴款单原件及其有效身份证件。

（2）存款人尚未清偿其开户银行债务的。不得申请撤销该账户。

（3）存款人撤销银行结算账户，必须与开户银行核对银行结算账户存款余额，交回各种重要空白票据及结算凭证和开户登记证，银行核对无误后方可办理销户手续。存款人未按规定交回各种重要空白票据及结算凭证的，应出具有关证明，造成损失的，由其自行承担。

（4）银行撤销单位银行结算账户时应在其基本存款账户开户登记证上注明销户日期并签章，同时于撤销银行结算账户之日起两个工作日内，向中国人民银行报告。

（5）存款人应撤销而未办理销户手续的单位银行结算账户或银行对一年未发生收付活动且未欠开户银行债务的单位银行结算账户，应通知单位自发出通知之日起三十日内办理销户手续，逾期视同自愿销户，未划转款项列入久悬未取专户管理。

4. 撤销、合并账户

各单位因机构调整、合并、撤销、停业等原因，需要撤销、合并账户的，应向银行提出申请，经银行同意后，首先要同开户银行核对存贷款户的余额并结算

全部利息,全部核对无误后开出支取凭证结清余额,同时将未用完的各种重要空白凭证交给银行注销,然后才可办理撤销、合并手续。由于撤销账户单位未交回空白凭证而产生的一切问题应由撤销单位自己承担责任。

另外,按照规定,连续一年以上没有发生收付活动的账户,开户银行经过调查认为该账户无须继续保留即可通知开户单位来银行办理销户手续,开户单位接通知后一个月内必须办理,逾期不办理可视为自动销户,存款有余额的将作为银行收益。

第三节 银行存款业务的处理

一、银行存款的序时核算

银行存款的序时核算是指利用银行存款日记账,按照经济业务发生、完成的时间顺序,对银行存款的收、支、余情况进行逐日、逐笔的反映。银行存款日记账的建立和使用,可以及时反映企业银行存款的状况和监督银行存款的使用情况。

银行存款日记账可按存款种类分别设置账簿,也可在一本账簿中据不同种类的存款分设不同专栏。其格式有三栏式日记账和多栏式日记账。

银行存款日记账由出纳人员根据银行收、付款凭证和现金付款凭证按经济业务发生的顺序,逐日逐笔地登记,并且每日要计算出当时收入、付款的合计数和结存数,月末还要计算出本月收入、付款的合计数和月末结余数。同时,银行存款日记账还要定期同银行对账单相核对。

二、银行存款的总分类核算

(一)会计科目的设置

设置"银行存款"科目是为了总括地反映企业银行存款的收、付、存情况,监督银行存款的使用。"银行存款"科目属于资产类会计科目,用以核算企业存入银行的各种存款的增减变动和结存情况。至于企业存入其他金融机构的存款,也在本科目内核算。但是,企业的外埠存款、银行本票存款、银行汇票存款、信用卡及信用证存款等不在本科目核算,而应记入"其他货币资金"科目。

(二)银行存款核算的账务处理

企业把款项存入银行,表明企业银行存款数额增加,记入"银行存款"账户的借方;企业提取或支出银行存款时,表明企业银行存款数额减少,记入"银行存款"账户的贷方。本账户期末余款在借方,表示企业银行存款在期末的结存数。

例如,某企业3月份发生下列银行存款收付业务:

(1) 1日企业开88号现金支票从银行提取1888元备用:

借:现金　1888

　　贷:银行存款　1888

(2) 7日企业外购原材料一批,价款3500元,增值税595元,开出346号转账支票支付:

借:原材料　3500

　　应交税费——应交增值税(进项税额)　595

　　贷:银行存款　495

(3) 30日开出123号转账支票支付本月水电费2050元:

借:管理费用　2050

　　贷:银行存款　2050

(4) 30日收到远征公司36号转账支票,归还欠款40000元,当即存入银行:

借:银行存款　40000

　　贷:应收账款——远征公司　40000

(三)银行存款的核对

在一定会计期间的银行存款业务登记入账后,应当对其进行核对。核对包括两方面,即银行存款日记账同总分类账的核对和银行存款日记账同银行对账单的核对。其中,银行存款日记账同总分类账的核对是企业实现"账账相符、信息真实"的保障。如果企业银行存款日记账同银行对账单不符,则一定存在错误,应及时更正;是"未达账项"引起的,企业应在月末编制"银行存款余额调节表"中进行调节。

三、单位银行存款内部控制制度

银行存款作为企业资产中的一部分,其流动性仅次于现金,可以作为商品、劳务交换的媒介,为社会各单位或个人所占有。因此,银行存款是企业财务管理中最容易出现问题的环节之一,加强对银行存款收支和保管的管理,对企业具有重要的作用。

国家为了加强对银行存款的管理,先后制定了一系列政策、法令和规章制度,企业也应积极建立起完善的银行存款内部控制制度,对银行存款实施严格的管理,防止错误或舞弊的发生,保障企业银行存款的效率和安全。

（一）企业银行存款内部控制的控制点

企业内部完善的银行存款控制制度，应当包括以下内容，并围绕控制点展开行之有效的银行存款内部控制。

1. 审批

所谓审批是指企业主管或银行存款业务发生部门的主管人员，对将要发生的银行存款收付业务进行审查批准；或者是授权银行存款收支业务经办人，并规定其经办权限。审批一般以签字盖章方式表示，该过程主要是为保证银行存款的收支业务要在授权下进行。

2. 结算

所谓结算是指出纳人员对银行存款收付业务的原始凭证进行复核后，及时填制或取得结算凭证，办理银行存款的结算业务，并对结算凭证和原始凭证加盖"收讫"或"付讫"戳记，表示该凭证的款项已实际收入或付出，以避免重复登记。结算的目的是为了保证银行存款收付业务的完整性、银行结算的及时性以及银行存款账务处理的正确性，同时也可借此保障银行存款的安全性。

3. 分管

所谓分管是指银行存款管理中不相容职务的分离，即分别设人管理。如支票保管职务与印章保管职务相分离，银行存款总账与明细账登记相分离，以保障银行存款的安全。

4. 审核

所谓审核是指在编制银行收款凭证和付款凭证前，银行存款业务主管会计审核银行存款收付原始凭证基本内容的完整性、处理手续的完备性以及经济业务内容的合规合法性；同时，还要核对结算凭证的上述内容进行如上审核，并把它与原始凭证相核对，审核其一致性；然后，签字盖章表示已经通过审核。在银行收、付款凭证传递前，财务主管或其授权人还要核对银行收、付款凭证的基本内容是否完整，手续是否完备，经济业务内容与原始凭证是否一致，是否合法、合规，然后签字盖章以示审核。审核的目的是为了保证银行存款收支业务记录的真实性、核算的准确性和银行存款账务处理的正确性。

5. 稽核

所谓稽核是指稽核人员、审核人员在记账前审核银行存款收、付款原始凭证和收、付款记账凭证的内容完整性，手续完备性和所反映的经济内容的合法、合规性，同时对这些凭证的一致性进行审核，并签字盖章以示稽核。稽核的目的是为了保证"证证相符"以及对银行存款记录和核算的正确性。

6. 记账

所谓记账是指出纳人员根据审核、稽核无误的银行存款收、付款凭证登记银行存款日记账，登记完毕，核对其发生额与收款凭证、付款凭证的合计金额，并签字盖章表示已经登记。银行存款总账会计根据审核、稽核无误的收款凭证、付款凭证或汇总的银行存款收、付款凭证，登记银行存款总账，登记完毕，核对其发生额与银行收款凭证和付款凭证或银行存款汇总记账凭证的合计金额，并签字盖章表示已经登记。该环节是用以保证"账证相符"以及银行存款账务处理的正确性。

7. 对账

所谓对账是指在稽核人员监督下，出纳人员与银行存款总账会计对银行存款日记账和银行存款总账的发生额和余额相核对，并互相取得对方签证以便对账。该环节的目的是为了保证账账相符，保证会计资料的正确性和可靠性以及银行账务处理的正确性。

8. 调账

所谓调账是指银行存款主管会计定期根据银行对账单、对银行存款日记账进行核对，编制银行存款余额调节表，并于规定的天数内对各款未达账项进行检查，以保证企业的银行存款账与银行账相符，保证会计信息的准确及时。

以上八个控制点几乎概括了企业银行存款收付业务的全过程，单位银行存款的内部控制制度就可以以它们为线索顺次开展。

（二）企业银行存款内部控制的具体措施

在现实生活中的企业规模大小各异，生产经营活动和组织管理各不相同，所以，企业应根据自身特点，设定合理的控制点，制定符合自身情况的、健全的银行存款内部控制制度。但无论如何，以下两点措施是必须做到的。

1. 授权与批准

银行存款的收付业务必须有明确的授权与批准，所以，建立银行存款的内部控制制度，首先要确立授权与批准的制度，即银行存款收付业务的发生，需经企业主管人员或财务主管人员或总会计师审批，并授权具体的人员经办。

2.职责区分，内部牵制

在银行存款管理中不相容职务必须由不同的人承担，体现钱账分管、内部牵制等原则。具体内容包括：

（1）银行存款收付业务授权与经办要相分离；

（2）银行存款收付业务经办与审查要相分离；

（3）银行存款收付业务经办与记账要相分离；

（4）银行存款票据保管与银行存款记账职务要相分离；

（5）银行存款各种票据的保管与签发职务要相分离，其中包括银行票据保管与印章保管职务要相分离；

（6）银行存款收付凭证的填制与银行存款日记账的登账职务要相分离；

（7）银行存款日记账和总账的登记职务要相分离；

（8）银行存款的登账和审核职务要相分离。

（三）记录与审核

企业对其银行存款收付业务必须通过编制记账凭证、登记账簿进行反映和记录。记录之前，必须经过审核，只有审核无误的凭证单据，才可作为企业会计记录的凭据。其具体程序如下：

（1）出纳人员要根据其审核无误的银行存款收付原始凭证填制或取得结算凭证。办理银行结算后的原始凭证和结算凭证，要加盖"收讫"或"付讫"戳记。

（2）会计人员要根据财务主管审核无误的原始凭证或原始汇证汇总表填制。

（3）原始凭证、收款凭证、付款凭证需经过财务部门主管或其授权人审签，稽核人员稽核后才能据以登账。其中，银行存款日记账由出纳人员根据审核、稽核无误的收款凭证、付款凭证登记；银行存款总账是会计人员根据审核、稽核无误的收款凭证、付款凭证或汇总记账凭证等登记。

上述凭证经审核、稽核后，需要审核、稽核人员签字盖章。

（四）记录与文件的管理

为了完整地反映已经发生的经济业务，有关文件必须加以适当地整理和保管，具体包括以下内容：

(1) 收款凭证和付款凭证要连续编号；

(2) 银行支票、银行汇票、银行本票和商业汇票要有专人负责管理、保管；

(3) 银行支票、银行汇票、银行本票和商业汇票领用时，需经财务部门主管人或其指定人批准，并经领用人签字；

(4) 要使用事先连续编号的发货单、发票、支票等。

（五）核对

核对是"账账相符，账实相符"的保证，具体核对内容包括以下三个方面：

（1）银行存款日记账与银行总分类账要定期核对，对账双方需互相取得对方签证；

（2）银行存款日记账与银行对账单要定期核对；

（3）定期编制银行存款调节表，并检查指定天数内的未达账项。

对上述银行存款的内部控制制度，因各个企业的差别，在各企业的运用程度有所不同，效果不一。但是，银行存款内部控制制度的实际效果的大小，还需要考虑其与企业内部的管理当局的理财观念与经营方式、组织结构、授权方式、管理控制方法、企业人事政策、内部审计、会计系统以及企业的外部影响的相互配合和相互制约。

四、银行存款日记账

（一）银行存款日记账的意义

银行存款日记账在电算化会计业务流程中属于辅助业务。在电算化会计业务流程中，银行存款日记账可以作为优先账务进行处理。银行存款日记账，主要由出纳人员进行记录，记录时，需要先根据出纳人员取得的相关银行凭证，如存款凭证、转账回单等制作记账凭证，然后再按业务发生的先后顺序，记录在银行存款日记账中。

我国相关会计法规规定，我国企业的大部分业务都要经由银行账户进行往来和结转，只有少数符合规定的经济业务可以使用现金进行支付，并严格禁止有现金收入的企业坐支现金。

因此，银行存款日记账的意义重大，主要有以下几点：

（1）银行存款日记账的记录，可以让财务部门和企业管理层了解企业各账户的资金状况，根据情况进行有效的配置和安排。

（2）银行存款日记账的及时对账，可以加强企业与银行间的沟通和业务联系，便于对企业未达账项等业务的管理。

（3）根据银行存款日记账的记录，可以有效控制企业资金的流向，便于最大限度地利用有效货币进行资金。

（二）银行存款日记账的要求

银行存款日记账通常也是由出纳人员根据审核后的有关凭证，逐日逐笔顺序登记的。登记银行存款日记账的要求是：

（1）银行存款日记账由出纳人员专门负责登记。

（2）登记时必须做到反映完整的经济业务内容。

（3）登记账目及时，凭证齐全，账证相符，数字真实、准确。

（4）摘要清楚明了，便于查阅。

（5）不重记，不漏记，不错记，按期结算，不拖延积压。

（6）按规定方法更正错账。

（7）根据复核无误的记账凭证登记账簿。

（8）所记载的经济业务内容必须同记账凭证相一致，不得随便增减。

（9）要按经济业务发生的顺序逐笔登记账簿。

（10）每月月末必须按规定结账。

小案例：轮岗是个好方法

郑州市某企业资金充裕，银行活期账户上经常有上千万资金流动，银行业务量大，每月有1000多笔记录。为减少错误，每月均先将单位银行存款日记账与银行对账单核对无误后方结账。2010年年初，会计因急于结账，在帮助出纳核对银行账的过程中发现银行账对不上，在查找过程中发现有几笔未达账项不熟悉、上月银行存款余额调节表实际两边不相等异常情况。会计遂仔细查找，最后查出异常情况的背后是一起舞弊案件。

该出纳舞弊的手法如下：

（1）制作虚假银行对账单，声称银行对账单最后一页暂未拿到或丢失，用真实对账单粘贴复印制作虚假银行对账单，用虚假银行对账单余额制作银行存款余额调节表以应付检查，掩盖贪污挪用资金事实。

（2）用真实银行对账单余额对账，将多笔提取现金数额捏造成虚假银行已付企业未付之未达账项，造成审计实务已付货款暂未记账假象。

（3）编造谎言，声称银行记错账，下月转回，甚至委托拉拢银行人员与其统一口径。

（4）制作虚假银行存款调节表，调节表两边实际计算不相等，硬性将其凑相等。

分析上述舞弊案件后可以得出以下启示：

该企业遵循了各会计法规对出纳的岗位及职责作出的限制性规定，如出纳不得兼管稽核、会计档案保管和收入、费用、债权债务账目的登记工作等；也制定了相应的内部控制制度，如规定财务印鉴由多人保管等。但仅仅做到这些还是远远不够的，由这起舞弊案件，该企业应该认识到：

（1）有了内部控制制度，必须严格遵守并严格检查执行情况，才能保证制度的有效运行。如果缺乏有效的执行，则形同虚设。

（2）该案例还揭示出一个现实财务工作中值得讨论的问题，即：对企业的银行存款日记账账面余额与银行对账单余额是否一致，到底应该由出纳还是会计负责核对并制作银行存款余额调节表。相关的规章制度及规范中均没有明确表述，如何才能加强企业的资金管理控制好风险，也就是说企业的银行存款日记账到底应该由谁核对？如何核对？怎么监督管理才能杜绝挪用公款之现象？

在实行电算化后出纳一般不再记账，一个单位与银行的业务一般都是出纳负责的，各种单据包括银行对账单也都是出纳负责领取的，如果银行账也由出纳负责核对的话。容易给不法分子挪用资金造成可乘之机，如上述企业一样。即便是会计行使了每月检查调节表并核对每笔未达账项的职责，但由于一些规模大的单位的银行对账单1个月几十页，账上资金动辄几千万上亿元，导致未达账项不显示的同月间的资金流动，如月初挪用，月末补回等仍然不能监控。因此，如果由出纳以外的会计来核对银行账并制作银行存款余额调节表，则可以起到互相监督、互相牵制的作用，有效防止挪用资金等舞弊行为。

（3）人们通常把出纳工作只看成是一项简单的收付活动，其实这是一个误解。《会计基础工作规范》第十三条规定"会计人员的工作岗位应当有计划地进行轮换"。在实际工作中，很少有企业认真执行轮岗制度，而轮岗其实是防止挪用资金行为的有效方法。

第九章 支付结算业务处理技能

第一节 支票结算业务

一、支票概述

（一）支票的种类与要素

支票是由单位或个人签发的，委托办理支票存款业务的银行或者其他金融机构，在见票时无条件支付确定的金额给收款人或者持票人的票据。在实际工作中，支票是同城结算中应用最为广泛的银行结算方式，凡是在同一票据交换区域内收付各种款项，都可以使用支票。出纳人员在办理支票结算时，必须掌握支票的开具要求和结算程序，加强对支票的日常管理，避免发生结算风险。

根据我国《票据法》的规定，支票结算凭证分为普通支票、现金支票和转账支票三种。

（1）普通支票。普通支票可以用于支取现金，也可以用于转账，支票未印有"现金"或"转账"字样。当普通支票用于转账时，应当在支票正面的左上角划两条平行线，划线后的支票只用于转账而不得支取现金。

（2）现金支票。支票中专门用于支取现金的，可以另行制作现金支票，但现金支票不得用于转账，不得背书转让。

（3）转账支票。支票中专门用于转账的，可以另行制作转账支票。转账支票只能用于转账，不得支取现金。

一张完整的支票上必须记载以下的事项。

（1）表明"支票"的字样。
（2）无条件支付的委托。
（3）确定的金额。
（4）付款人的名称。
（5）出票日期，指实际付款日期，不得出现远期支票。
（6）出票人签章，包括本单位的财务专用章和有权人私章。

（二）支票结算的基本要求

支票填写时除要遵守票据和结算凭证填写的基本规范外，还应符合下列基本要求：

（1）单位和个人要签发支票时，应使用碳素墨水或墨汁，将支票上的各要素填写齐全，并在支票上加盖其预留银行签章，做到字迹清晰，印鉴清楚。

（2）签发现金支票和用于支取现金的普通支票，必须符合国家现金管理的规定。

（3）支票一律记名，支票上未记载收款人名称的，经出票人授权，可以补记；出票人可以在支票上记载自己为收款人。

（4）支票上未记载付款地的，付款人的营业场所为付款地。

（5）支票上未记载出票地的，出票人的营业场所、住所或者经常居住地为出票地。

（6）支票限现票即付，不得另行记载付款日期，另行记载付款日期的，该记载无效。

（7）支票上的金额可以由出票人授权补记，未补记前的支票不得使用；支票上的大小写金额应当一致。

（8）支票的出票人签发的支票金额不得超过其付款时在付款人处实有的存款金额。出票人签发的支票金额超过其付款时付款人处实有的存款金额的，为空头支票，禁止签发空头支票。

（9）支票的出票人不得签发与其预留本名的签名式样或者印鉴不符的支票。

（10）出票人预留银行的签章是银行审核支票付款的依据。银行也可以与出票人约定使用支付密码，作为银行审核支付支票金额的条件。

（11）出票人签发空头支票，签发与预留银行签章不符的支票，支付密码错误的支票，银行应予退票，并按票面金额处以5%但不低于1000元的罚款；持票人有权要求出票人赔偿支票金额2%的赔偿金。对屡次签发的，银行应停止其签发支票。

（12）支票的日期、金额、收款人不得更改，更改的票据无效。支票上的其他记载事项更改的，必须由原记载人签章。

（13）支票的持票人应当自出票日起10天内提示付款，异地使用的支票，其提示付款的期限由中国人民银行另行规定、超过提示付款期的，持票人开户银行不予受理，付款人不予付款；付款人不予付款的，出票人仍应当对持票人承担票据责任。

二、现金支票的结算程序

（1）出纳人员使用现金支票支取现金时，必须按《现金管理暂行条例》规定的现金使用范围支取。

（2）凡是提取现金的支票，都必须在支票存根联上注明收款单位全称及收票人姓名，以明确经济责任。必要时可查验收票人的身份证并注明其证件号码。

（3）收款人持现金支票提示付款时，应在支票背面"收款人签章处"签章。若为本单位提取现金时，应在本票背面加盖本单位预留印鉴。

持票人为个人的，还须交验本人身份证原件，并在支票背面注明证件名称、号码及发证机关，方可到出票人开户银行支取现金。

（4）收款人持要素齐全、背书完整的现金支票到银行受理窗口交验支票，银行经办人员审核无误予以支付现金。

（5）已签发的现金支票遗失，可以向银行申请挂失。挂失前已经支付的，银行不予受理。

三、转账支票的结算程序

转账支票的结算程序分别如下。

（一）出票人办理银行转账程序

（1）出票人根据付款凭证签发转账支票。
（2）填写一式两联进账单加盖预留银行印鉴。
（3）出票人将要素填写齐全的支票和两联进账单，交开户银行办理转账手续。
（4）出票人以银行盖章退回的进账单第一联作为付款依据；收款人以开户银行的收款通知为收款依据。

（二）持票人委托收款程序

（1）付款人签发支票给持票人。
（2）持票人验票无误后，应作为委托收款背书，在支票背面背书人签章栏签章，记载"委托收款"字样、背书日期、在被背书人栏记载开户银行名称。
（3）填写进账单并和支票一起交出票人开户银行办理手续。
（4）持票人以银行盖章退回的进账单作为收款依据。

（三）转账支票的背书转让

转账支票，可以根据需要在票据交换区域内背书转让，背书是指在票面或者粘单上记载有关事项并签章的票据行为。

（1）支票背书转让的由背书人在票据背面签章，记载被背书人名称和背书日期。

（2）出票人在支票正面记载"不得转让"字样的，支票不得转让。

（3）背书转让必须连续，背书附有条件的，所附条件不具有票据上的效力。背书连续是指在支票转让中，转让支票的背书与受让支票的被背书人在支票上的签章依次前后衔接。

四、支票的日常管理

单位应当建立完善的支票保管，使用制度、保证支票结算的安全。出纳人员在严格遵守相关规定的同时，应妥善处理支票的领购、保管，注销等日常事宜。

（一）单位的内部控制制度

各单位必须建立支票结算管理制度，加强对支票结算业务的管理和控制，避免发生丢失、空头等情况，防止发生由于管理不善而给企业带来的经济损失，具体内容包括：

（1）支票由指定出纳员保管，防止丢失。支票、财务专用章、有权人名章、支票密码单应分别存放，专人保管，避免出现监督漏洞，实现内部牵制。

（2）支票由指定出纳员专人签发，根据审核无误的"支票领用单"按照规定要求开出支票，在支票使用登记簿登记。

（3）有关部门和人员领用支票应当填制"支票领用单"，注明用途、日期、金额，由经办人签章，经有关领导审批。

（4）企业不准携带盖好印鉴的空白支票外出采购。如采购金额事先难以确定，实际情况又需用空白转账支票结算时，经有关领导批准后，可签发有下列内容的空白支票：定时（填写好支票日期）、定点（填好收款单位）、定用途（填写好支票用途）、限金额（在支票右上角加注"限额××元"字样，并在小写金额栏用"￥"填定位数）。并要实行空白支票领用销号制度，最迟缴销空白支票号的时间不能超过签发支票起的第二个工作日。

（二）出纳人员对支票的业务管理

（1）及时督促支票报账核实，如有特殊情况，经办人应与财务部门及时联系、妥善解决。

（2）根据支票填写规范和结算要求，严格签发和收取支票，发现问题当场予以提出并要求解决。

（3）收到支票后应及时送存银行，不得拖延。

（4）为避免签发空头支票，出纳员应对银行存款日清月结，定期与开户银行核对，了解未达账项，准确掌握和控制银行存款资金余额情况。

（5）为避免收受空头支票和无效支票，出纳员应严格审查支票内容是否正确无误，必要时应备注经办人的身份证件，实行款到发货，避免发生经济损失。

（6）支票一旦退票，立即查明原因，明确责任，并及时办理支票补开手续。

（7）支票一旦遗失，立即向银行办理挂失或者请求银行和收款单位协助防范。

（三）支票的领购与注销

企业向开户银行领用支票时，必须填写一式三联的银行支票购用单加盖银行预留印鉴，填写"重要空白凭证登记簿"及整本支票的底页，一起送交银行办理。银行在出售支票的同时，除收取一定的手续费和工本费外，还要查验空白支票领用人的身份证件。

按规定，每个账户一次只允许购买一本支票，业务量大的可适当放宽；支票只有在加盖银行名称和签发人账号后方为有效。

企业因撤销、破产、合并、分立或其他原因需要撤销银行账户时，必须将全部剩余未用的空白用支票交回银行注销。

（四）支票退票的处理

出纳人员在办理支票结算业务时，有时会遇到当支票的内容记载不完整、书写不规范时，出票人的开户银行不予支付，并将支票退还持票人，由持票人向其前手或出票人追索，这个过程为退票。如果是因为签发空头支票或签发不规范引起的退票，银行还要按规定给出票人给以处罚。退票的主要原因如下：

（1）出票人存款不足，出现空头支票。

（2）超出出票人的放款批准额度或经费限额。

（3）没用墨汁或碳素墨水填写。

（4）金额大小写不同、不清楚、不规范、不一致。

（5）未填写款项用途或用途填写不明。

（6）按照国家规定不能支付或超范围支付的款项。

（7）未填写收款单位或收款人、错填收款单位或收款人。

（8）出票日期已过有效期限或日期为小写。

（9）非即期支票。

（10）支票印鉴不清、不全、空白或不符。

（11）支票内容涂改。

（12）支票褶皱、变形、污损，难以辨认。

（13）出票人已撤销此银行账户。

（14）出票人已申请挂失止付。

（15）非该出票人领用此支票。

（16）非出票人银行承付的支票。

（五）支票挂失的处理

支票的持票人或出票人遗失支票后，应当立即向出票人开户银行办理挂失手续。

（1）对于已签发的转账支票遗失，银行不予挂失，但付款单位可以请求收款单位协助防范。

（2）出纳员申请现金支票挂失时，应出具公函或有关证明，并加盖预留银行印鉴，同时交付一定的挂失手续费。银行收取挂失手续费，受理申请单位挂失之后，办理有关挂失止付事宜。

（3）允许挂失止付的票据丧失，失票人需要挂失止付的，应填写挂失止付通知书并签章。挂失止付通知书应当记载下列事项：

① 票据丧失的时间、地点、原因；

② 票据的种类、号码、金额、出票日期、付款日期、付款人全称、收款人全称；

③ 挂失止付人的姓名、营业场所或者住所以及联系方法。

（4）付款人或者代理付款人收到挂失止付通知书后，查明挂失票据确未付款时，应立即暂停支付。

（5）付款人或者代理付款人自收到挂失止付通知书之日起 12 天内没有收到人民法院的止付通知书的，自第 13 天起，持票人提示付款并依法向持票人付款的，不再承担责任。

五、支票的会计核算

各单位在领取支票时，银行除按规定收取工本费外，还一次性收取办理支票业务的手续费。单位财务部门应根据银行收费收据编制银行存款或现金付款凭证，其会计分录如下：

借：财务费用

  贷：银行存款（或库存现金）

如果单位签发现金支票到银行提取现金以发放工资或补充库存现金，则应在"收款人"栏填写本单位名称，并在支票背面加盖预留银行印鉴或单位公章，然后即可到银行取款。财务部门根据现金支票存根编制银行存款付款凭证，其会计分录如下：

借：库存现金

贷：银行存款

如果单位签发现金支票给其他单位和个人，则应在"收款人"栏填写收款单位或个人的名称，并要求其在现金支票存根联上签字或盖章。收款单位或个人在现金支票背面签章，并持证件到银行取款。财务部门根据现金支票存根和其他原始凭证编制现金付款凭证，其会计分录如下：

借：材料采购等

贷：库存现金

第二节 银行本票业务

一、什么是银行本票

银行本票是指由银行签发并承诺其在见票时无条件支付确定的金额给收款人或者持票人的票据。单位和个人在同一票据交换区域内需要支付各种款项时，均可以使用银行本票。

银行本票可用于转账，其中注明"现金"字样的银行本票可用于支取现金。银行本票的出票人，为经中国人民银行当地分支行批准办理银行本票业务的银行机构。银行本票可以按照不同的标准进行分类：

（1）本票按收款人的记载方式不同，分为记名本票和不记名本票。

（2）本票按金额是否预先固定，分为定额本票和不定额本票，单位可以根据需要选择使用。

① 不定额本票面额分为 500 元、1000 元、5000 元和 10000 元四种。不定额银行本票只有一联，由签发银行盖章后交申请人办理转账结算或取款。

② 定额本票一式两联，第一联为签发支付结算本票时作付出传票；第二联由签发银行留存，在结算本票时作传票附件。

二、银行本票结算的基本规定

银行本票结算的基本规定如下：

（1）银行本票一律记名。

（2）银行本票允许背书转让。

（3）银行本票的付款期为 1 个月（不分大月或小月，统一按 30 日计算，到期日遇节假日顺延）。逾期的银行本票，兑付银行不予受理。

（4）银行本票见票即付，不予挂失。遗失的不定额银行本票在付款期满后 1 个月内确未冒领，可以办理退款手续。

（5）不定额本票的金额起点为100元，定额本票的面额分为500元、1000元、5000元和10000元四种。

（6）银行本票需支取现金的，付款人应在"银行本票申请书"上填明"现金"字样；银行受理签发本票时，在本票上划去"转账"字样并盖章，收款人凭此本票即可支取现金。

三、银行本票结算程序

银行本票的结算程序如下：

（1）申请人办理银行本票，应向银行填写"银行本票申请书"，详细填明收款人名称、金额、日期等内容，并加盖预留银行印鉴；如个体经营户和个人需要支取现金的，还应填明"现金"字样。然后送交本单位开户银行（未在银行开户的个人办理银行本票时，应先将现金交银行出纳部门，办理领取银行本票手续）。

（2）银行受理银行本票申请书，在收妥款项后，据以签发银行本票。申请人取回本票后应借记"其他货币资金——银行本票"科目，贷记"银行存款"科目。需支取现金的，在银行本票上划去"转账"字样，加盖印章，不定额银行本票要用压数机压印金额后，再将银行本票交给申请人。

（3）申请人可以持银行本票向填明的收款单位或个体经营户办理结算，收款人收到付款人交来的银行本票，经审查后填写一式两联进账单，连同收到的银行本票，交本单位开户银行办理收款入账手续。

收款人如果为个人的，也可以持转账的银行本票经背书向被背书人的单位或个体经营户办理结算。具有"现金"字样的银行本票可以向银行支取现金。

第三节　商业汇票业务

一、商业汇票的种类

商业汇票是指由收款人或付款人（或承兑申请人）签发，由承兑人承兑，并于到期日向收款人或被背书人支付款项的票据。

商业汇票按其承兑人不同，分为商业承兑汇票和银行承兑汇票两种。

（一）商业承兑汇票

商业承兑汇票是指由收款人签发，经付款人承兑或由付款人签发并承兑的票据。

商业承兑汇票可分别由双方约定签发。若由收款人签发的商业承兑汇票，应由付款人承兑；若由付款人签发的商业承兑汇票，应由付款人承兑。

付款人必须在商业承兑汇票正面签署"承兑"字样和承兑日期并加盖预留银行印章后，将商业承兑汇票交给收款人，并对其所承兑的汇票负有到期无条件支付票款的责任。如果汇票到期时，付款人无力付款，银行将不承担付款责任，而只负责将汇票退给收款人，由收付双方自行处理。

（二）银行承兑汇票

银行承兑汇票是指由收款或承兑申请人签发，由开户银行承兑的票据。

银行承兑汇票由收款人或承兑申请人签发后，承兑申请人应向开户银行申请承兑，银行按规定审查，符合条件的，即与承兑申请人签订承兑契约，并在汇票上签章，且收取一定的手续费。

使用银行承兑汇票，如果票据到期日承兑申请人未能足额交存票款的，承兑银行应向收款人或贴现银行无条件履行支付责任。

二、商业汇票的适用范围

商业汇票适用于在银行开立账户的法人之间根据购销合同进行商品交易款项的结算。

国有企业、股份制企业、集体所有制工业企业、供销合作社以及三资企业之间根据购销合同进行的商品交易，可使用银行承兑汇票。其他法人和个人不得使用银行承兑汇票。

商业汇票在同城和异地均可使用。

三、商业汇票的结算

（一）商业承兑汇票结算规定

1. 商业承兑汇票按购、销双方约定签发

由收款人签发的商业承兑汇票，应交付款人承兑；由付款人签发的商业承兑汇票，应由付款人承兑。承兑时，付款人需在商业承兑汇票下面签署"承兑"字样，并加盖预留银行印章，再将商业承兑汇票交给收款人。

2. 商业承兑汇票的办理办法

（1）商业承兑汇票的收款人或被背书人，对在同一城市的付款人承兑的汇票，应于汇票到期日将汇票送交银行办理收款，对在异地的付款人承兑的汇票，应于汇票到期日前 5 天内，将汇票交开户银行办理收款。对逾期的汇票，应于汇票到期日次日起 10 天内，将汇票送交开户银行办理收款。超过期限，银行不予受理。

（2）办理商业承兑汇票收款时，均需填制委托收款凭证，并在"委托收款货物名称栏"注明"商业承兑汇票"及汇票号码，将汇票随托收凭证一并送交开户银行。

3. 收款人在商业承兑汇票审查中应注意的问题

（1）是否为中国人民银行统一印制的商业承兑汇票。

（2）汇票的签发和到期日期、收付款单位的名称（必须是全称）和账号及开户银行、大小写金额等栏目是否填写齐全正确。

（3）汇票上的签章（签发人盖章处应加盖签发单位的法人印章，承兑人盖章处盖付款人预留银行印鉴并填写承兑的日期）是否齐全正确。

（4）汇票是否超过有效承兑期限（最长为 6 个月，但应注意：有效期是从承兑日开始计算，而不是从汇票的签发日开始）。

（5）汇票上有无批注"不得转让"的字样。经转让的汇票，背书是否连续（每一手的背书是否为前一手的被背书人或收款人），背书的签章是否正确（是否为单位公章、财务专用章）。

（二）银行承兑汇票结算规定

（1）银行承兑汇票按双方约定签发。由收款人签发的银行承兑汇票，应交承兑申请人持汇票和购销合同向其开户银行申请承兑；由承兑申请人签发的银行承兑汇票，应由本人持汇票和购销合同向其开户银行申请承兑。

（2）每张银行承兑汇票的承兑金额最高不得超过 1000 万元。

承兑申请人持银行承兑汇票和购销合同向其开户银行申请承兑。

（3）银行按照有关规定审查，符合承兑条件的，与承兑申请人签订承兑协议，并在银行承兑汇票上盖章，用压数机压印汇票金额后，将银行承兑汇票和解讫通知交给承兑申请人。

（4）银行承兑汇票的承兑银行，应按票面金额向承兑申请人收取万分之五的手续费，手续费每笔不足 10 元的，按 10 元计收。

（5）.银行承兑汇票的收款人或被背书人应在银行承兑汇票到期时，将银行承兑汇票、解讫通知连同进账单送交开户银行办理转账，对逾期的汇票应于汇票到期日的次日起 10 日内，送交开户银行办理转账，超过期限的银行不予受理。

（6）银行承兑汇票的承兑申请人应于银行承兑汇票到期前将票款足额交存其开户银行。承兑银行于到期日凭票将款项付给收款人、被背书人或贴现银行。

（7）银行承兑汇票承兑申请人于银行承兑汇票到期日未能足额交存票款时，承兑银行除凭票向收款人、被背书人或贴现银行无条件支付外，应根据承兑协议规定，对承兑申请人执行扣款，并对尚未扣回的承兑金额每天按万分之五计收罚息。

（三）商业汇票的结算程序

1. 商业承兑汇票的结算程序

商业承兑汇票由交易双方约定签发。由收款人签发的应交付款人承兑；由付款人签发的应经本人承兑。承兑人应在汇票正面签署"承兑"字样并加盖印章后将汇票交收款人。

收款人可将汇票背书转让。收款人或被背书人应将即将到期的汇票交其开户银行办理收款。付款人应于汇票到期前将票款足额交存其开户银行，银行于到期日凭票将款项划给收款人。

如在到期日而付款人账户不足支付时，其开户银行应将汇票退给收款人，由其自行处理。同时，银行对付款人处以票面金额5%但不低于50元的罚款。

应该指出，这里的"收款人"、"付款人"是指交易双方的当事人，不是指汇票上的当事人。汇票上的当事人应当是：

（1）发票人，是指交易中的收款人，即卖方；或是交易中的付款人，即买方。

（2）承兑人。发票人如是卖方，应由买方承兑，发票人如是买方，应由本人承兑。

（3）付款人，是指买方的开户银行。

（4）收款人，是指交易中的收款人，即卖方。可见，在票面上有四个当事人。

2. 银行承兑汇票的结算程序

使用银行承兑汇票，应先由承兑申请人持空白银行承兑汇票和购销合同向其开户银行申请承兑。

银行审查后认为申请符合条件的，与承兑申请人签订申请协议，然后填好汇票，办好承兑手续，将汇票和解讫通知交给承兑申请人转交收款人。承兑银行按票面金额向申请人收取1%的承兑手续费（不足10元的收10元）。

收款人或被背书人应在银行承兑汇票到期时，将汇票、解讫通知连同进账单送交其开户银行办理转账。

承兑申请人应于汇票到期前将票款足额交存其开户银行。承兑银行俟到期日凭票将款项付给收款人或被背书人。

承兑申请人于汇票到期日未能足额交存票款时，承兑银行除凭票向收款人、被背书人要求其无条件支付外，还要根据承兑协议，对承兑申请人执行扣款，并就尚未扣回的承兑金额每天按万分之五计收罚息。

在银行承兑汇票中，出票人是承兑申请人，付款人和承兑人是承兑行，即承兑申请人的开户银行，收款人是与出票人签订购销合同的收款人（买方）。

四、商业汇票贴现的处理

贴现，是指持有汇票的收款人将未到期的商业汇票交给银行，银行将票面金额扣除贴现日至票据到期前一日的利息以后的款项支付给持票人的行为。

商业汇票持票人，在急需资金时，可持未到期的商业汇票填写贴现凭证，向其开户银行申请贴现。

（1）贴现的期限一般从其贴现之日起至汇票到期日止，银行实付贴现金额按票面金额扣除贴现日至汇票到期前一日的利息计算。承兑人在异地的，贴现的期限以及贴现利息的计算应另加3天的划款日期。

（2）贴现利息和实际贴现金额，可按下列公式计算：

$$贴现利息 = 票面金额 \times 贴现天数 \times （月贴现率 \div 30天）$$
$$实际贴现金额 = 票面金额 - 贴现利息$$

第四节 银行汇兑业务

一、银行汇兑的种类

汇兑结算是汇款人委托银行将款项汇给外地收款人的一种结算方式。适用于单位、个人各种款项的结算，汇款人或收款人不论是否在银行开户均可办理。随着电子化进程的发展，汇兑的结算手段不断完善，目前有电子汇兑、特约通汇、特约传真汇款、电话汇款和实时汇兑等，其共同特点是款项汇划的快捷。

根据凭证传递方式的不同，汇兑分为信汇和电汇两种。

（一）信汇

信汇是汇款人向银行提出申请，同时交存一定金额及手续费，汇出行将信汇委托书以邮寄方式寄给汇入行，授权汇入行向收款人解付一定金额的一种汇兑结算方式。

汇款人办理信汇时，应填写信汇凭证一式四联，送交本单位开户银行办理信汇。银行受理后，将第一联回单退给汇款人记账，留下第二联用于银行记账，将第三联、第四联传给收款银行。收款银行收到凭证后，留下第三联收款凭证用于记账，将第四联传给收款人，收款人收到第四联收款通知后，进行账务处理。

（二）电汇

电汇是汇款人将一定款项交存汇款银行，汇款银行通过电报或电传给目的地的分行或代理行，指示汇入行向收款人支付一定金额的一种汇款方式。

汇款人办理电汇时应填写电汇凭证一式三联，送交本单位开户银行办理电汇。银行受理后，将第一联回单退给汇款人记账，留下第二联凭证用于银行记账，依照第三联编制电划代收报单向收款银行拍发电报。收款银行收到电报后，签发电划代收补充单一式三联，将第三联传给收款人。收款人凭代收报单第三联进行账务处理。

二、汇兑结算的基本规定

根据有关规定，汇兑结算有如下几条基本规定。

（1）汇兑结算不受金额起点的限制，即不论汇款金额多少均可以办理信汇和电汇结算。

（2）支取现金的规定：收款人要在汇入银行支取现金，付款人在填制信汇或电汇凭证时，需在凭证"汇款金额"大写金额栏中填写"现金"字样。款项汇入异地后，收款人需携带本人的身份证件或汇入地有关单位足以证实收款人身份的证明，到银行一次办理现金支付手续。信汇或电汇凭证上未注明"现金"字样而需要支取现金的，由汇入银行按现金管理规定审查支付；需部分支取现金的，收款人应填写取款凭证和存款凭证送交汇入银行，办理支取部分现金和转账手续。

（3）留行待取的规定：汇款人将款项汇往异地需派人领取的，在办理汇款时，应在签发的汇兑凭证各联的"收款人账号或地址"栏注明"留行待取"字样。留行待取的汇款，需要指定单位的收款人领取汇款的，应注明收款人的单位名称。信汇凭印鉴支取的，应在第四联凭证上加盖预留的收款人印鉴。款项汇入异地后，收款人须携带足以证明本人身份的证件，或汇入地有关单位足以证实收款人身份的证明向银行支取款项。如，信汇凭印鉴支取的，收款人必须持与预留印鉴相符的印章，经银行验对无误后，方可办理支款手续。

（4）分次支取的规定：收款人接到汇入银行的取款通知后，若收款人需要分次支取的，要向汇入银行说明分次支取的原因和情况，经汇入银行同意，以收款人名义设立临时存款账户，该账户只付不收，结清为止，不计利息。

（5）转汇的规定：收款人如需将汇款转到另一地点，应在汇入银行重新办理汇款手续。转汇时，收款人和用途不得改变，汇入银行必须在信汇或电汇凭证上加盖"转汇"戳记。

（6）退汇的规定：汇款人对汇出的款项要求退汇时，应出具正式函件，说明要求退汇的理由或本人身份证明和原信、电汇凭证回单，向汇出银行办理退汇。汇出银行审查后，通知汇人银行，经汇人银行查实款项确未解付，方可办理退汇。如汇人银行网付款项已经解付或款项已直接汇人收款人账户，则不能办理退汇。此外，汇人银行对于收款人拒绝接受的汇款，应立即办理退汇。汇人银行对从发出取款通知之日起，两个月内仍无法交付的款项，可主动办理退汇。

三、汇兑结算的步骤与注意事项

汇兑结算的基本步骤如下：
（1）汇款人委托开户银行办理汇款。
（2）银行受理汇款凭证。
（3）银行间划拨。
（4）收款开户银行通知收款人汇款已到。
在进行汇兑结算的时候，需要注意以下几个事项。
（1）汇款人办理异地汇款时选择信汇或电汇结算方式。可根据款项汇人地点的远近和时间的要求，选择电汇和信汇。填写汇款凭证时，要按照凭证各栏要求，详细填明收款人及汇款用途等项内容并在第二联上加盖预留银行印章。
（2）根据结算规定，信汇汇款可附带与汇款有关的少量单证，如向外地订购书刊的订购单、商品订购单以及向外地人员汇付工资时的工资发放表等。电汇款项不允许附带单证。
（3）收款人收到银行转来的收款通知单或电划代收报单时，要认真地对凭证的内容进行审查，主要查看凭证收款人全称和账号是否与本单位的全称和账号一致，汇款用途是否与本单位有关，汇人银行是否加盖了转讫印章，在确认属于本单位款项但用途不明的情况下，应及时与本单位有关部门联系，尽快查明款项用途，从而准确归属有关核算账户。

第五节 信用卡业务

一、信用卡概述

信用卡是银行、金融机构向信誉良好的单位、个人提供的，能在指定的银行提取现金，或在指定的商店、饭店、宾馆等购物和享受劳务时进行记账结算的一种信用凭证。其基本形式是一张附有证明的卡片，通常用特殊塑料制成，上面印有发行银行的名称、有效期、号码、持卡人姓名等内容。我国目前发行的信用卡主要有牡丹卡、长城卡、万事达卡、VISA卡、金穗卡、龙卡、太平洋卡等。

信用卡依据不同的划分方式有不同的种类，如按发行信用卡的机构不同，可分为商业机构发行的零售信用卡、服务业发行的旅游娱乐卡，又可分为贷记卡、记账卡、ATM卡和支票卡等。这里介绍的是银行发行的信用卡。

根据《支付结算办法》的规定，信用卡按使用对象分为单位卡和个人卡。单位卡是指商业银行向企业、事业单位、学校、机关、团体等单位发行的信用卡，其使用对象为单位；个人卡是指商业银行向包括居住城镇的工人、干部、教师、科技工作者、个体经济户以及其他成年的、有确定收入的居民发行的信用卡，其使用对象为个人。

此外，《支付结算办法》还根据信誉等级不同将信用卡分为金卡和普通卡。金卡是指商业银行向信誉等级较高的持卡人发行的信用卡，普通卡则是商业银行向信誉等级次之的持卡人发行的信用卡。一般而言，金卡的持卡人善意透支时透支的金额大于普通卡持卡人的透支金额。

二、信用卡的适用范围与申请、使用

信用卡产生的结算关系一般涉及三方当事人，即银行、持卡人和商户。商户向持卡人提供商品或服务的商业信用，然后向持卡人的发卡行收回货款或费用，再由发卡行或代办行向持卡人办理结算。

根据《支付结算办法》的规定，单位卡和个人卡的申请与使用不尽相同。

（一）单位卡

凡申领单位卡的单位，必须在中国境内金融机构开立基本存款账户，并按规定填制申请表，连同有关资料一并送交发卡银行。该单位符合条件并按银行要求交存一定金额的备用金以后，银行为申领人开立信用卡存款账户，并发给信用卡。单位卡可以申领若干张，持卡人资格由申领单位法定代表人或其委托的代理人书面指定和注销。

在单位卡的使用过程中，其账户的资金一律从其基本存款账户转账存入，不得交存现金，不得将销货收入的款项存入其账户。单位卡的持卡人不得用于10万元以上的商品交易、劳务供应款项的结算，并一律不得支取现金。如果需要向其账户续存资金的，单位卡的持卡人必须按转账方式转账存入。

（二）个人卡

凡具有完全民事行为能力的公民都可申领个人卡。个人卡的主卡持卡人可为其配偶及年满 18 周岁的亲属申领附属卡,申领的附属卡最多不超过两张,也有权要求注销其附属卡。

三、信用卡的结算程序

1. 持卡人将信用卡和身份证件一并交给特约单位

如果信用卡属智能卡、照片卡,可免验身份证件。特约单位不得拒绝受理持卡人合法持有的、签约银行发行的有效信用卡,不得因持卡人使用信用卡而向其收取附加费用。

2. 特约单位应审查信用卡

特约单位受理信用卡时,应审查下列事项:
(1) 确为本单位可受理的信用卡;
(2) 信用卡在有效期内,未列入"止付名单";
(3) 签名条上没有"样卡"或"专用卡"等非正常签名的字样;
(4) 信用卡无打孔、剪角、毁坏或涂改的痕迹;
(5) 持卡人身份证或卡片的照片与持卡人相符,但使用智能卡、照片卡或持卡人凭密码在销售点终端上消费、购物,可免验身份证;
(6) 卡片正面的拼音姓名与卡片背面的签名和身份证件上的姓名一致。

3. 办理结算手续

特约单位受理信用卡审查无误的,在签购单上压卡,填写实际结算金额、用途、持卡人身份证件号码、特约单位名称和编号。如超过支付限额的,应向发卡银行索取并填写授权号码,交持卡人签名确认,同时核对其签名与卡片背面签名是否一致。经审查无误后,对同意按经办人填写的金额和用途付款的,由持卡人在签购单上签名确认后将信用卡、身份证件和第一联签购单交还给持卡人。特约单位在每日营业终了,应将当日受理的信用卡签购单汇总,计算手续费和净计金额,并填写汇寄单和进账单,连同签购单一并送交收单银行办理进账。收单银行接到特约单位送交的各种单据,经审查无误后,为特约单位办理进账。

四、信用卡透支的规定

根据《支付结算办法》的规定,信用卡的持卡人在信用卡账户内资金不足以支付款项时,可以在规定的限额内透支,并在规定期限内将透支款项偿还给发卡银行。但是,如果持卡人进行恶意透支的,即超过规定限额或规定期限,并经发卡银行催收无效的,持卡人必须承担相应的法律责任。

根据《支付结算办法》的规定,信用卡透支额,金卡最高不得超过 10000 元,普通卡最高不得超过 5000 元。信用卡透支期限最长为 60 天。关于信用卡透支的利息,依《支付结算办法》的规定,自签单日或银行记账日起 15 日内按日息万分之五计算;超过 15 日按日息万分之十计算;超过 30 日或透支金额超过规定限额的,按日息万分之十五计算。透支计息不分段,按最后期限或最高透支额的最高利率档次计算。

五、信用卡销户

持卡人不需要继续使用信用卡的,应持信用卡主动到发卡银行办理销户。持卡人办理销户时,如果账户内还有余额,属单位卡的,则应将该账户内的余额转入其基本存款账户,不得提取现金;个人卡账户可以转账结清,也可以提取现金。

持卡人透支之后,只有在还清透支本息后,在下列情况下,才可以办理销户:

(1) 信用卡有效期满 45 天后,持卡人不更换新卡的;

(2) 信用卡挂失满 45 天后,没有附属卡、不更换新卡的;

(3) 信用卡被列入止付名单,发卡银行已收回其信用卡 45 天的;

(4) 持卡人死亡,发卡银行已收回其信用卡 45 天的;

(5) 持卡人要求销户或担保人撤销担保,并已交回全部信用卡 45 天的;

(6) 信用卡账户两年以上未发生交易的;

(7) 持卡人违反其他规定,发卡银行认为应该取消资格的。发卡银行办理销户,应当收回信用卡。有效信用卡无法收回的,应当将其止付。

第六节 委托收款业务

一、什么是委托收款

委托收款是收款人委托银行向付款人收取款项的结算方式。

委托收款分邮寄和电报划回两种,由收款人选用。前者是以邮寄方式由付款人开户银行向收款人开户银行转送委托收款凭证、提供收款依据的方式,后者则是以电报方式由付款人开户银行向收款人开户银行转送委托收款凭证,提供收款依据的方式。

邮寄划回和电报划回凭证均一式五联。第一联回单,为收款人开户银行给收款人的回单;第二联收款凭证,为收款人开户银行作收入传票;第三联支款凭证,为付款人开户银行作付出传票;第四联收款通知(或发电依据),为收款人开户银行在款项收妥后给收款人的收款通知（或付款人开户银行凭以拍发电报）；第五联付款通知，为付款人开户银行给付款人按期付款的通知。

二、委托收款的适用范围

凡在银行或其他金融机构开立账户的单位和个体经商户，公用事业单位向用户收取水电费、邮电费、煤气费、公房租金等劳务款项以及其他应收款项，无论是在同城还是异地，均可使用委托收款的结算方式。

三、委托收款结算的规定

（一）委托收款结算起点

委托收款结算不受金额起点限制。

（二）委托

委托是指收款人向开户银行提交委托收款凭证和有关债务证明并办理委托收款手续的行为。委托收款凭证是指如前所述按规定填写的凭证；有关债务证明是指能够证明付款到期并应向收款人支付一定款项的证明。

（三）付款

付款是指付款人开户银行在接到收款人开户银行寄来的委托收款凭证及债务证明并经审查无误后，向收款人办理付款的行为。根据《支付结算办法》规定，银行可根据付款人不同而在不同的时间付款，从而改变了原《银行结算办法》统一3天的付款期。具体而言：

（1）以银行为付款人的，银行应在当日将款项主动支付给收款人。

（2）以单位为付款人的，银行应及时通知付款人，按照有关办法规定，需要将有关债务证明交给付款人的则交给付款人，并签收。付款应于接到通知的当日书面通知银行付款；如果付款人未在接到通知日的次日起3日内通知银行付款的，视同付款人同意付款，银行应于付款人接到通知日的次日起第4日上午开始营业时，将款项划给收款人。

（四）付款人拒绝付款

付款人审查有关债务证明后，对收款人委托收取的款项需要拒绝付款的，可以办理拒绝付款。付款人对收款人委托收取的款项需要全部拒绝付款的，应在付款期内填制"委托收款结算全部拒绝付款理由书",并加盖银行预留印鉴章,连同有关单证送交开户银行,银行不负责审查拒付理由,只将拒绝付款理由书和有关凭证及单证寄给收款人开户银行,然后转交给收款人。需要部分拒绝付款的,应在付款期内出具"委托收款结算部分拒绝付款理由书",并加盖银行预留印鉴章,送交开户银行,银行办理部分划款,并将部分拒绝付款理由书寄给收款人开户银行,然后转交给收款人。

(五)无款支付的规定

付款人在付款期满日、银行营业终了前如无足够资金支付全部款项,即为无款支付。银行应于次日上午开始营业时,通知付款人将有关单证(单证已作账务处理的,付款人可填制"应付款项证明单"),在两天内退回开户银行,银行将有关结算凭证连同单证或应付款项证明单退回收款人开户银行,然后转交给收款人。

(六)付款人逾期不退回单证

开户银行应按照委托收款的金额自发出通知的第3天起,每天处以0.5‰但不低于50元的罚金,并暂停付款人委托银行向外办理结算业务,直到退回单证时为止。

四、委托收款结算的程序

(一)两方交易结算程序

两方交易时,采用直接结算,其程序如下:
(1)收款人向付款人提供商品、劳务等。
(2)收款人提供收款依据,填写委托收款凭证,委托开户银行收款。
(3)收款人开户银行受理委托,退回委托收款凭证回单给收款人留存。
(4)收款人开户银行向付款人开户银行传递委托收款凭证。
(5)付款人开户银行通知付款人付款。
(6)付款人承认付款。
(7)银行间划转款项。
(8)收款人开户银行通知收款人款项已收妥入账。

(二)三方交易结算程序

三方交易时,采用直接结算,其程序如下:

所谓三方交易，是指批发单位、销货单位、购货单位都不在一地，批发单位委托销货单位直接向购货单位发运商品，而货款则由批发单位分别与购销双方进行结算的一种做法。其程序如下：

（1）销货单位向批发单位的购货单位发货。
（2）销货单位填两份委托收款凭证委托银行收款（其中一份以批发单位名义向付款人收款，一份以本单位名义向批发单位收款）。
（3）销货单位开户银行向购货单位开户银行传递委托收款凭证。
（4）销货单位开户银行向批发单位开户银行传递委托收款凭证。
（5）购货单位开户银行通知购货单位付款。
（6）批发单位开户银行通知批发单位付款。
（7）银行间划拨款项。
（8）收款通知。

（三）代办发货结算程序

所谓代办发货，是指销货单位与代办发货单位不在一地，销货单位与代办发货单位订立代办发货委托收款合同，由销货单位委托代办发货单位向购货单位发货，并由代办发货单位代销货单位办理委托收款手续，向购货单位收款，其程序如下：

（1）代办发货单位发货。
（2）代办发货单位向开户银行提交代办委托收款凭证。
（3）受理委托回单。
（4）代办发货单位分别向销货单位开户银行和购货单位开户银行传递委托收款凭证。
（5）代办发货单位移交委托收款回单。
（6）购货单位开户银行通知购货单位付款。
（7）购货单位同意付款。
（8）银行间划拨。
（9）款项入账通知。

（四）代理收货结算程序

所谓代理收货，是指购货单位与代理收货单位不在一地时，购货单位应率先将代理收货单位通知销货单位。销货单位向代理收货单位发货后，填制委托收款结算凭证，送交开户银行向购货单位收款。其程序如下：

（1）销货单位向代理收货单位发货。
（2）销货单位向开户银行提交委托收款凭证。

(3) 传递委托收款凭证。
(4) 购货单位开户银行通知购货单位付款。
(5) 购货单位同意付款。
(6) 银行间划拨。
(7) 款项入账通知。

五、委托收款的会计核算

收款单位财务部门根据银行盖章退回的委托收款凭证第一联和发票等有关原始凭证按照有关业务性质编制有关记账凭证。如果是工业企业销售产品，在办妥委托收款手续后应根据有关凭证编制转账凭证，其会计分录如下：
借：应收账款——××单位
　　贷：主营业务收入——××产品
　　　　应交税费——应交增值税（销项税额）
如果是商品流通企业销售商品，则会计分录如下：
借：应收账款——××单位
　　贷：主营业务收入——××商品
　　　　应交税费——应交增值税（销项税额）
如果是事业单位提供商品或供应劳务，在办妥委托收款手续后，同样应根据有关凭证编制转账凭证，其会计分录如下：
借：应收账款——××单位
　　贷：营业收入（或事业收入等）
对于银行按规定收取的手续费，应根据收费凭据编制现金付款凭证，其会计分录如下：
借：财务费用
　　贷：库存现金

小案例：解除背书引发的疑惑

2009年5月5日，金兴经济发展有限责任公司持一张异地建设银行签发的未到期银行承兑汇票，在其所在地工商银行办理了汇票贴现手续。贴现时，金兴经济发展有限责任公司在汇票背面背书人一栏内加盖了单位公章和法定代表人印章，但是未作文字背书。

7月5日，汇票到期后，该工商银行向本地建设银行，即汇票承兑行，提示付款。建设银行受理该提示付款以后，并未向工商银行付款，而是向汇票最后签章人——金兴经济发展有限责任公司付出票款，划入金兴经济发展有限责任公司在建设银行开立的存款账户，随后直接扣收，抵偿了金兴经济发展有限责任公司欠建设银行的借款。工商银行交涉未果。

问：谁是最后的合法持票人？

答：金兴经济发展有限责任公司是最后的合法持票人。

上述背书，属于背书中的转让背书。转让背书主要有下述三种效力：

1. 权利移转效力

背书是背书人以移转权利为目的而为的票据行为，背书有效成立后，票据上的一切权利包括对付款人的付款请求权，对前手的追索权、对票据保证人的权利等，均由背书人移转于被背书人，亦即被背书人取代背书人而成为票据上的权利人。

2. 担保付款的效力

背书人在无相反记载时，对其后手，包括直接后手和其他一切后手，应按照汇票文义负担保承兑与付款的责任。当持票人（背书人的一切后手）如不获承兑或不获付款时，便可向背书人行使追索权。这种担保承兑和付款的效力，来自于法律的规定，除非法律允许背书人于背书时记载免除担保文句加以免除，它对于背书人来说就是绝对的法律责任。

3. 权利证明的效力

背书的权利证明效力具体表现为：

就持票人（最后被背书人）而言，如果其所持票据上的背书为连续时，应推定其为真正的票据权利人，他不必另行举证，即可行使票据权利。

就票据债务人而言，当他向背书连续的持票人清偿票款时，也不必要求持票人提出证明，只要债务人为善意，该持票人即使不是真正的权利人，债务人也免除其付款的责任，无须再向真正的权利人付款。

对善意取得人而言，只要他是善意地（无恶善意或无重大过失）从背书连续的汇票持票人那里依背书方式取得票据，即使是该背书人不是权利人，而背书无效时，他仍能取得票据权利。

最后，若票据债务人主张背书连续的持票人非真正权利人时应负举证责任，票据债务人对于背书不连续的持票人应拒绝付款，除非其能另行提出其为真正权利人的确切证据，否则付款人对该持票人的付款责任自负。

上述背书，就属于空白背书。空白背书的被背书人是否因背书取得票据权利？我国票据法禁止空白背书，《中华人民共和国票据法》第三十条规定："汇票以背书转让或者以背书将一定的汇票权利授予他人行使时，必须记载被背书人名称。"所以，在本案中，被背书人不可因空白背书取得票据权利。最后的合法持票人不是工商银行，而是金兴经济发展有限责任公司。

第十章 银行借款业务的处理技能

第一节 银行借款概述

一、银行借款的种类

银行借款是企事业单位根据其生产经营业务的需要，为弥补自有资金不足，向银行借入的款项，是企事业单位从事生产经营活动资金的重要来源。出纳作为向银行借款活动的直接经办人，必须要了解不同种类的借款条件及借款程序和手续，合法而高效的办理银行借款。

银行借款的种类主要有：

（1）按期限长短，银行借款可分为短期借款、中期借款和长期借款。

（2）按有无担保，银行借款可分为信用借款和担保借款。

二、借款人应具备的条件

（一）借款人为法人或其他组织的应具备的基本条件

（1）依法办理工商登记的法人已经向工商行政管理部门登记并连续办理了年检手续；事业法人依照《事业单位登记管理暂行条例》的规定已经向事业单位登记管理机关办理了登记或备案。

（2）有合法稳定的收入或收入来源，具备按期还本付息能力。

（3）已开立基本账户、结算账户或一般存款账户。

（4）按照中国人民银行的有关规定，应持有贷款卡（号）的，必须持有中国人民银行核准的贷款卡（号）。

（5）管理机关另有规定的除外。

（二）借款人为自然人的应具备的基本条件

（1）具有合法身份证件或境内有效居住证明。

（2）具有完全民事行为能力。

（3）信用良好，有稳定的收入或资产，具备按期还本付息能力。

（4）管理机关另有规定的除外。

机关法人及其分支机构不得申请贷款；境外法人、其他组织或自然人申请贷款，不得违反国家外汇管理规定。

三、银行贷款的方法

银行贷款一般有以下四种方法：

（1）逐笔申请，逐笔核贷，逐笔核定期限，到期收回，周转使用。这是指企业每需要一笔贷款，都要向银行提出申请，银行对每笔贷款加以审查，如果同意发贷，对每笔贷款都要核定期限，贷款期满则要按期收回。收回的贷款仍是银行可用于发放贷款的指标，可以继续周转使用。这种方法适用于工业部门的生产周转贷款。

（2）逐笔申请，逐笔核贷，逐笔核定期限，到期收回贷款，指标一次使用，不能周转。这种方法与上述方法相比，不同之处在于，到期收回的贷款不能周转使用。这种方法适用于专项的贷款，如基本建设贷款、技术改造贷款等。

（3）一次申请，集中审核，定期调整企业1年或一个季度办理一次申请贷款的手续，银行一次集中审核。平时企业需要这方面贷款时，有银行根据可贷款额度定期进行调整，贷款不受指标限制，企业不必逐项进行申请。这种贷款方法适用于结算贷款。

（4）每年或每季度一次申请贷款，有银行集中审核根据实际情况下，下达一定时期内的贷款指标，企业进货时自动增加贷款，销售时直接减少贷款。贷款不定期限，在指标范围内，贷款可以周转使用，需要突破贷款指标时，则要另行申请，调整贷款指标。这种方法适用于商品流转贷款和物资供销贷款。

第二节　企业借款流程

一、借款人提出借款申请

在实际工作中，借款人提出借款申请，一般采用填写"借款申请书"的方式提出，并提供以下有关资料：

（1）借款人上一年度经工商行政管理部门办理年检手续证明的文件的复印件。

（2）借款人上一年度和最近一期的财务报告及生产经营、物资材料供应、产品销售和出口创汇计划及有关统计资料。

（3）借款人的"贷款证"，借款人在银行开立基本账户、其他账户情况，原有借款的还本付息情况。

(4) 借款人的财务负责人的资格证书和聘用书复印件。

(5) 购销合同复印件或反映企业资金需求的有关凭证、资料，项目建设书或项目可行性研究报告和国家有关部门的批准文件原件。

(6) 非负债的自筹资金落实情况的证明文件。

(7) 贷款银行需要的其他资料。

二、贷款方审查

贷款银行必须对借款方的申请进行审查，以确定是否给予贷款审查内容包括两个方面：

(1) 形式审查。即检查"借款申请书"等有关内容的填写是否符合要求，有关的批准文件、计划是否具备等。

(2) 实体审查。即检查"借款申请书"有关内容是否真实、正确、合法。对于符合贷款条件的项目，可在"借款申请书"的审查意见栏内注明"同意贷款"字样。

三、签订借款合同

借款单位的借款申请，经银行审查同意后，借贷双方即可签订"借款合同"。在借款合同中，应该明确规定贷款的种类、金额、用途、期限、利率、还款方式、结算办法和违约责任等条款，以及当事人双方商定的其他事项。

第三节 银行借款的会计核算

一、短期借款的核算

企业发生的短期借款业务通过"短期借款"科目核算。该科目属负债类科目，其贷方登记企业取得的短期借款，借方登记已归还的短期借款，期末余额表示尚未归还的短期借款。"短期借款"科目应按债权人设置明细账，并按借款种类进行明细核算。

短期借款的核算包括取得借款、归还借款以及应计利息等业务的核算。企业取得短期借款时，一般是先转入"银行存款"科目，再从"银行存款"科目中支付。但用短期借款直接偿付应付账款或应付票据时，则不需编制转存的会计分录，可直接借记"应付账款"、"应付票据"科目，贷记"短期借款"科目。归还借款时，借记"短期借款"科目，贷记"银行存款"科目。

二、长期借款的核算

长期借款应当区分借款性质按实际发生额记账。其业务通过"长期借款"科目核算。该账户属负债类科目,用来核算企业借入的期限在1年以上的各种借款,其贷方登记企业借入的长期借款本金应付利息,借方登记已归还的长期借款本息,期末余额表示尚未还的长期借款本息。"长期借款"科目应按借款单位设置明细账,并按借款种类进行明细核算。

企业借入长期借款时,按实借金额,借记"银行存款"科目,贷记"长期借款"科目;如果用借款直接购置固定资产或直接支付工程项目款,借记"固定资产"或"在建工程"科目,贷记"长期借款"科目。归还时,借记"长期借款"科目,贷记"银行存款"科目。

例1.甲公司为弥补其自有流动资金不足,1995年3月1日向银行申请流动资金借款20000元,银行于1999年3月10日审查批准贷款填开借款借据,偿还期为6个月,月息为7.5‰,甲公司财务部门应根据借款借据编制银行存款收款凭证,其会计分录如下:

借:银行存款　20000
　　贷:短期借款　20000

例2.乙公司为扩大生产规模,于1995年5月1日向银行借入基本建设贷款8000000元,贷款合同规定,贷款期限为5年,年利率为12%,到期一次还本付息。

乙公司收到银行的借款借据,编制银行存款收款凭证,其会计分录如下:

借:银行存款　8000000
　　贷:长期借款——本金　8000000

借款到期,借款单位应主动开出结算凭证,或者由银行主动从其存款账户中收取贷款本息。借款单位财务部门编制银行存款付款凭证,其会计分录如下:

借:短期借款(或长期借款)
　　贷:银行存款

例3,上述乙公司2000年5月1日借款到期,偿还本金8000000元,利息4800000元,乙公司财务部门编制银行存款付款凭证,其会计分录如下:

借:长期借款——本金　8000000
　　长期借款——应计利息　4800000
　　贷:银行存款　12800000

第十一章 银行利息业务处理技能

第一节 银行利息概述

一、银行利息的含义

利息是货币资金的使用者为在一定时期内使用货币资金（又称本金）所支付给货币资金所有者的报酬。

利息按照支付对象的不同可以分为存款利息和贷款利息。存款利息是各单位和个人将款项存入银行，银行按规定支付给存款单位和个人的利息。贷款利息是银行将款项借给企业，按规定向企业收取的利息。

二、银行利息的决定因素

决定利息额大小的因素主要有三个，即本金的大小、存贷款时间的长短和利率。

（一）本金

本金是指银行发放的贷款的金额（贷款本金）或存款单位存入银行的款项的金额（存款本金）。在存贷款时间和利息率既定的条件下，本金越大，利息额越多；反之，则利息额越少。

据以计算银行存贷款利息的本金，是各种存、贷款账户上的实际存贷款余额。比如，企业1999年6月1日向银行借款100000元，9月1日归还60000元，那么计算9月的贷款利息时，其本金为40000元（100000—60000），而不是原来的100000元。

（二）存贷款时间

存贷款时间是指存款存入到取出的间隔时间或者贷款由发放到收回的间隔时间。在本金和利率既定的条件下，存贷款时间越长，利息越多；反之则利息越少。

按照规定：企业的存款账户、短期借款都是按季计算利息，计息日为每季度末月的20日，如3月20日、6月20日、9月20日、12月20日。长期借款通常按年计算利息,计息日为9月20日。单位撤销或转移存款账户,还清借款时,于结清账户时随时结算利息。

计算存贷款时间实行"算头不算尾",也就是说从有存、贷款业务发生的当日起(存款从存入之日起,贷款从借入之日起)计息,即所谓"算头";到业务终止前一日(存款支取的前一日或贷款归还的前一日)止,即所谓"不算尾",按照实际存贷款天数计算利息。比如,某单位于1999年6月1日向银行借入资金100万元,到6月28日还清,那么计算利息时应从6月1日算起(算头),到6月27日(而不是6月28日)为止(不算尾),共计25天的利息。

对于逐笔计算的存贷款,其计算时期,满月的按月计算,有整月又有零头天数的,可全部化成天数按天数计算;满月的不论月大、月小均按30天计算,零头天数则按实际天数计算。例如,某单位于1999年5月1日向银行借入款项,到12月17日一次还清。那么其计息时期应从5月1日算起,到12月16日止,共226天(30×7个月+16)。

(三)利率

利率是一定时期内利息额与存贷款金额之间的比例。在本金和存贷款时间不变的条件下,利率越高,利息越多;反之,则利息越少。

年利率一般按本金的百分之几表示,例如,年利率9%,又称年息九厘,表示本金100元,年利息额为9元。

月利率一般按本金的千分之几表示,例如,月利率7.5‰,又称月息七厘五毫,表示本金100元,月利息额为0.75元。

日利率一般按本金的万分之几表示,例如,日利率2.5‰₀,又称日息二厘五毫,表示本金100元,日利息额0.06元。

年利率、月利率、日利率的换算公式为:

年息 = 月息 ×12= 日息 ×360

月息 = 年息 ÷12= 日息 ×30

日息 = 年息 ÷360= 月息 ÷30

按照国家规定,如果银行利率调整,存贷款利息需分段计算,即利率调整日以前的存贷款利息,按照调整以前的利率计算,从调整日起到结息日或清户日止按调整后的利率计算。

三、我国利率的种类

我国利率,按信用形式可分为银行利率、法定利率、市场利率、国库券利率、差别利率、优惠利率、联行利率、浮动利率。现介绍如下:

（一）银行利率

按照银行借贷关系，银行利率可分为存款利率和贷款利率。其中，存款利率可按存款对象分为国营企事业单位存款利率、集体企业单位存款利率、人民储蓄存款利率、华侨存款利率、信用社转存银行款利率等。贷款利率既可以按贷款对象划分为国营工商企业贷款利率、集体工商企业贷款利率、国营农场贷款利率、农村乡镇企业贷款利率；又可按银行贷款的用途分为流动资金贷款利率、固定资金贷款利率等；还可按贷款的种类划分。

按照存贷款是否规定期限，银行利率可分为定期存贷款利率和活期存贷款利率。其中，定期存贷款利率又可分为整存整取利率、零存整取利率、存本取息利率、大额定期存款单利率、人民币保值储蓄存款利率等。

（二）法定利率

我国的法定利率是指由中国人民银行制定并由国务院批准颁布执行的各种存贷款利率。我国的法定利率是国家根据客观经济规律和国家的经济政策制定的。国家制定利率的原则如下：

（1）利率的最高界限是社会企业的平均资金利润率。

（2）利率的升降变动有利于聚集资金和合理使用资金。

（3）根据物价水平的变动调整率，以保持存款、贷款资金的实际价值。

（4）区别对待，以发挥利率在调节经济、促进企业提高经济效益的经济杠杆作用。

（三）市场利率

市场利率是由金融市场上的资金供求关系所决定的利息率，其变化幅度由人民银行进行管理和规定上下浮动范围。

（四）差别利率

差别利率是银行根据各经济实体在社会经济中的地位和作用，对于不同期限、不同部门、不同行业、不同环节、不同种类、不同性质的贷款和存款所规定的不同利率。由于利率的高低对资金投向、资金聚集、资金供求状况和资金效益起着很重要的调节作用，因此，差别利率体现着国家在一定时期的经济方针、目标和产业发展政策。

（五）优惠利率

优惠利率是对某些存款以高于同类存款利率，对某些贷款以低于同类贷款利率计付、计收利息的利率。优惠利率主要适用于按照国家政策需要特别支持的存、贷项目，如对技术改造贷款、平价粮收购贷款、节能贷款等实行优惠利率；对发明创造奖和奖学金等基金存款按个人定期储蓄存款计息给予优惠等。另外，对一些贷款项目的计息方法上也可以给予优惠。例如，银行对一般贷款一般采用每季度转息一次的计息方法，而对技术改造贷款则采取"利随本清"的计息方法，推迟贷款单位付息时间，这样就减少了利息支出。

（六）联行利率

联行利率是指专业银行向中国人民银行或专业银行之间相互借款使用的利率。

（七）浮动利率

浮动利率是在统一基本利率一定幅度内上下浮动的利率。利率浮动高于统一利率而低于最高限度叫做利率向上浮动，低于统一利率而高于最低限度叫做利率向下浮动。我国浮动利率可分为两类：一类是中国人民银行总行根据国务院的授权，在20%的幅度内对利率进行浮动；另一类是各专业银行总行或信用合作社在中国人民银行总行规定的利率浮动幅度内，对各档次存、贷款利率按一定的目的和幅度进行浮动。

第二节 计算利息的方法

计算利息的方法可以分为单利计算和复利计算法两种，下面分别介绍。

一、单利计算法

所谓单利计算法就是只计算本金生息而得到的利息，而利息不再计息，也就是说单利是在一定时间对本金所支付的报酬。单利计算公式为：

利息额 = 本金 × 计息时间 × 利率

单利计算法，根据存款的种类和计息依据的不同，可分为四种基本类型：

（一）起讫期计息法

起讫期计息法，是在支取存款或归还贷款时，根据从存款日到取款日或从贷款日到还款日所经过的时间，确定计息时间计算利息的一种方法。这种方法适用于在存款支取日计息的各种定期存款和在贷款归还日计息的各种定期贷款。具体计算如下：

(1) 到期支取存款或归还贷款时，如计息时间正好足月，可以先算出存贷款的月数，然后用月数乘以计息本金和月利率即为应计利息。其计算公式是：

利息 = 本金 × 计息月数 × 月利率

(2) 提前或过期支取存款或偿还贷款时，计息时间有不足月的零头天数，首先算出存贷款的足月数，再算出零头天数，把足月数化为天数后与零头天数相加（每月按照 30 天计算），计算出总天数，然后以本金乘以计息总天数和日利率，即为应计利息。计算公式是：

计息总天数 = 存贷款足月数 × 30 天 + 零头天数

应计利息 = 本金 × 利息总天数 × 日利率

日利率的计算可以参见前面的介绍。下面举例说明。

例如，甲公司 1999 年 5 月 20 日向银行借款 20 万元，假定该借款于 2000 年 5 月 20 日还清，年利率为 9%。因为贷款时间刚好满一年，则按年利率计息：

应计利息 = 200000 × 9% = 18000（元）

如果甲公司经营状况不好，一直到 2000 年 6 月 28 日才归还结清，则应该用日利率计算：

日利率 = 月利率 ÷ 30
　　　 =（年利率 ÷ 12）÷ 30
　　　 = 9% ÷ 360
　　　 = 0.25‰

贷款时间 = 360+30+8 = 398 天

则：

应计利息 = 200000 × 398 × 0.25‰ = 19900 元

（二）累计积数计息法

所谓累计积数法，是一种以积数加总作计息本金来计算利息的方法，其中所称的积数是指存贷款账户某日余额与该余额保持不变的天数的积数。单位的活期存贷款，特别是活期存款金额是经常发生变化的。累计积数法的实质是把动态的计息本金折算成静态的计息本金，然后按照日利率计算利息。这种方法适合于按季结息的各种活期存贷款。

累计积数法的计算公式为：

计息期间的利息 = 该期间的累计积数 × 日利率

其具体的计算步骤为：

(1) 计算天数。银行每天结算出各类存、贷款账户的余额后，暂时不计算日数，因为这一余额能保持多少天尚未确定，也许几天，也许就只有 1 天，只有该账户余额发生变化时,才按照"算头不算尾"原则,计算出该余额保持不变的天数,即为该存贷款余额实存、实贷的天数,然后填在分户账上这一余额的日数栏。

(2)计算积数。银行根据"积数=本金×时间"的计算公式,用存贷款余额乘以该存贷款余额的实存、实贷天数,即可作出积数,然后填于该余额的积数栏。

(3)结息日计算利息。到结息日,银行将积数栏相加结出总积数,即累计积数,以累计积数乘以日利率,即为应计利息。下面举例说明。

例如,1999年3月20日银行在计算利息时,甲公司银行活期存款账户余额情况如下:

12月20日 20万元;
12月30日 25万元;
1月10日 30万元;
2月10日 20万元;
2月20日 25万元;
3月10日 40万元;
3月20日 25万元。

银行计息的日利率为2‰。那么按照上述计算步骤,其利息计算如表30所示。

表30 银行利息计算表

日期	存款余额(元)	实存天数(天)	积数(元)
12月20日	20万	10	200万
12月30日	25万	11	275万
1月10日	30万	31	930万
2月10日	20万	10	200万
2月20日	25万	18	450万
3月10日	40万	10	400万
3月20日	25万	90	2 455万
应计利息=2 455万×2‰=4 9100元			

在按累计积数计算利息的情况下,日数计算是否正确,直接关系到利息的计算是否正确,因此,在结息日计算利息时,就应检查一下日数的正确性。检查方法是计算出总日数,然后与该结息期第一笔账的记账日到结息日期间所经过的总天数进行核对。查明错误原因,改正计息积数后,可据以计算利息。

(三)本利和计息法

本利和计息法又叫利息内扣法。这种方法适用于分期偿还的农业贷款。借款

单位付给银行一笔款项,由银行计算出该笔款项中应归还的本金和利息各是多少。其计算公式是:

应收利息 = 本利和 — ［本利和 ÷（1 十月利率 × 天数 ÷30）］

应收本金 = 本利和 — 利息

在采用不同的利息计算方法时,要注意:

(1) 活期存款是随时存、取、贷、还,且次数比较频繁,因此不便于逐笔计算利息。

为了简化手续,一般采取每季收、付一次利息的办法,即在每季末月(3月、6月、9月、12月)的 20 日计息。平时每次存取或贷还都不计利息。这就需要根据平日存贷款余额计算积数,或利用余额表到结息日累计积数,然后计算应收、应付利息。

(2) 企业单位的定期存款,可根据具体情况分别采取"存贷起讫期计算法"和"累计积数计息法"计息。

对于定期贷款笔数较多的企业,因借还频繁,逐笔计息过于烦琐,一般采取在分户账上计算积数。而对于个别非连续发生贷款的企业,原则上采用"起讫期计息法",在存款取提或贷款归还时计算利息。

为了坚持贷款按期偿还的原则,充分发挥银行贷款的经济杠杆作用,中国人民银行对各种贷款规定了过期加息制度。过期贷款加息,是按过期贷款的本金,从贷款到期日起,到实际归还贷款的前一天止,按原定利率加一定比率计收。如果过期贷款分次扣还,对过期贷款的利息和加息,可在最后一次扣还贷款时一并计收。

(3) 银行计算企事业单位活期存款利息时,既可使用余额表,又可采用分户账累计积数计息。

但两种方法都具有一定的局限性。因此,要根据不同的情况,采用不同的方法。需要考虑的基本原则是账户的多少和业务的频繁程度。对于账户较少,每户变动频繁的科目,采用余额表计息较有利。因为账户少,便于登记,每月业务频繁,余额每天都发生多次变化,而余额表只需填列十个最后余额就可以了。对于账户较多,变动较少的科目,如果用余额表计息,不仅每天要多抄许多未变动的余额数字,而且例假日和月末的工作量会更繁重。在这种情况下就不如采用分户账上计算积数的方法更为有利。

二、复利计算法

复利计算法是计算利息的另一种方法。按照这种方法,每经过一个计息期,要将所生利息加入本金再计利息,逐期滚算,俗称"利滚利"。这里所说的计算期,

是指相邻两次计算的时间间隔,如年、月、日。计算的公式为:
$$F=P(1+i)^n$$
式中:F——终值,指未来的本金和利息和,有时也表示为 S;

P——本金,也称为现值;

i——年利率;

n——计息期的期数。

第三节 银行利息的核算

一、存款利息的核算

到结息日或者存款到期日,银行按规定计算各单位存款的应得利息,签发利息收账通知单,送交各单位。各单位出纳员应当按照存款利息的计算方法复核本单位应得利息;复核无误后,根据计算通知单编制银行存款收款凭证。企业单位的会计分录如下:

借:银行存款

  贷:财务费用——利息收入

行政机关和事业单位的会计分录如下:

借:经费存款

  贷:其他收入等

例如,甲公司 2000 年 3 月 22 日收到银行的计息通知单,公司第一季度应得银行存款利息为 20010 元,出纳员复核无误后,按照计息通知单编制银行存款收款凭证。其会计分录如下:

借:银行存款　20010

  贷:财务费用——利息收入　20010

二、短期借款利息的核算

短期借款的利息,由于时间较短,应该作为财务费用,计入当期损益。在会计核算上分情况处理。

(1) 如果短期借款的利息是按期支付的(按季、按半年),或者利息是在借款到期时连同本金一起归还,并且数额较大的,为了正确计算各期的盈亏,可以采用预提的方法,按月预提计入费用。

预提时,按预计应计入费用的借款利息,作以下会计分录:

借：财务费用
  贷：预提费用
实际支付月份，按照已经预提的利息金额，作会计分录如下：
借：预提费用
  财务费用
  贷：银行存款
其中，"财务费用"按实际支付的利息金额与预提数的差额（尚未提取的部分，一般为支付当月的利息费用），"银行存款"按实际支付的利息金额填列。

（2）如果企业的短期借款利息是按月支付的，或者利息是在借款到期时连同本金一起归还，但是数额不大的，可以不采用预提的办法，而在实际支付或收到银行计息通知时，直接计入当期损益，并作会计分录如下：
借：财务费用
  贷：银行存款

结息时，根据银行的计息通知单，先由出纳员根据银行借款账户记录和借款利率，按照借款利息计算办法进行复核；复核无误后，按照银行计息通知单编制银行存款付款凭证，并作会计分录。

三、长期借款利息的核算

对于长期借款，银行一般都按年计息，也有的按季计息（如技术改造贷款等）。按年计息的，每年 9 月 20 日为结息日；按季结息的，每季度末月 20 日为结息日。其利息按照双方签订的合同可以分次支付，也可以借款期满时一次性支付。银行于结息日计息后，企业财务部门应当在收到银行的计息通知单后，按照长期借款金额和规定的利率复核利息额，复核无误后，按下列情况进行处理。

（1）对于尚未完工的基本建设和更新改造项目，其利息支出应计入工程成本。

每年年末或每季季末计息时，企业财务部门应当根据银行结息通知单编制转账凭证。其会计分录如下：
借：在建工程
  贷：长期借款——应计利息
实际支付时，编制银行存款付款凭证，其会计分录如下：
借：长期借款——应计利息
  贷：银行存款

（2）对于基本建设和更新改造工程完工后发生的长期借款利息支出，按照规定应计入企业的财务费用。计息时，企业财务部门应根据复核无误后的银行结息通知单，编制转账凭证，其会计分录如下：

借：财务费用——利息支出
　　贷：长期借款——应计利息

实际支付时，按照支付的利息额编制银行存款付款凭证，其会计分录如下：

借：长期借款——应计利息
　　贷：银行存款

第十二章　外汇结算业务处理技能

第一节　外汇概述

一、外汇的概念

根据《中华人民共和国外汇管理条例》，外汇是指下列以外币表示的可以用做国际清偿的支付手段和资产：
（1）外币现钞，包括纸币、铸币等。
（2）外币支付凭证或者支付工具，包括票据、银行存款凭证、银行卡等。
（3）外币有价证券，包括债券、股票等。
（4）特别提款权。
（5）其他外汇资产。

二、外汇的使用范围

根据《中华人民共和国外汇管理条例》的规定，其适用对象包括：境内机构、境内个人的外汇收支或者外汇经营活动，以及境外机构、境外个人在境内的外汇收支或者外汇经营活动。国家对经常性国际支付和转移不予限制。国务院外汇管理部门应当对国际收支进行统计、监测，定期公布国际收支状况。

其中，经营外汇业务的金融机构应当按照国务院外汇管理部门的规定为客户开立外汇账户，并通过外汇账户办理外汇、业务。经营外汇业务的金融机构应当依法向外汇管理机关报送客户的外汇收支及账户变动情况。

中华人民共和国境内禁止外币流通，并不得以外币计价结算，但国家另有规定的除外。境内机构、境内个人的外汇收入可以调回境内或者存放境外；调回境内或者存放境外的条件、期限等，由国务院外汇管理部门根据国际收支状况和外汇管理的需要作出规定。

国务院外汇管理部门依法持有、管理、经营国家外汇储备，遵循安全、流动、增值的原则。对于国际收支出现或者可能出现严重失衡，以及国民经济出现或者可能出现严重危机时，国家可以对国际收支采取必要的保障、控制等措施。

三、经营外汇业务的银行与外汇指定银行的含义

经营外汇业务的银行是指经国家外汇管理局批准,已经申领《经营外汇业务许可证》,可以经营外汇业务的银行,包括商业银行和政策性银行。

外汇指定银行是指经国家外汇管理局批准经营结汇和售汇业务的银行。目前有中国工商银行、中国银行、中国农业银行、中国建设银行、交通银行、中信实业银行、光大银行、华夏银行、广东发展银行、福建兴业银行、招商银行、深圳发展银行、浦东发展银行、中国投资银行、民生银行、海南发展银行以及它们各自授权的分支机构;外资银行、中外合资银行和外国银行分行。

第二节　汇率知识

一、汇率的概念

汇率又称"外汇行市或汇价",是一个国家货币折算成另一个国家货币的比率。要将不同国家间的货币进行折算,就要明确标价方法和汇率种类,才能在外汇结算业务中准确进行外币折算。

作为货币价格的汇率,要比普通商品的价格复杂一些,现在,国际上主要通行两种标价方法:

(1)直接标价法。直接标价法是以一个单位的外国货币表示若干本国货币的方法。也就是说,就是将外国货币当做商品,而本国货币作为价值尺度。如1美元等于(六)85元人民币,对于中国来说就是直接标价法。

(2)间接标价法。间接标价法是以一定单位的本国货币为标准,来计算应该收取多少单位的外国货币。也就是说,本国货币被当做商品,用外国货币的数额来表示本国货币的价格,充当了价值尺度。如1英镑等于1.6美元,对于英国来说,就是间接标价法。目前,世界上使用间接标价法的国家不多,主要是美国、英国、澳大利亚等。

二、外汇标价的含义

我们在日常看外汇标价时,常常会看到买入价与卖出价这两个名词,它们又是什么意思呢?

从事外汇买卖的银行在从事外汇交易时,因所处的立场不一样(有时是买方,有时是卖方),执行不同的外汇汇率,分为买入价和买出价。在直接标价法

下,买入价在前,卖出价在后。在间接标价法下,卖出价在前,买入价在后(事实上,无论是直接标价还是间接标价,凡是高的一定是卖价,凡是低的一定是买价)。例如,直接标价法下,1 美元等于 7.17～7.37 元人民币,7.17 元是买入价,7.37 元是卖出价。其含义是中国的银行买卖美元时,每买入 1 美元,支付 7.17 元人民币;每卖出 1 美元,收回 7.37 元人民币。每买卖 1 美元,赚取 0.2 元人民币价差。间接标价法下,1 英镑等于 1.50～1.70 美元,1.50 美元是买入价,1.70 美元是卖出价。

三、汇率的种类

在外汇买卖中,根据买卖立场的不同,交割期不同,汇兑方式不同,计算方法不同,外汇管制的宽严不同,外汇资金的性质不同和交易时间的不同可分为各种不同的汇率。

(1) 根据买卖立场不同,汇率可分为买价和卖价。

(2) 根据汇兑方式不同,分为电汇汇率、信汇汇率、票汇汇率和现钞汇率。电汇汇率是电报汇款使用的汇率,由于电报付款迅速,所占外汇买卖比重很大,电汇汇率就成为国际金融市场上的基本汇率。

(3) 根据交割期的不同,可分为即期汇率和远期汇率。即期汇率是即期外汇买卖使用的汇率,电汇汇率即是即期汇率。远期汇率是远期外汇买卖所使用的汇率,是一种预约性质的汇率。

(4) 根据计算方法不同,可分为基准汇率、套汇汇率和套算汇率。

(5) 根据外汇管制的宽严不同,可分为官方汇率和市场汇率。

(6) 根据外汇资金的性质不同,可分为贸易汇率和金融汇率。

(7) 根据交易时间的不同,可分为开市价和收盘价。开市价即当天开市后第一次报价,而收市价是指当天最后一笔交易的交易价格。

四、影响汇率变化的因素

由于影响汇率的因素很多,并且由于各因素之间往往交叉发生,使得分析工作比较复杂,在这里我们只做简单介绍:

(1) 外汇市场上的供给和需求是汇率决定的基本因素。

(2) 各国利率和通货膨胀水平是决定汇率的最重要的因素。

(3) 一国的经济实力也是决定汇率的因素之一。

(4) 政治、历史和地理因素。

(5) 市场心理预期,等等。

五、人民币汇率和外汇市场的管理

人民币汇率实行以市场供求为基础的、有管理的浮动汇率制度。经营结汇、售汇业务的金融机构和符合国务院外汇管理部门规定条件的其他机构，可以按照国务院外汇管理部门的规定在银行间外汇市场进行外汇交易。

外汇市场交易应当遵循公开、公平、公正和诚实信用的原则。外汇市场交易的币种和形式由国务院外汇管理部门规定。

国务院外汇管理部门可以根据外汇市场的变化和货币政策的要求，依法对外汇市场进行调节。

第三节　外币业务的核算

一、外币业务的核算原则

按照《关于外汇管理体制改革后企业外币业务会计处理的规定》，企业应按下述原则处理外币业务：

第一，企业的外币账户包括外币现金，外币银行存款，以及外币结算的债权（如应收账款、应收票据、预付货款等）和债务（如短期借款、长期借款、应付账款、应付票据、应付职工薪酬、应付股利、预收货款等）。不允许开立现汇账户的企业，应设置除外币现金和外币银行存款以外的其他外币账户，用以核算企业发生的外币业务。

第二，企业发生外币业务时，应将有关外币金额折合为记账本位币金额记账。

第三，除另有规定者外，所有与外币业务有关的账户，均采用业务发生时的市场汇率作为折合汇率，也可以采用业务发生当期期初的市场汇率作为折合汇率，由企业自行选定。

第四，企业因向银行结售外汇而产生的买入、卖出价与市场汇价之间的差额，记入"财务费用"、"在建工程"等科目。

第五，月份（或季度、年度）终了，各种外币账户的外币期末余额，应当按照期末市场汇价折合为记账本位币金额。按照期末市场汇价折合的记账本位币金额之间的差额，作为汇兑损益，记入"财务费用"、"在建工程"等科目。

第六，经营多种货币信贷或者融资租赁业务的企业，也可以根据实际需要，采用分币记账制。

第七，投入的资本如需折合为记账本位币，有关资产账户按收到出资额当日的市场汇价折合。"实收资本"账户按合同约定的汇率折合。如果合同没有约定汇率，按下列原则处理：

其一，登记注册的货币与记账本位币一致时，按收到时的市场汇价折合。

其二，登记注册的货币与记账本位币不一致时，按企业第一次收到出资额时的市场汇价折合（投资人分期出资，各期出资均应按第一期第一次收到出资额时的市场汇价折合）。由于有关资产账户与实收资本账户所采用的折合汇率不同而产生的记账本位币差额，作为资本公积核算。

二、外币业务的账户设置

企业发生外币业务时，须设立以下账户进行核算：

（1）"银行存款"、"应收账款"、"应付账款"的外币明细账户。企业在这三个账户下按币种分设明细账进行核算，反映外币存款、外币应收款和应付款的增加和减少情况，余额反映外币存款、外币应收、付款的月末余额。

（2）财务费用——"汇兑损益"账户。反映企业外币存款及债权、债务账户的账面人民币余额与月末调整后人民币余额之间的差额，以及不同货币之间买卖、兑换时由于实际兑换率与记账汇率不同而发生的差额，借方表示发生的汇兑损失，贷方表示发生的汇兑收益，余额表示净损失或净收益，月末余额应结转本年利润。

（3）"短期借款——外币户"和"长期借款——外币户"。这两个账户反映企业向银行及其他涉外金融机构借入外汇短期借款和长期借款的借入和偿还以及利息支付情况，一般借入时记入贷方；归还本金时记入借方；余额在贷方，表示尚未偿还的外汇借款。

三、外币业务的核算程序

国际业务结算企业不管采用什么货币为记账本位币，但是其总的核算方法，必须依据记账本位币设立核算程序。

第一，企业按照记账本位币设置总分类账，其明细分类账应按不同货币分设。例如，企业以人民币为记账本位币，应设以人民币为主的总分类账，其与有关外币发生联系的，应同时设置有外币和人民币同时记的明细分类账。

第二，以人民币为记账本位币，企业发生的外汇收支业务，必须按照规定的记账汇率和账面汇率折算成人民币，按人民币的价值填制记账凭证、登记明细账和总分类账。外币价值要同时登记在人民币和外币的明细账户中。通常是在注有"原币"、"汇率"和"人民币"的三栏式账簿中记录；也有只在会计凭证"摘要"上注明，不另做外币记账凭证的记录。

第三，总分类账户各账户的人民币发生额和余额，应同相应的"外币账户"

明细账的人民币发生额和余额与"人民币账户"明细账的发生额和余额两部分之和相等。

第四，编制财务会计报表应根据以人民币为记账本位币的总分类账和有关明细分类账进行编制。但是，如果需要编制外币资金情况表，则根据有关外币记录的"外币账户"明细账进行编制。

第五，企业如果是有国外分公司分别核算的，其不同的货币反映在汇兑报表时，应折算为记账本位币汇总编制。

四、基本外汇业务的会计处理

企业基本外汇业务包括企业外币现金、银行存款的收付和外币往来款项的结算业务等。基本外汇业务核算方法如下：

其一，外币现金、存款和外币应收、应付款项的增加和减少均按企业选定的记账汇率（当日外汇牌价或当月1日外汇牌价）折合为人民币记账。

其二，月末外币账户余额按月末外汇牌价折合为人民币进行调整，调整额与原账面余额之间的差额计入汇兑损益。

其三，汇兑损益按有关规定分别计入财务费用、开办费或有关资产成本等账户。

现举例说明如下：

例1. 某企业选用当月1日国家外汇牌价作为记账汇率。3月1日外汇牌价为：1美元=8.4元人民币。3月份发生的外币业务有：

（1）3月6日，收回甲单位上月货款2500美元；

（2）3月7日，出口商品给甲公司，售价为20000美元，10天后付款。

（3）3月10日，向丙单位进口原料一批，价款为9000美元，货款未付。同时支付运杂费1000美元。

（4）3月19日，收到甲单位货款20000美元。

（5）3月20日，售给乙单位商品一批，价款8000美元，货款未收到。

则应做会计分录如下：

借：银行存款——美元户 21000（2500×8.4）

　　贷：应收存款——甲单位（美元户）21000（按汇率1美元=8.4元人民币记账）

借：应收款项——甲单位（美元户） 168000

　　贷：主营业务收入 168000

借：材料采购 84000

　　贷：应付账款——丙单位（美元户）75600（9000×8.4）

银行存款——美元户 8400（1000×8.4）
借：银行存款——美元户 168000（20000×8.4）
　　贷：应收账款——甲单位（美元户） 168000（20000×8.4）
借：应收账款——乙单位（美元户） 67200（8000×8.4）
　　贷：产品销售收入 67200

例2. 假定例1中的企业2月初有关账户的月初余额为：

银行存款——美元户 $2000　¥16400
应收账款——甲单位（美元户） $3000　¥24600
应收账款——乙单位（美元户） $1000　¥8200
应付账款——丙单位（美元户） $2000　¥16400

（按1月31日的国家外汇牌价折合为人民币）

则3月份各账户月末余额及汇兑损益的计算如下所示（上月末国家外汇牌价1美元=8.2元人民币，月末国家外汇牌价1美元=8.5元人民币）。

表31　银行存款——美元户

	借方			贷方			余额		
	原币额	折合率	人民币额	原币额	折合率	人民币额	原币额	折合率	人民币额
月初余额	2000	8.2	16400						
3月6日	2500	8.4	21000						
3月10日				1000	8.4	8400			
3月19日	20000	8.4	168000						
余额								23500	197000

银行存款——美元户月末产生的汇兑损益额为：

23500×8.5 － 197000=2750（元）

做会计分录如下：

借：银行存款——美元户 2750
　　贷：财务费用——汇兑损益 2750

表32　应收账款——甲单位（美元户）

	借方			贷方			余额		
	原币额	折合率	人民币额	原币额	折合率	人民币额	原币额	折合率	人民币额
月初余额	3000	8.2	24600						
3月6日				2500	8.4	21000			
3月7日	20000	8.4	168000	20000					
3月19日					8.4	168000			
余额								500	3600

该账户月末产生汇兑损益为：

500×8.5－3600=650（元）

做会计分录如下：

借：应收账款——甲单位（美元户） 650

　　贷：财务费用——汇兑损益 650

表33　应收账款——乙单位（美元户）

	借方			贷方			余额		
	原币额	折合率	人民币额	原币额额	折合率	人民币额	原币额	折合率	人民币额
月初余额	1000	8.2	8200						
3月20日	8000	8.4	67200						
							9000		75400

该账户月末产生汇兑损益为：

9000×8.5－75400=1100（元）

做会计分录如下：

借：应收账款——乙单位（美元户） 1100

　　贷：财务费用——汇兑损益 1100

表34　应收付账款——丙单位（美元户）

	借方			贷方			余额		
	原币额	折合率	人民币额	原币额额	折合率	人民币额	原币额	折合率	人民币额
月初余额	1000	8.2	8200						
3月20日	8000	8.4	67200						
							9000		75400

应付账款——丙单位（美元户）月末产生汇兑损益为：

11000×8.5－920001=1500（元）

做会计分录如下：

借：财务费用——汇兑损益 1500

　　贷：应付账款——丙单位（美元户） 1500

企业3月份发生的汇兑损益（总收益）额为：

2750＋650＋1100－1500=3000（元）

必须指出：汇兑损益，是指企业外币存款、外币借款以及用外币结算的往来款项发生变动时，因不同币种之间折算而发生的差额。

这里有两层含义：

第一，外币账户的期末余额要按期末国家外汇牌价折合为记账本位币。按照期末国家外汇牌价折合的记账本位币金额与账面记账本位币金额之间的差额，应作为汇兑损益。

第二，不同币种之间的折算而发生的差额，应作为汇兑损益。

汇兑损益产生的原因主要有三种：

第一，已经收入的外币资金，在收入与使用时由于时间和汇率不同而发生的折合，为记账本位币的差额。

第二，已经发生的外币债权、外币债务在发生时和在偿还时，由于时间和汇率不同而发生的折合，为记账本位币的差额。

第三，不同货币之间的买卖、兑换，由于实际兑换的汇率与记账汇率或账面汇率的不同而发生的差额。

小案例：循环开票，当心触"雷"

龙兴公司是增值税一般纳税人，2001年仅实际开具增值税专用发票价税合计10万多元。根据该公司所处地区规定，年开具金额不足20万元的，下一年将取消其一般纳税人资格。龙兴公司为了保持一般纳税人资格，不得已求助于两家朋友公司。其中一家向龙兴公司虚开进项增值税发票价税合计20多万元；龙兴公司则开具差不多数额的销项增值税发票给另一家公司；另一家公司再开具差不多数额的销项增值税专用发票给第一家公司。三家公司通过互相串开增值税发票，使龙兴公司的当年经营业绩虚增，达到了保持一般纳税人资格所应具备的条件。上述行为即所谓的"循环开票"行为。

要知道，循环开票行为已达到我国《刑法》规定的虚开增值税专用发票罪的构成要件。根据我国《刑法》第二百零五条的规定，虚开增值税专用发票罪是指为他人、为自己、让他人为自己、介绍他人虚开增值税专用发票的行为。具体表现在：一是行为人实际上并无货物的销售或者并没有提供应税劳务，却凭空填开货名、数量、价款和税额等商品流通交易内容的增值税专用发票；二是虽有货物销售或提供了应税劳务但开具不实发票，即所谓的"阴阳票"，将抵扣联和发票联的税额开大，而将存根联和收款方记账联的税额开小。

从龙兴公司循环开票的行为特征看，开具增值税发票的各方之间根本没有真实的货物或劳务交易，却相互开具了进项税额和销项税额基本一致的增值税发票。这虽因进项税额与销项税额的一致性，对税款本身没有影响，但三方均在没有货物往来的情况下，凭空开具虚假的增值税发票，符合了我国《刑法》关于虚开增值税专用发票罪规定的构成要件。

另外，司法实践中多将循环开票的行为以虚开增值税专用发票罪处理。尽管在理论上，循环开票的行为是否构成虚开增值税专用发票罪存在着争论。但从司法实践看，司法机关对此种行为多以本罪定罪处罚。如上海市宝山区人民法院在一次信息发布中指出，该院在审理虚开增值税专用发票案件中，发现有些犯罪分子虚开发票的目的不是为了偷逃或骗取国家税款，而是为了"做大"业务量、"增加"销售额，一次保留该单位一般纳税人资格。该院称已受理此类案件6起，并认为这是"虚开增值税专用发票犯罪案件新动向"。可见，法院在实际处理中多认定该行为构成虚开增值税专用发票罪。

综上所述，对于循环开票的行为，在司法实践中多从对犯罪从严掌握、严格增值税专用发票管理的角度出发，将此种行为以虚开增值税专用发票罪予以惩处。许多纳税人可能想当然地认为，自己虚开发票的行为既非以偷逃国家税款为目的，行为本身没有也不可能对国家税款造成损失，即使行为违法，也绝不至于达到犯罪的那种程度。这种想法是错误的，一旦被查处，遭受的将不仅仅是经济处罚。

第十三章 出纳工作电算化

第一节 会计电算化概述

一、会计电算化的意义

电子计算机（以下简称计算机）的开发和应用，使整个社会经济活动水平的加速提高成为了现实。计算机运用于会计工作中，彻底改变了过去单纯依靠手工记账时工作量大、重复、烦琐、不规范的局面，真正达到了核算快速、方法规范、存储与检索方便的目的，极大地提高了会计工作的质量和财务管理的水平。

出纳工作是财会工作的一个组成部分，会计电算化包括出纳工作的电算化。出纳工作电算化就是指出纳人员借助计算机这种现代化工具去完成自己分管的一部分出纳工作。

会计电算化，是从会计数据处理所用的手段来说的。为了叙述方便，我们把实现电算化后的会计叫电算化会计，把实现电算化前的会计叫手工会计。电算化会计问世之前，会计数据的处理一般用手工操作，即利用人类自己的眼、耳等感觉器官当做"输入器"，以纸、笔、算盘、计算器等作为记录、计算、存储的工具。按照各种会计账务处理程序，在大脑的指挥下，用手工对会计数据进行制单、过账、算账、结账、分析、检查、报告和存储等一系列数据处理工作。而电算化会计对会计数据的处理则是采用电算化操作。所谓电算化操作，就是以计算机作为手段来进行会计数据处理的操作。财会人员将会计数据输入计算机，与计算机配合编制出记账凭证，其余工作，诸如汇总、过账、算账、结账、分析、报告、存储、检索、打印输出等各项工作都可指令计算机来完成。可见实现会计电算化就是要实现会计数据处理的电算化。

计算机是一种运用电子技术组合成一定的指令程序，按照人们的意图来分析处理数据，并得到预期结果的计算工具。它的主要特点是：电动运算，速度快、精度高；具有记忆功能；能连续工作；具有选择、判断等逻辑功能；具有多功能的输入与输出设备。令财会人员头痛的繁杂的会计实务，通过计算机处理变得如此地轻快：人们可以一边听着欢快的乐曲，一边轻松地操作计算机，于不觉中完成工作。所以说，会计电算化是会计发展史上的一项突破性的进展，具有划时代的意义。概括起来，其意义主要体现在以下三个方面：

（一）极大地提高了财会工作的效率

计算机是电动运算，速度奇快，每秒钟可以进行上千万甚至数亿次运算。从数字的输入到报表的打出，无论是会计数据的记录、计算归类，记账凭证的编制、汇总、过账，算账、转账、结账，账目检查，资料分析利用，报表的编制、打印，还是会计信息的存储、查询、调用，其速度之快，都是手工记账所望尘莫及的。计算机可以使财会人员从繁重的记账、算账、报账中解脱出来，以便有更多的时间从事财务管理的其他工作。

（二）极大地提高了财会工作的质量

计算机具有选择、判断等逻辑功能，可以设置各种各样的方法来分析、校验会计数据，进行内部控制，确保会计数据的可靠性，从而可以避免许多人为的差错；另外，经过审定，上市销售的计算机软件中设置备选的各种核算方法，都是目前通用的标准方法，可以避免因为财会人员本身素质较差而造成财会工作质量不高的问题。

（三）极大地提高了财务管理的水平

开发对财会核算信息资料的分析利用软件，甚至通过网络将会计管理系统并入整个单位的管理信息系统，实现信息资源共享，将极大地方便各类决策机关和决策人员及时了解有关信息，提高决策水平，减少决策失误，从而提高整个单位的财务管理水平。

当然，事物总是一分为二的，与手工记账相比，会计电算化也存在一些不足。如设备投资较大；完全依赖电力，无电不能指挥计算机工作，突然停电，还可能造成工作上的被动；计算机的软件还可能受到"病毒"侵害；"千年虫"之类的问题令人头痛；对财会从业人员的要求较高，增加了培训难度等。在实际工作中，要积极采取措施，取其长而避其短。

二、电算化会计与手工会计的主要区别

电算化会计与手工会计相比较，从对会计数据的处理手段到处理程序等许多方面都发生了变化。二者的区别主要体现在以下几个方面：

（一）运算工具不同

手工会计：笔、算盘、计算器。
电算化会计：计算机及其辅助设备。

（二）数据载体不同

手工会计：账、表、证一律为纸制品，数据载体为纸张。

电算化会计：除必要的原始凭证，部分外报材料（目前还是必需的）用纸张外，其他账、表、证资料均可用磁性介质（如磁盘、光盘）为信息载体。磁性介质载体容量大，可设密保存，携带方便。

（三）账簿形式不同

手工会计：日记账、总分类账必须用订本式账簿。

电算化会计：打印输出的账页是带状的，可以裁剪整理成活页式，但不可能事先做成订本式，只有会计年度结束时，再装订成册，作为会计档案资料保存。

（四）账户设置和账簿登记方法不同

手工会计：按行业会计科目表的科目名称开设总分类账，根据本单位具体情况开设包括日记账在内的各种明细分类账。按照内部分工，规定记账凭证流程，用手工各记各的账。账户设置时不要求固定分类，因为过账和编制报表都是人工操作。

电算化会计：对所有的账户给予一个固定的编号，用数码来规定该账户的类别（资产、负债、所有者权益、成本、损益等分类）、账户级别（总账还是明细账），按编码输入数据生成记账凭证后，由计算机按编码自动过账并完成其他工作。

（五）账务处理程序不同

手工会计：根据本单位会计业务的繁简和管理上的要求，在记账凭证账务处理程序、汇总记账凭证账务处理程序、科目汇总表账务处理程序、多栏式日记账账务处理程序中选用一种，规定对会计数据的处理步骤和方法。但是无论选用何种程序，都存在重复传抄、经手人员多、处理环节多、差错概率高等弊端。

电算化会计：整个处理过程分为输入、处理、输出三个环节，只有第一个环节是人为控制的，要重点把握。会计数据（会计凭证内容）输入后，分类、汇总、过账、算账、结账、制表等一切中间过程都由计算机自动完成（中间资料可通过查询取得），完全废除了手工记账中不同的账务处理程序。

（六）错账的更正方法不同

手工会计：账簿记录单方面错误（记账凭证没有错误）用划线更正法，由于记账凭证错误而引起账簿记录发生同样错误的要用红字更正法或补充登记法进行更正（能用此法更正的同样可以用红字更正法）。

电算化会计：输入凭证要经过逻辑性校验，并且由计算机过账，不可能出现记账凭证不错而账簿记录单方面出错的情况，不需要用划线更正法，所以计算机记账发现错账往往用红字更正法。

（七）结账的方法和要求不同

手工会计：结账前要进行对账，确保账证、账账、账实相符；要对有关账项进行手工调整，如结转各项收入、成果、费用、成本等账户，在账上计算出本期的产品成本、销售成本、经营成本、期间成本，揭示出经营成果；要结转本年利润和利润分配账户。在此基础上用手工分别结出所有日记账、总账、明细分类账的各种发生额和期末余额，并按规定在账簿上作出有关标示。

电算化会计：结账前无须进行账证、账账核对，对账的重点是对输入凭证的审查，和借助人工的账实核对；利润的计算、结转等有关账项调整的记账凭证，一般可由计算机自动生成，自动过账，并且打印输出；各账户的发生额和余额的结出及有关标示限定由计算机根据指令自动完成。结账完毕，一般不允许更改。

（八）对财会人员的素质要求不同

手工会计：主要应具备完成手工会计所必备的财务会计专业知识，可以不懂计算机知识。

电算化会计：不但要精通财会专业知识，还要懂得计算机基础知识，特别要较熟练地掌握计算机操作技能，要成为既懂会计又懂计算机的复合型人才。

三、电算化会计人才的培训

电算化会计对从业人员的要求是既懂会计又懂计算机。在岗的财会人员肯定是懂会计的，多数单位缺少的是既懂会计又懂计算机的复合型人才（以下统称复合型人才）。

解决复合型人才短缺问题的主要办法是进行在职培训。所以，对于在职财会人员个人来讲，必须尽早补上电算化会计这一课。补课的方法很多，可以跟班听课，可以参加各种培训班，也可以自学。从目前需要看，课程内容安排大致如下：

（一）计算机基本知识

包括硬件知识，主要是计算机硬件的基本构成：如中央处理器、存储器、输入设备、输出设备，以及它们的简要工作原理、使用注意事项等；软件知识，如系统软件与应用软件的概念，以及它们相互之间的关系等。

（二）汉字输入方法

汉字输入方法很多，常见的如五笔字型输入法、拼音输入法、首尾码输入法、自然码输入法等。其中拼音输入法比较容易学习掌握，但对读音的准确性要求较高，北方人学用有一定的优势；五笔字型输入法，输入速度较快，但学习时需记忆一定的规则，有一定的难度，但从长远考虑，不失为一个优选方法。总的来说，汉字输入方法多、选用余地较大，各种方法都有其不同的特点，可以根据学习者自身的情况，择而习之，但所有电算化会计学习者，都必须熟练掌握一种实用性较强的汉字输入方法，这是共同的要求。

（三）WINDOWS基础、Excel电子表格基本操作方法及其在财务管理中的应用等

WINDOWS是一个全面的多功能的软件，操作命令直观、简单易学，作为电算化会计人员不可不学。Excel电子表格则是办公自动化的重要组成部分，它可以在账务处理系统支持下生成各种形式的报表，也是财务人员在计算机里进行各种会计核算、开展财务管理的得力助手。

（四）会计软件操作知识

要学会一种电算化会计软件的运用方法。参加电算化会计培训班或跟班听课时，教学组织单位一般都有会计教学软件。许多会计软件开发、经销单位也都有"对用户计算机管理和财务人员免费培训"的承诺，并可试运行。总之，正式启用会计应用软件前应该已经学会了该类软件的运用。

（五）会计电算化规章制度

开展电算化会计之前应该学习掌握国家和地方有关部门制定的会计电算化方面的规章制度，如财政部先后印发的《会计电算化管理办法》、《会计核算软件基本功能规范》、《会计电算化工作规范》等。

（六）电算化会计信息系统开发知识

如电算化会计信息系统开发的工具（计算机语言）、开发的一般方法、系统设计思路、系统的运行与维护等方面的基本知识。对于一般电算化会计工作者来说，了解系统开发原理是为了更好地运用系统；而对于想要进行电算化会计软件开发研究者来说，则要系统地学习研究有关知识。

四、电算化会计硬件和软件的配备

开展电算化会计的必要条件，一是人才，二是工具。电算化会计的主要工具是计算机及其辅助设备（统称硬件）、系统软件和会计专业软件。各单位要根据本单位现阶段财会工作的实际情况和今后的发展目标，投入适当的财力，以保证本单位会计电算化工作的正常进行。硬件的购置和管理，软件的购置、开发与管理，财政部印发的《会计电算化工作规范》有具体规定，应学习执行。另外，电算化会计硬件和软件的配备，要充分考虑财会部门处理的数据量大、涉及面广、保密程度高、处理时效性强、质量要求高、计算机发展速度快等客观因素。

一般来讲，应根据本单位财会业务现状和近期发展目标需要选购或开发相应的会计应用软件，根据会计软件运行的需要选择计算机及其辅助设备，配备系统软件。

第二节 网上银行新方式

一、什么是网上银行

网上银行又称网络银行、在线银行，是指金融机构利用 Internet 技术，通过建立自己的 Internet 站点和主页，向客户提供开户、销户、查询、行内转账、跨行转账、网上证券和投资理财等服务项目。这是一种全新的银行客户服务提交渠道，使得客户可以不受上网方式和时空的限制，只要能够上网，无论在家里、办公室，还是在旅途中，都能够安全、便捷地管理自己的资产和享受银行的服务。

二、建立网上银行的好处

（1）客户可以得到银行无时间、地域限制的服务。如客户可以在下班后回到家中，通过网上银行查询账务、转账、进行网上购物和网上支付等。

（2）能够降低客户资金管理成本，节省了过去到营业网点办理业务的交通费、排队等候和误工等费用。

（3）客户通过访问网上银行的网站，可以得到金融专家提供的金融咨询和理财建议，得到更丰富的金融信息。并且，客户使用公共浏览器可以实现有声有色、图文并茂的客户服务。

（4）有了网上银行，使企业和个人客户可以在网上实行结算，使其能成功的参与电子商务活动。

三、网上银行的种类与功能

目前,我国的网上银行有个人网上银行和企业网上银行两种。

(1)个人网上银行:有余额查询、明细查询、转账、网上支付、银行卡无证书支付、证券保证金自动转账和网上外汇买卖等特色功能,为个人客户提供多元化、全方位的理财服务。

(二)企业网上银行:以遍布全国的城综网为基础,以24小时到账的资金清算、全国大中城市联网的银行卡系统为依托,集成多向高科技的信息技术和网络技术,不仅可以为企业客户提供各种查询服务,还可以提供企业集团内部和企业之间的同城、异地、本行、他行的转账、在线支付等结算业务。

出纳工作使用网上银行,优势明显:

1. 使用网上银行,实现转账无纸化

随着互联网技术和电子商务的快速发展,国内各银行均推出了网上银行业务。为适应时代发展需要,提高资金的使用效率,单位可以通过网上银行完成转账业务,实现转账无纸化。只要出纳在网上银行录入收款人信息并提交,银行就可根据这些信息将款项直接划转到收款人账户上。足不出户,轻点鼠标就可以完成转账业务。网上银行大多具有助记功能,付款时只要将收款单位的账号输入,系统就可调出收款单位的相关信息,既方便又快捷,大大提高了出纳的工作效率,同时也避免了手写支票的差错。另外,出纳还可以直接从网上下载银行对账单、查询银行账户余额、查询银行账户交易明细等。

2. 采用计算机对账,实现银行对账自动化

在手工记账方式下,每月出纳都要与银行对账,工作量之大人人皆知。尤其对于业务量大的单位,出纳往往要花几天时间来对账。若存在未达账项,还须编制"银行存款余额调节表",工作量非常大。然而在电算化出纳条件下,对账工作就轻松多了。目前,很多会计软件都已经提供了银行对账和自动编制"银行存款余额调节表"的功能,每月出纳只要将银行提供的对账单数据导入出纳日记账系统,然后调用"对账"功能,系统即可自动对账并编制"银行存款余额调节表"。若输入内容不规范而导致对不上的账务,可通过手工对账来进行补充。采用计算机自动对账,极大地提高了出纳的工作效率。

3. 使用银行POS机,减少现金流量

随着银行卡的普及和使用,单位可以安装银行POS机来进行款项的收付,以减少出纳的现金流量。提高出纳工作效率,保证资金的安全。

4. 用电子支票登记簿替代手工的支票领用登记簿

在电算化条件下，出纳可以利用财务软件系统的电子支票登记簿来详细登记支票领用情况。有领用支票业务发生时，出纳可进入"支票登记簿"功能，登记支票领用的相关信息，包括领用日期、领用部门和人员、用途、限额和票号等内容。当支票使用后，经办人持原始单据（发票）到财务部门销账，会计人员据此填制记账凭证，在录入凭证时，只要同时录入该发票的结算方式、支票号等相关信息，系统将自动在支票登记簿中登记该号支票的报销日期，出纳可直接通过"支票登记簿"功能进行查看，无须再作核销处理。

总之，出纳在日常的工作中要多学习、多积累，充分利用现代的网络技术和软件成果，创新工作方法，提高出纳的工作效率，更好地为单位的财务管理服务。

第三节 电算化会计舞弊的防范

一、电算化会计常见舞弊现象

随着电算化会计的飞速发展，利用电算化系统的弱点进行的舞弊违法犯罪活动也有所增加，给企业和社会造成了严重的损失。具体概括为：非法改动业务数据，在经济业务数据输入计算机之前或输入过程中，通过虚构、修改、删除等手段来达到个人目的；非法改动财务软件应用程序或文件；非法修改、销毁输出报表、将输出报表送给公司竞争对手或利用终端窃取机密信息等；其他非法操作，如冒名顶替、盗取密码或磁卡非法进入、仿造或模拟等。

（一）原因

1. 电算化会计过程中所应用的软件本身并不完善，存在一定的技术性缺陷

电算化会计过程中安全性与保密性存在着诸多的问题和不足，如：许多软件缺乏操作日志记录功能，对操作人、操作时间和操作内容没有具体记录，出现问题不便于追究责任；数据库缺少必要的加密措施，可以很方便地从外部打开修改；等等。这些都为舞弊提供了便利。

2. 内控存在缺陷

（1）缺乏有关的操作管理制度和系统维护管理制度。会计人员操作计算机不正确造成系统内数据的破坏或丢失，影响系统的正常运行。

（2）财务人员分工模糊，没有严格的授权制度。实行电算化后，一些传统的核对、计算、存储等内部会计控制方式均被计算机替代，如总账和明细账都由计算机根据审核后的会计凭证自动登记和归集，取消了手工条件下两者的核对工作等。而不少单位没有建立与之相配套的新的内部控制制度对此加以约束，操作人员有可能超越权限或未经授权的人员有可能通过计算机和网络浏览全部数据文件，篡改、复制、伪造、销毁企业重要的数据，以达到个人目的。

（3）会计电算化档案管理制度不完善。存储会计档案的磁盘和会计资料不能及时归档，或已经归档的内容不完整，没有及时制定相应的会计电算化档案保管人员职责，造成会计档案被人为破坏和自然损坏，乃至单位会计信息泄密。

3. 财会专业人员计算机知识欠缺

会计电算化要求会计人员既要掌握一定的会计专业知识，还要掌握相关的计算机知识和财务软件的使用技术以及保养和维护。而一般会计人员对财务软件的应用方法掌握的不够透彻和熟练，对软件的认识有局限性，对软件运行过程中出现的故障不能及时排除，对违法行为不能及时发现。

4. 审计不力

主要是企业内部审计不力，不能及时发现问题，使会计工作中存在的隐患不能及时解决；审计人员对会计电算化的工作本身不是太了解，对计算机不熟悉，无法作出正确的判断。

（二）会计电算化舞弊手段的种类

（1）通过在经济数据录入前或输入期间对数据做手脚来达到舞弊目的。

（2）在电算化过程中通过对程序做非法改动，以达到舞弊目的。

（3）通过非法修改、销毁输出报表或利用终端窃取机密信息等手段来达到舞弊目的。

二、防范措施

会计电算化系统的舞弊虽然隐蔽且智能化较高，但只要针对性地采取正确的防范措施，就可以起到防患于未然的作用。

（一）结合企业自身的特点和国家的有关规定选择适合的财务软件，从源头上进行控制

企业在购买软件时，应结合自身特点，购买市场上开发比较成熟的软件，注意系统权限设置、安全性和保密性等关键因素；购买后，应先进行试用，发现问

题及时与商家联系，进行系统完善。

（二）完善制度，规范管理

财政部制定的《会计电算化工作规范》指出："开展会计电算化的单位应根据工作需要，建立健全包括会计电算化岗位责任制、会计电算化操作管理制度、计算机硬软件和数据管理制度、电算化会计档案管理制度的会计电算化内部管理制度。"

其一，制定有关的操作管理制度和系统维护管理制度。包括：会计软件的操作工作内容和权限，操作密码的严格管理，预防会计数据未经审核而登入机内账簿；保存上机操作记录，防止各种非法人员上机操作，建立操作日志制度。一旦出现问题，顺藤摸瓜，可以查清责任者。

其二，实行严格的授权控制。利用财务软件权限控制功能，通过对不同人员权限的分配、设置密码等手段对上机操作和动用系统资源加以控制；必须对计算机软件开发人员操作权限进行严格的限制，不允许软件开发人员有会计记账、修改、出纳等权限；主管会计应熟悉财务软件，严格掌握操作人员的权限确定权，从而达到保证操作权限控制的有效性，进而保证会计信息和会计资料的真实性、合法性。

其三，建立财务人员内部牵制制度。财务软件的应用，要求企业按内部牵制原则合理分工，工作人员在工作中互相制约、互相监督，从而防止工作差错或故意舞弊等现象的发生。在采用新的内部控制手段时，不能完全放弃传统的内部控制方式，如职务分离控制、业务程序控制等仍将有效地发挥积极作用。

其四，加强会计电算化档案管理。会计档案管理是实行会计电算化后会计工作连续进行的保障，是保证系统内数据安全与完整的关键环节，也是会计信息得以充分利用的保证。具体做法中应特别重视的有：

（1）现金、银行存款订本式日记账，手工登记账簿与计算机生成账簿并行。

（2）对存有会计信息的磁性介质改其他介质，应视同会计资料或档案进行保存。

（3）电算化会计系统开发的全套文档资料，视同会计档案保管。

（三）培养复合型的会计人才，适应会计电算化工作的要求

应注意培养"会计—计算机—管理"型的复合型人才，以促进会计电算化的顺利发展；同时，还要加强会计人员的思想教育，两手并重。

（四）加强审计监督

加强审计监督有两层含义：一是通过审计人员对会计电算化系统的每一个环节进行核查监督，并审核和评估内部控制制度，发现内部控制系统的弱点，改善内部控制；二是要提高审计人员的素质，加强对舞弊手法的甄别能力，同时要加快审计电算化的开发和应用，以适应对会计电算化系统的审计要求。

综上所述，要加强电算化会计的管理，保证会计信息的质量，防止舞弊的发生，关键在于完善和加强电算化会计的内部控制制度，从会计工作人员的日常基础工作做起，保证会计信息的完整和资金财产的安全，才能达到使电算化会计方便、快捷、准确、安全地为企业提供服务的目的。

第十四章　出纳人员必备的工商税务知识

第一节　工商知识

一、公司的分类

公司是依照《中华人民共和国公司法》（以下简称《公司法》）组建并登记的以营利为目的的企业法人。

从不同的角度，可将公司分为不同的类别。

（1）从公司对外活动的信用基础看，公司可以分为人合公司和资合公司。

（2）从股东的责任角度来看，公司可分为有限责任公司、股份有限公司、无限责任公司和两合公司等。

（3）从公司注册地看，公司可分为本国公司、外国公司和跨国公司。

（4）从控股程度来看，公司可分为母公司和子公司。

（5）我国《公司法》规定的公司为有限责任公司和股份有限公司两种。

① 有限责任公司是指由 50 个以下的股东共同出资设立，股东以其认缴的出资额为限对公司债务承担有限责任，公司是以其全部资产对其债务承担责任的企业法人。

② 股份有限公司是指全部资本由等额股份构成并通过发行股票筹集资本，股东以其所认购股份对公司承担责任，公司是以其全部资产对公司承担债务的企业法人。

根据我国法律规定，分公司不具有企业法人资格，其民事责任由总公司承担；子公司具有企业法人资格，依法独立承担民事责任。

二、公司章程的内容及作用

（一）公司章程的定义

公司章程是关于公司组织和行为的基本规范。公司章程不仅是公司的自治法规，而且是国家管理公司的重要依据。它是公司必备的规定公司组织及活动的基本规则的书面文件，是以书面形式固定下来的股东共同一致的意思表示，是公司的宪章。

（二）公司章程的内容

《公司法》关于公司章程记载事项的规定，依据其效力不同可分为绝对必要记载事项、相对必要记载事项、任意记载事项。

1. 绝对必要记载事项

绝对必要记载事项，是指公司法规定的公司章程必须记载的事项，公司法有关公司章程绝对必要记载事项的规定属于强制性规范，体现了公司的强制与自治关系中的强制方面，也践行了公司法中国家干预的理念。若不记载或者记载违法，则章程无效。而章程无效的法律后果之一就是公司设立无效。以下为我国《公司法》规定的有限责任公司和股份公司必须记载的事项。

（1）有限责任公司章程由股东共同制定，经全体股东一致同意，由股东在公司章程上签名盖章。修改公司章程，必须经代表 2/3 以上表决权的股东通过。有限责任公司章程应当载明下列事项：

① 公司名称和住所；
② 公司经营范围；
③ 公司注册资本；
④ 股东的姓名或者名称；
⑤ 股东的权利和义务；
⑥ 股东的出资方式、出资额和出资时间；
⑦ 公司转让出资的条件；
⑧ 公司的机构及其产生办法、职权、议事规则；
⑨ 公司法定代表人；
⑩ 公司的结算事由和清算办法；

除此之外，股东认为需要规定的其他事项。

（2）股份有限公司章程由发起人制定，经出席创立大会的认股人所持表决权的半数以上通过；修改公司章程，必须经出席股东大会的股东所持表决权的 2/3 以上通过。股份有限公司的章程必须记载的事项包括：

① 公司名称和住所；
② 公司经营范围；
③ 公司设立方式；
④ 公司股份总数、每股金额和注册资本；
⑤ 发起人的姓名或者名称、认购的股份数；
⑥ 股东的权利和义务；
⑦ 董事会的组成、职权、任期和议事规则；
⑧ 公司的法定代表人；

⑨ 监事会的组成、职权、任期和议事规则；
⑩ 公司利润分配方法；

公司的解散事由与清算办法；公司的通知和公告办法；股东大会认为需要规定的其他事项。

公司章程缺少上述必备事项或章程内容违背国家法律法规规定的，公司登记机关应要求申请人进行修改；申请人拒绝修改的，应驳回登记申请。

2. 相对必要记载事项

相对必要记载事项是指法律列举规定的一些事项，可以听凭章程制定人自主决定是否决定载入章程。一旦章程予以记载，便发生效力。如果不予以记载或记载不合法，则仅该事项无效，章程的其他事项仍然有效，不影响整个章程的效力。

3. 任意记载事项

任意记载事项是指公司法规定的绝对必要记载事项及相对必要记载事项之外，在不违反法律、行政法规强制性规定和社会公共利益的前提下，经由章程制定者同意自愿记载于公司章程内的事项。任意记载事项法律不列举，由当事人自主决定，这类事项非经股东会修改，公司及股东都应遵照章程执行，其效力与相对必要事项相同。

从我国《公司法》第二十二条第十一项和第七十九条第十三项来看，"股东（或股东大会）认为需要规定的其他事项"当属于任意记载事项。

（三）公司章程的作用

（1）公司章程是公司设立的最主要条件和最重要的文件。公司的设立程序以订立公司章程开始，以设立登记结束。我国《公司法》明确规定，订立公司章程是设立公司的条件之一。审批机关和登记机关要对公司章程进行审查，以决定是否给予批准或者给予登记。公司没有公司章程，不能获得批准；公司没有公司章程，也不能获得登记。

（2）公司章程是确定公司权利、义务关系的基本法律文件。公司章程一经有关部门批准，并经公司登记机关核准即对外产生法律效力。公司依公司章程，享有各项权利，并承担各项义务，符合公司章程的行为受国家法律的保护；违反章程的行为，有关机关有权对其进行干预和处罚。

（3）公司章程是公司对外进行经营交往的基本法律依据。由于公司章程规定了公司的组织和活动原则及其细则，包括经营目的、财产状况、权利与义务关系等，这就为投资者、债权人和第三人与该公司进行经济交往提供了条件和资信依据。凡依公司章程而与公司进行经济交往的所有人，依法可以得到有效的保护。鉴于公司章程的上述作用，必须强化公司章程的法律效力。这不仅是公司活动本身的需要，也是市场经济健康发展的需要。公司章程与《公司法》一样，共同肩负着调整公司活动的责任。这就要求，公司的股东和发起人在制定公司章程时，必须考虑周全，规定得明确详细，不能有各种各样的理解。公司登记机关必须严格把关，使公司章程做到规范化，从国家管理的角度，对公司的设立进行监督和保证公司设立以后能够进行正常的运行。

三、成立有限责任公司的要求和程序

（一）成立有限责任公司的要求

按照我国《公司法》的规定，设立有限责任公司，应当具备下列条件：
（1）股东符合法定人数（1人以上50人以下）；
（2）股东出资达到法定资本最低限额；
（3）股东共同制定公司章程；
（4）有公司名称，建立符合有限责任公司要求的组织机构；
（5）有固定的生产经营场所和必要的生产经营条件。

（二）成立有限责任公司的程序

成立有限责任公司，一般要经过以下步骤。

第一步，咨询后领取并填写《名称（变更）预先核准申请书》，同时准备相关材料。

第二步，递交《名称（变更）预先核准申请书》及其相关材料，等待名称核准结果。

第三步，领取《企业名称预先核准通知书》，同时领取《企业设立登记申请书》等有关表格；经营范围涉及前置许可的，办理相关审批手续；到经工商局确认的入资银行开立入资专户；办理入资手续并到法定验资机构办理验资手续（以非货币方式出资的，还应办理资产评估手续）。

第四步，递交申请材料，材料齐全，符合法定形式的，等候领取《准予设立登记通知书》。

第五步，领取《准予设立登记通知书》后，按照《准予设立登记通知书》确定的日期到工商局交费并领取营业执照。

（三）分公司设立登记

公司设立分公司的，应当自决定作出之日起30日内向公司登记注册机关申请登记；法律、行政法规规定必须报经有关部门审批的，应当自批准之日起30日内向企业登记机关申请登记。分公司的经营范围不得超出公司的经营范围。

公司设立分公司的，应当提交如下申报材料：

（1）公司法定代表人签署的设立分公司的登记申请书；

（2）公司章程以及加盖印章的公司营业执照复印件；

（3）营业场所使用证明；

（4）公司登记机关要求提交的其他文件（如法律、行政法规规定必须报经审批的项目，应提交国家有关部门的批准文件）。

公司登记机关批准后登记并发给《企业法人营业执照》，公司即告成立，并取得主体资格，可以依法以公司名义从事经营活动；公司在设立登记后取得名称专用权。

四、有限责任公司的变更和注销

（一）公司申请变更登记

公司变更登记是指公司改变名称、住所、法定代表人、经营范围、注册类型、注册资本、营业期限、有限责任公司股东或者有限责任公司发起人的登记。公司变更登记事项应当向原公司登记机关申请变更登记。未经核准，公司不得擅自变更登记事项，否则应承担相应的法律责任。

（二）公司注销登记

按照《公司登记注册条例》第三十六条的规定，公司注销登记的申请由公司的清算组织进行，公司清算组织应当自公司清算结束之日起30日内向原公司登记机关申请注销登记，并提交有关文件和证件。

五、成立股份有限公司的要求和程序

（一）股份有限公司的设立条件

按照《公司法》条的规定，成立股份有限公司需要具备以下条件：

1. 发起人符合法定的资格，达到法定的人数

设立股份有限公司，应有5人以上的发起人。国有企业改建为股份有限公司的，发起人可以少于5人，但应当采取募集设立方式。。

2. 发起人认缴和向社会公开募集的股本达到法定的最低限额

我国股份有限公司的资本最低限额不得低于1000万元人民币。对有特定要求的股份有限公司的注册资本最低限额需要高于上述最低限额的，由法律、行政法规另行规定。

发起人可以用货币出资，也可以用实物、工业产权、非专利技术、土地使用权作价出资。发起人以货币出资时，应当缴付现金。发起人以货币以外的其他财产权出资时，必须进行评估作价，核实财产，并折合为股份，且应当依法办理其财产权的转移手续，将财产权同发起人转归公司所有。

3. 股份发行、筹办事项符合法律规定

股份有限公司的资本划分为股份，每一股的金额相等。股份的发行实行公开、公平、公正的原则，且必须同股同权、同股同利。同次发行的股份、每股的发行条件、发行价格应当相同。

以发起方式设立股份有限公司的，发起人以书面认足公司章程规定及发行的股份后，应即缴纳全部股款。

以募集方式设立股份有限公司的，发起人认购的股份不得少于公司股份总数的35%，其余份应当向社会公开募集。发起人向社会公开募集股份时，必须依法经国务院证券管理部门批准，并公告招股说明书，制作认股书，由依法批准设立的证券经营机构承销，签订承销协议，同银行签订代收股款协议，由银行代收和保存股款，向认股人出具收款单据。

4. 发起人制定公司章程，并经创立大会通过

公司章程虽然由发起人制订，但以募集设立方式设立股份有限公司的，必须召开由认股人组成的创立大会，并经创立大会决议通过。

5. 有公司名称，建立符合公司要求的组织机构

公司名称必须符合企业名称登记管理的有关规定，股份有限公司的名称还应标明"股份有限公司"字样。

股份有限公司必须有一定的组织机构，对公司实行内部管理和对外代表公司。股份有限公司的组织机构是股东大会、董事会、监事会和经理。股东大会作出决议；董事会是执行公司股东大会决议的执行机构；监事会是公司的监督机构，依法对董事、经理和公司的活动实行监督；经理是由董事会聘任，主持公司的日常生产经营管理工作，组织实施董事会决议。

6. 有固定的生产经营场所和必要的生产经营条件

拟设立的股份有限公司应当以投资入股、购买、租赁等方式取得固定的生产经营场所，并具备与其生产经营活动相适应的必要的生产经营条件。

（二）股份有限公司的设立程序

1. 申请名称预先核准

申请名称预先核准，应当提交下列文件：

（1）股份有限公司的全体发起人签署的公司名称预先核准申请书；

（2）股东或者发起人的法人资格证明或者自然人的身份证明；

（3）公司登记机关要求提交的其他文件。

预先核准的公司名称保留期为 6 个月。预先核准的公司名称在保留期内，不得用于从事经营活动，不得转让。

2. 向登记机关申请登记

申请设立股份有限公司，应当向公司登记机关提交下列文件：

（1）公司董事长签署的设立登记申请书；

（2）国务院授权部门或者省、自治区、直辖市人民政府的批准文件，募集设立的股份有限公司还应当提交国务院证券管理部门的批准文件；

（3）创立大会的会议记录；

（4）公司章程；

（5）筹办公司的财务审计报告；

（6）具有法定资格的验资机构出具的验资证明；

（7）发起人的法人资格证明或者自然人身份证明；

（8）载明公司董事、监事、经理姓名、住所的文件以及有关委派、选举或者聘用的证明；

（9）公司法定代表人任职文件和身份证明；

（10）企业名称预先核准通知书；

（11）公司住所证明。

3. 领取营业执照

经公司登记机关核准设立登记并发给《企业法人营业执照》后，公司即告成立。公司凭登记机机关核发的《企业法人营业执照》刻制印章，开立银行账户，申请纳税登记。

六、股份有限公司的变更和注销

（一）股份有限公司的变更

1. 公司名称变更登记

公司变更名称，应当自变更决议或决定作出之日起 30 日内申请公司名称变更登记，并向公司登记主管机关提交下列文件：

（1）公司法定代表人签署的《公司变更登记申请书》（公司盖章）；

（3）公司签署的《指定代表或者共同委托代理人的证明》（公司盖章）及指定代表或委托代理人的身份证复印件（本人签字）；

（4）公司章程修正案；

（5）法律、行政法规和国务院决定规定变更名称必须报经批准的，提交有关的批准文件或者许可证书复印件；

（6）公司名称预先核准通知书；

（7）公司营业执照正副本。

2. 公司住所变更登记

公司变更住所，应当在迁入新住所前申请变更登记，并向公司登记主管机关提交下列文件：

（1）公司法定代表人签署的《公司变更登记申请书》（公司盖章）；

（2）公司签署的《指定代表或者共同委托代理人的证明》（公司盖章）及指定代表或委托代理人的身份证复印件（本人签字）；

（3）全体股东签署的股东会决议；

（4）公司章程修正案；

（5）变更后住所的使用证明；

（6）法律、行政法规和国务院决定规定变更住所必须报经批准的，提交有关的批准文件或者许可证书复印件。

（7）公司营业执照正副本。

3. 公司法定代表人的变更登记

公司变更法定代表人，应当自变更决议或决定作出之日起 30 日内，向原公司登记主管机关申请变更登记，并提交下列文件：

（1）公司法定代表人签署的《公司变更登记申请书》（公司盖章）；

（2）公司签署的《指定代表或者共同委托代理人的证明》（公司盖章）及指

定代表或委托代理人的身份证复印件（本人签字）；

（3）《公司法定代表人登记表》；

（4）根据公司章程的规定和程序提交原任法定代表人的免职证明和新任法定代表人的任职证明（提交董事会决议或其他任免文件，董事会决议由公司董事签字）；

（5）法律、行政法规和国务院决定规定变更法定代表人必须报经批准的，提交有关的批准文件或者许可证书复印件；

（6）公司营业执照正副本。

4．公司注册资本的变更登记

公司申请注册资本变更应提交下列文件：

（1）公司法定代表人签署的《公司变更登记申请书》（公司盖章）；

（2）公司股东（发起人）出资情况表；

（3）公司签署的《指定代表或者共同委托代理人的证明》（公司盖章）及指定代表或委托代理人的身份证复印件（本人签字）；

（4）股东大会会议记录（由代表三分之二以上表决权的发起人加盖公章或会议主持人及出席会议的董事签字）；

（5）公司章程修正案；

（6）具有法定资格的验资机构出具的验资报告；

（7）以募集方式增加注册资本的还应提交国务院证券监督管理机构的核准文件；

（8）法律、行政法规和国务院决定规定变更注册资本必须报经批准的，提交有关的批准文件或者许可证书复印件；

（9）公司减少注册资本的，应当提交刊登减资公告的报纸报样；公司减资后的注册资本不得低于法定的最低限额。

（10）公司营业执照正副本。

5．公司经营范围的变更登记

公司变更经营范围应向原公司登记主管机关提交下列文件：

（1）公司法定代表人签署的《公司变更登记申请书》（公司盖章）；

（2）公司签署的《指定代表或者共同委托代理人的证明》（公司盖章）及指定代表或委托代理人的身份证复印件（本人签字）；

（3）全体股东签署的股东会决议；

（4）公司章程修正案；

（5）公司申请登记的经营范围中有法律、行政法规和国务院决定规定必须在登记前报经批准的项目，提交有关的批准文件或者许可证书复印件或许可证明。

（6）法律、行政法规和国务院决定规定变更经营范围必须报经批准的，提交有关的批准文件或者许可证书复印件或许可证明。

（7）公司营业执照正副本。

6. 公司营业期限的变更登记

公司需延长经营期限的，应提交下列文件：

（1）公司法定代表人签署的《公司变更登记申请书》（公司盖章）；

（2）公司签署的《指定代表或者共同委托代理人的证明》（公司盖章）及指定代表或委托代理人的身份证复印件（本人签字）；

（3）全体股东签署的股东会决议；

（4）公司章程修正案；

（5）变更后住所的使用证明；

（6）法律、行政法规和国务院决定规定变更营业期限必须报经批准的，提交有关的批准文件或者许可证书复印件或许可证明；

（7）公司营业执照正副本。

7. 公司股东变更登记

股份有限公司变更股东的，应当自股东发生变动之日起30日内申请变更登记，并提交有关文件：

（1）公司法定代表人签署的《公司变更登记申请书》（公司盖章）；

（3）公司股东出资情况表；

（4）公司签署的《指定代表或者共同委托代理人的证明》（公司盖章）及指定代表或委托代理人的身份证复印件（本人签字）；

（5）全体股东签署的股东会决议；

（6）股权转让协议书；

（7）新股东的主体资格证明或自然人身份证明；

（8）公司章程修正案；

（9）法律、行政法规和国务院决定规定变更股东必须报经批准的，提交有关的批准文件或者许可证书复印件或许可证明；

（10）公司营业执照正副本。

8. 公司类型变更登记

股份有限公司变更类型，应当按照拟变更的公司类型的设立条件，在规定期限内向公司登记机关申请变更登记，并提交有关文件：

（1）公司法定代表人签署的《公司变更登记申请书》（公司盖章）；

（2）公司签署的《指定代表或者共同委托代理人的证明》（公司盖章）及指定代表或委托代理人的身份证复印件（本人签字）；

（3）股东大会决议（由代表三分之二以上表决权的发起人加盖公章或审议章程的股东大会会议主持人及出席会议的董事签字确认）；

（4）公司章程修正案；

（5）法律、行政法规和国务院决定规定变更公司类型必须报经批准的，提交有关的批准文件或者许可证书复印件或许可证明；

（6）原执照正副本。

9. 其他事项

（1）因合并、分立而存续的公司，其登记事项发生变化的，应当申请变更登记；因合并、分立而解散的公司，应当申请注销登记；因合并、分立而新设立的公司，应当申请设立登记。公司合并、分立的，应当自公告之日起45日后申请登记，提交合并协议和合并、分立决议或者决定以及公司在报纸上登载公司合并、分立公告的有关证明和债务清偿或者债务担保情况的说明。法律、行政法规或者国务院决定规定公司合并、分立必须报经批准的，还应当提交有关批准文件。

（2）公司登记机关收到申请变更登记应当提交的所有文件后，发给申请人《公司登记受理通知书》，并在15日内作出审核决定。对符合条件的，准予变更登记，对不符合条件的，不予办理变更登记，并发给《公司登记驳回通知书》，退回申请人提交的文件、证件。

（3）变更登记事项涉及《企业法人营业执照》载明事项的，应向公司登记机关申请换发营业执照。

（4）公司董事、监事、经理发生变动的，应当向原公司登记机关备案。公司章程修改未涉及登记事项的，公司应当将修改后公司章程或者公司章程修正案送原公司登记机关备案。

（二）股份有限公司的注销

按照《公司法》的规定，股份有限公司的注销应符合以下程序：

（1）公司注销前需召开股东大会并作出同意解散公司的决议书。并成立清算组，由清算组对公司资产进行登记清算。

（2）到税务机关办理缴清税款事宜。

（3）至少在报纸上登载注销公告三次，且自第一次公告之日起已满90天；

（4）进行注销登记应提交下列文件：

①公司清算组负责人签署的《公司注销登记申请书》（公司加盖公章）；

② 公司签署的《指定代表或者共同委托代理人的证明》（公司加盖公章）及指定代表或委托代理人的身份证复印件（本人签字）；应标明具体委托事项、被委托人的权限、委托期限。
③ 依照《公司法》作出的公司注销决议或者决定。
④ 经确认的清算报告。
⑤ 刊登注销公告的报纸报样。
⑥ 法律、行政法规规定应当提交的其他文件。有分公司的公司申请注销登记，还应当提交分公司的注销登记证明。
⑦ 公司的《企业法人营业执照》正、副本。
（5）经公司登记机关注销登记后，公告公司终止

七、营业执照概述

（一）营业执照的定义

常见的营业执照有《企业法人营业执照》和《营业执照》两种。前者是取得企业法人资格的合法凭证，有限责任公司和股份有限公司即属此类；后者是合法经营权的凭证，不具备法人资格的个人独资企业和合伙企业核发该种执照。

（二）营业执照的登记事项

《企业法人营业执照》的登记事项为：企业名称、住所、法定代表人、注册资金、经济成分、经营范围、经营方式等。《营业执照》的登记事项为：名称、地址、负责人、资金数额、经济成分、经营范围、经营方式、从业人数、经营期限等。

营业执照分正本和副本，二者具有相同的法律效力。正本应当置于公司住所或营业场所的醒目位置，营业执照不得伪造、涂改、出租、出借、转让。

领取营业执照后，并不能马上开业，还必须办理以下事项：
（1）刻制印章；
（2）法人代码登记；
（3）开立银行账户；
（4）申请纳税登记；
（5）到工商所办理备案手续；
（6）领取购买发票。

第二节 税务知识

一、了解常见的税种

（一）增值税

增值税是对销售货物或提供加工、修配以及进口货物的单位和个人，就其销售货物或提供应税劳务的销售额征税，以及进口货物金额，并实行税款抵扣制的一种流转税。

增值税的纳税人为我国境内销售货物或者提供加工、修理修配劳务以及进口货物的单位和个人。增值税纳税人可以分为一般纳税人和小规模纳税人两种。小规模纳税人指：

① 从事货物生产或提供应税劳务的纳税人以及从事以货物生产或提供应税劳务为主，并兼营货物批发和零售的纳税人，年应税销售额在50万元以下。以从事货物生产或者提供应税劳务为主，提供纳税人的年货物生关或提供应税劳务的销售额占年应税销售额的比重在50%以上。

② 除上述规定以外的纳税人，年应税销售额在80万元以下的；

年应税销售额超过上述标准的个人、非企业性单位，不经常发生应税行为的企业，视同小规模纳税人。其中：销项税额指纳税人销售货物或者提供应税劳务，按照销售额和规定的税率计算并向购买方收取的增值税税额。销项税额的计算公式为：

销项税额 = 销售额 × 税率

增值税的基本税率是17%。

进项税额是纳税人购进货物或者应税劳务所支付或应负担的增值税。准予从销项税额中抵扣的进项税额，限于增值税扣税凭证上注明的增值税额，包括从销售方取得的增值税专用发票上注明的增值税额和从海关取得的完税凭证上注明的增值税额。

对于一般纳税人来讲，其应纳税额为当期销项税额抵扣当期进项税额后的余额。其应纳税额计算公式为：

应纳税额 = 当期销项税额 — 当期进项税额

小规模纳税人销售货物或提供应税劳务，实行简易办法计算应纳税额，即按销售额和规定的征收率计算应纳税额，其计算公式为：

应纳税额 = 销售额 × 征收率

小规模纳税人销售货物或提供应税劳务的征收率为6%。

纳税人进口货物，按照组成计税价格和规定的税率计算应纳税额，不得抵扣进项税额，其计算公式为：

组成计税价格 = 关税完税价格 + 关税 + 消费税

应纳税额 = 组成计税价格 × 税率

（二）消费税

消费税的纳税人指在我国境内从事生产和进口应税消费品的单位和个人。委托加工应当征收消费税的单位和个人也是消费税的纳税人。

消费税的征税对象主要包括两个方面：一方面是特殊消费品、奢侈品、高能耗消费品、不可再生的稀缺资源消费品；另一方面是税基宽广、消费普遍、征一点税不会影响人民群众的生活水平，但具有一定的财政意义的普通消费品。具体包括14种产品，大体上可分为5种类型：第一类是一些过度消费会对人类健康、社会秩序、生态等方面造成危害的特殊消费品，如烟、酒、鞭炮、烟花等；第二类是奢侈品和非生活必需品，如贵重首饰、化妆品等；第三类是高能耗及高档消费品，如摩托车、小汽车等；第四类是不可再生和替代的石油类消费品，如汽油、柴油等；第五类是具有一定财政意义的产品，如汽车轮胎等。

按照规定，消费税的纳税环节确定在生产环节，具体有以下四种：

纳税人生产的应税消费品，由生产者于销售时纳税；

境内纳税人自产自用的应税消费品，如果用于其他方面应当于移送使用时纳税；

进口的应税消费品，由受托方于委托方提货时代收代缴税款；

进口的应税消费品，由进口报关者于报关进口时纳税。

现规定，金银首饰由零售环节纳税。

按照规定，纳税人生产销售以及自产自用的应税消费品，应当在纳税人核算地缴纳；纳税人到外县（市）销售或委托外县（市）代销自产应税消费品，于应税消费品销售后在纳税人核算地或所在地缴纳；进口的应税消费由进口报关者向报关地海关缴纳消费税。

按照规定，实行从价定率征收的计税依据是应税消费品的销售额。其中，企业销售应税消费品应按其实际销售额计算纳税；企业自产自用应税消费品的，应当按纳税人生产的同类应税消费品的销售价格作为计税依据；委托加工的应税消费品，按照受托方同类消费品的销售价格计算纳税，没有同类消费品销售价格按照组成计税价格计算纳税。实行从量定额征收消费税的依据是应税消费品的数量。

按照规定，对于实行从价定率方法计算应纳税额时，其计算公式为：

应纳税额 = 应税消费品的销售额 × 消费税税率

对于实行从量定额方法计算应纳税额时，其计算公式为：

应纳税额 = 应税消费品的数量 × 消费税单位税额

（三）营业税

营业税的纳税人指在我国境内提供应税劳务、转让无形资产或者销售不动产的单位和个人。企业租赁或承包给他人经营的以承租人或承包人为营业税的纳税人。

营业税的征税对象是纳税人在我国境内提供应税劳务、转让无形资产或者销售不动产的营业额。其中所称"应税劳务"指属于交通运输业、建筑业、金融保险业、邮电通信业、文化体育业、娱乐业、服务业征税范围的劳务。其中所称"无形资产"指土地使用权、商标权、专有技术权、著作权等。其中所称"不动产"指不能移动，移动后会引起性质、形状改变的财产，包括建筑物及其土地附着物。

按照规定，营业税的纳税地点为：

纳税人提供应税劳务，应当向应税劳务发生地主管税务机关申报纳税，纳税人从事运输业务应当向所在地主管税务机关申报纳税；

纳税人转让土地使用权，应当向土地所在地主管税务机关申报纳税，纳税人转让其他无形资产，应当向其机构所在地主管税务机关申报纳税；

纳税人销售不动产，应当向不动产所在地主管税务机关申报纳税；

纳税人承包的工程跨省、自治区、直辖市的，应当向其机构所在地主管税务机关申报纳税。

营业税的纳税期限分别为5日、10日、15日、1个月或者1个季度。纳税人的具体纳税期限，由主管税务机关根据纳税人应纳税额的大小分别核定；不能按照固定期限纳税的，可以按次纳税。

纳税人以1个月或者1个季度为一个纳税期的，自期满之日起15日内申报纳税；以5日、10日或者15日为一个纳税期的，自期满之日起5日内预缴税款，于次月1日起15日内申报纳税并结清上月应纳税款。

营业税的税率主要有以下几档，即交通运输业、建筑业、邮电通信业、文化体育业为3%，金融保险业、服务业、转让无形资产、销售不动产为5%、娱乐业的具体适用税率，由各省、自治区、直辖市人民政府在规定的幅度（5%～20%）内确定。

按照规定，营业税的计税依据是纳税人的营业额。纳税人的营业额为纳税人提供应税劳务、转让无形资产或者销售不动产向对方收取的全部价款和价外费用。这里所说的价外费用包括向对方收取的手续费、基金、集资款、代收款项、代垫款项及其他各种性质的价外收费。凡价外收费，无论会计制度规定如何核算，均应并入营业额计算应纳税额。

按照规定，纳税人提供应税劳务、转让无形资产或者销售不动产，按营业额和规定的税率计算应税额。其计算公式为：

应纳税额＝营业额×税率

（四）关税

关税是对进出关境的货物、物品征收的一种税收，包括进口关税和出口关税。

关税的纳税人为进口我国准许进口的货物的收货人和出口我国准许出口的货物的发货人，前者应当缴纳进口关税，后者应当缴纳出口关税。

从我国境外采购进口的原产于我国境内的货物，也应当缴纳进口关税。

接受纳税人的委托办理货物报关等有关手续的代理人，可以代办纳税手续，同时要遵守委托人应当遵守的各项规定。

关税的征税对象是进出口的各种货物、物品，其征税对象包括《中华人民共和国关税税则》规定应当征税的各种货物。

关税应当在按照进出口货物通关规定向海关申报之后、海关放行之前一次性缴纳。进出口货物的收发货人或者他们的代理人，应当在海关填发税款缴纳证的次日起 7 日之内，向指定银行缴纳应纳税款，从到期次日起至缴清税款之日止，按日加收欠缴税款 1‰ 滞纳金。

在某些特殊情况下（如易腐、急需、有关手续无法立即办理等），海关可以在提取货样、收取保证金或者接受纳税人提供的其他担保之后，先办理放行货物的手续，后办理征纳关税的手续。

有下列情况之一的，进出口货物的收发货人或者他们的代理人，可以从缴纳税款之日起 1 年之内，书面声明理由，连同原纳税收据向海关申请退税，逾期海关不予受理：

① 因海关误征，多缴税款的；

② 海关核准免验进口的货物，完税后发现有短缺的情况，经过海关审查认可的；

③ 已经征收出口关税的货物，因故未装运出口，申报退关，经过海关查验属实的。

关税以进出口货物的价格为计税依据。进出口货物的价格应当等于进出口货物数量乘以单位完税价格。

进口货物以海关审定的成交价格为基础的到岸价格作为完税价格。

实际成交价格是一般贸易项下进口或者出口货物的买方为购买该项货物向卖方实际支付或者应当支付的价格。

到岸价格包括货价和货物运抵我国境内输入地点起卸前的包装费、运费、保险费和其他劳务费等费用。

进口货物的到岸价格经过海关核审未能确定的，海关可以以下列价格为基础估定完税价格：

① 从该项进口货物同一出口国或者地区购进的相同或者类似货物成交价格；
② 该项进口货物的相同或者类似货物在国际市场上的成交价格；
③ 该项进口货物的相同或者类似货物在国内市场上的批发价格，减去进口关税、进口环节其他税收和进口后的运输、储存、营业费用及利润后的价格；
④ 海关用其他合理方法估定的价格。

运往境外修理的机械器具、运输工具和其他货物，出境时已经向海关报明并在海关规定的期限之内复运进境的，应当以海关审定的修理费和料件费用为完税价格。

运往境外加工的货物，出境时已经向海关报明并在海关规定的期限之内复运进境的，应当以加工后的货物进境时的到岸价格与原出境货物相同、类似货物在进境时的到岸价格之间的差额作为完税价格。

以租赁（包括租借）方式进口的货物，应当以海关审定的货物租金作为完税价格。

经过批准减税、免税进口的货物，在转让或者出售需要补税时，可以按照该货物原进口时的完税价格纳税。

进口货物的完税价格，应当包括为了在境内制造、使用、出版或者发行的目的而向境外支付的与该进口货物有关的专利、商标、著作权以及专有技术、计算机软件和资料等费用。

出口货物应当以海关审定的货物售价与境外的离岸价格扣除关税后作为完税价格。其计算公式为：

出口货物完税价格 = 离岸价格 ÷ （1 + 出口关税税率）

离岸价格应当按照应税出口货物运离出境前的最后一个口岸的离岸价格计算。如果该货物是从内地起运的，则将该货物从内地运至出境口岸所支付的运输费用可以扣除。当离岸价格不能确定时，完税价格由海关估定。

进出口货物的到岸价格、离岸价格或者租金、修理费、料件费等以外国货币计价的，应当按照海关填发税款缴纳证之日的汇价折合成人民币，然后计算纳税。

进出口货物的收发货人或者他们的代理人，应当如实向海关申报进出口货物的成交价格。如果申报的成交价格明显低于或者高于相同或者类似货物的成交价格，海关可以根据相同或者类似货物的成交价格、国际市场价格、国内市场价格或者其他合理的方法估定完税价格。

进出口货物的收发货人或者他们的代理人，在向海关递交进出口货物报关单时，应当交验载明货物真实价格、运费、保险费和其他费用的发票、包装清单和其他有关单证（必要时，海关还可以检查买卖双方的有关合同、账册、单据和文件，或者作其他调查）；否则，应当按照海关估定的完税价格纳税，事后补交单证的，税款也不作调整。

进口关税的税率分为普通税率和优惠税率两种。原产于与我国未订有关税互惠协议的国家或者地区的进口货物，按照普通税率纳税（经过国务院关税税则委员会特别批准者除外）；原产于与我国签订有关税互惠协议的国家或者地区的进口货物，按照优惠税率纳税。

进出口货物应当按照《中华人民共和国海关进出口税则》规定的分类原则归入合适的税号，并按照适用的税率纳税。

现行出口关税征税货物（主要为国内紧缺、限制出口的原材料）的税号共有35个，税率从20%到50%不等，共有5个差别税率。

进出口货物，应当按照收发货人或者他们的代理人申报进口或者出口之日实施的税率纳税。进口货物到达之前，经过海关核准先行申报的，应当按照装载此项货物的运输工具申报进境之日实施的税率纳税。

进出口货物的补税和退税，应当按照该货物原申报进口或者出口之日所实施的税率办理，但是下列情况除外：

经过批准减税、免税的进口货物，后来由于情况变化，经过海关批准转让或者出售，需要补税的，应当按照该货物进口之日实施的税率纳税；

加工贸易进口料、件等属于保税性质的进口货物，如果经过批准转为内销，应当按照向海关申报转为内销当日实施的税率纳税。未经过批准擅自转为内销的，应当按照海关查获日期实施的税率纳税；

暂时进口货物转为正式进口需要补税时，应当按照该货物转为正式进口之日实施的税率纳税；

分期支付租金的租赁进口货物，分期纳税时，都应当按照该货物进口之日实行的税率纳税；

经过批准缓税进口的货物以后纳税时，不论是一次交货缴清还是分期缴清，都应当按照该货物进口之日实施的税率纳税；

查获的走私进口货物需要补税时，应当按照查获日期实施的税率纳税；

由于税则归类的改变、完税价格的审定或者其他工作差错而需要补税的，应当按照原征税日期实施的税率纳税。

关税以进出口货物的价格为计税依据，按照规定的适用税率计算应纳税额。应纳税额计算公式为：

应纳税额＝应税进出口货物价格×适用税率＝应税进出口货物数量×单位完税价格×适用税率

（五）企业所得税

企业所得税为在我国境内实行独立经济核算的国有企业、集体企业、私营企业、联营企业、股份制企业以及有生产经营所得和其他所得的其他组织。企业集团分别以核心企业、独立核算的其他成员企业为企业所得税的纳税义务人。

企业所得税的纳税人分为两类，居民企业和非居民企业。其中居民企业，是指依法在中国境内成立，或者依照外国（地区）法律成立但实际管理机构在中国境内的企业。非居民企业，是指依照外国（地区）法律成立且实际管理机构不在中国境内，但在中国境内设立机构、场所的，或者在中国境内未设立机构、场所，但有来源于中国境内所得的企业。

企业所得税的纳税对象是纳税人的生产经营所得和其他所得，包括来源于境内、境外的所得。生产、经营所得指从事物质生产、交通运输、商品流通、劳务服务以及经国务院财政部门确认的其他赢利事业取得的所得；其他所得指股息、利息、租金、转让各类资产收益、特许权使用费以及营业外收益等。

企业所得税的计税依据是纳税人的应纳税所得额。纳税人的应纳税所得额为纳税人每一纳税年度的总收入减去准予扣除项目后的余额。用公式表示如下：

应纳税所得额 = 收入总额 — 不征税收入 — 免税收入 — 准予扣除项目金额 — 允许弥补的以前年度亏损

纳税人的收入包括生产经营收入、财产转让收入、利息收入、租赁收入、特许权使用费收入、股息收入和其他收入。准予扣除项目包括与纳税人取得收入有关的成本、费用、税费和损失。其中成本即生产经营成本，指纳税人为生产经营商品和提供劳务等所发生的各项直接费用和各项间接费用；费用即纳税人为生产经营商品和提供劳务等所发生的销售（经营）费用、管理费用和财务费用；税费即纳税人按规定缴纳的消费税、营业税、城市维护建设税、资源税、土地增值税等，教育费附加可视同税费；损失指纳税人在生产经营过程中的各项营业外支出、已经发生的经营亏损、投资损失和其他损失。

现行税制中的企业所得税基本税率为25%；非居民企业适用税率20%；符合条件的小型微利企业适用税率20%；国家需要重点扶持的高新技术企业适用税率15%。

另外，除在中国境内未设立机构、场所但有来源于中国境内所得的非居民企业是适用20%的税率，其余一般的居民企业和非居民企业都适用25%的基本税率。

企业所得税按年计算，分月或者分季预缴，由主管税务机关根据纳税人应纳税额的大小，具体核定。月度或者季度的终了后15日内预缴，年度终了后4个月内汇算清缴，多退少补。

纳税人应在月份或者季度终了后15日内向主管税务机关报送会计报表和预

缴所得税申报表，年度终了后45日内向主管税务机关报送会计决算报表和所得税申报表（无论盈利还是亏损）。

纳税人预缴所得税时，应当按照当月或者当季的实际利润预缴。按实际数预缴有困难的，可以按照上年度应纳税所得额的1/12或者1/4，或者经过主管税务机关认可的其他方法预缴税款。预缴方法一经确定，不能随意改变。

对境外投资所得可在年终汇算清缴。

联营企业应当先就地缴纳所得税，然后进行利润分配。

纳税人在年度中间合并、分立、终止时，应当在停止生产、经营之日起60日内向主管税务机关办理当期所得税汇算清缴。

（六）其他应缴税种

除流转税类和所得税类外，公司还要承担一些税种。这里统统归纳为其他税类，如资源税、城市维护建设税等。

1. 资源税

《中华人民共和国资源税暂行条例》中规定，凡在中华人民共和国境内从事原油、天然气、煤炭、金属等产品和其他非金属矿产品开采及生产盐的单位和个人为资源税的纳税义务人。包括：国有企业、集体企业、私营企业、股份制企业、外商投资企业、外国企业和行政事业单位、军事单位、社会团体等单位以及个体经营者和其他个人。

资源税定额税率按应税产品的课税单位规定税额幅度如下：

表35 资源税税目税率表

税 目		税 率
一、原油		销售额的5%~10%
二、天然气		销售额的5%~10%
三、煤炭	焦煤	每吨8~20元
	其他煤炭	每吨0.3~5元
四、其他非金属矿原矿	普通非金属矿原矿	每吨或者每立方米0.5~20元
	贵重非金属矿原矿	每千克或者每克拉0.5~20元
五、黑色金属矿原矿		每吨2~30元
六、有色金属矿原矿	稀土矿	每吨0.4~60元
	其他有色金属矿原矿	每吨0.4~30元
七、盐	固体盐	每吨10~60元
	液体盐	每吨2~10元

2. 城市维护建设税

城市维护建设税是为了加强城市的维护建设，扩大和稳定城市维护建设资金来源而征收的一种税。

城市维护建设税实行地区差别比例税率，具体分三种情况：

纳税人所在地在市区的，税率为7％；

纳税人所在地在县城、镇的，税率为5％；

纳税人所在地不在市区、县城或镇的，税率为1％。

3. 土地增值税

土地增值税的纳税人是有偿转让中华人民共和国国有土地使用权及地上建筑物和其他附着物产权的单位和个人，包括：机关、团体、部队、企业事业单位、个体工商业户及其他单位和个人。

土地增值税额累进税率，分别为30％、40％、50％和60％。其中：

土地增值额超过扣除项目金额50％的部分，税率为30％；

土地增值额超过扣除项目金额50％，未超过100％的部分，税率为40％；

土地增值额超过扣除项目100％，未超过200％的部分，税率50％；土地增值额超过扣除项目200％以上的部分，税率60％。

二、纳税申报

（一）纳税申报的意义

纳税申报是纳税人就纳税事项向税务机关提出书面申报的一种法定手续。税法规定，纳税人不论税务机关采取何种征收方式征收税款，均必须按期向税务机关报送统一格式的纳税申报表、财务会计报表和其他纳税资料，如实填报纳税事项，准确计算应纳税款，税务机关据以开具完税凭证，纳税人据以缴纳税款。纳税申报发生错误，纳税人将依法承担法律责任。

申报纳税是纳税人定期向税务机关书面报告其生产经营收益情况及计算缴纳税款有关事项的一项重要制度。它既是一种法定手续，又是建立税务机关与纳税人之间紧密联系的重要纽带。通过纳税人的纳税申报，税务机关可清楚掌握纳税人的生产经营及纳税情况，辅导纳税人正确执行税法。纳税人也可在纳税申报中及时了解国家有关税收政策法令。负有代扣代缴、代收代缴税款义务的单位和个人，也必须按照有关规定履行代扣代缴、代收代缴税款的申报手续。

（二）纳税申报的种类

纳税人、扣缴义务人可以直接到主管税务机关办税服务厅报送纳税申报表、代扣代缴或代收代缴税款报告表，也可以经主管税务机关核准采取邮寄、数据电文、网上报税或者其他方式办理纳税申报事项。

纳税人、扣缴义务人可以根据自身的情况，在以下申报方式中选择一种，报主管税务机关核准。

1. 直接申报

直接申报是指纳税人、扣缴义务人自行到各基层局办税厅申报窗口办理纳税申报事项，报送纳税申报资料。

2. 邮寄申报

邮寄申报是指纳税人、扣缴义务人经批准使用统一规定的纳税申报特快专递专用信封，并以邮政部门收据作为申报凭据。邮寄申报以寄出的邮戳日期为实际申报日期。

3. 网上申报

网上申报是指纳税人、扣缴义务人经批准通过计算机网络，电话线路登录互联网与税务部门的网站进行连接。纳税人使用计算机填写申报表和各种财务报表，以电子信息方式提交纳税申报表等纳税申报资料。税务部门根据纳税人、扣缴义务人提交的纳税申报表等纳税申报资料，进行逻辑审核后，办理有关的纳税申报手续。

4. 电子申报

电子申报是指纳税人、扣缴义务人经批准，利用专用电子报税设备，将有关纳税申报数据传送到各基层局，并定期报送书面纳税申报资料的申报方式。

5. 数据电文申报

数据电文申报是指纳税人、扣缴义务人以 IC 卡、光电扫描、电报、电传、传真、电子数据交换和电子邮件等方式申报纳税。

6. 委托代理申报

委托代理申报是指纳税人、扣缴义务人选择具有税务代理资格的代理机构为其办理纳税申报事项。

(三)纳税申报的内容

纳税人、扣缴义务人必须在法律、行政法规规定的或者税务机关依照法律、行政法规的规定确定的申报期限内,到主管税务机关办理纳税申报或者报送代扣代缴、代收代缴税款报告表。

《税收征收管理法》及其实施细则对纳税申报的内容作了明确规定:"纳税人和扣缴义务人的纳税申报或者代扣代缴、代收代缴税款报告表的主要内容包括:税种、税目,应纳税项目或者应代扣代缴、代收代缴项目,计税依据,扣除项目及标准,适用税率或者单位税额,应退税项目及税额、应减免税项目及税额,应纳税额或者应代扣代缴、代收代缴税额,税款所属期限、延期缴纳税款、欠税、滞纳金等。"

(四)纳税申报的报送材料

纳税人办理纳税申报时,应当如实填写纳税申报表,并根据不同情况相应报送下列有关证件、资料:

(1)财务会计报表及其说明材料;
(2)与纳税有关的合同、协议书及凭证;
(3)税控装置的电子报税资料;
(4)外出经营活动税收管理证明及异地完税凭证;
(5)境内或者境外公证机构出具的有关证明文件;
(6)税务机关规定应当报送的其他有关证件、资料。

扣缴义务人办理代扣代缴、代收代缴税款报告时,应当如实填写代扣代缴、代收代缴税款报告表,并报送代扣代缴、代收代缴税款的合法凭证以及税务机关规定的其他有关证件、资料。

根据上述规定,纳税人在申报期内无论有无收入,都必须在规定的期限内,如实填写适用税种的纳税申报表,并附报有关资料。享受减、免税优惠的纳税人,其以《免税期纳税申报表》的填写要分为两部分进行填报,一是按正常纳税年度进行填报,并据以计算应纳税额;二是按其享受税收优惠的待遇,依据税收优惠规定计算应纳税额。

(五)延期申报的情形

纳税人、扣缴义务人遇到不可避免并不可克服的自然灾害,如风灾、火灾、水灾、地震、战争等不可抗力情形时,不能按期办理纳税申报或者报送代扣代缴、代收代缴税款报告表的,可以办理延期纳税申报。但是,应当在不可抗力情形消除后立即向税务机关报告。税务机关应当查明事实,予以核准。此外,纳税人、扣缴义务人按照规定的期限办理纳税申报或者报送代扣代缴、代收代缴税款报告表确有困难，需要延期的，应当在规定的申报期限内向税务机关提出书面延期申请，经税务机关核准，在核准的期限内办理。

纳税人、扣缴义务人延期申报办理程序：

（1）向税务机关领取《延期申报申请审批表》，如实填写后送税务机关审核。

（2）经税务机关批准可以延期办理纳税申报的纳税人，除不可抗力原因外，应按税务机关所审批的延期申报申请表或者填发的预缴税款（征收滞纳金）通知书所核定的预缴金额在规定的期限内预缴入库。

（3）在税务机关核准延期申报期限内办理纳税申报结算。

三、税款征收

（一）税款征收的方式

税款征收是税务机关依据国家税收法律、行政法规的规定将纳税人、扣缴义务人依法应缴纳的税款通过不同的征缴方式组织入库的执法过程。

主管税务机关应根据纳税人、扣缴义务人的要求和支付税款的条件，在以下税款征缴方式中，核准一种税款缴纳方式：转账征缴方式；自核自缴征缴方式；税款预储账户征缴方式；支票缴税征缴方式；现金缴税征缴方式；银行卡（存折）缴税征缴方式；税务、银行、国库联网缴税征缴方式；委托代征征缴方式。

《税收征收管理法》规定，税务机关依照税收法律、法规的规定征收税款，不得违反法律、法规的规定，开征、停征、多征、少征、提前征收、延缓征收或者摊派税款。纳税人、扣缴义务人按照法律、行政法规规定或税务机关依照法律、行政法规的规定确定的期限，缴纳或者解缴税款。税款征收方式一般包括以下八种：

1. 查账征收

查账征收是由纳税人依据账簿记载，先自行计算缴纳，事后经税务机关查账核实，如有不符合税法规定时，可以多退少补。这种税款的征收方式主要是对已经建立会计账册、会计记录完整的单位采用。

2. 查定征收

查定征收是由税务机关根据纳税人的生产设备等情况在正常条件下的生产、销售情况，对其生产的应税产品查定产量和销售额，然后依照税法规定的税率征收的一种方式。这种税款的征收方式主要是对生产不固定、账册不健全的单位采用。

3. 查验征收

查验征收是由税务机关对纳税人的应税产品进行查验，贴上完税证、查验证或盖查验戳，并据以征税的一种方式。这种税款的征收方式主要适用于财务会计制度不健全、生产经营不固定的纳税人。

4. 定期定额征收

定期定额征收是指税务机关依照法律、法规的规定，依照一定的程序，核定纳税人在一定经营时期内的应纳税经营额及收益额，并以此为计税依据，确定其应纳税额的一种税款征收方式。税务机关核定定额应依照以下程序办理：纳税人自报，典型调查，定额核定，下达定额。这种税款的征收方式适用于生产经营规模小，难以查清真实收入又确实无建账能力，经主管税务机关审核批准，可以不设置账簿或暂缓建账的小型纳税人。

5. 代扣代缴

代扣代缴是指按照税法规定，赋有扣缴义务的法定义务人，负责对纳税人应纳税款进行扣缴的征收方式。即由支付人在向纳税人支付款项时，从所支付的款项中依照税法的规定直接扣收税款。其目的是对零星、分散不易控制的税源实行源泉控管。

6. 代收代缴

代收代缴是指按照税法规定，赋有收缴税款的法定义务人，负责对纳税人的税款进行收缴的征收方式。即由与纳税人有经济业务往来的单位和个人，在向纳税人收取款项时依照税法的规定收取税款。这种方式一般适用于税收网络覆盖不到或很难控制的领域，如受托加工应征消费税的消费品，由受托方代收代缴消费税。

7. 委托代征

委托代征是指受托的有关单位按照税务机关核法的代征证书的要求，以税务机关的名义向纳税人征收零散税款的税款征收方式。

8. 其他方式

其他方式指如邮寄申报纳税、自计自填自缴、自报核缴等方式。自计自填自缴，是经税务机关批准，纳税人根据税法规定，自行计算应纳税款、自行填写缴款书、自行按期到银行缴纳税款的一种方式。自报核缴，是纳税人向税务机关报送纳税申报表，经税务机关审核，核定应纳税额，填发缴款书，纳税人凭其到银行缴纳税款的一种纳税方式。

（二）税款征收的操作流程

1. 以转账方式征缴税款的程序

主管税务机关根据纳税人、扣缴义务人报送的纳税申报资料经审核符合要求后打印（填开）《税收通用缴款书》交纳税人、扣缴义务人到开户银行划解税款。

2. 以自核自缴方式征缴税款的程序

纳税人、扣缴义务人自行计算应纳税款，自行填开《税收通用缴款书》，自行到开户银行缴纳税款，并在规定的纳税申报期限内向主管税务机关办理纳税申报事项。

3. 以预储税款方式征缴税款的程序

（1）纳税人、扣缴义务人在指定的金融机构开设税款预储账户，提前存入当期应纳税款的资金，并在规定的纳税申报期限内办理纳税申报事宜；

（2）主管税务机关根据纳税人、扣缴义务人报送的纳税资料经审核符合要求后，打印（填开）《税收通用缴款书》，并通知银行划解税款。

4. 以支票缴税方式征缴税款的程序

（1）纳税人、扣缴义务人在规定的纳税申报期限内持纳税申报资料和支票到主管税务机关申报缴税；

（2）主管税务机关对其涉税账号进行审核，查询其账户资金是否满足本次缴税；

（3）如果资金足够，主管税务机关打印（填开）《税收通用完税证》，并加盖"征税专用章"，将收据联交纳税人、扣缴义务人。

5. 以现金缴税方式征缴税款的程序

（1）纳税人、扣缴义务人在规定的纳税申报期限内持纳税申报资料和现金到主管税务机关办理纳税事宜；

（2）主管税务机关打印（填开）《税收通用完税证》，向纳税人、扣缴义务人收取现金后，将完税凭证交纳税人、扣缴义务人；或纳税人自行填开税收缴款书到指定银行缴纳税款；

（3）主管税务机关在规定的期限内打印（填开）《税收汇总专用缴款书》或《税收通用缴款书》将现金交入国库。

6. 以银行卡（存折）缴税方式征缴税款的程序

（1）纳税人、扣缴义务人自行计算应纳税款，并在规定的期限内持纳税申资料和银行卡（存折）到主管税务机关或银行办理申报纳税事宜；

（2）主管税务机关对银行卡的有效性进行审核后，打印（填开）《税收通用完税证》交纳税人、扣缴义务人；

（3）主管税务机关应在规定期限内打印（填开）《税收通用缴款书》或《税收汇总专用缴款书》向国库划解税款。

7. 以网上报税方式征缴税款的程序

（1）纳税人、扣缴义务人需在主管税务机关确定的联网银行开设纳税账户，并与银行签订"委托划缴税款协议书"一式三份，纳税人、扣缴义务人和银行各存一份，报主管税务机关一份；

（2）主管税务机关每月至少1次与开户银行核对纳税人、扣缴义务人的纳税账号和纳税编码，确保一一对应；

（3）纳税人、扣缴义务人通过上网进行申报纳税，主管税务机关经审核无误后，通过电子信息与联网银行进行连接，由联网银行划缴税款并给纳税人、扣缴义务人打印（填开）《税收通用缴款书》；

（4）银行划缴税款如果成功，主管税务机关根据银行转来的《税收通用缴款书》报查联、回执联进行会计销号处理，纳税人、扣缴义务人到银行拿取"税收缴款书"；

（5）银行划缴税款如果不成功或者纳税人、扣缴义务人其银行存款不足以缴纳当期税款，由主管税务机关进行催缴或者以其他征缴方式征收税款。

8. 以委托代征方式征缴税款的程序

（1）主管税务机关与受托代征单位签订《委托代征税款协议书》并签发委托代征证书；

（2）受托代征单位以税务机关名义向有关纳税人、扣缴义务人收取税款，并开具《税收通用完税证》，同时根据委托代征协议或税务机关的规定，填开《税收汇总专用缴款书》或《税收通用缴款书》划解税款，按规定填制《委托代征税款报告表》、《票款结报手册》向主管税务机关办理票款结报手续；

（3）根据协议或规定，税款由税务机关汇总的，主管税务机关在受托代征单位办理票款结报手续后，按规定期限填制《税收汇总专用缴款书》或《税收通用缴款书》向国库划解税款。

（三）延期缴纳税款的申请审批流程

（1）纳税人遇有税收法律、法规规定的特定情况，不能按期缴纳税款的，在纳税申报期限之前，可以向主管税务机关提出延期缴纳税款申请，经省级地方税务局批准,可延期缴纳税款。

税收法律、法规规定的特定情况指:因不可抗力因素,导致纳税人发生较大损失,正常生产经营活动受到较大影响的;当期货币资金在扣除应付职工工资、社会保险费后,不足以缴纳税款的。

(2) 纳税人需要延期缴纳税款的,应向主管税务机关报送下列材料:申请延期缴纳税款报告,当期货币资金余额情况及所有银行存款账户的对账单,资产负债表,应付职工工资和社会保险费等。

(3) 主管税务机关受理纳税人提交的延期纳税申请并进行调查后,在《延期缴纳税款申请审批表》上签署意见,按规定的权限进行审批。

(4) 纳税人延期纳税申请未被批准的,应按规定的期限申报纳税。

(5) 经批准延期纳税的税款在批准延长期限内,不加收滞纳金。

(6) 纳税人延期缴纳税款最长不得超过3个月。

(四) 税款征收保障措施

1. 税收保全措施

税务机关有根据认为从事生产、经营的纳税人有逃避纳税义务行为的,可以在规定的纳税期之前,责令限期缴纳应纳税款;在限期内发现纳税人有明显的转移、隐匿其应纳税的商品、货物以及其他财产或者应纳税的收入的迹象的,税务机关可以责成纳税人提供纳税担保。如果纳税人不能提供纳税担保时,经县以上税务局(分局)局长批准,税务机关可以采取下列税收保全措施:

(1) 书面通知纳税人户银行或者其他金融机构冻结纳税人的金额相当于应纳税款的存款;

(2) 扣押、查封纳税人的价值相当于应纳税款的商品、货物或者其他财产。

2. 强制执行措施

从事生产、经营的纳税人、扣缴义务人没有按照规定的期限缴纳或者解缴税款,纳税担保人未按照规定的期限缴纳所担保的税款,由税务机关责令限期缴纳,逾期仍未缴纳的,经县以上税务局(分局)局长批准,税务机关可以采取下列强制执行措施:

(1) 书面通知其开户银行或者其他金融机构从其存款中扣缴税款;

(2) 扣押、查封、依法拍卖或者变卖其价值相当于应纳税款的商品、货物或者其他财产,以拍卖或者变卖所得抵缴税款。税务机关采取上述强制措施时,对纳税人、扣缴义务人、纳税担保人未缴纳的滞纳金同时强制执行。个人及其所扶(抚)养家属维持生活必需的住房和用品,不在税收保全措施和强制执行措施的范围之内。

3. 税收优先制度

税务机关征收税款，税收优先于无担保债权，法律另有规定的除外；纳税人欠缴的税款发生在纳税人以其财产设定抵押、质押或者纳税人的财产被留置之前的，税收应当先于抵押权、质押权、留置权执行。纳税人欠缴税款，同时又被行政机关决定处以罚款、没收违法所得的，税收优先于罚款、没收违法所得。

4. 代位权、撤销权

欠缴税款的纳税人因怠于行使到期债权，或者放弃到期债权，或者无偿转让财产，或者以明显不合理的低价转让财产而受让人知道该情形，对国家税收造成损害的，税务机关可以依照《合同法》的规定行使代位权、撤销权。

（五）税款征收的多退少补

税款在征收额度方面的要求是：依法征税、依率计征、应收尽收、多退少补。《税收征收管理法》在税款的退补方面作了如下规定：

纳税人超过应纳税额缴纳的税款，税务机关发现后应立即退还；纳税人自结算纳税款之日起3年内发现的，可以向税务机关要求退还多缴的税款并加算银行同期存款利息，税务机关及时查实后应当立即退还。

因税务机关的责任，致使纳税人、扣缴义务人未缴或者少缴税款的，税务机关在3年内可以要求纳税人、扣缴义务人补缴税款，但是不得加收滞纳金。因纳税人、扣缴义务人计算错误等失误，未缴或者少缴税款的，税务机关在3年内可以追征税款、滞纳金；有特殊情况的（指数额在10万元以上），追征期可以延长到5年。

第三节 办理社会保险与住房公积金

一、办理社会保险

社会保险是国家通过立法的形式，由社会集中建立基金，以使劳动者在年老、患病、工伤、失业、生育等丧失劳动能力的情况下能够获得国家和社会补偿和帮助的一种社会保障制度。

（一）社会保险的属性

社会保险是国家根据宪法所制定的基本社会政策，社会保险具有保障性、法定性、互济性、福利性、普遍性。社会保险不以营利为目的。

（二）社会保险的特点

社会保险有五个特点：

1. 保障性

实施社会保险的根本目的，就是保障劳动者在其失去劳动能力之后的基本生活，从而维护社会的稳定。

2. 法定性

社会保险是国家立法，强制实施。保险待遇的享受者及其所在单位，双方都必须按照规定参加并缴纳社会保险基金。法定性，是实现社会保险的组织保证，目的在于保障劳动者因暂时或永久丧失劳动能力以及失业时获得基本的生活保障，安定社会秩序。

3. 互济性

社会保险是按照社会共担风险原则进行组织的。社会保险机构要用互助互济的办法统一调剂基金，支付保险金和提供服务，实行收入再分配。

4. 福利性

社会保险不以营利为目的，它以最少的花费，解决最大的社会保障问题，属于社会福利性质。

5. 普遍性

社会保险实施范围广，一般在所有职工及其供养的直系亲属中实行。

（三）社会保险的功能

社会保险有以下五大功能：

（1）保障劳动者基本生活，安定社会。
（2）保护劳动者身体健康，增进劳动者体质。
（3）促进生产发展，保证经济正常运行。
（4）为社会、为基层服务，方便群众生活。
（5）实行收入再分配，适当调节劳动分配，保障低收入者的基本生活。

（四）社会保险分类及缴费比例

（1）社会保险险种有五个，分别是养老保险、医疗保险、失业保险、工伤保险、生育保险。如果是企业，前四个险种必须要上；如果是事业单位，则需上失业保险、医疗保险。

（2）养老保险缴费比例：单位20%，个人8%；医疗保险缴费比例：单位10%，个人2%；失业保险缴费比例：单位1.5%，个人0.5%；工伤保险根据单位被划分的行业范围来确定它的工伤费率。

（3）各险种的收费时间均为每月的月初，收缴的方式主要采取银行托收、支票和现金。如果单位对某一个职工没有及时办理社会保险，可由单位为该职工办理补缴手续。

（五）社会保险的办理

以下相关内容以北京市社会保险为例来讲述社会保险的办理。

1. 社会保险登记

根据北京市政府规定参加社会保险的单位，必须办理社会保险登记，领取《社会保险登记证》（以下简称《登记证》）。

单位应当自领取营业执照或成立之日起30日内，向所属社保经（代）办机构申请社会保险登记，建立单位缴费信息数据库。

单位应填写《北京市社会保险单位信息登记表》（以下简称《单位信息登记表》），并出示以下证件和资料：

（1）企业持《企业法人营业执照》（副本及复印件）。

（2）事业单位持《事业单位法人证书》（副本及复印件）。

（3）社会团体持《社会团体法人登记证》（副本及复印件）。

（4）国家机关持单位行政介绍信。

（5）国家质量技术监督部门颁布的组织机构统一代码证书（原件及复印件）。

（6）其他核准执业的有关证件、资料。

（7）外商投资企业还须持有关部门签发的《中华人民共和国外商投资企业批准证书》。

（8）外国、港澳台和外商机构在北京设立的办事处（机构），须出示市工商行政部门签发的《外国（地区）企业常驻代表机构登记证》或《外商投资企业办事机构注册证》。

（9）国内驻京非法人资格的分支机构还须提供上级法人单位开具的办理参加北京市社会保险全权委托授权书。

对单位填报的《单位信息登记表》、提供的证件和资料，社保经（代）办机构要即时受理，符合登记要求的为其开具《北京市社会保险缴费专户开户（变更、注销）通知》（以下简称《专户开户通知》），单位凭此通知5日内到指定银行开设缴费专户；社保经（代）办机构依据银行开户回执对单位予以登记并核发《登记证》。

2．登记变更

单位发生社会保险登记事项变更时，应当自登记变更之日起30日内，持以下证件和资料向所属社保经（代）办机构申请办理社会保险登记变更手续：

（1）《北京市社会保险单位信息登记变更表》（以下简称《单位信息登记变更表》）。

（2）《登记证》。

（3）工商执照或有关机关批准变更证明。

（4）社保经（代）办机构规定的其他相关资料。

单位社会保险登记变更材料齐全的，经社保经（代）办机构审核后予以变更。

单位信息变更事项涉及《登记证》内容，需要重新打印《登记证》的，社会保险登记证号不予变动，原《登记证》收回。

3．登记注销

单位发生解散、破产、撤销、合并、被吊销营业执照以及其他情形，依法终止社会保险缴费义务时，应当自发生注销登记事项之日起30日内向所属社保经（代）办机构申请注销登记。

单位申请注销登记时须填写《单位信息登记变更表》，并提供相关证明材料，经社保经（代）办机构审核后，为其办理注销社会保险登记手续，并收回《登记证》。

单位在办理注销社会保险登记前，应当结清应缴的社会保险费、滞纳金、罚款。

《登记证》由单位保管，不得伪造、转让、涂改、买卖和损毁。遗失社会保险登记证件的，应当及时向所属社保经（代）办机构提出书面申请并补办。

4．登记年检

单位每年应按规定参加社会保险登记年检。年检审核的主要内容包括：

（1）办理社会保险登记、变更登记、以前年检等情况。

（2）参加险种、参保人数及变更情况。

（3）申报缴费工资、缴纳社会保险费情况。

（4）社保经（代）办机构规定的其他内容。

年检时，单位须填写《北京市社会保险登记证年检表》（以下简称《登记证

年检表》)并携带以下相关资料:

(1)《登记证》。

(2)营业执照、批准成立证件或其他核准执业证件。

(3)组织机构统一代码证书。

(4)职工工资名册。

(5)社保经(代)办机构规定的其他有关证件和资料。

到所属社保经(代)办机构进行社会保险登记年检。未经年检,证件自行失效。

社保经(代)办机构审核通过的,在《登记证》上加盖核验印章。

5. 社会保险费的缴纳

(1)社会保险缴费基数的采集。社保经(代)办机构每年一季度向参保单位下发《缴费基数采集通知》及《北京市社会保险缴费基数采集表》(以下简称《缴费基数采集表》)或缴费基数采集软件。单位依据缴费基数采集的要求如实将缴费人员本人的上年月平均工资填入《缴费基数采集表》或录入采集软件并打印《缴费基数采集表》,由缴费人员签字确认。单位于每年3月31日前将《缴费基数采集表》和采集数据盘上报所属社保经(代)办机构。

(2)社会保险缴费基数的生成。社保经(代)办机构于每年4月1日按有关规定生成当年缴费人员的缴费基数,并于每年4月20日之前完成缴费基数的核对工作。

(3)缴费人员增减变动。社保经(代)办机构每月5～25日办理缴费人员增加或减少的变动手续。

人员增加。单位新增参保人员时,应填写《北京市社会保险参保人员增加表》(以下简称《参保人员增加表》),并附《北京市社会保险个人信息登记表》(以下简称《个人信息登记表》)或社会保险个人缴费转移证明及相关材料,由社保经(代)办机构负责办理参保人员的增加手续。

人员减少。单位办理参保人员减少时,应填写《北京市社会保险参保人员减少表》(以下简称《参保人员减少表》),社保经(代)办机构根据减少原因打印《北京市社会保险关系转移证明》(以下简称《保险关系转移证明》)、《北京市社会保险人员转移情况表》(以下简称《人员转移情况表》)、《北京市养老保险个人账户退休清算单》(以下简称《个人账户退休清算单》)、《北京市社会保险一次性领取清算单》(以下简称《一次性领取清算单》)、《北京市退休人员养老保险个人账户清算单》(以下简称《退休人员个人账户清算单》),并负责办理参保人员的减少手续。

(4)月报征收。每月1日前,参保单位必须将应缴社会保险费足额存到缴费专户。每月 2 日社保经（代）办机构根据生成的月报缴费数据通过缴费专户进行扣缴。

社保经（代）办机构业务人员对社会保险费未足额扣缴到位的单位进行催缴，并根据催缴情况重新确定单位当月的还款日期和收款方式，再次进行收缴。

单位由于特殊原因采用现金、支票等方式缴费的，每月 28 日前将本月应缴款项足额上缴到所属社保经（代）办机构。

（5）基金补缴。办理社会保险费补缴业务时，单位应填写《北京市社会保险费补缴明细表》（以下简称《补缴明细表》）和《北京市社会保险费补缴汇总表》（以下简称《补缴汇总表》）一式两份，并附补缴情况说明（其中须经劳动保障行政部门审批的养老保险补缴还须携带相关审批材料）。经社保经（代）办机构业务人员复核后，录入计算机系统生成补缴汇总信息，与单位填报的《补缴汇总表》核对一致后，单位须以支票、现金方式到财务窗口办理缴费。

社会保险经（代）办机构待其补缴基金收缴到账后对个人缴费信息进行记录。

（6）欠费处理。欠缴社会保险费的单位，办理社会保险基金还款手续时应填报《北京市社会保险费欠缴单位还款表》（以下简称《欠缴单位还款表》）一式两份，经社保经（代）办机构业务核对、录入后，财务进行收款处理。

欠缴基金收款到位后，系统自动对个人缴费情况进行记录。社保经（代）办机构业务人员对欠缴社会保险费的单位进行催缴；对无法落实还欠的单位，交社会保险稽核部门催缴；对逾期仍不缴纳社会保险费的单位，交至劳动和社会保障行政部门监察执法。

（7）缴费记录。社保经（代）办机构负责为参保单位和参保人员建立和保存缴费记录，其中养老保险应当按规定记录个人账户。

（8）缴费核对。社保经（代）办机构每年向参保人员提供一次前一年的《北京市社会保险个人缴费信息对账单》（以下简称《个人缴费信息对账单》）。参保单位、参保人员可查询缴费记录。

单位应当每年初向本单位参保人员公布单位上年社会保险费缴纳情况，接受职工监督。

二、办理住房公积金

住房公积金是单位及其在职职工缴存的长期住房储金，是住房分配货币化、社会化和法制化的主要形式。住房公积金制度是国家法律规定的重要的住房社会保障制度，具有强制性、互助性、保障性。单位和职工个人必须依法履行缴存住房公积金的义务。

（一）住房公积金的初始登记

（1）单位初建住房公积金时，依"填表说明"，填写一式两份的"住房公积金登记表"和"住房公积金汇交清册"报归集部门，同时提供单位印鉴卡一式两张完成初始登记。

（2）"住房公积金汇交清册"的实际张数要与"住房公积金登记表"上附汇交清册的张数一致。

（3）住房公积金的月交存额原则上每年核定一次。每年5月1～31日，均要向归集部门编报本单位下年度的"住房公积金登记表"和"住房公积金汇交清册"。

（4）交存额核定后，在住房公积金年度内可变更一次，单位应重新填报"住房公积金汇交清册"和"住房公积金登记表"，并在"住房公积金登记表"空白处注明新汇交额起始汇交月份。

（5）单位办理登记手续应提供的材料：

① 党政机关、事业单位或社会团体，需出具单位设立批准文件或法人证书副本原件及复印件；独立核算企业需出具营业执照副本原件及复印件；国外、外地派出机构代表处或办事处需出具当地工商行政管理部门核发的《注册证书》副本及复印件。

② 国家质量技术监督部门颁发的组织机构代码证副本原件及复印件。

③ 法定代表人或负责人、单位经办人的身份证复印件。

（二）住房公积金的汇交

由单位向所属管理部提交一式四联的、由单位填写的"住房公积金汇交书"和根据汇交书开具的转账支票一张。

如果汇交当月发生因职工调入、调出、离退休、新增职工等情况引起汇交金额变动时，单位应同时提交一份"住房公积金汇交变更清册"。

"汇交书"、"变更清册"及据以填制的转账支票配套使用，"汇交书"金额与支票金额一致。

（三）住房公积金的补交

由单位填写一式四联的"住房公积金补交书"和一式两份的"住房公积金补交清册"，并开具转账支票到所属管理部办理。

（四）住房公积金的转移和封存

1. 住房公积金的转移

（1）职工在新调入单位的归集部门开立公积金账户，并提供开户证明。

（2）由调出单位根据职工住房公积金分户账的账面余额，填制一式四联"住房公积金转移通知书"，送交归集部门办理转移手续。

（3）填制"住房公积金转移通知书"应注意完整填写以下内容：转入、转出单位的全称，单位编号及所属的归集部门；调出职工的姓名、编号应与单位汇交清册填写的一致；转移金额为该职工账户账面余额；签章（在归集部门留的印鉴）。

2. 住房公积金的封存

由职工所在单位在办理汇交时填报的"住房公积金汇交变更清册"即可办理，恢复交存时也由单位通过填报"变更清册"予以启封。

（五）住房公积金的提取和销户

1. 住房公积金的支取程序

（1）职工向所在单位提出申请，并提供相应材料（证明）。

（2）由单位按规定审核同意后开具一式三联填写的"住房公积金支取申请书"，加盖预留印鉴后到所属管理部门办理支取手续。

2. 住房公积金的销户

（1）职工向所在单位申请并提供相应材料。

（2）由单位在当月汇交时填写"住房公积金汇交变更清册"相关栏目，先将账户封存后即可办理销户支取。

第十五章 出纳工作的交接

第一节 出纳交接概述

一、出纳交接的作用

《会计法》第二十四条规定:"会计人员调动工作或者离职,必须与接管人员交接手续。一般会计人员办理交接手续,由会计机构负责人、会计主管人员监交。"出纳交接要按照会计人员交接的要求进行。出纳人员调动工作或者离职时,与接管人员办理交接手续,是出纳人员应尽的责任,也是分清移交人员与接管人员责任的重大措施。

出纳人员必须按有关规定和要求办理好工作的交接手续,搞好工作的移交。出纳工作交接的作用主要有:

(1) 可以明确工作责任。
(2) 便于接办的出纳人员熟悉工作。
(3) 有利于发现和处理出纳工作和资金管理工作中存在的问题。
(4) 预防经济责任事故经济犯罪的发生。

二、出纳移交的内容

出纳交接的具体内容根据各单位的具体情况而定,情况不一样,移交的内容也不一样。但总体来看,出纳的交接工作,主要包括以下一些基本内容:

(一) 财产与物资

(1) 会计凭证(原始凭证、记账凭证)。
(2) 会计账簿(现金日记账、银行存款日记账等)。
(3) 相关报表(出纳报告等)。
(4) 现金、银行存款、金银珠宝、有价证券和其他一切公有物品。
(5) 用于银行结算的各种票据、票证、支票簿等。
(6) 各种发票、收款收据。包括空白发票、空白收据、已用或作废的发票或收据的存根等。

（7）印章，包括财务专用章、银行预留印鉴以及"现金收讫"、"现金付讫"、"银行收讫"、"银行付讫"等业务专用章。

（8）各种文件资料和其他业务资料，如银行对账单，应由出纳人员保管的合同、协议等。

（9）办公室、办公桌与保险工具的钥匙，各种保密号码。

（10）本部门保管的各种档案资料和公用会计工具、器具等。

经办未了的事项。

（二）电算化资料

实行会计电算化的单位，还应包括以下内容：

（1）会计软件。

（2）密码、磁盘、磁带等有关电算化的资料、实物。

（三）业务介绍

（1）原出纳人员工作职责和工作范围的介绍。

（2）每期固定办理的业务介绍，如按期交纳电费、水费、电话费的时间等。

（3）复杂业务的具体说明，如交纳电话费的号码、台数等，银行账户的开户地址、联系人等。

（4）历史遗留问题的说明。

（5）其他需要说明的业务事项。

三、移交前的准备工作

为了使出纳工作移交清楚，防止遗漏，保证出纳交接工作顺利进行，出纳人员在办理交接手续前，必须做好以下准备工作：

（1）将出纳账登记完毕，并在最后一笔余额后加盖名章。

（2）在出纳账启用表上填写移交日期，并加盖名章。

（3）整理应该移交的各项资料，对未了事项写出书面材料。

（4）出纳日记账与现金、银行存款总账核对相符，现金账面余额与实际库存现金核对一致，银行存款账面余额与银行对账单核对无误。如有不符，要找出原因，弄清问题所在，加以解决，务求在移交前做到相符。

（5）编制移交清册。列明应当移交的会计凭证、账簿、报表、印章、现金、有价证券、支票簿、发票、文件、其他会计资料和物品等内容。实行会计电算化的单位，从事该项工作的移交人员还应当在移交清册中列明会计软件及密码、会计软件数据磁盘（磁带等）及有关资料、实物等内容。

第二节　出纳移交的注意事项

一、交接阶段的注意事项

出纳人员的离职交接，必须在规定的期限内，向接交人员移交清楚。接交人员应认真按移交清册当面点收。

(1) 现金、有价证券要根据出纳账和备查账簿余额进行点收。接交人发现不一致时，移交人要负责查清。

(2) 出纳账和其他会计资料必须完整无缺，不得遗漏。如有短缺，由移交人查明原因，在移交清册中注明，由移交人负责。

(3) 接交人应核对出纳账与总账、出纳账与库存现金和银行对账单的余额是否相符。如有不符，应由移交人查明原因，在移交清册中注明，并负责处理。

(4) 接交人按移交清册点收公章（主要包括财务专用章、支票专用章和领导人名章）和其他实物。

(5) 实行电算化的单位，必须将账页打印出来，装订成册，书面移交。

(6) 接交人办理接收后，应在出纳账启用表上填写接收时间，并签名盖章。

二、交接结束的注意事项

交接完毕后，交接双方和监交人，要在移交清册上签名或盖章。移交清册必须具备：

(1) 单位名称。

(2) 交接日期。

(3) 交接双方和监交人的职务及姓名。

(4) 移交清册页数、份数和其他需要说明的问题和意见。移交清册一般一式三份，交双方各执一份，存档一份。

三、出纳交接的相关责任

出纳交接工作结束后，在交接前后各期的工作责任应由当时的经办人负责，主要体现在以下几个方面：

(1) 接收人应认真接管移交工作，继续办理未了事项。

(2) 接收人应继续使用移交后的账簿等资料，保持会计记录的连续性，不得自行另立账簿或擅自销毁移交资料。

（3）移交后，移交人对自己经办的已办理移交的资料负完全责任，不得以资料已移交为借口推脱责任。

第三节 出纳交接移交表

移交表主要包括库存现金移交表、银行存款移交表、有价证券、贵重物品移交表、核算资料移交表和物品移交表，以及交接说明书等。

一、库存现金移交表

根据现金库存实有数，按币种（分人民币和各种外币）、币别分别填入库存现金移交表内。库存现金移交表如表36所示：

表36　库存现金移交表

币种：　　　移交日期：　年　月　日　　　单位：元

币别	数量	移交金额	接受金额	备注
100元				
50元				
10元				
5元				
2元				
1元				
5角				
2角				
1角				
5分				
2分				
1分				

单位负责人：　　　移交人：　　　监交人：　　　接管人：

二、存款移交表

银行存款，又分为活期存款和定期存款，有的单位还可能在不同的银行开户。因此，填表时应根据账面数、实有数、币种、期限、开户银行等分别填写。银行存款移交表如表37所示：

表37　银行存款移交表

移交日期：　年　月　日　　　单位：元

开户银行	币种	期限	账面数	实有数	备注
合计					

附：（一）银行存款余额调节表一份。（二）银行预留卡片一张。

单位负责人：　　移交人：　　监交人：　　接管人：

三、有价证券、贵重物品移交表

有价证券、贵重物品是出纳经管的单位财产，移交时，出纳移交人员应根据清理核对后的有价证券和贵重物品按品种、价值等分别登记。有价证券、贵重物品移交表如表38所示：

表38　有价证券、贵重物品移交表

移交日期：　年　月　日　　　单位：元

名称	购入日期	单位	数量	金额	备注
××债券					
××股票					
××票据					
××贵物物品					
××投资基金					

单位负责人：　　移交人：　　监交人：　　接管人：

对贵重物品较多的单位，可分别编制有价证券移交表与贵重物品移交表。

四、核算资料移交表

核算资料主要包括出纳账簿，收据、借据、银行结算凭证，票据领用、使用登记簿，以及其他文件资料等。核算资料移交表如表39所示：

表39　核算资料移交表

移交日期：　年　月　日　　　　单位：元

名称	年度	数量	起止号码	备注
现金收入日记账				
现金支出日记账				
银行存款收入日记账				
银行存款支出日记账				
收据领用登记簿				
支票领用登记簿				
收据				
现金支票				
转账支票				

单位负责人：　　　移交人：　　　监交人：　　　接管人：

五、物品移交表

物品主要包括会计用品、公用会计工具等。物品移交表如表40所示：

表40　物品移交表

移交日期：　年　月　日　　　　单位：元

名称	编号	型号	购入日期	单位	数量	备注
文件柜						
装订机						
复印机						
打印机						
保险柜						
照相机						
财务印章						

单位负责人：　　　移交人：　　　监交人：　　　接管人：

六、出纳人员工作交接书

"交接说明书"是把移交表中无法列入或尚未列入的内容做具体说明的文件。该说明书包括交接日期、交接双方及监交人员的职务和姓名、移交清册页数、需要说明的问题和意见。"交接说明书"的格式如表41所示：

表41　交接说明书

交接说明书 因原出纳人员刘××辞职，财务处已决定将出纳工作移交给赵××接管。现办理如下交接手续： 交接日期：20××年××月××日 具体业务的移交 库存现金：××月×日购面余额××元，实存相符，月记账余额与总账相符； 库存国库券：××××××元，经核对无误； 银行存款余额×××万元，经编制"银行存款余额调节表"核对相符。 移交的会计凭证、账簿、文件： 本年度现金日记账一本； 本年度银行存款日记账两本； 空白现金支票××张（×××号至×××号） ……。 印鉴。 ××公司财务处转讫印章一枚； ××公司财务处现金收讫印章和付讫印章各一枚。 交接前后工作责任的划分 20××年××月××日前的出纳责任事项由刘××负责；20××年××月××日起的出纳工作由赵××负责。以上移交事项均经交接双方认定无误。 本交接书一式三份，双方各执一份，存档一分。 移交人：刘××（签名盖章） 接管人：赵××（签名盖章） 监交人：张××（签名盖章） 　　　　　　　　　　　　　　　　　××公司财务处（公章） 　　　　　　　　　　　　　　　　　20××年××月××日

附录：相关适用法律法规

一、中华人民共和国会计法

（1985年1月21日第六届全国人民代表大会常务委员会第九次会议通过，根据1993年12月29日第八届全国人民代表大会常务委员会第五次会议《关于修改〈中华人民共和国会计法〉的决定》修正，1999年10月31日第九届全国人民代表大会常务委员会第十二次会议修订，自2000年7月1日起施行）

第一章 总 则

第一条 为了规范会计行为，保证会计资料真实、完整，加强经济管理和财务管理，提高经济效益，维护社会主义市场经济秩序，制定本法。

第二条 国家机关、社会团体、公司、企业、事业单位和其他组织（以下统称单位）必须依照本法办理会计事务。

第三条 各单位必须依法设置会计账簿，并保证其真实、完整。

第四条 单位负责人对本单位的会计工作和会计资料的真实性、完整性负责。

第五条 会计机构、会计人员依照本法规定进行会计核算，实行会计监督。

任何单位或者个人不得以任何方式授意、指使、强令会计机构、会计人员伪造、变造会计凭证、会计账簿和其他会计资料，提供虚假财务会计报告。

任何单位或者个人不得对依法履行职责、抵制违反本法规定行为的会计人员实行打击报复。

第六条 对认真执行本法，忠于职守，坚持原则，做出显著成绩的会计人员，给予精神的或者物质的奖励。

第七条 国务院财政部门主管全国的会计工作。

县级以上地方各级人民政府财政部门管理本行政区域内的会计工作。

第八条 国家实行统一的会计制度。国家统一的会计制度由国务院财政部门根据本法制定并公布。

国务院有关部门可以依照本法和国家统一的会计制度制定对会计核算和会计监督有特殊要求的行业实施国家统一的会计制度的具体办法或者补充规定,报国务院财政部门审核批准。

中国人民解放军总后勤部可以依照本法和国家统一的会计制度制定军队实施国家统一的会计制度的具体办法,报国务院财政部门备案。

第二章 会计核算

第九条 各单位必须根据实际发生的经济业务事项进行会计核算,填制会计凭证,登记会计账簿,编制财务会计报告。

任何单位不得以虚假的经济业务事项或者资料进行会计核算。

第十条 下列经济业务事项,应当办理会计手续,进行会计核算:

(一)款项和有价证券的收付;

(二)财物的收发、增减和使用;

(三)债权债务的发生和结算;

(四)资本、基金的增减;

(五)收入、支出、费用、成本的计算;

(六)财务成果的计算和处理;

(七)需要办理会计手续、进行会计核算的其他事项。

第十一条 会计年度自公历1月1日起至12月31日止。

第十二条 会计核算以人民币为记账本位币。

业务收支以人民币以外的货币为主的单位,可以选定其中一种货币作为记账本位币,但是编报的财务会计报告应当折算为人民币。

第十三条 会计凭证、会计账簿、财务会计报告和其他会计资料,必须符合国家统一的会计制度的规定。

使用电子计算机进行会计核算的,其软件及其生成的会计凭证、会计账簿、财务会计报告和其他会计资料,也必须符合国家统一的会计制度的规定。

任何单位和个人不得伪造、变造会计凭证、会计账簿及其他会计资料,不得提供虚假的财务会计报告。

第十四条 会计凭证包括原始凭证和记账凭证。

办理本法第十条所列的经济业务事项，必须填制或者取得原始凭证并及时送交会计机构。

会计机构、会计人员必须按照国家统一的会计制度的规定对原始凭证进行审核，对不真实、不合法的原始凭证有权不予接受，并向单位负责人报告；对记载不准确、不完整的原始凭证予以退回，并要求按照国家统一的会计制度的规定更正、补充。

原始凭证记载的各项内容均不得涂改；原始凭证有错误的，应当由出具单位重开或者更正，更正处应当加盖出具单位印章。原始凭证金额有错误的，应当由出具单位重开，不得在原始凭证上更正。

记账凭证应当根据经过审核的原始凭证及有关资料编制。

第十五条　会计账簿登记，必须以经过审核的会计凭证为依据，并符合有关法律、行政法规和国家统一的会计制度的规定。会计账簿包括总账、明细账、记账和其他辅助性账簿。

会计账簿应当按照连续编号的页码顺序登记。会计账簿记录发生错误或者隔页、缺号、跳行的，应当按照国家统一的会计制度规定的方法更正，并由会计人员和会计机构负责人（会计主管人员）在更正处盖章。

使用电子计算机进行会计核算的，其会计账簿的登记、更正，应当符合国家统一的会计制度的规定。

第十六条　各单位发生的各项经济业务事项应当在依法设置的会计账簿上统一登记、核算，不得违反本法和国家统一的会计制度的规定私设会计账簿登记核算。

第十七条　各单位应当定期将会计账簿记录与实物、款项及有关资料相互核对，保证会计账簿记录与实物及款项的实有数额相符、会计账簿记录与会计凭证的有关内容相符、会计账簿之间相对应的记录相符、会计账簿记录与会计报表的有关内容相符。

第十八条　各单位采用的会计处理方法，前后各期应当一致，不得随意变更；确有必要变更的，应当按照国家统一的会计制度的规定变更，并将变更的原、情况及影响在财务会计报告中说明。

第十九条　单位提供的担保、未决诉讼等或有事项，应当按照国家统一的会计制度的规定，在财务会计报告中予以说明。

第二十条 财务会计报告应当根据经过审核的会计账簿记录和有关资料编制，并符合本法和国家统一的会计制度关于财务会计报告的编制要求、提供对象提供期限的规定；其他法律、行政法规另有规定的，从其规定。

财务会计报告由会计报表、会计报表附注和财务情况说明书组成。向不同的会计资料使用者提供的财务会计报告，其编制依据应当一致。有关法律、行政法规规定会计报表、会计报表附注和财务情况说明书须经注册会计师审计的，注册会计师及其所在的会计师事务所出具的审计报告应当随同财务会计报告一并提供。

第二十一条 财务会计报告应当由单位负责人和主管会计工作的负责人、会计机构负责人（会计主管人员）签名并盖章；设置总会计师的单位，还须由总计师签名并盖章。

单位负责人应当保证财务会计报告真实、完整。

第二十二条 会计记录的文字应当使用中文。在民族自治地方，会计记录可以同时使用当地通用的一种民族文字。在中华人民共和国境内的外商投资企业外国企业和其他外国组织的会计记录可以同时使用一种外国文字。

第二十三条 各单位对会计凭证、会计账簿、财务会计报告和其他会计资料应当建立档案，妥善保管。会计档案的保管期限和销毁办法，由国务院财政部会同有关部门制定。

第三章 公司、企业会计核算的特别规定

第二十四条 公司、企业进行会计核算，除应当遵守本法第二章的规定外，还应当遵守本章规定。

第二十五条 公司、企业必须根据实际发生的经济业务事项，按照国家统一的会计制度的规定确认、计量和记录资产、负债、所有者权益、收入、费用、本和利润。

第二十六条 公司、企业进行会计核算不得有下列行为：

（一）随意改变资产、负债、所有者权益的确认标准或者计量方法，虚列、多列、不列或者少列资产、负债、所有者权益；

（二）虚列或者隐瞒收入，推迟或者提前确认收入；

（三）随意改变费用、成本的确认标准或者计量方法，虚列、多列、不列或者少列费用、成本；

（四）随意调整利润的计算、分配方法，编造虚假利润或者隐瞒利润；

（五）违反国家统一的会计制度规定的其他行为。

第四章　会计监督

第二十七条　各单位应当建立、健全本单位内部会计监督制度。单位内部会计监督制度应当符合下列要求：

（一）记账人员与经济业务事项和会计事项的审批人员、经办人员、财物保管人员的职责权限应当明确，并相互分离、相互制约；

（二）重大对外投资、资产处置、资金调度和其他重要经济业务事项的决策和执行的相互监督、相互制约程序应当明确；

（三）财产清查的范围、期限和组织程序应当明确；

（四）对会计资料定期进行内部审计的办法和程序应当明确。

第二十八条　单位负责人应当保证会计机构、会计人员依法履行职责，不得授意、指使、强令会计机构、会计人员违法办理会计事项。

会计机构、会计人员对违反本法和国家统一的会计制度规定的会计事项，有权拒绝办理或者按照职权予以纠正。

第二十九条　会计机构、会计人员发现会计账簿记录与实物、款项及有关资料不相符的，按照国家统一的会计制度的规定有权自行处理的，应当及时处理无权处理的，应当立即向单位负责人报告，请求查明原因，作出处理。

第三十条　任何单位和个人对违反本法和国家统一的会计制度规定的行为，有权检举。收到检举的部门有权处理的，应当依法按照职责分工及时处理；无处理的，应当及时移送有权处理的部门处理。收到检举的部门、负责处理的部门应当为检举人保密，不得将检举人姓名和检举材料转给被检举单位和被检举人个人。

第三十一条　有关法律、行政法规规定，须经注册会计师进行审计的单位，应当向受委托的会计师事务所如实提供会计凭证、会计账簿、财务会计报告和他会计资料以及有关情况。

任何单位或者个人不得以任何方式要求或者示意注册会计师及其所在的会计师事务所出具不实或者不当的审计报告。

财政部门有权对会计师事务所出具审计报告的程序和内容进行监督。

第三十二条 财政部门对各单位的下列情况实施监督：

（一）是否依法设置会计账簿；

（二）会计凭证、会计账簿、财务会计报告和其他会计资料是否真实、完整；

（三）会计核算是否符合本法和国家统一的会计制度的规定；

（四）从事会计工作的人员是否具备从业资格。

在对前款第（二）项所列事项实施监督，发现重大违法嫌疑时，国务院财政部门及其派出机构可以向与被监督单位有经济业务往来的单位和被监督单位开立账户的金融机构查询有关情况，有关单位和金融机构应当给予支持。

第三十三条 财政、审计、税务、人民银行、证券监管、保险监管等部门应当依照有关法律、行政法规规定的职责，对有关单位的会计资料实施监督检查。

前款所列监督检查部门对有关单位的会计资料依法实施监督检查后，应当出具检查结论。有关监督检查部门已经作出的检查结论能够满足其他监督检查部门履行本部门职责需要的，其他监督检查部门应当加以利用，避免重复查账。

第三十四条 依法对有关单位的会计资料实施监督检查的部门及其工作人员对在监督检查中知悉的国家秘密和商业秘密负有保密义务。

第三十五条 各单位必须依照有关法律、行政法规的规定，接受有关监督检查部门依法实施的监督检查，如实提供会计凭证、会计账簿、财务会计报告和他会计资料以及有关情况，不得拒绝、隐匿、谎报。

第五章 会计机构和会计人员

第三十六条 各单位应当根据会计业务的需要，设置会计机构，或者在有关机构中设置会计人员并指定会计主管人员；不具备设置条件的，应当委托经批设立从事会计代理记账业务的中介机构代理记账。

国有的和国有资产占控股地位或者主导地位的大、中型企业必须设置总会计师。总会计师的任职资格、任免程序、职责权限由国务院规定。

第三十七条 会计机构内部应当建立稽核制度。

出纳人员不得兼任稽核、会计档案保管和收入、支出、费用、债权债务账目的登记工作。

第三十八条　从事会计工作的人员，必须取得会计从业资格证书。

担任单位会计机构负责人（会计主管人员）的，除取得会计从业资格证书外，还应当具备会计师以上专业技术职务资格或者从事会计工作三年以上经历。

会计人员从业资格管理办法由国务院财政部门规定。

第三十九条　会计人员应当遵守职业道德，提高业务素质。对会计人员的教育和培训工作应当加强。

第四十条　因有提供虚假财务会计报告，做假账，隐匿或者故意销毁会计凭证、会计账簿、财务会计报告，贪污，挪用公款，职务侵占等与会计职务有关违法行为被依法追究刑事责任的人员，不得取得或者重新取得会计从业资格证书。

除前款规定的人员外，因违法违纪行为被吊销会计从业资格证书的人员，自被吊销会计从业资格证书之日起五年内，不得重新取得会计从业资格证书。

第四十一条　会计人员调动工作或者离职，必须与接管人员办清交接手续。

一般会计人员办理交接手续，由会计机构负责人（会计主管人员）监交；会计机构负责人（会计主管人员）办理交接手续，由单位负责人监交，必要时主管单位可以派人会同监交。

第六章　法律责任

第四十二条　违反本法规定，有下列行为之一的，由县级以上人民政府财政部门责令限期改正，可以对单位并处三千元以上五万元以下的罚款；对其直接责的主管人员和其他直接责任人员，可以处二千元以上二万元以下的罚款；属于国家工作人员的，还应当由其所在单位或者有关单位依法给予行政处分：

（一）不依法设置会计账簿的；

（二）私设会计账簿的；

（三）未按照规定填制、取得原始凭证或者填制、取得的原始凭证不符合规定的；

（四）以未经审核的会计凭证为依据登记会计账簿或者登记会计账簿不符合规定的；

（五）随意变更会计处理方法的；

（六）向不同的会计资料使用者提供的财务会计报告编制依据不一致的；

（七）未按照规定使用会计记录文字或者记账本位币的；

（八）未按照规定保管会计资料，致使会计资料毁损、灭失的；

（九）未按照规定建立并实施单位内部会计监督制度或者拒绝依法实施的监督或者不如实提供有关会计资料及有关情况的；

（十）任用会计人员不符合本法规定的。

有前款所列行为之一，构成犯罪的，依法追究刑事责任。

会计人员有第一款所列行为之一，情节严重的，由县级以上人民政府财政部门吊销会计从业资格证书。

有关法律对第一款所列行为的处罚另有规定的，依照有关法律的规定办理。

第四十三条　伪造、变造会计凭证、会计账簿，编制虚假财务会计报告，构成犯罪的，依法追究刑事责任。

有前款行为，尚不构成犯罪的，由县级以上人民政府财政部门予以通报，可以对单位并处五千元以上十万元以下的罚款；对其直接负责的主管人员和其他直接责任人员，可以处三千元以上五万元以下的罚款；属于国家工作人员的，还应当由其所在单位或者有关单位依法给予撤职直至开除的行政处分；对其中的会计人员，并由县级以上人民政府财政部门吊销会计从业资格证书。

第四十四条　隐匿或者故意销毁依法应当保存的会计凭证、会计账簿、财务会计报告，构成犯罪的，依法追究刑事责任。

有前款行为，尚不构成犯罪的，由县级以上人民政府财政部门予以通报，可以对单位并处五千元以上十万元以下的罚款；对其直接负责的主管人员和其他直接责任人员，可以处三千元以上五万元以下的罚款；属于国家工作人员的，还应当由其所在单位或者有关单位依法给予撤职直至开除的行政处分；对其中的会计人员，并由县级以上人民政府财政部门吊销会计从业资格证书。

第四十五条　授意、指使、强令会计机构、会计人员及其他人员伪造、变造会计凭证、会计账簿，编制虚假财务会计报告或者隐匿、故意销毁依法应当保的会计凭证、会计账簿、财务会计报告，构成犯罪的，依法追究刑事责任；尚不构成犯罪的，可以处五千元以上五万元以下的罚款；属于国家工作人员的，还应当由其所在单位或者有关单位依法给予降级、撤职、开除的行政处分。

第四十六条 单位负责人对依法履行职责、抵制违反本法规定行为的会计人员以降级、撤职、调离工作岗位、解聘或者开除等方式实行打击报复，构成犯罪的，依法追究刑事责任；尚不构成犯罪的，由其所在单位或者有关单位依法给予行政处分。对受打击报复的会计人员，应当恢复其名誉和原有职务、级别。

第四十七条 财政部门及有关行政部门的工作人员在实施监督管理中滥用职权、玩忽职守、徇私舞弊或者泄露国家秘密、商业秘密，构成犯罪的，依法追究刑事责任；尚不构成犯罪的，依法给予行政处分。

第四十八条 违反本法第三十条规定，将检举人姓名和检举材料转给被检举单位和被检举人个人的，由所在单位或者有关单位依法给予行政处分。

第四十九条 违反本法规定，同时违反其他法律规定的，由有关部门在各自职权范围内依法进行处罚。

第七章 附 则

第五十条 本法下列用语的含义：

单位负责人，是指单位法定代表人或者法律、行政法规规定代表单位行使职权的主要负责人。

国家统一的会计制度，是指国务院财政部门根据本法制定的关于会计核算、会计监督、会计机构和会计人员以及会计工作管理的制度。

第五十一条 个体工商户会计管理的具体办法，由国务院财政部门根据本法的原则另行规定。

第五十二条 本法自2000年7月1日起施行。

二、中华人民共和国注册会计师法

（1993年10月31日第八届全国人民代表大会常务委员会第四次会议通过，1993年10月31日中华人民共和国主席令第十三号公布，1994年1月1日起施行。）

第一章　总则

第一条　为了发挥注册会计师在社会经济活动中的鉴证和服务作用，加强对注册会计师的管理，维护社会公共利益和投资者的合法权益，促进社会主义市场经济的健康发展，制定本法。

第二条　注册会计师是依法取得注册会计师证书并接受委托从事审计和会计咨询、会计服务业务的执业人员。

第三条　会计师事务所是依法设立并承办注册会计师业务的机构。

注册会计师执行业务，应当加入会计师事务所。

第四条　注册会计师协会是由注册会计师组成的社会团体。中国注册会计师协会是注册会计师的全国组织，省、自治区、直辖市注册会计师协会是注册会计师的地方组织。

第五条　国务院财政部门和省、自治区、直辖市人民政府财政部门，依法对注册会计师、会计师事务所和注册会计师协会进行监督、指导。

第六条　注册会计师和会计师事务所执行业务，必须遵守法律、行政法规。

注册会计师和会计师事务所依法独立、公正执行业务，受法律保护。

第二章　考试和注册

第七条　国家实行注册会计师全国统一考试制度。注册会计师全国统一考试办法，由国务院财政部门制定，由中国注册会计师协会组织实施。

第八条　具有高等专科以上学校毕业的学历、或者具有会计或者相关专业中级以上技术职称的中国公民，可以申请参加注册会计师全国统一考试；具有会计或者相关专业高级技术职称的人员，可以免予部分科目的考试。

第九条　参加注册会计师全国统一考试成绩合格，并从事审计业务工作两年以上的，可以向省、自治区、直辖市注册会计师协会申请注册。

除有本法第十条所列情形外，受理申请的注册会计师协会应当准予注册。

第十条　有下列情形之一的，受理申请的注册会计师协会不予注册：

一、不具有完全民事行为能力的；

二、因受刑事处罚，自刑罚执行完毕之日起至申请注册之日止不满五年的；

三、因在财务、会计、审计、企业管理或者其他经济管理工作中犯有严重错误受行政处罚、撤职以上处分，自处罚、处分决定之日起至申请注册之日止不满二年的；

四、受吊销注册会计师证书的处罚，自处罚决定之日起至申请注册之日止不满五年的；

五、国务院财政部门规定的其他不予注册的情形的。

第十一条　注册会计师协会应当将准予注册的人员名单报国务院财政部门备案。国务院财政部门发现注册会计师协会的注册不符合本法规定的，应当通知有关的注册会计师协会撤销注册。

注册会计师协会依照本法第十条的规定不予注册的，应当自决定之日起十五日内书面通知申请人。申请人有异议的，可以自收到通知之日起十五日内向国务院财政部门或者省、自治区、直辖市人民政府财政部门申请复议。

第十二条　准予注册的申请人，由注册会计师协会发给国务院财政部门统一制定的注册会计师证书。

第十三条　已取得注册会计师证书的人员，除本法第十一条第一款规定的情形外，注册后有下列情形之一的，由准予注册的注册会计师协会撤销注册，收回注册会计师证书：

一、完全丧失民事行为能力的；

二、受刑事处罚的；

三、因在财务、会计、审计、企业管理或者其他经济管理工作中犯有严重错误受行政处罚、撤职以上处分的；

四、自行停止执行注册会计师业务满一年的。

被撤销注册的当事人有异议的，可以自接到撤销注册、收回注册会计师证书的通知之日起十五日内向国务院财政部门或者省、自治区、直辖市人民政府财政部门申请复议。

依照第一款规定被撤销注册的人员可以重新申请注册，但必须符合本法第九条、第十条的规定。

第三章　业务范围和规则

第十四条　注册会计师承办下列审计业务：

一、审查企业会计报表，出具审计报告；

二、验证企业资本，出具验资报告；

三、办理企业合并、分立、清算事宜中的审计业务，出具有关的报告；

四、法律、行政法规规定的其他审计业务。

注册会计师依法执行审计业务出具的报告，具有证明效力。

第十五条　注册会计师可以承办会计咨询、会计服务业务。

第十六条　注册会计师承办业务，由其所在的会计师事务所统一受理并与委托人签订委托合同。

会计师事务所对本所注册会计师依照前款规定承办的业务，承担民事责任。

第十七条　注册会计师执行业务，可以根据要查阅委托人的有关会计资料和文件，查看委托人的业务现场和设施，要求委托人提供其他必要的协助。

第十八条　注册会计师与委托人有利害关系的，应当回避；委托人有权要求其回避。

第十九条　注册会计师对在执行业务中知悉的商业秘密，负有保密义务。

第二十条　注册会计师执行审计业务，遇有下列情形之一的，应当拒绝出具有关报告：

一、委托人示意其作不实或者不当证明的；

二、委托人故意不提供有关会计资料和文件的；

三、因委托人有其他不合理要求，致使注册会计师出具的报告不能对财务会计的重要事项作出正确表述的。

第二十一条　注册会计师执行审计业务，必须按照执业准则、规则确定的工作程序出具报告。

注册会计师执行审计业务出具报告时，不得有下列行为：

一、明知委托人对重要事项的财务会计处理与国家有关规定相抵触，而不予指明；

二、明知委托人的财务会计处理会直接损害报告使用人或者其他利害关系人的利益，而予以隐瞒或者作不实的报告；

三、明知委托人的财务会计处理会导致报告使用人或者其他利害关系人产生重大误解，而不予指明；

四、明知委托人的会计报表的重要事项有其他不实的内容，而不予指明。

对委托人有前款所列行为，注册会计师按照执业准则、规则应当知道的，适用前款规定。

第二十二条　注册会计师不得有下列行为：

一、在执行审计业务期间，在法律、行政法规规定不得买卖被审计单位的股票、债券或者不得购买被审计单位或者个人的其他财产的期限内，买卖被审计单位的股票、债券或者购买被审计单位或者个人所拥有的其他财产；

二、索取、收受委托合同约定以外的酬金或者其他财物，或者利用执行业务之便，谋取其他不正当的利益；

三、接受委托催收债款；

四、允许他人以本人名义执行业务；

五、同时在两个或者两个以上的会计师事务所执行业务；

六、对其能力进行广告宣传以招揽业务；

七、违反法律、行政法规的其他行为。

第四章　会计师事务所

第二十三条　会计师事务所可以由注册会计师合伙设立。

合伙设立的会计师事务所的债务，由合伙人按照出资比例或者协议的约定，以各自的财产承担责任。合伙人对会计师事务所的债务承担连带责任。

第二十四条　会计师事务所符合下列条件的，可以是负有限责任的法人：

一、不少于三十万元的注册资本；

二、有一定数量的专职从业人员，其中至少有五名注册会计师；

三、国务院财政部门规定的业务范围和其他条件。

负有限责任的会计师事务所以其全部资产对其债务承担责任。

第二十五条　设立会计师事务所，由国务院财政部门或者省、自治区、直辖市人民政府财政部门批准。

申请设立会计师事务所，申请者应当向审批机关报送下列文件：

一、申请书；

二、会计师事务所的名称、组织机构和业务场所；

三、会计师事务所章程，有合伙协议的并应报送合伙协议；

四、注册会计师名单、简历及有关证明文件；

五、会计师事务所主要负责人、合伙人的姓名、简历及有关证明文件；

六、负有限责任的会计师事务所的出资证明；

七、审批机关要求的其他文件。

第二十六条　审批机关应当自收到申请文件之日起三十日内决定批准或者不批准。

省、自治区、直辖市人民政府财政部门批准的会计师事务所，应当报国务院财政部门备案。国务院财政部门发现批准不当的，应当自收到备案报告之日起三十日内通知原审批机关重新审查。

第二十七条　会计师事务所设立分支机构，须经分支机构所在地的省、自治区、直辖市人民政府财政部门批准。

第二十八条　会计师事务所依法纳税。

会计师事务所按照国务院财政部门的规定建立职业风险基金，办理职业保险。

第二十九条　会计师事务所受理业务，不受行政区域、行业的限制；但是，法律、行政法规另有规定的除外。

第三十条　委托人委托会计师事务所办理业务，任何单位和个人不得干预。

第三十一条　本法第十八条至第二十一条的规定，适用于会计师事务所。

第三十二条　会计师事务所不得有本法第二十二条第一项至第四项、第六项、第七项所列的行为。

第五章　注册会计师协会

第三十三条　注册会计师应当加入注册会计师协会。

第三十四条　中国注册会计师协会的章程由全国会员代表大会制定，并报国务院财政部门备案；省、自治区、直辖市注册会计师协会的章程由省、自治区、直辖市会员代表大会制定，并报省、自治区、直辖市人民政府财政部门备案。

第三十五条　中国注册会计师协会依法拟订注册会计师执业准则、规则，报国务院财政部门批准后施行。

第三十六条　注册会计师协会应当支持注册会计师依法执行业务，维护其合法权益，向有关方面反映其意见和建议。

第三十七条　注册会计师协会应当对注册会计师的任职资格和执业情况进行年度检查。

第三十八条　注册会计师协会依法取得社会团体法人资格。

第六章　法律责任

第三十九条　会计师事务所违反本法第二十条、第二十一条规定的，由省级以上人民政府财政部门给予警告，没收违法所得，可以并处违法所得一倍以上五倍以下的罚款；情节严重的，并可以由省级以上人民政府财政部门暂停其经营业务或者予以撤销。注册会计师违反本法第二十条、第二十一条规定的，由省级以上人民政府财政部门给予警告；情节严重的，可以由省级以上人民政府财政部门暂停其执行业务或者吊销注册会计师证书。

会计师事务所、注册会计师违反本法第二十条、第二十一条的规定，故意出具虚假的审计报告、验资报告，构成犯罪的，依法追究刑事责任。

第四十条　对未经批准承办本法第十四条规定的注册会计师业务的单位，由省级以上人民政府财政部门责令其停止违法活动，没收违法所得，可以并处违法所得一倍以上五倍以下的罚款。

第四十一条　当事人对行政处罚决定不服的，可以在接到处罚通知之日起十五日内向作出处罚决定的机关的上一级机关申请复议；当事人也可以在接到处罚决定通知之日起十五日内直接向人民法院起诉。

复议机关应当在接到复议申请之日起六十日内作出复议决定。当事人对复议决定不服的，可以在接到复议决定之日起十五日内向人民法院起诉。复议机关逾期不作出复议决定的，当事人可以在复议期满之日起十五日内向人民法院起诉。当事人逾期不申请复议，也不向人民法院起诉，又不履行处罚决定的，作出处罚决定的机关可以申请人民法院强制执行。

第四十二条　会计师事务所违反本法规定，给委托人、其他利害关系人造成损失的，应当依法承担赔偿责任。

第七章　附则

第四十三条　在审计事务所工作的注册审计师,经认定为具有注册会计师资格的,可以执行本法规定的业务,其资格认定和对其监督、指导、管理的办法由国务院另行规定。

第四十四条　外国人申请参加中国注册会计师全国统一考试和注册,按照互惠原则办理。外国会计师事务所在中国境内设立常驻代表机构,须报国务院财政部门批准。外国会计师事务所与中国的会计师事务所共同举办中外合作会计师事务所,须经国务院对外经济贸易主管部门或者国务院授权的部门和省级人民政府审查同意后报国务院财政部门批准。

除前款规定的情形外,外国会计师事务所要在中国境内临时办理有关业务的,须经有关的省、自治区、直辖市人民政府财政部门批准。

第四十五条　国务院可以根据本法制定实施条例。

第四十六条　本法自1994年1月1日起施行。1986年7月3日国务院发布的《中华人民共和国注册会计师条例》同时废止。

三、企业财务通则

（财政部令［第41号］2006年12月4日发布）

第一章　总　则

第一条　为了加强企业财务管理,规范企业财务行为,保护企业及其相关方的合法权益,推进现代企业制度建设,根据有关法律、行政法规的规定,制定本通则。

第二条　在中华人民共和国境内依法设立的具备法人资格的国有及国有控股企业适用本通则。金融企业除外。

其他企业参照执行。

第三条　国有及国有控股企业（以下简称企业）应当确定内部财务管理体制,建立健全财务管理制度,控制财务风险。

企业财务管理应当按照制定的财务战略,合理筹集资金,有效营运资产,控制成本费用,规范收益分配及重组清算财务行为,加强财务监督和财务信息管理。

第四条　财政部负责制定企业财务规章制度。

各级财政部门(以下通称主管财政机关)应当加强对企业财务的指导、管理、监督,其主要职责包括:

(一)监督执行企业财务规章制度,按照财务关系指导企业建立健全内部财务制度。

(二)制定促进企业改革发展的财政财务政策,建立健全支持企业发展的财政资金管理制度。

(三)建立健全企业年度财务会计报告审计制度,检查企业财务会计报告质量。

(四)实施企业财务评价,监测企业财务运行状况。

(五)研究、拟订企业国有资本收益分配和国有资本经营预算的制度。

(六)参与审核属于本级人民政府及其有关部门、机构出资的企业重要改革、改制方案。

(七)根据企业财务管理的需要提供必要的帮助、服务。

第五条　各级人民政府及其部门、机构,企业法人、其他组织或者自然人等企业投资者(以下通称投资者),企业经理、厂长或者实际负责经营管理的其他领导成员(以下通称经营者),依照法律、法规、本通则和企业章程的规定,履行企业内部财务管理职责。

第六条　企业应当依法纳税。企业财务处理与税收法律、行政法规规定不一致的,纳税时应当依法进行调整。

第七条　各级人民政府及其部门、机构出资的企业,其财务关系隶属同级财政机关。

第二章　企业财务管理体制

第八条　企业实行资本权属清晰、财务关系明确、符合法人治理结构要求的财务管理体制。

企业应当按照国家有关规定建立有效的内部财务管理级次。企业集团公司自行决定集团内部财务管理体制。

第九条　企业应当建立财务决策制度，明确决策规则、程序、权限和责任等。法律、行政法规规定应当通过职工（代表）大会审议或者听取职工、相关组织意见的财务事项，依照其规定执行。

企业应当建立财务决策回避制度。对投资者、经营者个人与企业利益有冲突的财务决策事项，相关投资者、经营者应当回避。

第十条　企业应当建立财务风险管理制度，明确经营者、投资者及其他相关人员的管理权限和责任，按照风险与收益均衡、不相容职务分离等原则，控制财务风险。

第十一条　企业应当建立财务预算管理制度，以现金流为核心，按照实现企业价值最大化等财务目标的要求，对资金筹集、资产营运、成本控制、收益分配、重组清算等财务活动，实施全面预算管理。

第十二条　投资者的财务管理职责主要包括：

（一）审议批准企业内部财务管理制度、企业财务战略、财务规划和财务预算。

（二）决定企业的筹资、投资、担保、捐赠、重组、经营者报酬、利润分配等重大财务事项。

（三）决定企业聘请或者解聘会计师事务所、资产评估机构等中介机构事项。

（四）对经营者实施财务监督和财务考核。

（五）按照规定向全资或者控股企业委派或者推荐财务总监。

投资者应当通过股东（大）会、董事会或者其他形式的内部机构履行财务管理职责，可以通过企业章程、内部制度、合同约定等方式将部分财务管理职责授予经营者。

第十三条　经营者的财务管理职责主要包括：

（一）拟订企业内部财务管理制度、财务战略、财务规划，编制财务预算。

（二）组织实施企业筹资、投资、担保、捐赠、重组和利润分配等财务方案，诚信履行企业偿债义务。

（三）执行国家有关职工劳动报酬和劳动保护的规定，依法缴纳社会保险费、住房公积金等，保障职工合法权益。

（四）组织财务预测和财务分析，实施财务控制。

（五）编制并提供企业财务会计报告，如实反映财务信息和有关情况。

（六）配合有关机构依法进行审计、评估、财务监督等工作。

第三章 资金筹集

第十四条 企业可以接受投资者以货币资金、实物、无形资产、股权、特定债权等形式的出资。其中，特定债权是指企业依法发行的可转换债券、符合有关规定转作股权的债权等。

企业接受投资者非货币资产出资时，法律、行政法规对出资形式、程序和评估作价等有规定的，依照其规定执行。

企业接受投资者商标权、著作权、专利权及其他专有技术等无形资产出资的，应当符合法律、行政法规规定的比例。

第十五条 企业依法以吸收直接投资、发行股份等方式筹集权益资金的，应当拟订筹资方案，确定筹资规模，履行内部决策程序和必要的报批手续，控制筹资成本。

企业筹集的实收资本，应当依法委托法定验资机构验资并出具验资报告。

第十六条 企业应当执行国家有关资本管理制度，在获准工商登记后30日内，依据验资报告等向投资者出具出资证明书，确定投资者的合法权益。

企业筹集的实收资本，在持续经营期间可以由投资者依照法律、行政法规以及企业章程的规定转让或者减少，投资者不得抽逃或者变相抽回出资。

除《公司法》等有关法律、行政法规另有规定外，企业不得回购本企业发行的股份。企业依法回购股份，应当符合有关条件和财务处理办法，并经投资者决议。

第十七条 对投资者实际缴付的出资超出注册资本的差额（包括股票溢价），企业应当作为资本公积管理。

经投资者审议决定后，资本公积用于转增资本。国家另有规定的，从其规定。

第十八条 企业从税后利润中提取的盈余公积包括法定公积金和任意公积金，可以用于弥补企业亏损或者转增资本。法定公积金转增资本后留存企业的部分，以不少于转增前注册资本的25%为限。

第十九条 企业增加实收资本或者以资本公积、盈余公积转增实收资本，由投资者履行财务决策程序后，办理相关财务事项和工商变更登记。

第二十条 企业取得的各类财政资金，区分以下情况处理：

（一）属于国家直接投资、资本注入的，按照国家有关规定增加国家资本或者国有资本公积。

（二）属于投资补助的，增加资本公积或者实收资本。国家拨款时对权属有规定的，按规定执行；没有规定的，由全体投资者共同享有。

（三）属于贷款贴息、专项经费补助的，作为企业收益处理。

（四）属于政府转贷、偿还性资助的，作为企业负债管理。

（五）属于弥补亏损、救助损失或者其他用途的，作为企业收益处理。

第二十一条　企业依法以借款、发行债券、融资租赁等方式筹集债务资金的，应当明确筹资目的，根据资金成本、债务风险和合理的资金需求，进行必要的资本结构决策，并签订书面合同。

企业筹集资金用于固定资产投资项目的，应当遵守国家产业政策、行业规划、自有资本比例及其他规定。

企业筹集资金，应当按规定核算和使用，并诚信履行合同，依法接受监督。

第四章　资产营运

第二十二条　企业应当根据风险与收益均衡等原则和经营需要，确定合理的资产结构，并实施资产结构动态管理。

第二十三条　企业应当建立内部资金调度控制制度，明确资金调度的条件、权限和程序，统一筹集、使用和管理资金。企业支付、调度资金，应当按照内部财务管理制度的规定，依据有效合同、合法凭证，办理相关手续。

企业向境外支付、调度资金应当符合国家有关外汇管理的规定。

企业集团可以实行内部资金集中统一管理，但应当符合国家有关金融管理等法律、行政法规规定，并不得损害成员企业的利益。

第二十四条　企业应当建立合同的财务审核制度，明确业务流程和审批权限，实行财务监控。

企业应当加强应收款项的管理，评估客户信用风险，跟踪客户履约情况，落实收账责任，减少坏账损失。

第二十五条　企业应当建立健全存货管理制度，规范存货采购审批、执行程序，根据合同的约定以及内部审批制度支付货款。

企业选择供货商以及实施大宗采购，可以采取招标等方式进行。

第二十六条　企业应当建立固定资产购建、使用、处置制度。

企业自行选择、确定固定资产折旧办法，可以征询中介机构、有关专家的意见，并由投资者审议批准。固定资产折旧办法一经选用，不得随意变更。确需变更的，应当说明理由，经投资者审议批准。

企业购建重要的固定资产、进行重大技术改造，应当经过可行性研究，按照内部审批制度履行财务决策程序，落实决策和执行责任。

企业在建工程项目交付使用后，应当在一个年度内办理竣工决算。

第二十七条　企业对外投资应当遵守法律、行政法规和国家有关政策的规定，符合企业发展战略的要求，进行可行性研究，按照内部审批制度履行批准程序，落实决策和执行的责任。

企业对外投资应当签订书面合同，明确企业投资权益，实施财务监管。依据合同支付投资款项，应当按照企业内部审批制度执行。

企业向境外投资的，还应当经投资者审议批准，并遵守国家境外投资项目核准和外汇管理等相关规定。

第二十八条　企业通过自创、购买、接受投资等方式取得的无形资产，应当依法明确权属，落实有关经营、管理的财务责任。

无形资产出现转让、租赁、质押、授权经营、连锁经营、对外投资等情形时，企业应当签订书面合同，明确双方的权利义务，合理确定交易价格。

第二十九条　企业对外担保应当符合法律、行政法规及有关规定，根据被担保单位的资信及偿债能力，按照内部审批制度采取相应的风险控制措施，并设立备查账簿登记，实行跟踪监督。

企业对外捐赠应当符合法律、行政法规及有关财务规定，制订实施方案，明确捐赠的范围和条件，落实执行责任，严格办理捐赠资产的交接手续。

第三十条　企业从事期货、期权、证券、外汇交易等业务或者委托其他机构理财，不得影响主营业务的正常开展，并应当签订书面合同，建立交易报告制度，定期对账，控制风险。

第三十一条　企业从事代理业务，应当严格履行合同，实行代理业务与自营业务分账管理，不得挪用客户资金、互相转嫁经营风险。

第三十二条 企业应当建立各项资产损失或者减值准备管理制度。各项资产损失或者减值准备的计提标准，一经选用，不得随意变更。企业在制定计提标准时可以征询中介机构、有关专家的意见。

对计提损失或者减值准备后的资产，企业应当落实监管责任。能够收回或者继续使用以及没有证据证明实际损失的资产，不得核销。

第三十三条 企业发生的资产损失，应当及时予以核实、查清责任，追偿损失，按照规定程序处理。

企业重组中清查出的资产损失，经批准后依次冲减未分配利润、盈余公积、资本公积和实收资本。

第三十四条 企业以出售、抵押、置换、报废等方式处理资产时，应当按照国家有关规定和企业内部财务管理制度规定的权限和程序进行。其中，处理主要固定资产涉及企业经营业务调整或者资产重组的，应当根据投资者审议通过的业务调整或者资产重组方案实施。

第三十五条 企业发生关联交易的，应当遵守国家有关规定，按照独立企业之间的交易计价结算。投资者或者经营者不得利用关联交易非法转移企业经济利益或者操纵关联企业的利润。

第五章 成本控制

第三十六条 企业应当建立成本控制系统，强化成本预算约束，推行质量成本控制办法，实行成本定额管理、全员管理和全过程控制。

第三十七条 企业实行费用归口、分级管理和预算控制，应当建立必要的费用开支范围、标准和报销审批制度。

第三十八条 企业技术研发和科技成果转化项目所需经费，可以通过建立研发准备金筹措，据实列入相关资产成本或者当期费用。

符合国家规定条件的企业集团，可以集中使用研发费用，用于企业主导产品和核心技术的自主研发。

第三十九条 企业依法实施安全生产、清洁生产、污染治理、地质灾害防治、生态恢复和环境保护等所需经费，按照国家有关标准列入相关资产成本或者当期费用。

第四十条　企业发生销售折扣、折让以及支付必要的佣金、回扣、手续费、劳务费、提成、返利、进场费、业务奖励等支出的，应当签订相关合同，履行内部审批手续。

企业开展进出口业务收取或者支付的佣金、保险费、运费，按照合同规定的价格条件处理。

企业向个人以及非经营单位支付费用的，应当严格履行内部审批及支付的手续。

第四十一条　企业可以根据法律、法规和国家有关规定，对经营者和核心技术人员实行与其他职工不同的薪酬办法，属于本级人民政府及其部门、机构出资的企业，应当将薪酬办法报主管财政机关备案。

第四十二条　企业应当按照劳动合同及国家有关规定支付职工报酬，并为从事高危作业的职工缴纳团体人身意外伤害保险费，所需费用直接作为成本（费用）列支。

经营者可以在工资计划中安排一定数额，对企业技术研发、降低能源消耗、治理"三废"、促进安全生产、开拓市场等作出突出贡献的职工给予奖励。

第四十三条　企业应当依法为职工支付基本医疗、基本养老、失业、工伤等社会保险费，所需费用直接作为成本（费用）列支。

已参加基本医疗、基本养老保险的企业，具有持续盈利能力和支付能力的，可以为职工建立补充医疗保险和补充养老保险，所需费用按照省级以上人民政府规定的比例从成本（费用）中提取。超出规定比例的部分，由职工个人负担。

第四十四条　企业为职工缴纳住房公积金以及职工住房货币化分配的财务处理，按照国家有关规定执行。

职工教育经费按照国家规定的比例提取，专项用于企业职工后续职业教育和职业培训。

工会经费按照国家规定比例提取并拨缴工会。

第四十五条　企业应当依法缴纳行政事业性收费、政府性基金以及使用或者占用国有资源的费用等。

企业对没有法律法规依据或者超过法律法规规定范围和标准的各种摊派、收费、集资，有权拒绝。

第四十六条　企业不得承担属于个人的下列支出：

（一）娱乐、健身、旅游、招待、购物、馈赠等支出。

（二）购买商业保险、证券、股权、收藏品等支出。

（三）个人行为导致的罚款、赔偿等支出。

（四）购买住房、支付物业管理费等支出。

（五）应由个人承担的其他支出。

第六章　收益分配

第四十七条　投资者、经营者及其他职工履行本企业职务或者以企业名义开展业务所得的收入，包括销售收入以及对方给予的销售折扣、折让、佣金、回扣、手续费、劳务费、提成、返利、进场费、业务奖励等收入，全部属于企业。

企业应当建立销售价格管理制度，明确产品或者劳务的定价和销售价格调整的权限、程序与方法，根据预期收益、资金周转、市场竞争、法律规范约束等要求，采取相应的价格策略，防范销售风险。

第四十八条　企业出售股权投资，应当按照规定的程序和方式进行。股权投资出售底价，参照资产评估结果确定，并按照合同约定收取所得价款。在履行交割时，对尚未收款部分的股权投资，应当按照合同的约定结算，取得受让方提供的有效担保。

上市公司国有股减持所得收益，按照国务院的规定处理。

第四十九条　企业发生的年度经营亏损，依照税法的规定弥补。税法规定年限内的税前利润不足弥补的，用以后年度的税后利润弥补，或者经投资者审议后用盈余公积弥补。

第五十条　企业年度净利润，除法律、行政法规另有规定外，按照以下顺序分配：

（一）弥补以前年度亏损。

（二）提取 10% 法定公积金。法定公积金累计额达到注册资本 50% 以后，可以不再提取。

（三）提取任意公积金。任意公积金提取比例由投资者决定。

（四）向投资者分配利润。企业以前年度未分配的利润，并入本年度利润，在充分考虑现金流量状况后,向投资者分配。属于各级人民政府及其部门、机构出资的企业,应当将应付国有利润上缴财政。

国有企业可以将任意公积金与法定公积金合并提取。股份有限公司依法回购后暂未转让或者注销的股份,不得参与利润分配;以回购股份对经营者及其他职工实施股权激励的,在拟订利润分配方案时,应当预留回购股份所需利润。

第五十一条 企业弥补以前年度亏损和提取盈余公积后,当年没有可供分配的利润时,不得向投资者分配利润,但法律、行政法规另有规定的除外。

第五十二条 企业经营者和其他职工以管理、技术等要素参与企业收益分配的,应当按照国家有关规定在企业章程或者有关合同中对分配办法作出规定,并区别情况处理:

(一)取得企业股权的,与其他投资者一同进行企业利润分配。

(二)没有取得企业股权的,在相关业务实现的利润限额和分配标准内,从当期费用中列支。

第七章 重组清算

第五十三条 企业通过改制、产权转让、合并、分立、托管等方式实施重组,对涉及资本权益的事项,应当由投资者或者授权机构进行可行性研究,履行内部财务决策程序,并组织开展以下工作:

(一)清查财产,核实债务,委托会计师事务所审计。

(二)制订职工安置方案,听取重组企业的职工、职工代表大会的意见或者提交职工代表大会审议。

(三)与债权人协商,制订债务处置或者承继方案。

(四)委托评估机构进行资产评估,并以评估价值作为净资产作价或者折股的参考依据。

(五)拟订股权设置方案和资本重组实施方案,经过审议后履行报批手续。

第五十四条 企业采取分立方式进行重组,应当明晰分立后的企业产权关系。

企业划分各项资产、债务以及经营业务,应当按照业务相关性或者资产相关性原则制订分割方案。对不能分割的整体资产,在评估机构评估价值的基础上,经分立各方协商,由拥有整体资产的一方给予他方适当经济补偿。

第五十五条　企业可以采取新设或者吸收方式进行合并重组。企业合并前的各项资产、债务以及经营业务，由合并后的企业承继，并应当明确合并后企业的产权关系以及各投资者的出资比例。

企业合并的资产税收处理应当符合国家有关税法的规定，合并后净资产超出注册资本的部分，作为资本公积；少于注册资本的部分，应当变更注册资本或者由投资者补足出资。

对资不抵债的企业以承担债务方式合并的，合并方应当制定企业重整措施，按照合并方案履行偿还债务责任，整合财务资源。

第五十六条　企业实行托管经营，应当由投资者决定，并签订托管协议，明确托管经营的资产负债状况、托管经营目标、托管资产处置权限以及收益分配办法等，并落实财务监管措施。

受托企业应当根据托管协议制订相关方案，重组托管企业的资产与债务。未经托管企业投资者同意，不得改组、改制托管企业，不得转让托管企业及转移托管资产、经营业务，不得以托管企业名义或者以托管资产对外担保。

第五十七条　企业进行重组时，对已占用的国有划拨土地应当按照有关规定进行评估，履行相关手续，并区别以下情况处理：

（一）继续采取划拨方式的，可以不纳入企业资产管理，但企业应当明确划拨土地使用权权益，并按规定用途使用，设立备查账簿登记。国家另有规定的除外。

（二）采取作价入股方式的，将应缴纳的土地出让金转作国家资本，形成的国有股权由企业重组前的国有资本持有单位或者主管财政机关确认的单位持有。

（三）采取出让方式的，由企业购买土地使用权，支付出让费用。

（四）采取租赁方式的，由企业租赁使用，租金水平参照银行同期贷款利率确定，并在租赁合同中约定。

企业进行重组时，对已占用的水域、探矿权、采矿权、特许经营权等国有资源，依法可以转让的，比照前款处理。

第五十八条　企业重组过程中，对拖欠职工的工资和医疗、伤残补助、抚恤费用以及欠缴的基本社会保险费、住房公积金，应当以企业现有资产优先清偿。

第五十九条　企业被责令关闭、依法破产、经营期限届满而终止经营的，或者经投资者决议解散的，应当按照法律、法规和企业章程的规定实施清算。清算财产变卖底价，参照资产评估结果确定。国家另有规定的，从其规定。

企业清算结束，应当编制清算报告，委托会计师事务所审计，报投资者或者人民法院确认后，向相关部门、债权人以及其他的利益相关人通告。其中，属于各级人民政府及其部门、机构出资的企业，其清算报告应当报送主管财政机关。

第六十条　企业解除职工劳动关系，按照国家有关规定支付的经济补偿金或者安置费，除正常经营期间发生的列入当期费用以外，应当区别以下情况处理：

（一）企业重组中发生的，依次从未分配利润、盈余公积、资本公积、实收资本中支付。

（二）企业清算时发生的，以企业扣除清算费用后的清算财产优先清偿。

第八章　信息管理

第六十一条　企业可以结合经营特点，优化业务流程，建立财务和业务一体化的信息处理系统，逐步实现财务、业务相关信息一次性处理和实时共享。

第六十二条　企业应当逐步创造条件，实行统筹企业资源计划，全面整合和规范财务、业务流程，对企业物流、资金流、信息流进行一体化管理和集成运作。

第六十三条　企业应当建立财务预警机制，自行确定财务危机警戒标准，重点监测经营性净现金流量与到期债务、企业资产与负债的适配性，及时沟通企业有关财务危机预警的信息，提出解决财务危机的措施和方案。

第六十四条　企业应当按照有关法律、行政法规和国家统一的会计制度的规定，按时编制财务会计报告，经营者或者投资者不得拖延、阻挠。

第六十五条　企业应当按照规定向主管财政机关报送月份、季度、年度财务会计报告等材料，不得在报送的财务会计报告等材料上作虚假记载或者隐瞒重要事实。主管财政机关应当根据企业的需要提供必要的培训和技术支持。

企业对外提供的年度财务会计报告，应当依法经过会计师事务所审计。国家另有规定的，从其规定。

第六十六条　企业应当在年度内定期向职工公开以下信息：

（一）职工劳动报酬、养老、医疗、工伤、住房、培训、休假等信息。

（二）经营者报酬实施方案。

（三）年度财务会计报告审计情况。

（四）企业重组涉及的资产评估及处置情况。

（五）其他依法应当公开的信息。

第六十七条　主管财政机关应当建立健全企业财务评价体系，主要评估企业内部财务控制的有效性，评价企业的偿债能力、盈利能力、资产营运能力、发展能力和社会贡献。评估和评价的结果可以通过适当方式向社会发布。

第六十八条　主管财政机关及其工作人员应当恰当使用所掌握的企业财务信息，并依法履行保密义务，不得利用企业的财务信息谋取私利或者损害企业利益。

第九章　财务监督

第六十九条　企业应当依法接受主管财政机关的财务监督和国家审计机关的财务审计。

第七十条　经营者在经营过程中违反本通则有关规定的，投资者可以依法追究经营者的责任。

第七十一条　企业应当建立、健全内部财务监督制度。

企业设立监事会或者监事人员的，监事会或者监事人员依照法律、行政法规、本通则和企业章程的规定，履行企业内部财务监督职责。

经营者应当实施内部财务控制，配合投资者或者企业监事会以及中介机构的检查、审计工作。

第七十二条　企业和企业负有直接责任的主管人员和其他人员有以下行为之一的，县级以上主管财政机关可以责令限期改正、予以警告，有违法所得的，没收违法所得，并处以不超过违法所得3倍、但最高不超过3万元的罚款；没有违法所得的，可以处以1万元以下的罚款。

（一）违反本通则第三十九条、第四十条、第四十二条第一款、第四十三条、第四十六条规定列支成本费用的。

（二）违反本通则第四十七条第一款规定截留、隐瞒、侵占企业收入的。

（三）违反本通则第五十条、第五十一条、第五十二条规定进行利润分配的。但依照《公司法》设立的企业不按本通则第五十条第一款第二项规定提取法定公积金的，依照《公司法》的规定予以处罚。

（四）违反本通则第五十七条规定处理国有资源的。

（五）不按本通则第五十八条规定清偿职工债务的。

第七十三条　企业和企业负有直接责任的主管人员和其他人员有以下行为之

一的,县级以上主管财政机关可以责令限期改正、予以警告。

(一)未按本通则规定建立健全各项内部财务管理制度的。

(二)内部财务管理制度明显与法律、行政法规和通用的企业财务规章制度相抵触,且不按主管财政机关要求修正的。

第七十四条 企业和企业负有直接责任的主管人员和其他人员不按本通则第六十四条、第六十五条规定编制、报送财务会计报告等材料的,县级以上主管财政机关可以依照《公司法》、《企业财务会计报告条例》的规定予以处罚。

第七十五条 企业在财务活动中违反财政、税收等法律、行政法规的,依照《财政违法行为处罚处分条例》(国务院令第427号)及有关税收法律、行政法规的规定予以处理、处罚。

第七十六条 主管财政机关以及政府其他部门、机构有关工作人员,在企业财务管理中滥用职权、玩忽职守、徇私舞弊或者泄露国家机密、企业商业秘密的,依法进行处理。

第十章 附 则

第七十七条 实行企业化管理的事业单位比照适用本通则。

第七十八条 本通则自2007年1月1日起施行。

四、现金管理暂行条例

(中华人民共和国国务院令第12号 1988年9月8日发布)

第一章 总则

第一条 为改善现金管理,促进商品生产和流通,加强对社会经济活动的监督,制定本条例。

第二条 凡在银行和其他金融机构(以下简称开户银行)开立账户的机关、团体、部队、企业、事业单位和其他单位(以下简称开户单位),必须依照本条例的规定收支和使用现金,接受开户银行的监督。

国家鼓励开户单位和个人在经济活动中,采取转账方式进行结算,减少使用现金。

第三条 开户单位之间的经济往来,除按本条例规定的范围可以使用现金外,应当通过开户银行进行转账结算。

第四条 各级人民银行应当严格履行金融主管机关的职责,负责对开户银行的现金管理进行监督和稽核。

开户银行依照本条例和中国人民银行的规定,负责现金管理的具体实施,对开户单位收支、使用现金进行监督管理。

第二章 现金管理和监督

第五条 开户单位可以在下列范围内使用现金:

(一)职工工资、津贴;

(二)个人劳务报酬;

(三)根据国家规定颁发给个人的科学技术、文化艺术、体育等各种奖金;

(四)各种劳保、福利费用以及国家规定的对个人的其他支出;

(五)向个人收购农副产品和其他物资的价款;

(六)出差人员必须随身携带差旅费;

(七)结算起点以下的零星支出;

(八)中国人民银行确定需要支付现金的其他支出。

前款结算起点定为一千元。结算起点的调整,由中国人民银行确定,报国务院备案。

第六条 除本条例第五条 第(五)、(六)项外,开户单位支付给个人的款项,超过使用现金限额的部分,应当以支票或者银行本票支付;确需全额支付现金的,经开户银行审核后,予以支付现金。

前款使用现金限额,按本条例第五条第二款的规定执行。

第七条 转账结算凭证在经济往来中,具有同现金相同的支付能力。

开户单位在销售活动中,不得对现金结算给予比转账结算优惠待遇;不得拒收支票、银行汇票和银行本票。

第八条 机关、团体、部队、全民所有制和集体所有制企业事业单位购置国家规定的专项控制商品,必须采取转账结算方式,不得使用现金。

第九条　开户银行应当根据实际需要，核定开户单位 3~5 天的日常零星开支所需的库存现金限额。

边远地区和交通不便地区的开户单位的库存现金限额，可以多于五天，但不得超过十五天的日常零星开支。

第十条　经核定的库存现金限额，开户单位必须严格遵守。需要增加或者减少库存现金限额的，应当向开户银行提出申请，由开户银行核定。

第十一条　开户单位现金收支应当依照下列规定办理：

（一）开户单位现金收入应当于当日送存开户银行。当日送存确有困难的，由开户银行确定送存时间；

（二）开户单位支付现金，可以从本单位库存现金限额中支付或者从开户银行提取，不得从本单位的现金收入中直接支付（坐支）。因特殊情况需要坐支现金的，应当事先报经开户银行审查批准，由开户银行核定坐支范围和限额。坐支单位应当定期向开户银行报送坐支金额和使用情况；

（三）开户单位根据本条例第五条和第六条的规定，从开户银行提取现金，应当写明用途，由本单位财会部门负责人签字盖章，经开户银行审核后，予以支付现金；

（四）因采购地点不固定，交通不便，生产或者市场急需，抢险救灾以及其他特殊情况必须使用现金的，开户单位应当向开户银行提出申请，由本单位财会部。门负责人签字盖章，经开户银行审核后，予以支付现金。

第十二条　开户单位应当建立健全现金账目，逐笔记载现金支付。账目应当日清月结，账款相符。

第十三条　对个体工商户、农村承包经营户发放的贷款，应当以转账方式支付。对确需在集市使用现金购买物资的，经开户银行审核后，可以在贷款金额内支付现金。

第十四条　在开户银行开户的个体工商户、农村承包经营户异地采购所需货款，应当通过银行汇兑方式支付。因采购地点不固定，交通不便必须携带现金的，由开户银行根据实际需要，予以支付现金。

未在开户银行开户的个体工商户、农村承包经营户异地采购所需货款，可以通过银行汇兑方式支付。凡加盖现金字样的结算凭证，汇入银行必须保证支付现金。

第十五条 具备条件的银行应当接受开户单位的委托,开展代发工资、转存储蓄业务。

第十六条 为保证开户单位的现金收入及时送存银行,开户银行必须按照规定做好现金收款工作,不得随意缩短收款时间。大中城市和商业比较集中的地区,应当建立非营业时间收款制度。

第十七条 开户银行应当加强柜台审查,定期和不定期地对开户单位现金收支情况进行检查,并按规定向当地人民银行报告现金管理情况。

第十八条 一个单位在几家银行开户的,由一家开户银行负责现金管理工作,核定开户单位库存现金限额。

各金融机构的现金管理分工,由中国人民银行确定。有关现金管理分工的争议,由当地人民银行协调、裁决。

第十九条 开户银行应当建立健全现金管理制度,配备专职人员,改进工作作风,改善服务设施。现金管理工作所需经费应当在开户银行业务费中解决。

第三章 法律责任

第二十条 开户单位有下列情形之一的,开户银行应当依照中国人民银行的规定,责令其停止违法活动,并可根据情节轻重处以罚款:

(一)超出规定范围、限额使用现金的;

(二)超出核定的库存现金限额留存现金的。

第二十一条 开户单位有下列情形之一的,开户银行应当依照中国人民银行的规定,予以警告或者罚款;情节严重的,可在一定期限内停止对该单位的贷款或者停止对该单位的现金支付:

(一)对现金结算给予比转账结算优惠待遇的;

(二)拒收支票、银行汇票和银行本票的;

(三)违反本条例第八条规定,不采取转账结算方式购置国家规定的专项控制商品的;

(四)用不符合财务会计制度规定的凭证顶替库存现金的;

(五)用转账凭证套换现金的;

（六）编造用途套取现金的；

（七）互相借用现金的；

（八）利用账户替其他单位和个人套取现金的；

（九）将单位的现金收入按个人储蓄方式存入银行的；

（十）保留账外公款的；

（十一）未经批准坐支或者未按开户银行核定的坐支范围和限额坐支现金的。

第二十二条　开户单位对开户银行作出的处罚决定不服的，必须首先按照处罚决定执行，然后可在十日内向开户银行的同级人民银行申请复议。同级人民银行应当在收到复议申请之日起三十日内作出复议决定。开户单位对复议决定不服的，可以在收到复议决定之日起三十日内向人民法院起诉。

第二十三条　银行工作人员违反本条例规定，徇私舞弊、贪污受贿、玩忽职守纵容违法行为的，应当根据情节轻重，给予行政处分和经济处罚；构成犯罪的，由司法机关依法追究刑事责任。

第四章　附则

第二十四条　本条例由中国人民银行负责解释；施行细则由中国人民银行制定。

第二十五条　本条例自1988年10月1日起施行。1977年11月28日发布的《国务院关于实行现金管理的决定》同时废止。

五、现金管理现金管理暂行条例实施细则

（银发〔1988〕288号）

第一条　为了更好地贯彻执行国务院1988年发布的《现金管理暂行条例》，特制定本细则。

第二条　凡在银行和其他金融机构（以下简称开户银行）开立账户的机关、团体、部队、企业、事业单位（以下简称开户单位），必须执行本细则，接受开户银行的监督。开户银行包括各专业银行，国内金融机构，经批准在中国境内经营人民币业务的外资、中外合资银行和金融机构。企业包括：国家企业、城乡集

体企业（包括村办企业）、联营企业、私营企业（包括个体工商户、农村承包经营户）。

中外合资和合作经营企业原则上执行本细则，具体管理办法由人民银行各省、自治区、直辖市分行根据当地实际情况制定。

部队、公安系统所属的保密单位和其他保密单位的现金管理，原则上执行本细则。具体管理办法和其他单位可以有所区别（见第四条第二款）。

第三条　中国人民银行总行是现金管理的主管部门。各级人民银行要严格履行金融主管机关的职责，负责对开户银行的现金管理进行监督和稽核。

开户银行负责现金管理的具体执行，对开户单位的现金收支、使用进行监督管理。

一个单位在几家银行开户的，只能在一家银行开设现金结算户，支取现金，并由该家银行负责核定现金库存限额和进行现金管理检查。当地人民银行要协同各行开户银行，认真清理现金结算账户，负责将开户单位的现金结算户落实到一家开户银行。

第四条　各开户单位的库存现金都要核定限额。库存现金限额应当由开户单位提出计划，报开户银行审批。经核定的库存现金限额，开户单位必须严格遵守。

部队、公安系统的保密单位和其他保密单位的库存现金限额的核定和现金管理工作检查事宜，由其主管部门负责，并由主管部门将确定的库存现金限额和检查情况报开户银行。

各开户单位的库存现金限额，由于生产或业务变化，需要增加或减少时，应向开户银行提出申请，经批准后再行调整。

第五条　开户银行根据实际需要，原则上以开户单位3~5天的日常零星开支所需核定库存现金限额。边远地区和交通不发达地区的开户单位的库存现金限额，可以适当放宽，但最多不得超过15天的日常零星开支。

对没有在银行单独开立账户的附属单位也要实行现金管理，必须保留的现金，也要核定限额，其限额包括在开户单位的库存限额之内。

商业和服务行业的找零备用现金也要根据营业额核定定额，但不包括在开户单位的库存现金限额之内。

第六条　开户单位之间的经济往来，必须通过银行进行转账结算。根据国家有关规定，开户单位只可在下列范围内使用现金：

（一）职工工资、各种工资性津贴；

（二）个人劳动报酬，包括稿费和讲课费及其他专门工作报酬；

（三）支付给个人的各种奖金，包括根据国家规定颁发给个人的各种科学技术、文化艺术、体育等各种奖金；

（四）各种劳保、福利费用以及国家规定的对个人的其他现金支出；

（五）收购单位向个人收购农副产品和其他物资支付的价款；

（六）出差人员必须随身携带的差旅费；

（七）结算起点以下的零星支出；

（八）确实需要现金支付的其他支出（见第十一条第四项）。

第七条 结算起点为1000元，需要增加时由中国人民银行总行确定后，报国务院备案。

第八条 除本条例第六条第（五）、（六）项外、开户单位支付给个人的款项中，支付现金每人一次不得超过1000元，超过限额部分，

根据提款人的要求在指定的银行转为储蓄存款或以支票、银行本票支付。确需全额支付现金的，应经开户银行审查后予以支付。

第九条 转账结算凭证在经济往来中具有同现金相同的支付能力。开户单位在购销活动中，不得对现金结算给予比转账结算优惠的待遇；不得只收现金拒收支票、银行汇票、银行本票和其他转账结算凭证。

第十条 开户单位购置国家规定的社会集团专项控制商品，必须采取转账方式，不得使用现金，商业单位也不得收取现金。

第十一条 开户单位现金收支按下列规定管理：

（一）开户单位收入现金应于当日送存开户银行，当日送存确有困难的，由开户银行确定送存时间；

（二）开户单位支付现金，可从本单位现金库存中支付或者从开户银行提取，不得从本单位的现金收入中直接支付（坐支）；

需要坐支现金的单位，要事先报经开户银行审查批准，由开户银行核定坐支范围和限额。坐支单位必须在现金账上如实反映坐支金额，并按月向开户银行报送坐支金额和使用情况。

（三）开户单位根据本细则第六条和第七条的规定，从开户银行提取现金的，应当如实写明用途，由本单位财会部门负责人签字盖章，并经开户银行审查批准，予以支付。

（四）因采购地点不确定、交通不便、抢险救灾以及其他特殊情况，办理转账结算不够方便、必须使用现金的开户单位，要向开户银行提出书面申请，由本单位财务部门负责人签字盖章，开户银行审查批准后，予以支付现金。

第十二条　开户单位必须建立健全现金账目，逐笔记载现金支付，账目要日清月结，做到账款相符。不准用不符合财务制度的凭证顶替库存现金；不准单位之间相互借用现金；不准谎报用途套取现金；不准利用银行账户代其他单位和个人存入或支取现金；不准将单位收入的现金以个人名义存入储蓄；不准保留账外公款（小金库）；禁止发行变相货币，不准以任何票券代替人民币在市场上流通。

第十三条　对个体工商户、农村承包户发放的贷款，应以转账方式支付；对于确需在集市使用现金购买物资的，由承贷人提出书面申请，经开户银行审查批准后，可以在贷款金额内支付现金。

第十四条　在银行开户的个体工商户、农村承包经营户异地采购的贷款，应当通过银行以转账方式进行结算。因采购地点不确定、交通不方便必须携带现金的，由客户提出申请，开户银行根据实际需要予以支付现金。

未在银行开户的个体工商户、农村承包经营户异地采购，可以通过银行以汇兑方式支付。凡加盖现金字样的结算凭证，汇入银行必须保证支付现金。

第十五条　具备条件的银行应当积极开展代发工资、转存储蓄业务。

第十六条　为保证开户单位的现金收入及时送存银行，开户银行必须按照规定做好现金收款工作，不得随意缩短收款时间。大中城市和商业比较集中的地区，要建立非营业时间收款制度。

第十七条　开户银行应当加强柜台审查，定期和不定期地检查开户单位执行国务院《现金管理暂行条例》和本细则的情况，并按规定向其上级单位和当地人民银行报告现金管理情况。

各级人民银行要定期不定期地对同级专业银行和其他金融机构（包括经营人民币业务的外资、中外合资银行和金融机构）的现金管理情况进行检查监督，并及时解决有关现金管理中的问题。

各开户单位要向银行派出检查人员提供有关资料，如实反映情况。

第十八条　各开户单位的主管部门要定期和不定期地检查所属单位执行国务院《现金管理暂行条例》和本细则的情况，发现问题及时纠正，并将检查情况书面通知开户银行。

第十九条　各级银行要支持敢于坚持原则、严格执行现金管理的财务人员，对模范遵守国务院《现金管理暂行条例》和本细则的单位和个人应给予表彰和奖励。

第二十条　开户单位如违犯《现金管理暂行条例》，开户银行有权责令其停止违法活动，并根据情节轻重给予警告或罚款。

有下列情况之一的，给予警告或处以罚款：

（一）超出规定范围和限额使用现金的，按超过额的10～30%处罚；

（二）超出核定的库存现金限额留存现金的，按超出额的10～30%处罚；

（三）用不符合财务制度规定的凭证顶替库存现金的，按凭证额10～30%处罚；

（四）未经批准坐支或者未按开户银行核定坐支额度和使用范围坐支现金的，按坐支金额10%～30%处罚；

（五）单位之间互相借用现金的，按借用金额10%～30%处罚；

有下列情况之一的，一律处以罚款：

（六）保留账外公款的，按保留金额10%～30%处罚；

（七）对现金结算给予比转账结算优惠待遇的，按交易额的10%～50%处罚；

（八）只收现金拒收支票、银行汇票、本票的，按交易额的10%～50%处罚；

（九）开户单位不采取转账结算方式购置国家规定的专项控制商品的，按购买金额50%至全额对买卖双方处罚；

（十）用转账凭证套取现金的，按套取金额30%～50%处罚；

（十一）编造用途套取现金的，按套取现金额30%～50%处罚；

（十二）利用账户替其他单位和个人套取现金的，按套取金额30%～50%处罚；

（十三）将单位的现金收入以个人储蓄方式存入银行的，按存入金额30～50%处罚；

（十四）发行变相货币和以票券代替人民币在市场流通的，按发行额或流通额 30%～50% 处罚；

第二十一条 中国人民银行各省、自治区、直辖市分行根据本细则第二十条的原则和当地实际情况制定具体处罚办法。所得的罚没款项一律上缴国库。

第二十二条 开户单位如对开户银行的处罚决定不服，必须首先按照处罚决定执行，然后在 10 日内向当地人民银行申请复议；各级人民银行应自收到复议申请之日起 30 日内作出复议决定。开户单位如对复议决定不服，应自收到复议决定之日起 30 日内向人民法院起诉。

第二十三条 开户银行不执行或违反《现金管理暂行条例》及本细则，由当地人民银行负责查处；当地人民银行根据其情节轻重，可给予警告、追究行政领导责任直至停止其办理现金结算业务等处罚。

银行工作人员违犯《现金管理暂行条例》和本细则，徇私舞弊、贪污受贿、玩忽职守纵容违法行为的，根据情节轻重给予行政处分和经济处罚；构成犯罪的，由司法机关依法追究刑事责任。

第二十四条 各开户银行要建立健全现金管理制度；配备专职人员，改善服务设施，方便开户单位。现金管理工作所需经费应当在各开户银行业务费用中解决。

第二十五条 现金管理工作政策性强、涉及面广，各级银行要加强调查研究，根据实际情况，实事求是地解决各种问题，及时满足单位正常的、合理的现金需要。

第二十六条 本细则由中国人民银行总行负责解释。

本细则自 1988 年 10 月 1 日起施行，过去发布的各项规定同时废除，一律以《现金管理暂行条例》和本细则为准。

六、人民币银行结算账户管理办法

（中国人民银行令［2003］第 5 号）

第一章 总则

第一条 为规范人民币银行结算账户（以下简称银行结算账户）的开立和使用，加强银行结算账户管理，维护经济金融秩序稳定，根据《中华人民共和国中国人民银行法》和《中华人民共和国商业银行法》等法律法规，制定本办法。

第二条 存款人在中国境内的银行开立的银行结算账户适用本办法。

本办法所称存款人，是指在中国境内开立银行结算账户的机关、团体、部队、企业、事业单位、其他组织（以下统称单位）、个体工商户和自然人。

本办法所称银行，是指在中国境内经中国人民银行批准经营支付结算业务的政策性银行、商业银行（含外资独资银行、中外合资银行、外国银行分行）、城市信用合作社、农村信用合作社。

本办法所称银行结算账户，是指银行为存款人开立的办理资金收付结算的人民币活期存款账户。

第三条 银行结算账户按存款人分为单位银行结算账户和个人银行结算账户。

（一）存款人以单位名称开立的银行结算账户为单位银行结算账户。单位银行结算账户按用途分为基本存款账户、一般存款账户、专用存款账户、临时存款账户。

个体工商户凭营业执照以字号或经营者姓名开立的银行结算账户纳入单位银行结算账户管理。

（二）存款人凭个人身份证件以自然人名称开立的银行结算账户为个人银行结算账户。

邮政储蓄机构办理银行卡业务开立的账户纳入个人银行结算账户管理。

第四条 单位银行结算账户的存款人只能在银行开立一个基本存款账户。

第五条 存款人应在注册地或住所地开立银行结算账户。符合本办法规定可以在异地（跨省、市、县）开立银行结算账户的除外。

第六条 存款人开立基本存款账户、临时存款账户和预算单位开立专用存款账户实行核准制度，经中国人民银行核准后由开户银行核发开户登记证。但存款人因注册验资需要开立的临时存款账户除外。

第七条 存款人可以自主选择银行开立银行结算账户。除国家法律、行政法规和国务院规定外，任何单位和个人不得强令存款人到指定银行开立银行结算账户。

第八条 银行结算账户的开立和使用应当遵守法律、行政法规，不得利用银行结算账户进行偷逃税款、逃废债务、套取现金及其他违法犯罪活动。

第九条 银行应依法为存款人的银行结算账户信息保密。对单位银行结算账户的存款和有关资料，除国家法律、行政法规另有规定外，银行有权拒绝任何单位或个人查询。对个人银行结算账户的存款和有关资料，除国家法律另有规定外，银行有权拒绝任何单位或个人查询。

第十条 中国人民银行是银行结算账户的监督管理部门。

第二章 银行结算账户的开立

第十一条 基本存款账户是存款人因办理日常转账结算和现金收付需要开立的银行结算账户。下列存款人，可以申请开立基本存款账户：

（一）企业法人。

（二）非法人企业。

（三）机关、事业单位。

（四）团级（含）以上军队、武警部队及分散执勤的支（分）队。

（五）社会团体。

（六）民办非企业组织。

（七）异地常设机构。

（八）外国驻华机构。

（九）个体工商户。

（十）居民委员会、村民委员会、社区委员会。

（十一）单位设立的独立核算的附属机构。

（十二）其他组织。

第十二条 一般存款账户是存款人因借款或其他结算需要，在基本存款账户开户银行以外的银行营业机构开立的银行结算账户。

第十三条 专用存款账户是存款人按照法律、行政法规和规章，对其特定用途资金进行专项管理和使用而开立的银行结算账户。对下列资金的管理与使用，存款人可以申请开立专用存款账户：

（一）基本建设资金。

（二）更新改造资金。

（三）财政预算外资金。

（四）粮、棉、油收购资金。

（五）证券交易结算资金。

（六）期货交易保证金。

（七）信托基金。

（八）金融机构存放同业资金。

（九）政策性房地产开发资金。

（十）单位银行卡备用金。

（十一）住房基金。

（十二）社会保障基金。

（十三）收入汇缴资金和业务支出资金。

（十四）党、团、工会设在单位的组织机构经费。

（十五）其他需要专项管理和使用的资金。

收入汇缴资金和业务支出资金，是指基本存款账户存款人附属的非独立核算单位或派出机构发生的收入和支出的资金。

因收入汇缴资金和业务支出资金开立的专用存款账户，应使用隶属单位的名称。

第十四条 临时存款账户是存款人因临时需要并在规定期限内使用而开立的银行结算账户。有下列情况的，存款人可以申请开立临时存款账户：

（一）设立临时机构。

（二）异地临时经营活动。

（三）注册验资。

第十五条 个人银行结算账户是自然人因投资、消费、结算等而开立的可办理支付结算业务的存款账户。有下列情况的，可以申请开立个人银行结算账户：

（一）使用支票、信用卡等信用支付工具的。

（二）办理汇兑、定期借记、定期贷记、借记卡等结算业务的。

自然人可根据需要申请开立个人银行结算账户，也可以在已开立的储蓄账户中选择并向开户银行申请确认为个人银行结算账户。

第十六条 存款人有下列情形之一的，可以在异地开立有关银行结算账户：

（一）营业执照注册地与经营地不在同一行政区域（跨省、市、县）需要开立基本存款账户的。

（二）办理异地借款和其他结算需要开立一般存款账户的。

（三）存款人因附属的非独立核算单位或派出机构发生的收入汇缴或业务支出需要开立专用存款账户的。

（四）异地临时经营活动需要开立临时存款账户的。

（五）自然人根据需要在异地开立个人银行结算账户的。

第十七条　存款人申请开立基本存款账户，应向银行出具下列证明文件：

（一）企业法人，应出具企业法人营业执照正本。

（二）非法人企业，应出具企业营业执照正本。

（三）机关和实行预算管理的事业单位，应出具政府人事部门或编制委员会的批文或登记证书和财政部门同意其开户的证明；非预算管理的事业单位，应出具政府人事部门或编制委员会的批文或登记证书。

（四）军队、武警团级（含）以上单位以及分散执勤的支（分）队，应出具军队军级以上单位财务部门、武警总队财务部门的开户证明。

（五）社会团体，应出具社会团体登记证书，宗教组织还应出具宗教事务管理部门的批文或证明。

（六）民办非企业组织，应出具民办非企业登记证书。

（七）外地常设机构，应出具其驻在地政府主管部门的批文。

（八）外国驻华机构，应出具国家有关主管部门的批文或证明；外资企业驻华代表处、办事处应出具国家登记机关颁发的登记证。

（九）个体工商户，应出具个体工商户营业执照正本。

（十）居民委员会、村民委员会、社区委员会，应出具其主管部门的批文或证明。

（十一）独立核算的附属机构，应出具其主管部门的基本存款账户开户登记证和批文。

（十二）其他组织，应出具政府主管部门的批文或证明。

本条　中的存款人为从事生产、经营活动纳税人的，还应出具税务部门颁发的税务登记证。

第十八条 存款人申请开立一般存款账户，应向银行出具其开立基本存款账户规定的证明文件、基本存款账户开户登记证和下列证明文件：

（一）存款人因向银行借款需要，应出具借款合同。

（二）存款人因其他结算需要，应出具有关证明。

第十九条 存款人申请开立专用存款账户，应向银行出具其开立基本存款账户规定的证明文件、基本存款账户开户登记证和下列证明文件：

（一）基本建设资金、更新改造资金、政策性房地产开发资金、住房基金、社会保障基金，应出具主管部门批文。

（二）财政预算外资金，应出具财政部门的证明。

（三）粮、棉、油收购资金，应出具主管部门批文。

（四）单位银行卡备用金，应按照中国人民银行批准的银行卡章程的规定出具有关证明和资料。

（五）证券交易结算资金，应出具证券公司或证券管理部门的证明。

（六）期货交易保证金，应出具期货公司或期货管理部门的证明。

（七）金融机构存放同业资金，应出具其证明。

（八）收入汇缴资金和业务支出资金，应出具基本存款账户存款人有关的证明。

（九）党、团、工会设在单位的组织机构经费，应出具该单位或有关部门的批文或证明。

（十）其他按规定需要专项管理和使用的资金，应出具有关法规、规章或政府部门的有关文件。

第二十条 合格境外机构投资者在境内从事证券投资开立的人民币特殊账户和人民币结算资金账户纳入专用存款账户管理。其开立人民币特殊账户时应出具国家外汇管理部门的批复文件，开立人民币结算资金账户时应出具证券管理部门的证券投资业务许可证。

第二十一条 存款人申请开立临时存款账户，应向银行出具下列证明文件：

（一）临时机构，应出具其驻在地主管部门同意设立临时机构的批文。

（二）异地建筑施工及安装单位，应出具其营业执照正本或其隶属单位的营业执照正本，以及施工及安装地建设主管部门核发的许可证或建筑施工及安装合同。

（三）异地从事临时经营活动的单位，应出具其营业执照正本以及临时经营地工商行政管理部门的批文。

（四）注册验资资金，应出具工商行政管理部门核发的企业名称预先核准通知书或有关部门的批文。

本条第二、三项还应出具其基本存款账户开户登记证。

第二十二条　存款人申请开立个人银行结算账户，应向银行出具下列证明文件：

（一）中国居民，应出具居民身份证或临时身份证。

（二）中国人民解放军军人，应出具军人身份证件。

（三）中国人民武装警察，应出具武警身份证件。

（四）香港、澳门居民，应出具港澳居民往来内地通行证；台湾居民，应出具台湾居民来往大陆通行证或者其他有效旅行证件。

（五）外国公民，应出具护照。

（六）法律、法规和国家有关文件规定的其他有效证件。

银行为个人开立银行结算账户时，根据需要还可要求申请人出具户口簿、驾驶执照、护照等有效证件。

第二十三条　存款人需要在异地开立单位银行结算账户，除出具本办法第十七条、第十八条、第十九条、第二十一条规定的有关证明文件外，应出具下列相应的证明文件：

（一）经营地与注册地不在同一行政区域的存款人，在异地开立基本存款账户的，应出具注册地中国人民银行分支行的未开立基本存款账户的证明。

（二）异地借款的存款人，在异地开立一般存款账户的，应出具在异地取得贷款的借款合同。

（三）因经营需要在异地办理收入汇缴和业务支出的存款人，在异地开立专用存款账户的，应出具隶属单位的证明。

属本条第二、三项情况的，还应出具其基本存款账户开户登记证。

存款人需要在异地开立个人银行结算账户，应出具本办法第二十二条规定的证明文件。

第二十四条　单位开立银行结算账户的名称应与其提供的申请开户的证明文

件的名称全称相一致。有字号的个体工商户开立银行结算账户的名称应与其营业执照的字号相一致；无字号的个体工商户开立银行结算账户的名称，由个体户字样和营业执照记载的经营者姓名组成。自然人开立银行结算账户的名称应与其提供的有效身份证件中的名称全称相一致。

第二十五条 银行为存款人开立一般存款账户、专用存款账户和临时存款账户的，应自开户之日起3个工作日内书面通知基本存款账户开户银行。

第二十六条 存款人申请开立单位银行结算账户时，可由法定代表人或单位负责人直接办理，也可授权他人办理。

由法定代表人或单位负责人直接办理的，除出具相应的证明文件外，还应出具法定代表人或单位负责人的身份证件；授权他人办理的，除出具相应的证明文件外，还应出具其法定代表人或单位负责人的授权书及其身份证件，以及被授权人的身份证件。

第二十七条 存款人申请开立银行结算账户时，应填制开户申请书。开户申请书按照中国人民银行的规定记载有关事项。

第二十八条 银行应对存款人的开户申请书填写的事项和证明文件的真实性、完整性、合规性进行认真审查。

开户申请书填写的事项齐全，符合开立基本存款账户、临时存款账户和预算单位专用存款账户条件的，银行应将存款人的开户申请书、相关的证明文件和银行审核意见等开户资料报送中国人民银行当地分支行，经其核准后办理开户手续；符合开立一般存款账户、其他专用存款账户和个人银行结算账户条件的，银行应办理开户手续，并于开户之日起5个工作日内向中国人民银行当地分支行备案。

第二十九条 中国人民银行应于2个工作日内对银行报送的基本存款账户、临时存款账户和预算单位专用存款账户的开户资料的合规性予以审核，符合开户条件的，予以核准；不符合开户条件的，应在开户申请书上签署意见，连同有关证明文件一并退回报送银行。

第三十条 银行为存款人开立银行结算账户，应与存款人签订银行结算账户管理协议，明确双方的权利与义务。除中国人民银行另有规定的以外，应建立存款人预留签章卡片，并将签章式样和有关证明文件的原件或复印件留存归档。

第三十一条 开户登记证是记载单位银行结算账户信息的有效证明，存款人应按本办法的规定使用,并妥善保管。

第三十二条 银行在为存款人开立一般存款账户、专用存款账户和临时存款账户时,应在其基本存款账户开户登记证上登记账户名称、账号、账户性质、开户银行、开户日期,并签章。但临时机构和注册验资需要开立的临时存款账户除外。

第三章 银行结算账户的使用

第三十三条 基本存款账户是存款人的主办账户。存款人日常经营活动的资金收付及其工资、奖金和现金的支取,应通过该账户办理。

第三十四条 一般存款账户用于办理存款人借款转存、借款归还和其他结算的资金收付。该账户可以办理现金缴存,但不得办理现金支取。

第三十五条 专用存款账户用于办理各项专用资金的收付。

单位银行卡账户的资金必须由其基本存款账户转账存入。该账户不得办理现金收付业务。

财政预算外资金、证券交易结算资金、期货交易保证金和信托基金专用存款账户不得支取现金。

基本建设资金、更新改造资金、政策性房地产开发资金、金融机构存放同业资金账户需要支取现金的,应在开户时报中国人民银行当地分支行批准。中国人民银行当地分支行应根据国家现金管理的规定审查批准。

粮、棉、油收购资金、社会保障基金、住房基金和党、团、工会经费等专用存款账户支取现金应按照国家现金管理的规定办理。

收入汇缴账户除向其基本存款账户或预算外资金财政专用存款户划缴款项外,只收不付,不得支取现金。业务支出账户除从其基本存款账户拨入款项外,只付不收,其现金支取必须按照国家现金管理的规定办理。

银行应按照本条的各项规定和国家对粮、棉、油收购资金使用管理规定加强监督,对不符合规定的资金收付和现金支取,不得办理。但对其他专用资金的使用不负监督责任。

第三十六条 临时存款账户用于办理临时机构以及存款人临时经营活动发生的资金收付。

临时存款账户应根据有关开户证明文件确定的期限或存款人的需要确定其有

效期限。存款人在账户的使用中需要延长期限的,应在有效期限内向开户银行提出申请,并由开户银行报中国人民银行当地分支行核准后办理展期。临时存款账户的有效期最长不得超过2年。

临时存款账户支取现金,应按照国家现金管理的规定办理。

第三十七条 注册验资的临时存款账户在验资期间只收不付,注册验资资金的汇缴人应与出资人的名称一致。

第三十八条 存款人开立单位银行结算账户,自正式开立之日起3个工作日后,方可办理付款业务。但注册验资的临时存款账户转为基本存款账户和因借款转存开立的一般存款账户除外。

第三十九条 个人银行结算账户用于办理个人转账收付和现金存取。下列款项可以转入个人银行结算账户:

(一)工资、奖金收入。

(二)稿费、演出费等劳务收入。

(三)债券、期货、信托等投资的本金和收益。

(四)个人债权或产权转让收益。

(五)个人贷款转存。

(六)证券交易结算资金和期货交易保证金。

(七)继承、赠与款项。

(八)保险理赔、保费退还等款项。

(九)纳税退还。

(十)农、副、矿产品销售收入。

(十一)其他合法款项。

第四十条 单位从其银行结算账户支付给个人银行结算账户的款项,每笔超过5万元的,应向其开户银行提供下列付款依据:

(一)代发工资协议和收款人清单。

(二)奖励证明。

(三)新闻出版、演出主办等单位与收款人签订的劳务合同或支付给个人款项的证明。

(四)证券公司、期货公司、信托投资公司、奖券发行或承销部门支付或退还给自然人款项的证明。

（五）债权或产权转让协议。

（六）借款合同。

（七）保险公司的证明。

（八）税收征管部门的证明。

（九）农、副、矿产品购销合同。

（十）其他合法款项的证明。

从单位银行结算账户支付给个人银行结算账户的款项应纳税的，税收代扣单位付款时应向其开户银行提供完税证明。

第四十一条　有下列情形之一的，个人应出具本办法第四十条规定的有关收款依据。

（一）个人持出票人为单位的支票向开户银行委托收款，将款项转入其个人银行结算账户的。

（二）个人持申请人为单位的银行汇票和银行本票向开户银行提示付款，将款项转入其个人银行结算账户的。

第四十二条　单位银行结算账户支付给个人银行结算账户款项的，银行应按第四十条、第四十一条规定认真审查付款依据或收款依据的原件，并留存复印件，按会计档案保管。未提供相关依据或相关依据不符合规定的，银行应拒绝办理。

第四十三条　储蓄账户仅限于办理现金存取业务，不得办理转账结算。

第四十四条　银行应按规定与存款人核对账务。银行结算账户的存款人收到对账单或对账信息后，应及时核对账务并在规定期限内向银行发出对账回单或确认信息。

第四十五条　存款人应按照本办法的规定使用银行结算账户办理结算业务。

存款人不得出租、出借银行结算账户，不得利用银行结算账户套取银行信用。

第四章　银行结算账户的变更与撤销

第四十六条　存款人更改名称，但不改变开户银行及账号的，应于5个工作日内向开户银行提出银行结算账户的变更申请，并出具有关部门的证明文件。

第四十七条　单位的法定代表人或主要负责人、住址以及其他开户资料发生变更时，应于 5 个工作日内书面通知开户银行并提供有关证明。

第四十八条　银行接到存款人的变更通知后，应及时办理变更手续，并于 2 个工作日内向中国人民银行报告。

第四十九条　有下列情形之一的，存款人应向开户银行提出撤销银行结算账户的申请：

（一）被撤并、解散、宣告破产或关闭的。

（二）注销、被吊销营业执照的。

（三）因迁址需要变更开户银行的。

（四）其他原因需要撤销银行结算账户的。

存款人有本条第一、二项情形的，应于 5 个工作日内向开户银行提出撤销银行结算账户的申请。

本条所称撤销是指存款人因开户资格或其他原因终止银行结算账户使用的行为。

第五十条　存款人因本办法第四十九条第一、二项原因撤销基本存款账户的，存款人基本存款账户的开户银行应自撤销银行结算账户之日起 2 个工作日内将撤销该基本存款账户的情况书面通知该存款人其他银行结算账户的开户银行；存款人其他银行结算账户的开户银行，应自收到通知之日起 2 个工作日内通知存款人撤销有关银行结算账户；存款人应自收到通知之日起 3 个工作日内办理其他银行结算账户的撤销。

第五十一条　银行得知存款人有本办法第四十九条第一、二项情况，存款人超过规定期限未主动办理撤销银行结算账户手续的，银行有权停止其银行结算账户的对外支付。

第五十二条　未获得工商行政管理部门核准登记的单位，在验资期满后，应向银行申请撤销注册验资临时存款账户，其账户资金应退还给原汇款人账户。注册验资资金以现金方式存入，出资人需提取现金的，应出具缴存现金时的现金缴款单原件及其有效身份证件。

第五十三条　存款人尚未清偿其开户银行债务的，不得申请撤销该账户。

第五十四条　存款人撤销银行结算账户，必须与开户银行核对银行结算账户存款余额，交回各种重要空白票据及结算凭证和开户登记证，银行核对无误后方可办理销户手续。存款人未按规定交回各种重要空白票据及结算凭证的,应出具有关证明,造成损失的,由其自行承担。

第五十五条　银行撤销单位银行结算账户时应在其基本存款账户开户登记证上注明销户日期并签章,同时于撤销银行结算账户之日起2个工作日内,向中国人民银行报告。

第五十六条　银行对一年未发生收付活动且未欠开户银行债务的单位银行结算账户,应通知单位自发出通知之日起30日内办理销户手续,逾期视同自愿销户,未划转款项列入久悬未取专户管理。

第五章　银行结算账户的管理

第五十七条　中国人民银行负责监督、检查银行结算账户的开立和使用,对存款人、银行违反银行结算账户管理规定的行为予以处罚。

第五十八条　中国人民银行对银行结算账户的开立和使用实施监控和管理。

第五十九条　中国人民银行负责基本存款账户、临时存款账户和预算单位专用存款账户开户登记证的管理。

任何单位及个人不得伪造、变造及私自印制开户登记证。

第六十条　银行负责所属营业机构银行结算账户开立和使用的管理,监督和检查其执行本办法的情况,纠正违规开立和使用银行结算账户的行为。

第六十一条　银行应明确专人负责银行结算账户的开立、使用和撤销的审查和管理,负责对存款人开户申请资料的审查,并按照本办法的规定及时报送存款人开销户信息资料,建立健全开销户登记制度,建立银行结算账户管理档案,按会计档案进行管理。

银行结算账户管理档案的保管期限为银行结算账户撤销后10年。

第六十二条　银行应对已开立的单位银行结算账户实行年检制度,检查开立的银行结算账户的合规性,核实开户资料的真实性;对不符合本办法规定开立的单位银行结算账户,应予以撤销。对经核实的各类银行结算账户的资料变动情况,应及时报告中国人民银行当地分支行。

银行应对存款人使用银行结算账户的情况进行监督,对存款人的可疑支付应按照中国人民银行规定的程序及时报告。

第六十三条 存款人应加强对预留银行签章的管理。单位遗失预留公章或财务专用章的,应向开户银行出具书面申请、开户登记证、营业执照等相关证明文件;更换预留公章或财务专用章时,应向开户银行出具书面申请、原预留签章的式样等相关证明文件。个人遗失或更换预留个人印章或更换签字人时,应向开户银行出具经签名确认的书面申请,以及原预留印章或签字人的个人身份证件。银行应留存相应的复印件,并凭以办理预留银行签章的变更。

第六章 罚则

第六十四条 存款人开立、撤销银行结算账户,不得有下列行为:

(一)违反本办法规定开立银行结算账户。

(二)伪造、变造证明文件欺骗银行开立银行结算账户。

(三)违反本办法规定不及时撤销银行结算账户。

非经营性的存款人,有上述所列行为之一的,给予警告并处以1000元的罚款;经营性的存款人有上述所列行为之一的,给予警告并处以1万元以上3万元以下的罚款;构成犯罪的,移交司法机关依法追究刑事责任。

第六十五条 存款人使用银行结算账户,不得有下列行为:

(一)违反本办法规定将单位款项转入个人银行结算账户。

(二)违反本办法规定支取现金。

(三)利用开立银行结算账户逃废银行债务。

(四)出租、出借银行结算账户。

(五)从基本存款账户之外的银行结算账户转账存入、将销货收入存入或现金存入单位信用卡账户。

(六)法定代表人或主要负责人、存款人地址以及其他开户资料的变更事项未在规定期限内通知银行。

非经营性的存款人有上述所列一至五项行为的,给予警告并处以1000元罚款;经营性的存款人有上述所列一至五项行为的,给予警告并处以5000元以上3万元以下的罚款;存款人有上述所列第六项行为的,给予警告并处以1000元的罚款。

第六十六条 银行在银行结算账户的开立中,不得有下列行为:

（一）违反本办法规定为存款人多头开立银行结算账户。

（二）明知或应知是单位资金，而允许以自然人名称开立账户存储。

银行有上述所列行为之一的，给予警告，并处以5万元以上30万元以下的罚款；对该银行直接负责的高级管理人员、其他直接负责的主管人员、直接责任人员按规定给予纪律处分；情节严重的，中国人民银行有权停止对其开立基本存款账户的核准，责令该银行停业整顿或者吊销经营金融业务许可证；构成犯罪的，移交司法机关依法追究刑事责任。

第六十七条　银行在银行结算账户的使用中，不得有下列行为：

（一）提供虚假开户申请资料欺骗中国人民银行许可开立基本存款账户、临时存款账户、预算单位专用存款账户。

（二）开立或撤销单位银行结算账户，未按本办法规定在其基本存款账户开户登记证上予以登记、签章或通知相关开户银行。

（三）违反本办法第四十二条规定办理个人银行结算账户转账结算。

（四）为储蓄账户办理转账结算。

（五）违反规定为存款人支付现金或办理现金存入。

（六）超过期限或未向中国人民银行报送账户开立、变更、撤销等资料。

银行有上述所列行为之一的，给予警告，并处以5000元以上3万元以下的罚款；对该银行直接负责的高级管理人员、其他直接负责的主管人员、直接责任人员按规定给予纪律处分；情节严重的，中国人民银行有权停止对其开立基本存款账户的核准，构成犯罪的，移交司法机关依法追究刑事责任。

第六十八条　违反本办法规定，伪造、变造、私自印制开户登记证的存款人，属非经营性的处以1000元罚款；属经营性的处以1万元以上3万元以下的罚款；构成犯罪的，移交司法机关依法追究刑事责任。

第七章　附则

第六十九条　开户登记证由中国人民银行总行统一式样，中国人民银行各分行、营业管理部、省会（首府）城市中心支行负责监制。

第七十条　本办法由中国人民银行负责解释、修改。

第七十一条　本办法自2003年9月1日起施行。1994年10月9日中国人民银行发布的《银行账户管理办法》同时废止。

七、支付结算办法

(银发［1997］393号)

第一章 总则

第一条 为了规范支付结算行为,保障支付结算活动中当事人的合法权益,加速资金周转和商品流通,促进社会主义市场经济的发展,依据《中华人民共和国票据法》(以下简称《票据法》)和《票据管理实施办法》以及有关法律,行政法规,制定本办法。

第二条 中华人民共和国境内人民币的支付结算适用本办法,但中国人民银行另有规定的除外。

第三条 本办法所称支付结算是指单位,个人在社会经济活动中使用票据,信用卡和汇兑,托收承付,委托收款等结算方式进行货币给付及其资金清算的行为。

第四条 支付结算工作的任务,是根据经济往来组织支付结算,准确,及时,安全办理支付结算,按照有关法律,行政法规和本办法的规定管理支付结算,保障支付结算活动的正常进行。

第五条 银行,城市信用合作社,农村信用合作社(以下简称银行)以及单位和个人(含个体工商户),办理支付结算必须遵守国家的法律,行政法规和本办法的各项规定,不得损害社会公共利益。

第六条 银行是支付结算和资金清算的中介机构。未经中国人民银行批准的非银行金融机构和其他单位不得作为中介机构经营支付结算业务。但法律,行政法规另有规定的除外。

第七条 单位,个人和银行应当按照《银行账户管理办法》的规定开立,使用账户。

第八条 在银行开立存款账户的单位和个人办理支付结算,账户内必须有足够的资金保证支付,本办法另有规定的除外。没有开立存款账户的个人向银行交付款项后,也可以通过银行办理支付结算。

第九条 票据和结算凭证是办理支付结算的工具。单位,个人和银行办理支付结算,必须使用按中国人民银行统一规定印制的票据凭证和统一规定的结算凭证。

未使用按中国人民银行统一规定印制的票据,票据无效;未使用中国人民银行统一规定格式的结算凭证,银行不予受理。

第十条 单位、个人和银行签发票据,填写结算凭证,应按照本办法和附一《正确填写票据和结算凭证的基本规定》记载,单位和银行的名称应当记载全称或者规范化简称。

第十一条 票据和结算凭证上的签章,为签名、盖章或者签名加盖章。

单位、银行在票据上的签章和单位在结算凭证上的签章,为该单位、银行的盖章加其法定代表人或其授权的代理人的签名或盖章。个人在票据和结算凭证上的签章,应为该个人本名的签名或盖章。

第十二条 票据和结算凭证的金额,出票或签发日期,收款人名称不得更改,更改的票据无效;更改的结算凭证,银行不予受理。对票据和结算凭证上的其他记载事项,原记载人可以更改,更改时应当由原记载人在更改处签章证明。

第十三条 票据和结算凭证金额以中文大写和阿拉伯数码同时记载,二者必须一致,二者不一致的票据无效;二者不一致的结算凭证,银行不予受理。

少数民族地区和外国驻华使领馆根据实际需要,金额大写可以使用少数民族文字或者外国文字记载。

第十四条 票据和结算凭证上的签章和其他记载事项应当真实,不得伪造,变造。

票据上有伪造,变造的签章的,不影响票据上其他当事人真实签章的效力。

本条所称的伪造是指无权限人假冒他人或虚构人名义签章的行为。签章的变造属于伪造。

本条所称的变造是指无权更改票据内容的人,对票据上签章以外的记载事项加以改变的行为。

第十五条 办理支付结算需要交验的个人有效身份证件是指居民身份证,军官证,警官证,文职干部证,士兵证,户口簿,护照,港澳台同胞回乡证等符合法律,行政法规以及国家有关规定的身份证件。

第十六条 单位，个人和银行办理支付结算必须遵守下列原则：

一、恪守信用，履约付款；

二、谁的钱进谁的账，由谁支配；

三、银行不垫款。

第十七条 银行以善意且符合规定和正常操作程序审查，对伪造，变造的票据和结算凭证上的签章以及需要交验的个人有效身份证件，未发现异常而支付金额的，对出票人或付款人不再承担受委托付款的责任，对持票人或收款人不再承担付款的责任。

第十八条 依法背书转让的票据，任何单位和个人不得冻结票据款项。但是法律另有规定的除外。

第十九条 银行依法为单位，个人在银行开立的基本存款账户，一般存款账户，专用存款账户和临时存款账户的存款保密，维护其资金的自主支配权。对单位，个人在银行开立上述存款账户的存款，除国家法律，行政法规另有规定外，银行不得为任何单位或者个人查询；除国家法律另有规定外，银行不代任何单位或者个人冻结，扣款，不得停止单位，个人存款的正常支付。

第二十条 支付结算实行集中统一和分级管理相结合的管理体制。

中国人民银行总行负责制定统一的支付结算制度，组织，协调，管理，监督全国的支付结算工作，调解，处理银行之间的支付结算纠纷。

中国人民银行省，自治区，直辖市分行根据统一的支付结算制度制定实施细则，报总行备案；根据需要可以制定单项支付结算办法，报经中国人民银行总行批准后执行。中国人民银行分、支行负责组织，协调，管理，监督本辖区的支付结算工作，调解，处理本辖区银行之间的支付结算纠纷。

政策性银行，商业银行总行可以根据统一的支付结算制度，结合本行情况，制定具体管理实施办法，报经中国人民银行总行批准后执行。政策性银行，商业银行负责组织，管理，协调本行内的支付结算工作，调解，处理本行内分支机构之间的支付结算纠纷。

第二章 票据

第一节 基本规定

第二十一条 本办法所称票据,是指银行汇票,商业汇票,银行本票和支票。

第二十二条 票据的签发,取得和转让,必须具有真实的交易关系和债权债务关系。

票据的取得,必须给付对价。但因税收,继承,赠与可以依法无偿取得票据的,不受给付对价的限制。

第二十三条 银行汇票的出票人在票据上的签章,应为经中国人民银行批准使用的该银行汇票专用章加其法定代表人或其授权经办人的签名或者盖章。银行承兑商业汇票,办理商业汇票转贴现,再贴现时的签章,应为经中国人民银行批准使用的该银行汇票专用章加其法定代表人或其授权经办人的签名或者盖章。银行本票的出票人在票据上的签章,应为经中国人民银行批准使用的该银行本票专用章加其法定代表人或其授权经办人的签名或者盖章。

单位在票据上的签章,应为该单位的财务专用章或者公章加其法定代表人或其授权的代理人的签名或者盖章。个人在票据上的签章,应为该个人的签名或者盖章。

支票的出票人和商业承兑汇票的承兑人在票据上的签章,应为其预留银行的签章。

第二十四条 出票人在票据上的签章不符合《票据法》,《票据管理实施办法》和本办法规定的,票据无效;承兑人,保证人在票据上的签章不符合《票据法》,《票据管理实施办法》和本办法规定的,其签章无效,但不影响其他符合规定签章的效力;背书人在票据上的签章不符合《票据法》,《票据管理实施办法》和本办法规定的,其签章无效,但不影响其前手符合规定签章的效力。

第二十五条 出票人在票据上的记载事项必须符合《票据法》,《票据管理实施办法》和本办法的规定。票据上可以记载《票据法》和本办法规定事项以外的其他出票事项,但是该记载事项不具有票据上的效力,银行不负审查责任。

第二十六条 区域性银行汇票仅限于出票人向本区域内的收款人出票,银行本票和支票仅限于出票人向其票据交换区域内的收款人出票。

第二十七条　票据可以背书转让，但填明现金字样的银行汇票，银行本票和用于支取现金的支票不得背书转让。

区域性银行汇票仅限于在本区域内背书转让。银行本票，支票仅限于在其票据交换区域内背书转让。

第二十八条　区域性银行汇票和银行本票，支票出票人向规定区域以外的收款人出票的，背书人向规定区域以外的被背书人转让票据的，区域外的银行不予受理，但出票人，背书人仍应承担票据责任。

第二十九条　票据背书转让时，由背书人在票据背面签章，记载被背书人名称和背书日期。

背书未记载日期的，视为在票据到期日前背书。

持票人委托银行收款或以票据质押的，除按上款规定记载背书外，还应在背书人栏记载委托收款或质押字样。

第三十条　票据出票人在票据正面记载不得转让字样的，票据不得转让；其直接后手再背书转让的，出票人对其直接后手的被背书人不承担保证责任，对被背书人提示付款或委托收款的票据，银行不予受理。

票据背书人在票据背面背书人栏记载不得转让字样的，其后手再背书转让的，记载不得转让字样的背书人对其后手的被背书人不承担保证责任。

第三十一条　票据被拒绝承兑，拒绝付款或者超过付款提示期限的，不得背书转让。背书转让的，背书人应当承担票据责任。

第三十二条　背书不得附有条件。背书附有条件的，所附条件不具有票据上的效力。

第三十三条　以背书转让的票据，背书应当连续。持票人以背书的连续，证明其票据权利。

非经背书转让，而以其他合法方式取得票据的，依法举证，证明其票据权利。

背书连续，是指票据第一次背书转让的背书人是票据上记载的收款人，前次背书转让的被背书人是后一次背书转让的背书人，依次前后衔接，最后一次背书转让的被背书人是票据的最后持票人。

第三十四条　票据的背书人应当在票据背面的背书栏依次背书。背书栏不敷背书的,可以使用统一格式的粘单,粘附于票据凭证上规定的粘接处。粘单上的第一记载人,应当在票据和粘单的粘接处签章。

第三十五条　银行汇票,商业汇票和银行本票的债务可以依法由保证人承担保证责任。保证人必须按照《票据法》的规定在票据上记载保证事项。保证人为出票人、承兑人保证的,应将保证事项记载在票据的正面;保证人为背书人保证的,应将保证事项记载在票据的背面或粘单上。

第三十六条　商业汇票的持票人超过规定期限提示付款的,丧失对其前手的追索权,持票人在作出说明后,仍可以向承兑人请求付款。

银行汇票、银行本票的持票人超过规定期限提示付款的,丧失对出票人以外的前手的追索权,持票人在作出说明后,仍可以向出票人请求付款。

支票的持票人超过规定的期限提示付款的,丧失对出票人以外的前手的追索权。

第三十七条　通过委托收款银行或者通过票据交换系统向付款人或代理付款人提示付款的,视同持票人提示付款;其提示付款日期以持票人向开户银行提交票据日为准。

付款人或代理付款人应于见票当日足额付款。

本条所称代理付款人是指根据付款人的委托,代理其支付票据金额的银行。

第三十八条　票据债务人对下列情况的持票人可以拒绝付款:

(一)对不履行约定义务的与自己有直接债权债务关系的持票人;

(二)以欺诈,偷盗或者胁迫等手段取得票据的持票人;

(三)对明知有欺诈,偷盗或者胁迫等情形,出于恶意取得票据的持票人;

(四)明知债务人与出票人或者持票人的前手之间存在抗辩事由而取得票据的持票人;

(五)因重大过失取得不符合《票据法》规定的票据的持票人;

(六)对取得背书不连续票据的持票人;

(七)符合《票据法》规定的其他抗辩事由。

第三十九条　票据债务人对下列情况不得拒绝付款:

(一)与出票人之间有抗辩事由;

(二)与持票人的前手之间有抗辩事由。

第四十条 票据到期被拒绝付款或者在到期前被拒绝承兑，承兑人或付款人死亡，逃匿的，承兑人或付款人被依法宣告破产的或者因违法被责令终止业务活动的，持票人可以对背书人，出票人以及票据的其他债务人行使追索权。

持票人行使追索权，应当提供被拒绝承兑或者被拒绝付款的拒绝证明或者退票理由书以及其他有关证明。

第四十一条 本办法所称拒绝证明应当包括下列事项：

（一）被拒绝承兑，付款的票据种类及其主要记载事项；

（二）拒绝承兑，付款的事实依据和法律依据；

（三）拒绝承兑，付款的时间；

（四）拒绝承兑人，拒绝付款人的签章。

第四十二条 本办法所称退票理由书应当包括下列事项：

（一）所退票据的种类；

（二）退票的事实依据和法律依据；

（三）退票时间；

（四）退票人签章。

第四十三条 本办法所称的其他证明是指：

（一）医院或者有关单位出具的承兑人，付款人死亡证明；

（二）司法机关出具的承兑人，付款人逃匿的证明；

（三）公证机关出具的具有拒绝证明效力的文书。

第四十四条 持票人应当自收到被拒绝承兑或者被拒绝付款的有关证明之日起3日内，将被拒绝事由书面通知其前手；其前手应当自收到通知之日起3日内书面通知其再前手。持票人也可以同时向各票据债务人发出书面通知。

未按照前款规定期限通知的，持票人仍可以行使追索权。

第四十五条 持票人可以不按照票据债务人的先后顺序，对其中任何一人，数人或者全体行使追索权。

持票人对票据债务人中的一人或者数人已经进行追索的，对其他票据债务人仍可以行使追索权。被追索人清偿债务后，与持票人享有同一权利。

第四十六条 持票人行使追索权，可以请求被追索人支付下列金额和费用：

（一）被拒绝付款的票据金额；

（二）票据金额自到期日或者提示付款日起至清偿日止按照中国人民银行规定的同档次流动资金贷款利率计算的利息。

（三）取得有关拒绝证明和发出通知书的费用。

被追索人清偿债务时，持票人应当交出票据和有关拒绝证明，并出具所收到利息和费用的收据。

第四十七条 被追索人依照前条规定清偿后，可以向其他票据债务人行使再追索权，请求其他票据债务人支付下列金额和费用：

（一）已清偿的全部金额；

（二）前项金额自清偿日起至再追索清偿日止，按照中国人民银行规定的同档次流动资金贷款利率计算的利息；

（三）发出通知书的费用。

行使再追索权的被追索人获得清偿时，应当交出票据和有关拒绝证明，并出具所收到利息和费用的收据。

第四十八条 已承兑的商业汇票，支票，填明现金字样和代理付款人的银行汇票以及填明现金字样的银行本票丧失，可以由失票人通知付款人或者代理付款人挂失止付。未填明现金字样和代理付款人的银行汇票以及未填明现金字样的银行本票丧失，不得挂失止付。

第四十九条 允许挂失止付的票据丧失，失票人需要挂失止付的，应填写挂失止付通知书并签章。挂失止付通知书应当记载下列事项：

（一）票据丧失的时间，地点，原因；

（二）票据的种类，号码，金额，出票日期，付款日期，付款人名称，收款人名称；

（三）挂失止付人的姓名，营业场所或者住所以及联系方法。

欠缺上述记载事项之一的，银行不予受理。

第五十条 付款人或者代理付款人收到挂失止付通知书后，查明挂失票据确未付款时，应立即暂停支付。付款人或者代理付款人自收到挂失止付通知书之日起 12 日内没有收到人民法院的止付通知书的，自第 13 日起，持票人提示付款并依法向持票人付款的，不再承担责任。

第五十一条 付款人或者代理付款人在收到挂失止付通知书之前，已经向持票人付款的，不再承担责任。但是，付款人或者代理付款人以恶意或者重大过失付款的除外。

第五十二条　银行汇票的付款地为代理付款人或出票人所在地，银行本票的付款地为出票人所在地，商业汇票的付款地为承兑人所在地，支票的付款地为付款人所在地。

第二节　银行汇票

第五十三条　银行汇票是出票银行签发的，由其在见票时按照实际结算金额无条件支付给收款人或者持票人的票据。

银行汇票的出票银行为银行汇票的付款人。

第五十四条　单位和个人各种款项结算，均可使用银行汇票。

银行汇票可以用于转账，填明现金字样的银行汇票也可以用于支取现金。

第五十五条　银行汇票的出票和付款，全国范围限于中国人民银行和各商业银行参加全国联行往来的银行机构办理。跨系统银行签发的转账银行汇票的付款，应通过同城票据交换将银行汇票和解讫通知提交给同城的有关银行审核支付后抵用。代理付款人不得受理未在本行开立存款账户的持票人为单位直接提交的银行汇票。省，自治区，直辖市内和跨省，市的经济区域内银行汇票的出票和付款，按照有关规定办理。

银行汇票的代理付款人是代理本系统出票银行或跨系统签约银行审核支付汇票款项的银行。

第五十六条　签发银行汇票必须记载下列事项：

（一）表明银行汇票的字样；

（二）无条件支付的承诺；

（三）出票金额；

（四）付款人名称；

（五）收款人名称；

（六）出票日期；

（七）出票人签章。

欠缺记载上列事项之一的，银行汇票无效。

第五十七条　银行汇票的提示付款期限自出票日起1个月。

持票人超过付款期限提示付款的，代理付款人不予受理。

第五十八条 申请人使用银行汇票，应向出票银行填写银行汇票申请书，填明收款人名称，汇票金额，申请人名称，申请日期等事项并签章，签章 为其预留银行的签章。

申请人和收款人均为个人，需要使用银行汇票向代理付款人支取现金的，申请人须在银行汇票申请书上填明代理付款人名称，在汇票金额栏先填写现金字样，后填写汇票金额。

申请人或者收款人为单位的，不得在银行汇票申请书上填明现金字样。

第五十九条 出票银行受理银行汇票申请书，收妥款项后签发银行汇票，并用压数机压印出票金额，将银行汇票和解讫通知一并交给申请人。

签发转账银行汇票，不得填写代理付款人名称，但由人民银行代理兑付银行汇票的商业银行，向设有分支机构地区签发转账银行汇票的除外。

签发现金银行汇票，申请人和收款人必须均为个人，收妥申请人交存的现金后，在银行汇票出票金额栏先填写现金字样，后填写出票金额，并填写代理付款人名称。申请人或者收款人为单位的，银行不得为其签发现金银行汇票。

第六十条 申请人应将银行汇票和解讫通知一并交付给汇票上记明的收款人。

收款人受理银行汇票时，应审查下列事项：

（一）银行汇票和解讫通知是否齐全，汇票号码和记载的内容是否一致；

（二）收款人是否确为本单位或本人；

（三）银行汇票是否在提示付款期限内；

（四）必须记载的事项是否齐全；

（五）出票人签章是否符合规定，是否有压数机压印的出票金额，并与大写出票金额一致；

（六）出票金额，出票日期，收款人名称是否更改，更改的其他记载事项是否由原记载人签章证明。

第六十一条 收款人受理申请人交付的银行汇票时，应在出票金额以内，根据实际需要的款项办理结算，并将实际结算金额和多余金额准确，清晰地填入银行汇票和解讫通知的有关栏内。未填明实际结算金额和多余金额或实际结算金额超过出票金额的，银行不予受理。

第六十二条　银行汇票的实际结算金额不得更改，更改实际结算金额的银行汇票无效。

第六十三条　收款人可以将银行汇票背书转让给被背书人。

银行汇票的背书转让以不超过出票金额的实际结算金额为准。未填写实际结算金额或实际结算金额超过出票金额的银行汇票不得背书转让。

第六十四条　被背书人受理银行汇票时，除按照第六十条的规定审查外，还应审查下列事项：

（一）银行汇票是否记载实际结算金额，有无更改，其金额是否超过出票金额；

（二）背书是否连续，背书人签章是否符合规定，背书使用粘单的是否按规定签章；

（三）背书人为个人的身份证件。

第六十五条　持票人向银行提示付款时，必须同时提交银行汇票和解讫通知，缺少任何一联，银行不予受理。

第六十六条　在银行开立存款账户的持票人向开户银行提示付款时，应在汇票背面持票人向银行提示付款签章处签章，签章须与预留银行签章相同，并将银行汇票和解讫通知，进账单送交开户银行。银行审查无误后办理转账。

第六十七条　未在银行开立存款账户的个人持票人，可以向选择的任何一家银行机构提示付款。提示付款时，应在汇票背面持票人向银行提示付款签章处签章，并填明本人身份证件名称，号码及发证机关，由其本人向银行提交身份证件及其复印件。银行审核无误后，将其身份证件复印件留存备查，并以持票人的姓名开立应解汇款及临时存款账户，该账户只付不收，付完清户，不计付利息。转账支付的，应由原持票人向银行填制支款凭证，并由本人交验其身份证件办理支付款项。该账户的款项只能转入单位或个体工商户的存款账户，严禁转入储蓄和信用卡账户。支取现金的，银行汇票上必须有出票银行按规定填明的现金字样，才能办理。未填明现金字样，需要支取现金的，由银行按照国家现金管理规定审查支付。持票人对填明现金字样的银行汇票，需要委托他人向银行提示付款的，应在银行汇票背面背书栏签章，记载委托收款字样，被委托人姓名和背书日期以及委托人身份证件名称，号码，发证机关。被委托人向银行提示付款时，也应在银行汇票背面持票人向银行提示付款签章处签章，记载证件名称，号码及发证机关,并同时向银行交验委托人和被委托人的身份证件及其复印件。

第六十八条　银行汇票的实际结算金额低于出票金额的,其多余金额由出票银行退交申请人。

第六十九条　持票人超过期限向代理付款银行提示付款不获付款的,须在票据权利时效内向出票银行作出说明,并提供本人身份证件或单位证明,持银行汇票和解讫通知向出票银行请求付款。

第七十条　申请人因银行汇票超过付款提示期限或其他原因要求退款时,应将银行汇票和解讫通知同时提交到出票银行。申请人为单位的,应出具该单位的证明;申请人为个人的,应出具该本人的身份证件。对于代理付款银行查询的该张银行汇票,应在汇票提示付款期满后方能办理退款。出票银行对于转账银行汇票的退款,只能转入原申请人账户;对于符合规定填明现金字样银行汇票的退款,才能退付现金。

申请人缺少解讫通知要求退款的,出票银行应于银行汇票提示付款期满一个月后办理。

第七十一条　银行汇票丧失,失票人可以凭人民法院出具的其享有票据权利的证明,向出票银行请求付款或退款。

第三节　商业汇票

第七十二条　商业汇票是出票人签发的,委托付款人在指定日期无条件支付确定的金额给收款人或者持票人的票据。

第七十三条　商业汇票分为商业承兑汇票和银行承兑汇票。

商业承兑汇票由银行以外的付款人承兑。

银行承兑汇票由银行承兑。

商业汇票的付款人为承兑人。

第七十四条　在银行开立存款账户的法人以及其他组织之间,必须具有真实的交易关系或债权债务关系,才能使用商业汇票。

第七十五条　商业承兑汇票的出票人,为在银行开立存款账户的法人以及其他组织,与付款人具有真实的委托付款关系,具有支付汇票金额的可靠资金来源。

第七十六条　银行承兑汇票的出票人必须具备下列条件:

(一)在承兑银行开立存款账户的法人以及其他组织;

（二）与承兑银行具有真实的委托付款关系；

（三）资信状况良好，具有支付汇票金额的可靠资金来源。

第七十七条 出票人不得签发无对价的商业汇票用以骗取银行或者其他票据当事人的资金。

第七十八条 签发商业汇票必须记载下列事项：

（一）表明商业承兑汇票或银行承兑汇票的字样；

（二）无条件支付的委托；

（三）确定的金额；

（四）付款人名称；

（五）收款人名称；

（六）出票日期；

（七）出票人签章。

欠缺记载上列事项之一的，商业汇票无效。

第七十九条 商业承兑汇票可以由付款人签发并承兑，也可以由收款人签发交由付款人承兑。

银行承兑汇票应由在承兑银行开立存款账户的存款人签发。

第八十条 商业汇票可以在出票时向付款人提示承兑后使用，也可以在出票后先使用再向付款人提示承兑。

定日付款或者出票后定期付款的商业汇票，持票人应当在汇票到期日前向付款人提示承兑。见票后定期付款的汇票，持票人应当自出票日起1个月内向付款人提示承兑。

汇票未按照规定期限提示承兑的，持票人丧失对其前手的追索权。

第八十一条 商业汇票的付款人接到出票人或持票人向其提示承兑的汇票时，应当向出票人或持票人签发收到汇票的回单，记明汇票提示承兑日期并签章。付款人应当在自收到提示承兑的汇票之日起3日内承兑或者拒绝承兑。

付款人拒绝承兑的，必须出具拒绝承兑的证明。

第八十二条 商业汇票的承兑银行，必须具备下列条件：

（一）与出票人具有真实的委托付款关系；

（二）具有支付汇票金额的可靠资金；

（三）内部管理完善，经其法人授权的银行审定。

第八十三条　银行承兑汇票的出票人或持票人向银行提示承兑时，银行的信贷部门负责按照有关规定和审批程序，对出票人的资格，资信，购销合同和汇票记载的内容进行认真审查，必要时可由出票人提供担保。符合规定和承兑条件的，与出票人签订承兑协议。

第八十四条　付款人承兑商业汇票，应当在汇票正面记载承兑字样和承兑日期并签章。

第八十五条　付款人承兑商业汇票，不得附有条件；承兑附有条件的，视为拒绝承兑。

第八十六条　银行承兑汇票的承兑银行，应按票面金额向出票人收取万分之五的手续费。

第八十七条　商业汇票的付款期限，最长不得超过 6 个月。

定日付款的汇票付款期限自出票日起计算，并在汇票上记载具体的到期日。

出票后定期付款的汇票付款期限自出票日起按月计算，并在汇票上记载。见票后定期付款的汇票付款期限自承兑或拒绝承兑日起按月计算，并在汇票上记载。

第八十八条　商业汇票的提示付款期限，自汇票到期日起 10 日。

持票人应在提示付款期限内通过开户银行委托收款或直接向付款人提示付款。对异地委托收款的，持票人可匡算邮程，提前通过开户银行委托收款。持票人超过提示付款期限提示付款的，持票人开户银行不予受理。

第八十九条　商业承兑汇票的付款人开户银行收到通过委托收款寄来的商业承兑汇票，将商业承兑汇票留存，并及时通知付款人。

（一）付款人收到开户银行的付款通知，应在当日通知银行付款。付款人在接到通知日的次日起 3 日内（遇法定休假日顺延，下同）未通知银行付款的，视同付款人承诺付款，银行应于付款人接到通知日的次日起第 4 日（法定休假日顺延，下同）上午开始营业时，将票款划给持票人。

付款人提前收到由其承兑的商业汇票，应通知银行于汇票到期日付款。付款人在接到通知日的次日起 3 日内未通知银行付款，付款人接到通知日的次日起第 4 日在汇票到期日之前的，银行应于汇票到期日将票款划给持票人。

（二）银行在办理划款时，付款人存款账户不足支付的，应填制付款人未付票款通知书,连同商业承兑汇票邮寄持票人开户银行转交持票人。

(三)付款人存在合法抗辩事由拒绝支付的,应自接到通知日的次日起3日内,作成拒绝付款证明送交开户银行,银行将拒绝付款证明和商业承兑汇票邮寄持票人开户银行转交持票人。

第九十条　银行承兑汇票的出票人应于汇票到期前将票款足额交存其开户银行。承兑银行应在汇票到期日或到期日后的见票当日支付票款。

承兑银行存在合法抗辩事由拒绝支付的,应自接到商业汇票的次日起3日内,作成拒绝付款证明,连同商业银行承兑汇票邮寄持票人开户银行转交持票人。

第九十一条　银行承兑汇票的出票人于汇票到期日未能足额交存票款时,承兑银行除凭票向持票人无条件付款外,对出票人尚未支付的汇票金额按照每天万分之五计收利息。

第九十二条　商业汇票的持票人向银行办理贴现必须具备下列条件:

(一)在银行开立存款账户的企业法人以及其他组织;

(二)与出票人或者直接前手之间具有真实的商品交易关系;

(三)提供与其直接前手之间的增值税发票和商品发运单据复印件。

第九十三条　符合条件的商业汇票的持票人可持未到期的商业汇票连同贴现凭证向银行申请贴现。贴现银行可持未到期的商业汇票向其他银行转贴现,也可向中国人民银行申请再贴现。贴现,转贴现,再贴现时,应作成转让背书,并提供贴现申请人与其直接前手之间的增值税发票和商品发运单据复印件。

第九十四条　贴现,转贴现和再贴现的期限从其贴现之日起至汇票到期日止。实付贴现金额按票面金额扣除贴现日至汇票到期前1日的利息计算。

承兑人在异地的,贴现,转贴现和再贴现的期限以及贴现利息的计算应另加3天的划款日期。

第九十五条　贴现,转贴现,再贴现到期,贴现,转贴现,再贴现银行应向付款人收取票款。不获付款的,贴现,转贴现,再贴现银行应向其前手追索票款。贴现,再贴现银行追索票款时可从申请人的存款账户收取票款。

第九十六条　存款人领购商业汇票,必须填写票据和结算凭证领用单并签章,签章应与预留银行的签章相符。存款账户结清时,必须将全部剩余空白商业汇票交回银行注销。

第四节　银行本票

第九十七条　银行本票是银行签发的，承诺自己在见票时无条件支付确定的金额给收款人或者持票人的票据。

第九十八条　单位和个人在同一票据交换区域需要支付各种款项，均可以使用银行本票。银行本票可以用于转账，注明现金字样的银行本票可以用于支取现金。

第九十九条　银行本票分为不定额本票和定额本票两种。

第一百条　银行本票的出票人，为经中国人民银行当地分支行批准办理银行本票业务的银行机构。

第一百零一条　签发银行本票必须记载下列事项：

（一）表明银行本票的字样；

（二）无条件支付的承诺；

（三）确定的金额；

（四）收款人名称；

（五）出票日期；

（六）出票人签章。

欠缺记载上列事项之一的，银行本票无效。

第一百零二条　定额银行本票面额为1千元，5千元，1万元和5万元。

第一百零三条　银行本票的提示付款期限自出票日起最长不得超过2个月。

持票人超过付款期限提示付款的，代理付款人不予受理。

银行本票的代理付款人是代理出票银行审核支付银行本票款项的银行。

第一百零四条　申请人使用银行本票，应向银行填写银行本票申请书，填明收款人名称，申请人名称，支付金额，申请日期等事项并签章。申请人和收款人均为个人需要支取现金的，应在支付金额栏先填写现金字样，后填写支付金额。

申请人或收款人为单位的，不得申请签发现金银行本票。

第一百零五条　出票银行受理银行本票申请书，收妥款项签发银行本票。用于转账的，在银行本票上划去现金字样；申请人和收款人均为个人需要支取现金的，在银行本票上划去转账字样。不定额银行本票用压数机压印出票金额。出票银行在银行本票上签章后交给申请人。

申请人或收款人为单位的,银行不得为其签发现金银行本票。

第一百零六条　申请人应将银行本票交付给本票上记明的收款人。

收款人受理银行本票时,应审查下列事项:

(一)收款人是否确为本单位或本人;

(二)银行本票是否在提示付款期限内;

(三)必须记载的事项是否齐全;

(四)出票人签章是否符合规定,不定额银行本票是否有压数机压印的出票金额,并与大写出票金额一致;

(五)出票金额,出票日期,收款人名称是否更改,更改的其他记载事项是否由原记载人签章证明。

第一百零七条　收款人可以将银行本票背书转让给被背书人。

被背书人受理银行本票时,除按照第一百零六条的规定审查外,还应审查下列事项:

(一)背书是否连续,背书人签章是否符合规定,背书使用粘单的是否按规定签章;

(二)背书人为个人的身份证件。

第一百零八条　银行本票见票即付。跨系统银行本票的兑付,持票人开户银行可根据中国人民银行规定的金融机构同业往来利率向出票银行收取利息。

第一百零九条　在银行开立存款账户的持票人向开户银行提示付款时,应在银行本票背面持票人向银行提示付款签章处签章,签章须与预留银行签章相同,并将银行本票,进账单送交开户银行。银行审查无误后办理转账。

第一百一十条　未在银行开立存款账户的个人持票人,凭注明现金字样的银行本票向出票银行支取现金的,应在银行本票背面签章,记载本人身份证件名称,号码及发证机关,并交验本人身份证件及其复印件。

持票人对注明现金字样的银行本票需要委托他人向出票银行提示付款的,应在银行本票背面持票人向银行提示付款签章处签章,记载委托收款字样,被委托人姓名和背书日期以及委托人身份证件名称,号码,发证机关。被委托人向出票银行提示付款时,也应在银行本票背面持票人向银行提示付款签章处签章,记载证件名称,号码及发证机关,并同时交验委托人和被委托人的身份证件及其复印件。

第一百一十一条　持票人超过提示付款期限不获付款的,在票据权利时效内向出票银行作出说明,并提供本人身份证件或单位证明,可持银行本票向出票银行请求付款。

第一百一十二条　申请人因银行本票超过提示付款期限或其他原因要求退款时,应将银行本票提交到出票银行,申请人为单位的,应出具该单位的证明;申请人为个人的,应出具该本人的身份证件。出票银行对于在本行开立存款账户的申请人,只能将款项转入原申请人账户;

对于现金银行本票和未在本行开立存款账户的申请人,才能退付现金。

第一百一十三条　银行本票丧失,失票人可以凭人民法院出具的其享有票据权利的证明,向出票银行请求付款或退款。

第五节　支票

第一百一十四条　支票是出票人签发的,委托办理支票存款业务的银行在见票时无条件支付确定的金额给收款人或者持票人的票据。

第一百一十五条　支票上印有现金字样的为现金支票,现金支票只能用于支取现金。

支票上印有转账字样的为转账支票,转账支票只能用于转账。

支票上未印有现金或转账字样的为普通支票,普通支票可以用于支取现金,也可以用于转账。在普通支票左上角划两条平行线的,为画线支票,画线支票只能用于转账,不得支取现金。

第一百一十六条　单位和个人在同一票据交换区域的各种款项结算,均可以使用支票。

第一百一十七条　支票的出票人,为在经中国人民银行当地分支行批准办理支票业务的银行机构开立可以使用支票的存款账户的单位和个人。

第一百一十八条　签发支票必须记载下列事项:

(一)表明支票的字样;

(二)无条件支付的委托;

(三)确定的金额;

(四)付款人名称;

(五)出票日期;

（六）出票人签章。

欠缺记载上列事项之一的，支票无效。

支票的付款人为支票上记载的出票人开户银行。

第一百一十九条　支票的金额，收款人名称，可以由出票人授权补记。未补记前不得背书转让和提示付款。

第一百二十条　签发支票应使用碳素墨水或墨汁填写，中国人民银行另有规定的除外。

第一百二十一条　签发现金支票和用于支取现金的普通支票，必须符合国家现金管理的规定。

第一百二十二条　支票的出票人签发支票的金额不得超过付款时在付款人处实有的存款金额。禁止签发空头支票。

第一百二十三条　支票的出票人预留银行签章是银行审核支票付款的依据。银行也可以与出票人约定使用支付密码，作为银行审核支付支票金额的条件。

第一百二十四条　出票人不得签发与其预留银行签章不符的支票；使用支付密码的，出票人不得签发支付密码错误的支票。

第一百二十五条　出票人签发空头支票，签章与预留银行签章不符的支票，使用支付密码地区，支付密码错误的支票，银行应予以退票，并按票面金额处以百分之五但不低于1千元的罚款；持票人有权要求出票人赔偿支票金额2%的赔偿金。对屡次签发的，银行应停止其签发支票。

第一百二十六条　支票的提示付款期限自出票日起10日，但中国人民银行另有规定的除外。

超过提示付款期限提示付款的，持票人开户银行不予受理，付款人不予付款。

第一百二十七条　持票人可以委托开户银行收款或直接向付款人提示付款。用于支取现金的支票仅限于收款人向付款人提示付款。

持票人委托开户银行收款的支票，银行应通过票据交换系统收妥后入账。

持票人委托开户银行收款时，应作委托收款背书，在支票背面背书人签章栏签章，记载委托收款字样，背书日期，在被背书人栏记载开户银行名称，并将支票和填制的进账单送交开户银行。持票人持用于转账的支票向付款人提示付款时，应在支票背面背书人签章栏签章，并将支票和填制的进账单交送出票人开户银行。

收款人持用于支取现金的支票向付款人提示付款时，应在支票背面收款人签章处签章，持票人为个人的，还须交验本人身份证件，并在支票背面注明证件名称、号码及发证机关。

第一百二十八条　出票人在付款人处的存款足以支付支票金额时，付款人应当在见票当日足额付款。

第一百二十九条　存款人领购支票，必须填写票据和结算凭证领用单并签章，签章应与预留银行的签章相符。存款账户结清时，必须将全部剩余空白支票交回银行注销。

第三章　信用卡

第一百三十条　信用卡是指商业银行向个人和单位发行的，凭以向特约单位购物，消费和向银行存取现金，且具有消费信用的特制载体卡片。

第一百三十一条　信用卡按使用对象分为单位卡和个人卡；按信誉等级分为金卡和普通卡。

第一百三十二条　商业银行（包括外资银行，合资银行），非银行金融机构未经中国人民银行批准不得发行信用卡。

非金融机构，境外金融机构的驻华代表机构不得发行信用卡和代理收单结算业务。

第一百三十三条　申请发行信用卡的银行，非银行金融机构，必须具备下列条件：

（一）符合中国人民银行颁布的商业银行资产负债比例监控指标；

（二）相应的管理机构；

（三）合格的管理人员和技术人员；

（四）健全的管理制度和安全制度；

（五）必要的电信设备和营业场所；

（六）中国人民银行规定的其他条件。

第一百三十四条　商业银行，非银行金融机构开办信用卡业务须报经中国人民银行总行批准；其所属分，支机构开办信用卡业务，须报经辖区内中国人民银行分，支行备案。

第一百三十五条　凡在中国境内金融机构开立基本存款账户的单位可申领单位卡。单位卡可申领若干张，持卡人资格由申领单位法定代表人或其委托的代理人书面指定和注销。

凡具有完全民事行为能力的公民可申领个人卡。个人卡的主卡持卡人可为其配偶及年满18周岁的亲属申领附属卡，申领的附属卡最多不得超过两张，也有权要求注销其附属卡。

第一百三十六条　单位或个人申领信用卡，应按规定填制申请表，连同有关资料一并送交发卡银行。符合条件并按银行要求交存一定金额的备用金后，银行为申领人开立信用卡存款账户，并发给信用卡。

第一百三十七条　单位卡账户的资金一律从其基本存款账户转账存入，不得交存现金，不得将销货收入的款项存入其账户。

个人卡账户的资金以其持有的现金存入或以其工资性款项及属于个人的劳务报酬收入转账存入。严禁将单位的款项存入个人卡账户。

第一百三十八条　发卡银行可根据申请人的资信程度，要求其提供担保。担保的方式可采用保证，抵押或质押。

第一百三十九条　信用卡备用金存款利息，按照中国人民银行规定的活期存款利率及计息办法计算。

第一百四十条　信用卡仅限于合法持卡人本人使用，持卡人不得出租或转借信用卡。

第一百四十一条　发卡银行应建立授权审批制度；信用卡结算超过规定限额的必须取得发卡银行的授权。

第一百四十二条　持卡人可持信用卡在特约单位购物，消费。单位卡不得用于10万元以上的商品交易，劳务供应款项的结算。

第一百四十三条　持卡人凭卡购物，消费时，需将信用卡和身份证件一并交特约单位。智能卡（下称IC卡），照片卡可免验身份证件。

特约单位不得拒绝受理持卡人合法持有的，签约银行发行的有效信用卡，不得因持卡人使用信用卡而向其收取附加费用。

第一百四十四条　特约单位受理信用卡时，应审查下列事项：

（一）确为本单位可受理的信用卡；

（二）信用卡在有效期内，未列入止付名单；

（三）签名条上没有样卡或专用卡等非正常签名的字样；

（四）信用卡无打孔，剪角，毁坏或涂改的痕迹；

（五）持卡人身份证件或卡片上的照片与持卡人相符，但使用IC卡，照片卡或持卡人凭密码在销售点终端上消费，购物，可免验身份证件；

（六）卡片正面的拼音姓名与卡片背面的签名和身份证件上的姓名一致。

第一百四十五条　特约单位受理信用卡审查无误的，在签购单上压卡，填写实际结算金额，用途，持卡人身份证件号码，特约单位名称和编号。如超过支付限额的，应向发卡银行索权并填写授权号码，交持卡人签名确认，同时核对其签名与卡片背面签名是否一致。无误后，对同意按经办人填写的金额和用途付款的，由持卡人在签购单上签名确认，并将信用卡，身份证件和第一联签购单交还给持卡人。

审查发现问题的，应及时与签约银行联系，征求处理意见。对止付的信用卡，应收回并交还发卡银行。

第一百四十六条　特约单位不得通过压卡，签单和退货等方式支付持卡人现金。

第一百四十七条　特约单位在每日营业终了，应将当日受理的信用卡签购单汇总，计算手续费和净计金额，并填写汇（总）计单和进账单，连同签购单一并送交收单银行办理进账。

第一百四十八条　收单银行接到特约单位送交的各种单据，经审查无误后，为特约单位办理进账。

第一百四十九条　持卡人要求退货的，特约单位应使用退货单办理压（刷）卡，并将退货单金额从当日签购单累计金额中抵减，退货单随签购单一并送交收单银行。

第一百五十条　单位卡一律不得支取现金。

第一百五十一条　个人卡持卡人在银行支取现金时，应将信用卡和身份证件一并交发卡银行或代理银行。IC卡，照片卡以及凭密码在POS上支取现金的可免验身份证件。

发卡银行或代理银行压（刷）卡后，填写取现单，经审查无误，交持卡人签名确认。超过支付限额的，代理银行应向发卡银行索权，并在取现单上填写授权号码。办理付款手续后，将现金，信用卡，身份证件和取现单回单联交给持卡人。

第一百五十二条　发卡银行收到代理银行通过同城票据交换或本系统联行划转的各种单据审核无误后办理付款。

第一百五十三条　信用卡透支额，金卡最高不得超过1万元，普通卡最高不得超过5千元。

信用卡透支期限最长为60天。

第一百五十四条　信用卡透支利息，自签单日或银行记账日起15日内按日息万分之五计算，超过15日按日息万分之十计算，超过30日或透支金额超过规定限额的，按日息万分之十五计算。

透支计息不分段，按最后期限或者最高透支额的最高利率档次计息。

第一百五十五条　持卡人使用信用卡不得发生恶意透支。

恶意透支是指持卡人超过规定限额或规定期限，并且经发卡银行催收无效的透支行为。

第一百五十六条　单位卡在使用过程中，需要向其账户续存资金的，一律从其基本存款账户转账存入。

个人卡在使用过程中，需要向其账户续存资金的，只限于其持有的现金存入和工资性款项以及属于个人的劳务报酬收入转账存入。

第一百五十七条　个人卡持卡人或其代理人交存现金，应在发卡银行或其代理银行办理。

持卡人凭信用卡在发卡银行或代理银行交存现金的，银行经审查并收妥现金后，在存款单上压卡，将存款单回单联及信用卡交给持卡人。

持卡人委托他人在不压卡的情况下代为办理交存现金的，代理人应在信用卡存款单上填写持卡人的卡号，姓名，存款金额等内容，并将现金送交银行办理交存手续。

第一百五十八条　发卡银行收到代理银行通过同城票据交换或本系统联行划转的各种单据审核无误后，为持卡人办理收款。

第一百五十九条　持卡人不需要继续使用信用卡的，应持信用卡主动到发卡银行办理销户。销户时，单位卡账户余额转入其基本存款账户，不得提取现金；

个人卡账户可以转账结清，也可以提取现金。

第一百六十条　持卡人还清透支本息后，属于下列情况之一的，可以办理销户：

（一）信用卡有效期满 45 天后，持卡人不更换新卡的；

（二）信用卡挂失满 45 天后，没有附属卡又不更换新卡的；

（三）信用卡被列入止付名单，发卡银行已收回其信用卡 45 天的；

（四）持卡人死亡，发卡银行已收回其信用卡 45 天的；

（五）持卡人要求销户或担保人撤销担保，并已交回全部信用卡 45 天的；

（六）信用卡账户两年（含）以上未发生交易的；

（七）持卡人违反其他规定，发卡银行认为应该取消资格的。

发卡银行办理销户,应当收回信用卡。有效信用卡无法收回的,应当将其止付。

第一百六十一条　信用卡丧失，持卡人应立即持本人身份证件或其他有效证明，并按规定提供有关情况，向发卡银行或代办银行申请挂失。发卡银行或代办银行审核后办理挂失手续。

第四章　结算方式

第一节　基本规定

第一百六十二条　本办法所称结算方式，是指汇兑，托收承付和委托收款。

第一百六十三条　单位在结算凭证上的签章，应为该单位的财务专用章或者公章加其法定代表人或者其授权的代理人的签名或者盖章。

第一百六十四条　银行办理结算，给单位或个人的收，付款通知和汇兑回单，应加盖该银行的转讫章；银行给单位或个人的托收承付，委托收款的回单和向付款人发出的承付通知，应加盖该银行的业务公章。

第一百六十五条　结算凭证上的记载事项，必须符合本办法的规定。结算凭证上可以记载本办法规定以外的其他记载事项，除国家和中国人民银行另有规定外，该记载事项不具有支付结算的效力。

第一百六十六条　按照本办法的规定必须在结算凭证上记载汇款人，付款人和收款人账号的，账号与户名必须一致。

第一百六十七条　银行办理结算向外发出的结算凭证，必须于当日至迟次日寄发；收到的结算凭证，必须及时将款项支付给结算凭证上记载的收款人。

第二节　汇兑

第一百六十八条　汇兑是汇款人委托银行将其款项支付给收款人的结算方式。

第一百六十九条　单位和个人的各种款项的结算，均可使用汇兑结算方式。

第一百七十条　汇兑分为信汇，电汇两种，由汇款人选择使用。

第一百七十一条　签发汇兑凭证必须记载下列事项：

（一）表明信汇或电汇的字样；

（二）无条件支付的委托；

（三）确定的金额；

（四）收款人名称；

（五）汇款人名称；

（六）汇入地点，汇入行名称；

（七）汇出地点，汇出行名称；

（八）委托日期；

（九）汇款人签章。

汇兑凭证上欠缺上列记载事项之一的，银行不予受理。

汇兑凭证记载的汇款人名称，收款人名称，其在银行开立存款账户的，必须记载其账号。欠缺记载的，银行不予受理。

委托日期是指汇款人向汇出银行提交汇兑凭证的当日。

第一百七十二条　汇兑凭证上记载收款人为个人的，收款人需要到汇入银行领取汇款，汇款上应在汇兑凭证上注明留行待取字样；留行待取的汇款，需要指定单位的收款人领取汇款的，应注明收款人的单位名称；信汇凭收款人签章　支取的，应在信汇凭证上预留其签章。

汇款人确定不得转汇的，应在汇兑凭证备注栏注明不得转汇字样。

第一百七十三条　汇款人和收款人均为个人，需要在汇入银行支取现金的，应在信，电汇凭证的汇款金额大写栏，先填写现金字样，后填写汇款金额。

第一百七十四条 汇出银行受理汇款人签发的汇兑凭证,经审查无误后,应及时向汇入银行办理汇款,并向汇款人签发汇款回单。

汇款回单只能作为汇出银行受理汇款的依据,不能作为该笔汇款已转入收款人账户的证明。

第一百七十五条 汇入银行对开立存款账户的收款人,应将汇给其的款项直接转入收款人账户,并向其发出收账通知。

收账通知是银行将款项确已收入收款人账户的凭据。

第一百七十六条 未在银行开立存款账户的收款人,凭信、电汇的取款通知或留行待取的,向汇入银行支取款项,必须交验本人的身份证件,在信、电汇凭证上注明证件名称、号码及发证机关,并在收款人签盖章处签章;信汇凭签章支取的,收款人的签章 必须与预留信汇凭证上的签章相符。银行审查无误后,以收款人的姓名开立应解汇款及临时存款账户,该账户只付不收,付完清户,不计付利息。

支取现金的,信、电汇凭证上必须有按规定填明的现金字样,才能办理。未填明现金字样,需要支取现金的,由汇入银行按照国家现金管理规定审查支付。

收款人需要委托他人向汇入银行支取款项的,应在取款通知上签章,注明本人身份证件名称、号码、发证机关和代理字样以及代理人姓名。代理人代理取款时,也应在取款通知上签章,注明其身份证件名称、号码及发证机关,并同时交验代理人和被代理人的身份证件。

转账支付的,应由原收款人向银行填制支款凭证,并由本人交验其身份证件办理支付款项。该账户的款项只能转入单位或个体工商户的存款账户,严禁转入储蓄和信用卡账户。转汇的,应由原收款人向银行填制信、电汇凭证,并由本人交验其身份证件。转汇的收款人必须是原收款人。原汇入银行必须在信、电汇凭证上加盖转汇戳记。

第一百七十七条 汇款人对汇出银行尚未汇出的款项可以申请撤销。申请撤销时,应出具正式函件或本人身份证件及原信、电汇回单。汇出银行查明确未汇出款项的,收回原信、电汇回单,方可办理撤销。

第一百七十八条 汇款人对汇出银行已经汇出的款项可以申请退汇。对在汇入银行开立存款账户的收款人，由汇款人与收款人自行联系退汇；对未在汇入银行开立存款账户的收款人，汇款人应出具正式函件或本人身份证件以及原信、电汇回单，由汇出银行通知汇入银行，经汇入银行核实汇款确未支付，并将款项汇回汇出银行，方可办理退汇。

第一百七十九条　转汇银行不得受理汇款人或汇出银行对汇款的撤销或退汇。

第一百八十条　汇入银行对于收款人拒绝接收的汇款，应即办理退汇。汇入银行对于向收款人发出取款通知，经过2个月无法交付的汇款，应主动办理退汇。

第三节　托收承付

第一百八十一条　托收承付是根据购销合同由收款人发货后委托银行向异地付款人收取款项，由付款人向银行承认付款的结算方式。

第一百八十二条　使用托收承付结算方式的收款单位和付款单位，必须是国有企业，供销合作社以及经营管理较好，并经开户银行审查同意的城乡集体所有制工业企业。

第一百八十三条　办理托收承付结算的款项，必须是商品交易，以及因商品交易而产生的劳务供应的款项。代销、寄销、赊销商品的款项，不得办理托收承付结算。

第一百八十四条　收付双方使用托收承付结算必须签有符合《经济合同法》的购销合同，并在合同上订明使用托收承付结算方式。

第一百八十五条　收付双方办理托收承付结算，必须重合同，守信用。收款人对同一付款人发货托收累计3次收不回货款的，收款人开户银行应暂停收款人向该付款人办理托收；付款人累计3次提出无理拒付的，付款人开户银行应暂停其向外办理托收。

第一百八十六条　收款人办理托收，必须具有商品确已发运的证件（包括铁路，航运，公路等运输部门签发运单，运单副本和邮局包裹回执）。

没有发运证件，属于下列情况的，可凭其他有关证件办理托收：

（一）内贸，外贸部门系统内商品调拨，自备运输工具发送或自提的；易燃，易爆，剧毒，腐蚀性强的商品，以及电，石油，天然气等必须使用专用工具或线路，管道运输的，可凭付款人确已收到商品的证明（粮食部门凭提货单及发货明细表）。

（二）铁道部门的材料厂向铁道系统供应专用器材，可凭其签发注明车辆号码和发运日期的证明。

（三）军队使用军列整车装运物资，可凭注明车辆号码，发运日期的单据；军用仓库对军内发货，可凭总后勤部签发的提货单副本，各大军区，省军区也可比照办理。

（四）收款人承造或大修理船舶、锅炉和大型机器等，生产周期长，合同规定按工程进度分次结算的，可凭工程进度完工证明书。

（五）付款人购进的商品，在收款人所在地转厂加工，配套的，可凭付款人和承担加工，配套单位的书面证明。

（六）合同规定商品由收款人暂时代为保管的，可凭寄存证及付款人委托保管商品的证明。

（七）使用铁路集装箱或将零担凑整车发运商品的，由于铁路只签发一张运单，可凭持有发运证件单位出具的证明。

（八）外贸部门进口商品，可凭国外发来的账单，进口公司开出的结算账单。

第一百八十七条　托收承付结算每笔的金额起点为1万元。新华书店系统每笔的金额起点为1千元。

第一百八十八条　托收承付结算款项的划回方法，分邮寄和电报两种，由收款人选用。

第一百八十九条　签发托收承付凭证必须记载下列事项：

（一）表明托收承付的字样；

（二）确定的金额；

（三）付款人名称及账号；

（四）收款人名称及账号；

（五）付款人开户银行名称；

（六）收款人开户银行名称；

（七）托收附寄单证张数或册数；

（八）合同名称，号码；

（九）委托日期；

（十）收款人签章；

托收承付凭证上欠缺记载上列事项之一的，银行不予受理。

第一百九十条　托收。收款人按照签订的购销合同发货后，委托银行办理托收。

（一）收款人应将托收凭证并附发运证件或其他符合托收承付结算的有关证明和交易单证送交银行。收款人如需取回发运证件，银行应在托收凭证上加盖已验发运证件戳记。对于军品托收，有驻厂军代表检验产品或有指定专人负责财务监督的，收款人还应当填制盖有驻厂军代表或指定人员印章（要在银行预留印模）的结算通知单，将交易单证和发运证件装入密封袋，并在密封袋上填明托收号码；同时，在托收凭证上填明结算通知单和密封袋的号码。然后，将托收凭证和结算通知单送交银行办理托收。

没有驻厂军代表使用代号明件办理托收的，不填结算通知单，但应在交易单证上填写保密代号，按照正常托收办法处理。

（二）收款人开户银行接到托收凭证及其附件后，应当按照托收的范围，条件和托收凭证记载的要求认真进行审查，必要时，还应查验收付款人签订的购销合同。凡不符合要求或违反购销合同发货的，不能办理。审查时间最长不得超过次日。

第一百九十一条　承付。付款人开户银行收到托收凭证及其附件后，应当及时通知付款人。通知的方法，可以根据具体情况与付款人签订协议，采取付款人来自取、派人送达、对距离较远的付款人邮寄等。付款人应在承付期内审查核对，安排资金。

承付货款分为验单付款和验货付款两种，由收付双方商量选用，并在合同中明确规定。

（一）验单付款。验单付款的承付期为3天，从付款人开户银行发出承付通知的次日算起（承付期内遇法定休假日顺延）。

付款人在承付期内,未向银行表示拒绝付款,银行即视作承付,并在承付期满的次日(法定休假日顺延)上午银行开始营业时,将款项主动从付款人的账户内付出,按照收款人指定的划款方式,划给收款人。

(二)验货付款。验货付款的承付期为10天,从运输部门向付款人发出提货通知的次日算起。对收付双方在合同中明确规定,并在托收凭证上注明验货付款期限的,银行从其规定。

付款人收到提货通知后,应即向银行交验提货通知。付款人在银行发出承付通知的次日起10天内,未收到提货通知的,应在第10天将货物尚未到达的情况通知银行。在第10天付款人没有通知银行的,银行即视作已经验货,于10天期满的次日上午银行开始营业时,将款项划给收款人;在第10天付款人通知银行货物未到,而以后收到提货通知没有及时送交银行,银行仍按10天期满的次日作为划款日期,并按超过的天数,计扣逾期付款赔偿金。采用验货付款的,收款人必须在托收凭证上加盖明显的验货付款字样戳记。托收凭证未注明验货付款,经付款人提出合同证明是验货付款的,银行可按验货付款处理。

(三)不论验单付款还是验货付款,付款人都可以在承付期内提前向银行表示承付,并通知银行提前付款,银行应立即办理划款;因商品的价格,数量或金额变动,付款人应多承付款项的,须在承付期内向银行提出书面通知,银行据以随同当次托收款项划给收款人。

付款人不得在承付货款中,扣抵其他款项或以前托收的货款。

第一百九十二条 逾期付款。付款人在承付期满日银行营业终了时,如无足够资金支付,其不足部分,即为逾期未付款项,按逾期付款处理。

(一)付款人开户银行对付款人逾期支付的款项,应当根据逾期付款金额和逾期天数,按每天万分之五计算逾期付款赔偿金。

逾期付款天数从承付期满日算起。承付期满日银行营业终了时,付款人如无足够资金支付,其不足部分,应当算作逾期1天,计算1天的赔偿金。在承付期满的次日(遇法定休假日,逾期付款赔偿金的天数计算相应顺延,但在以后遇法定休假日应当照算逾期天数)银行营业终了时,仍无足够资金支付,其不足部分,应当算作逾期2天,计算2天的赔偿金。余类推。银行审查拒绝付款期间,不能算作付款人逾期付款，但对无理的拒绝付款，而增加银行审查时间的，应从承付期满日起计算逾期付款赔偿金。

（二）赔偿金实行定期扣付，每月计算一次，于次月3日内单独划给收款人。在月内有部分付款的，其赔偿金随同部分支付的款项划给收款人，对尚未支付的款项，月终再计算赔偿金，于次月3日内划给收款人；次月又有部分付款时，从当月1日起计算赔偿金，随同部分支付的款项划给收款人，对尚未支付的款项，从当月1日起至月终再计算赔偿金，于第3月3日内划给收款人。第3月仍有部分付款的，按照上述方法计扣赔偿金。

赔偿金的扣付列为企业销货收入扣款顺序的首位。付款人账户余额不足全额支付时，应排列在工资之前，并对该账户采取只收不付的控制办法，待一次足额扣付赔偿金后，才准予办理其他款项的支付。因此而产生的经济后果，由付款人自行负责。

（三）付款人开户银行对付款人逾期未能付款的情况，应当及时通知收款人开户银行，由其通知收款人。

（四）付款人开户银行要随时掌握付款人账户逾期未付的资金情况，俟账户有款时，必须将逾期未付款项和应付的赔偿金及时扣划给收款人，不得拖延扣划。在各单位的流动资金账户内扣付货款，要严格按照国务院关于国营企业销货收入扣款顺序的规定（从企业销货收入中预留工资后，按照应缴纳税款、到期贷款、应偿付货款、应上缴利润的顺序）扣款；同类性质的款项按照应付时间的先后顺序扣款。

（五）付款人开户银行对不执行合同规定，三次拖欠货款的付款人，应当通知收款人开户银行转知收款人，停止对该付款人办理托收。收款人不听劝告，继续对该付款人办理托收，付款人开户银行对发出通知的次日起1个月之后收到的托收凭证，可以拒绝受理，注明理由，原件退回。

（六）付款人开户银行对逾期未付的托收凭证，负责进行扣款的期限为3个月（从承付期满日算起）。在此期限内，银行必须按照扣款顺序陆续扣款。期满时，付款人仍无足够资金支付该笔尚未付清的欠款，银行应于次日通知付款人将有关交易单证（单证已作账务处理或已部分支付的，可以填制应付款项证明单）在2

日内退回银行。银行将有关结算凭证连同交易单证或应付款项证明单退回收款人开户银行转交收款人，并将应付的赔偿金划给收款人。对付款人逾期不退回单证的，开户银行应当自发出通知的第3天起，按照该笔尚未付清欠款的金额，每天处以万分之五但不低于50元的罚款，并暂停付款人向外办理结算业务，直到退回单证时止。

第一百九十三条　拒绝付款。对下列情况，付款人在承付期内，可向银行提出全部或部分拒绝付款：

（一）没有签订购销合同或购销合同未订明托收承付结算方式的款项。

（二）未经双方事先达成协议，收款人提前交货或因逾期交货付款人不再需要该项货物的款项。

（三）未按合同规定的到货地址发货的款项。

（四）代销，寄销，赊销商品的款项。

（五）验单付款，发现所列货物的品种，规格，数量，价格与合同规定不符，或货物已到，经查验货物与合同规定或发货清单不符的款项。

（六）验货付款，经查验货物与合同规定或与发货清单不符的款项。

（七）货款已经支付或计算有错误的款项。

不属于上述情况的，付款人不得向银行提出拒绝付款。

外贸部门托收进口商品的款项，在承付期内，订货部门除因商品的质量问题不能提出拒绝付款，应当另行向外贸部门提出索赔外，属于上述其他情况，可以向银行提出全部或部分拒绝付款。付款人对以上情况提出拒绝付款时，必须填写拒绝付款理由书并签章，注明拒绝付款理由，涉及合同的应引证合同上的有关条款。属于商品质量问题，需要提出商品检验部门的检验证明；属于商品数量问题，需要提出数量问题的证明及其有关数量的记录；属于外贸部门进口商品，应当提出国家商品检验或运输等部门出具的证明。

开户银行必须认真审查拒绝付款理由，查验合同。对于付款人提出拒绝付款的手续不全，依据不足，理由不符合规定和不属于本条七种拒绝付款情况的，以及超过承付期拒付和应当部分拒付提为全部拒付的，银行均不得受理，应实行强制扣款。

对于军品的拒绝付款，银行不审查拒绝付款理由。

银行同意部分或全部拒绝付款的，应在拒绝付款理由书上签注意见。部分拒绝付款，除办理部分付款外，应将拒绝付款理由书连同拒付证明和拒付商品清单邮寄收款人开户银行转交收款人。全部拒绝付款，应将拒绝付款理由书连同拒付证明和有关单证邮寄收款人开户银行转交收款人。

第一百九十四条 重办托收。收款人对被无理拒绝付款的托收款项，在收到退回的结算凭证及其所附单证后，需要委托银行重办托收，应当填写四联重办托收理由书，将其中三联连同购销合同，有关证据和退回的原托收凭证及交易单证，一并送交银行。经开户银行审查，确属无理拒绝付款，可以重办托收。

第一百九十五条 收款人开户银行对逾期尚未划回，又未收到付款人开户银行寄来逾期付款通知或拒绝付款理由书的托收款项，应当及时发出查询。付款人开户银行要积极查明，及时答复。

第一百九十六条 付款人提出的拒绝付款，银行按照本办法规定审查无法判明是非的，应由收付双方自行协商处理，或向仲裁机关，人民法院申请调解或裁决。

第一百九十七条 未经开户银行批准使用托收承付结算方式的城乡集体所有制工业企业，收款人开户银行不得受理其办理托收；付款人开户银行对其承付的款项应按规定支付款项外，还要对该付款人按结算金额处以百分之五罚款。

第四节 委托收款

第一百九十八条 委托收款是收款人委托银行向付款人收取款项的结算方式。

第一百九十九条 单位和个人凭已承兑商业汇票，债券，存单等付款人债务证明办理款项的结算，均可以使用委托收款结算方式。

第二百条 委托收款在同城，异地均可以使用。

第二百零一条 委托收款结算款项的划回方式，分邮寄和电报两种，由收款人选用。

第二百零二条 签发委托收款凭证必须记载下列事项：

（一）表明委托收款字样；

（二）确定的金额；

（三）付款人名称；

（四）收款人名称；

（五）委托收款凭据名称及附寄单证张数；

（六）委托日期；

（七）收款人签章。

欠缺记载上列事项之一的，银行不予受理。

委托收款以银行以外的单位为付款人的，委托收款凭证必须记载付款人开户银行名称；以银行以外的单位或在银行开立存款账户的个人为收款人的，委托收款凭证必须记载收款人开户银行名称；未在银行开立存款账户的个人为收款人的，委托收款凭证必须记载被委托银行名称。欠缺记载的，银行不予受理。

第二百零三条　委托。收款人办理委托收款应向银行提交委托收款凭证和有关的债务证明。

第二百零四条　付款。银行接到寄来的委托收款凭证及债务证明，审查无误办理付款。

（一）以银行为付款人的，银行应在当日将款项主动支付给收款人。

（二）以单位为付款人的，银行应及时通知付款人，按照有关办法规定，需要将有关债务证明交给付款人的应交给付款人，并签收。

付款人应于接到通知的当日书面通知银行付款。

按照有关办法规定，付款人未在接到通知日的次日起3日内通知银行付款的，视同付款人同意付款，银行应于付款人接到通知日的次日起第4日上午开始营业时，将款项划给收款人。付款人提前收到由其付款的债务证明，应通知银行于债务证明的到期日付款。付款人未于接到通知日的次日起3日内通知银行付款，付款人接到通知日的次日起第4日在债务证明到期日之前的，银行应于债务证明到期日将款项划给收款人。

银行在办理划款时，付款人存款账户不足支付的，应通过被委托银行向收款人发出未付款项通知书。按照有关办法规定，债务证明留存付款人开户银行的，应将其债务证明连同未付款项通知书邮寄被委托银行转交收款人。

第二百零五条　拒绝付款。付款人审查有关债务证明后，对收款人委托收取的款项需要拒绝付款的，可以办理拒绝付款。

（一）以银行为付款人的，应自收到委托收款及债务证明的次日起3日内出具拒绝证明连同有关债务证明，凭证寄给被委托银行，转交收款人。

（二）以单位为付款人的，应在付款人接到通知日的次日起3日内出具拒绝证明，持有债务证明的，应将其送交开户银行。银行将拒绝证明，债务证明和有关凭证一并寄给被委托银行，转交收款人。

第二百零六条 在同城范围内，收款人收取公用事业费或根据国务院的规定，可以使用同城特约委托收款。

收取公用事业费，必须具有收付双方事先签订的经济合同，由付款人向开户银行授权，并经开户银行同意，报经中国人民银行当地分支行批准。

第五章 结算纪律与责任

第二百零七条 单位和个人办理支付结算，不准签发没有资金保证的票据或远期支票，套取银行信用；不准签发，取得和转让没有真实交易和债权债务的票据，套取银行和他人资金；不准无理拒绝付款，任意占用他人资金；不准违反规定开立和使用账户。

第二百零八条 银行办理支付结算，不准以任何理由压票，任意退票，截留挪用客户和他行资金；不准无理拒绝支付应由银行支付的票据款项；不准受理无理拒付，不扣少扣滞纳金；不准违章 签发，承兑，贴现票据，套取银行资金；不准签发空头银行汇票，银行本票和办理空头汇款；不准在支付结算制度之外规定附加条件，影响汇路畅通；不准违反规定为单位和个人开立账户；不准拒绝受理，代理他行正常结算业务；不准放弃对企事业单位和个人违反结算纪律的制裁；不准逃避向人民银行转汇大额汇划款项。

第二百零九条 单位，个人和银行按照法定条件在票据上签章的，必须按照所记载的事项承担票据责任。

第二百一十条 单位签发商业汇票后，必须承担保证该汇票承兑和付款的责任。

单位和个人签发支票后，必须承担保证该支票付款的责任。

银行签发银行汇票，银行本票后，即承担该票据付款的责任。

第二百一十一条　商业汇票的背书人背书转让票据后，即承担保证其后手所持票据承兑和付款责任。

银行汇票，银行本票或支票的背书人背书转让票据后，即承担保证其后手所持票据付款的责任。

单位或银行承兑商业汇票后，必须承担该票据付款的责任。

第二百一十二条　票据的保证人应当与被保证人对持票人承担连带责任。

第二百一十三条　变造票据除签章以外的记载事项的，在变造之前签章的人，对原记载事项负责，在变造之后签章的人，对变造之后的记载事项负责；不能辨别在票据被变造之前或者之后签章的，视同在变造之前签章。

第二百一十四条　持票人超过规定期限提示付款的，银行汇票，银行本票的出票人，商业汇票的承兑人，在持票人作出说明后，仍应当继续对持票人承担付款责任；支票的出票人对持票人的追索，仍应当承担清偿责任。

第二百一十五条　付款人及其代理付款人以恶意或者重大过失付款的，应当自行承担责任。

第二百一十六条　商业汇票的付款人在到期前付款的，由付款人自行承担所产生的责任。

第二百一十七条　承兑人或者付款人拒绝承兑或拒绝付款，未按规定出具拒绝证明，或者出具退票理由书的，应当承担由此产生的民事责任。

第二百一十八条　持票人不能出示拒绝证明、退票理由书或者未按规定期限提供其他合法证明丧失对其前手追索权的，承兑人或者付款人应对持票人承担责任。

第二百一十九条　持票人因不获承兑或不获付款，对其前手行使追索权时，票据的出票人，背书人和保证人对持票人承担连带责任。

第二百二十条　持票人行使追索权时，持票人及其前手未按《票据法》规定期限将被拒绝事由书面通知其前手的，因延期通知给其前手或者出票人造成损失的，由没有按照规定期限通知的票据当事人，在票据金额内承担对该损失的赔偿责任。

第二百二十一条　票据债务人在持票人不获付款或不获承兑时，应向持票人清偿《票据法》规定的金额和费用。

第二百二十二条　单位和个人签发空头支票，签章与预留银行签章不符或者支付密码错误的支票，应按照《票据管理实施办法》和本办法的规定承担行政责任。

第二百二十三条　单位为票据的付款人，对见票即付或者到期的票据，故意压票、拖延支付的，应按照《票据管理实施办法》的规定承担行政责任。

第二百二十四条　持卡人必须妥善保管和正确使用其信用卡，否则，应按规定承担因此造成的资金损失。

第二百二十五条　持卡人使用单位卡发生透支的，由其单位承担透支金额的偿还和支付透支利息的责任。持卡人使用个人卡附属卡发生透支的，由其主卡持卡人承担透支金额的偿还和支付透支利息的责任；主卡持卡人丧失偿还能力的，由其附属卡持卡人承担透支金额的偿还和支付透支利息的责任。

第二百二十六条　持卡人办理挂失后，被冒用造成的损失，有关责任人按照信用卡章程的规定承担责任。

第二百二十七条　持卡人违反本办法规定使用信用卡进行商品交易，套取现金以及出租或转借信用卡的，应按规定承担行政责任。

第二百二十八条　单位卡持卡人违反本办法规定，将基本存款账户以外的存款和销货款收入的款项转入其信用卡账户的；个人卡持卡人违反本办法规定，将单位的款项转入其信用卡账户的，应按规定承担行政责任。

第二百二十九条　特约单位受理信用卡时，应当按照规定的操作程序办理，否则，由其承担因此造成的资金损失。

第二百三十条　发卡银行未按规定时间将止付名单发至特约单位的，应由其承担因此造成的资金损失。

第二百三十一条　银行违反本办法规定，未经批准发行信用卡的；帮助持卡人将其基本存款账户以外的存款或其他款项转入单位卡账户，将单位的款项转入个人卡账户的；违反规定帮助持卡人提取现金的，应按规定承担行政责任。

第二百三十二条　非金融机构，非银行金融机构，境外金融机构驻华代表机构违反规定，经营信用卡业务的，应按规定承担行政责任。

第二百三十三条　付款单位对收款单位托收的款项逾期付款，应按照规定承担赔偿责任；付款单位变更开户银行，账户名称和账号，未能及时通知收款单位，影响收取款项的，应由付款单位承担逾期付款赔偿责任；付款单位提出的无理拒绝付款，对收款单位重办的托收，应承担自第一次托收承付期满日起逾期付款赔偿责任。

第二百三十四条　单位和个人办理支付结算，未按照本办法的规定填写票据或结算凭证或者填写有误，影响资金使用或造成资金损失；票据或印章丢失，造成资金损失的，由其自行负责。

第二百三十五条　单位和个人违反本办法的规定，银行停止其使用有关支付结算工具，因此造成的后果，由单位和个人自行负责。

第二百三十六条　付款单位到期无款支付，逾期不退回托收承付有关单证的，应按规定承担行政责任。

第二百三十七条　城乡集体所有制工业企业未经银行批准，擅自办理托收承付结算的，应按规定承担行政责任。

第二百三十八条　单位和个人违反《银行账户管理办法》开立和使用账户的，应按规定承担行政责任。

第二百三十九条　对单位和个人承担行政责任的处罚，由中国人民银行委托商业银行执行。

第二百四十条　收款人或持票人委托的收款银行的责任，限于收到付款人支付的款项后按照票据和结算凭证上记载的事项将票据或结算凭证记载的金额转入收款人或持票人账户。付款人委托的付款银行的责任，限于按照票据和结算凭证上记载事项从付款人账户支付金额。但托收承付结算中的付款人开户银行，应按照托收承付结算方式有关规定承担责任。

第二百四十一条　银行办理支付结算，因工作差错发生延误，影响客户和他行资金使用的，按中国人民银行规定的同档次流动资金贷款利率计付赔偿金。

第二百四十二条　银行违反规定故意压票，退票，拖延支付，受理无理拒付，擅自拒付退票，有款不扣以及不扣，少扣赔偿金，截留挪用结算资金，影响客户和他行资金使用的，要按规定承担赔偿责任。因重大过失错付或被冒领的，要负责资金赔偿。

第二百四十三条 银行违反本办法规定将支付结算的款项转入储蓄和信用卡账户的，应按规定承担行政责任。

第二百四十四条 银行违反规定签发空头银行汇票，银行本票和办理空头汇款的，应按照规定承担行政责任。

第二百四十五条 银行违反规定故意压票，退票，拖延支付，受理无理拒付，擅自拒付退票，有款不扣以及不扣，少扣赔偿金，截留，挪用结算资金的，应按规定承担行政责任。

第二百四十六条 银行未按规定通过人民银行办理大额转汇的，应按规定承担行政责任。

第二百四十七条 银行在结算制度之外规定附加条件，影响汇路畅通的，应按规定承担行政责任。

第二百四十八条 银行违反《银行账户管理办法》开立和管理账户的，应按规定承担行政责任。

第二百四十九条 违反国家法律，法规和未经中国人民银行批准，作为中介机构经营结算业务的；未经中国人民银行批准，开办银行汇票，银行本票，支票，信用卡业务的，应按规定承担行政责任。

第二百五十条 金融机构的工作人员在票据业务中玩忽职守，对违反规定的票据予以承兑，付款，保证或者贴现的，应按照《票据管理实施办法》的规定承担行政责任或刑事责任。

第二百五十一条 违反本办法规定擅自印制票据的，应按照《票据管理实施办法》的规定承担行政责任。

第二百五十二条 邮电部门在传递票据，结算凭证和拍发电报中，因工作差错而发生积压，丢失，错投，错拍，漏拍，重拍等，造成结算延误，影响单位，个人和银行资金使用或造成资金损失的，由邮电部门负责。

第二百五十三条 伪造，变造票据和结算凭证上的签章或其他记载事项的，应当承担民事责任或刑事责任。

第二百五十四条 有利用票据，信用卡，结算凭证欺诈的行为，构成犯罪的，应依法承担刑事责任。情节轻微，不构成犯罪的，应按照规定承担行政责任。

第六章 附则

第二百五十五条 本办法规定的各项期限的计算，适用民法通则关于计算期间的规定。期限最后一日是法定休假日的，以休假日的次日为最后一日。

按月计算期限的，按到期月的对日计算；无对日的，月末日为到期日。

本办法所规定的各项期限，可以因不可抗力的原因而中止。不可抗力的原因消失时，期限可以顺延。

第二百五十六条 银行汇票，商业汇票由中国人民银行总行统一格式，联次，颜色，规格，并在中国人民银行总行批准的印制厂印制。由各家银行总行组织定货和管理。

银行本票，支票由中国人民银行总行统一格式、联次、颜色、规格，并在中国人民银行总行批准的印制厂印制，由中国人民银行各省，自治区，直辖市，计划单列市分行负责组织各商业银行定货和管理。

信用卡按中国人民银行的有关规定印制，信用卡结算凭证的格式、联次、颜色、规格由中国人民银行总行统一规定，各发卡银行总行负责印制。

汇兑凭证，托收承付凭证，委托收款凭证由中国人民银行总行统一格式、联次、颜色、规格，由各行负责印制和管理。

第二百五十七条 银行办理各项支付结算业务，根据承担的责任和业务成本以及应付给有关部门的费用，分别收取邮费，电报费，手续费，凭证工本费（信用卡卡片费），挂失手续费，以及信用卡年费，特约手续费，异地存取款手续费。收费范围，除财政金库全部免收，存款不计息账户免收邮费，手续费外，对其他单位和个人都要按照规定收取费用。

邮费，单程的每笔按邮局挂号信每件收费标准收费；双程的每笔按邮局挂号信两件收费标准收费；客户要求使用特快专递的，按邮局规定的收费标准收取；超重部分按邮局规定的标准加收。

电报费，每笔按四十五个字照电报费标准收取，超过的字数按每字收费的标准加收。急电均加倍收取电报费。

手续费，按银行规定的标准收取。

银行办理支付结算业务按照附录二《支付结算业务收费表》收取手续费和邮电费。

信用卡统一的收费标准，中国人民银行将另行规定。

支票的手续费由经办银行向购买人收取，其他结算的手续费，邮电费一律由经办银行向委托人收取。

凭证工本费，按照不同凭证的成本价格，向领用人收取。

第二百五十八条　各部门，各单位制定的有关规定，涉及支付结算而与本办法有抵触的，一律按照本办法的规定执行。

中国人民银行过去有关支付结算的规定与本办法有抵触的，以本办法为准。

第二百五十九条　本办法由中国人民银行总行负责解释，修改。

第二百六十条　本办法自1997年12月1日起施行。

八、贷款通则

（中国人民银行令1996第2号）

第一章　总　则

第一条　为了规范贷款行为，维护借贷双方的合法权益，保证信贷资产的安全，提高贷款使用的整体效益。促进社会经济的持续发展，根据《中华人民共和国中国人民银行法》、《中华人民共和国商业银行法》等有关法律规定，制定本通则。

第二条　本通则所称贷款人，系指在中国境内依法设立的经营贷款业务的中资金融机构。本通则所称借款人，系指从经营贷款业务的中资金融机构取得贷款的法人、其他经济组织、个体工商户和自然人。本通则中所称贷款系指贷款人对借款人提供的并按约定的利率和期限还本付息的货币资金。本通则中的贷款币种包括人民币和外币。

第三条　贷款的发放和使用应当符合国家的法律、行政法规和中国人民银行发布的行政规章，应当遵循效益性、安全性和流动性的原则。

第四条　借款人与贷款人的借贷活动应当遵循平等、自愿、公平和诚实信用的原则。

第五条　贷款人开展贷款业务，应当遵循公平竞争、密切协作的原则，不得从事不正当竞争。

第六条　中国人民银行及其分支机构是实施《贷款通则》的监管机关。

第二章　贷款种类

第七条　自营贷款、委托贷款和特定贷款：

自营贷款，系指贷款人以合法方式筹集的资金自主发放的贷款，其风险由贷款人承担，并由贷款人收回本金和利息。

委托贷款，系指由政府部门、企事业单位及个人等委托人提供资金，由贷款人（受托人）根据委托人确定的贷款对象、用途、金额、期限、利率等代为发放、监督使用并协助收回的贷款。贷款人（受托人）只收取手续费,不承担贷款风险。

特定贷款，系指经国务院批准并对贷款可能造成的损失采取相应补救措施后责成国有独资商业银行发放的贷款。

第八条　短期贷款、中期贷款和长期贷款：

短期贷款，系指贷款期限在1年以内（含1年）的贷款。

中期贷款,系指贷款期限在1年以上（不含1年)5年以下（含5年）的贷款。

长期贷款，系指贷款期限在5年（不含5年）以上的贷款。

第九条　信用贷款、担保贷款和票据贴现：

信用贷款，系指以借款人的信誉发放的贷款。

担保贷款，系指保证贷款、抵押贷款、质押贷款。

保证贷款，系指按《中华人民共和国担保法》规定的保证方式以第三人承诺在借款人不能偿还贷款时,按约定承担一般保证责任或者连带责任而发放的贷款。

抵押贷款，系指按《中华人民共和国担保法》规定的抵押方式以借款人或第三人的财产作为抵押物发放的贷款。

质押贷款，系指按《中华人民共和国担保法》规定的质押方式以借款人或第三人的动产或权利作为质物发放的贷款。

票据贴现，系指贷款人以购买借款人未到期商业票据的方式发放的贷款。

第十条　除委托贷款以外，贷款人发放贷款，借款人应当提供担保。贷款人应当对保证人的偿还能力，抵押物、质物的权属和价值以及实现抵押权、质权的可行性进行严格审查。

经贷款审查、评估，确认借款人资信良好，确能偿还贷款的，可以不提供担保。

第三章　贷款期限和利率

第十一条　贷款期限：

贷款期限根据借款人的生产经营周期、还款能力和贷款人的资金供给能力由借贷双方共同商议后确定，并在借款合同中载明。

自营贷款期限最长一般不得超过10年，超过10年应当报中国人民银行备案。

票据贴现的贴现期限最长不得超过6个月，贴现期限为从贴现之日起到票据到期日止。

第十二条　贷款展期：

不能按期归还贷款的，借款人应当在贷款到期日之前，向贷款人申请贷款展期。是否展期由贷款人决定。申请保证贷款、抵押贷款、质押贷款展期的，还应当由保证人、抵押人、出质人出具同意的书面证明。已有约定的，按照约定执行。

短期贷款展期期限累计不得超过原贷款期限；中期贷款展期期限累计不得超过原贷款期限的一半；长期贷款展期期限累计不得超过3年。国家另有规定者除外。借款人未申请展期或申请展期未得到批准，其贷款从到期日次日起，转入逾期贷款账户。

第十三条　贷款利率的确定：

贷款人应当按照中国人民银行规定的贷款利率的上下限，确定每笔贷款利率，并在借款合同中载明。

第十四条　贷款利息的计收：

贷款人和借款人应当按借款合同和中国人民银行有关计息规定按期计收或交付利息。

贷款的展期期限加上原期限达到新的利率期限档次时，从展期之日起，贷款利息按新的期限档次利率计收。

逾期贷款按规定计收罚息。

第十五条 贷款的贴息：

根据国家政策，为了促进某些产业和地区经济的发展，有关部门可以对贷款补贴利息。

对有关部门贴息的贷款，承办银行应当自主审查发放，并根据本通则有关规定严格管理。

第十六条 贷款停息、减息、缓息和免息：

除国务院决定外，任何单位和个人无权决定停息、减息、缓息和免息。贷款人应当依据国务院决定，按照职责权限范围具体办理停息、减息、缓息和免息。

第四章 借款人

第十七条 借款人应当是经工商行政管理机关（或主管机关）核准登记的企（事）业法人、其他经济组织、个体工商户或具有中华人民共和国国籍的具有完全民事行为能力的自然人。

借款人申请贷款，应当具备产品有市场、生产经营有效益、不挤占挪用信贷资金、恪守信用等基本条件，并且应当符合以下要求：

一、有按期还本付息的能力，原应付贷款利息和到期贷款已清偿；没有清偿的，已经做了贷款人认可的偿还计划。

二、除自然人和不需要经工商部门核准登记的事业法人外，应当经过工商部门办理年检手续。

三、已开立基本账户或一般存款账户。

四、除国务院规定外，有限责任公司和股份有限公司对外股本权益性投资累计额未超过其净资产总额的50%。

五、借款人的资产负债率符合贷款人的要求。

六、申请中期、长期贷款的，新建项目的企业法人所有者权益与项目所需总投资的比例不低于国家规定的投资项目的资本金比例。

第十八条 借款人的权利：

一、可以自主向主办银行或者其他银行的经办机构申请贷款并依条件取得贷款；

二、有权按合同约定提取和使用全部贷款；

三、有权拒绝借款合同以外的附加条件；

四、有权向贷款人的上级和中国人民银行反映、举报有关情况；

五、在征得贷款人同意后，有权向第三人转让债务。

第十九条　借款人的义务：

一、应当如实提供贷款人要求的资料（法律规定不能提供者除外），应当向贷款人如实提供所有开户行、账号及存贷款余额情况，配合贷款人的调查、审查和检查；

二、应当接受贷款人对其使用信贷资金情况和有关生产经营、财务活动的监督；

三、应当按借款合同约定用途使用贷款；

四、应当按借款合同约定及时清偿贷款本息；

五、将债务全部或部分转让给第三人的，应当取得贷款人的同意；

六、有危及贷款人债权安全情况时，应当及时通知贷款人，同时采取保全措施。

第二十条　对借款人的限制：

一、不得在1个贷款人同一辖区内的两个或两个以上同级分支机构取得贷款。

二、不得向贷款人提供虚假的或者隐瞒重要事实的资产负债表、损益表等。

三、不得用贷款从事股本权益性投资，国家另有规定的除外。

四、不得用贷款在有价证券、期货等方面从事投机经营。

五、除依法取得经营房地产资格的借款人以外，不得用贷款经营房地产业务；依法取得经营房地产资格的借款人，不得用贷款从事房地产投机。

六、不得套取贷款用于借贷牟取非法收入。

七、不得违反国家外汇管理规定使用外币贷款。

八、不得采取欺诈手段骗取贷款。

第五章 贷款人

第二十一条 贷款人必须经中国人民银行批准经营贷款业务，持有中国人民银行颁发的《金融机构法人许可证》或《金融机构营业许可证》，并经工商行政管理部门核准登记。

第二十二条 贷款人的权利

根据贷款条件和贷款程序自主审查和决定贷款，除国务院批准的特定贷款外，有权拒绝任何单位和个人强令其发放贷款或者提供担保。

一、要求借款人提供与借款有关的资料；

二、根据借款人的条件，决定贷与不贷、贷款金额、期限和利率等；

三、了解借款人的生产经营活动和财务活动；

四、依合同约定从借款人账户上划收贷款本金和利息；

五、借款人未能履行借款合同规定义务的，贷款人有权依合同约定要求借款人提前归还贷款或停止支付借款人尚未使用的贷款；

六、在贷款将受或已受损失时，可依据合同规定，采取使贷款免受损失的措施。

第二十三条 贷款人的义务：

一、应当公布所经营的贷款的种类、期限和利率，并向借款人提供咨询。

二、应当公开贷款审查的资信内容和发放贷款的条件。

三、贷款人应当审议借款人的借款申请，并及时答复贷与不贷。短期贷款答复时间不得超过1个月，中期、长期贷款答复时间不得超过6个月；国家另有规定者除外。

四、应当对借款人的债务、财务、生产、经营情况保密，但对依法查询者除外。

第二十四条 对贷款人的限制：

一、贷款的发放必须严格执行《中华人民共和国商业银行法》第三十九条关于资产负债比例管理的有关规定，第四十条关于不得向关系人发放信用贷款、向关系人发放担保贷款的条件不得优于其他借款人同类贷款条件的规定。

二、借款人有下列情形之一者，不得对其发放贷款：

（一）不具备本通则第四章第十七条所规定的资格和条件的；

（二）生产、经营或投资国家明文禁止的产品、项目的；

（三）违反国家外汇管理规定的；

（四）建设项目按国家规定应当报有关部门批准而未取得批准文件的；

（五）生产经营或投资项目未取得环境保护部门许可的；

（六）在实行承包、租赁、联营、合并（兼并）、合作、分立、产权有偿转让、股份制改造等体制变更过程中，未清偿原有贷款债务、落实原有贷款债务或提供相应担保的；

（七）有其他严重违法经营行为的。

三、未经中国人民银行批准，不得对自然人发放外币币种的贷款。

四、自营贷款和特定贷款，除按中国人民银行规定计收利息之外，不得收取其他任何费用；委托贷款，除按中国人民银行规定计收手续费之外，不得收取其他任何费用。

五、不得给委托人垫付资金，国家另有规定的除外。

六、严格控制信用贷款，积极推广担保贷款。

第六章 贷款程序

第二十五条 贷款申请

借款人需要贷款，应当向主办银行或者其他银行的经办机构直接申请。

借款人应当填写包括借款金额、借款用途、偿还能力及还款方式等主要内容的《借款申请书》并提供以下资料：

一、借款人及保证人基本情况；

二、财政部门或会计（审计）事务所核准的上年度财务报告，以及申请借款前一期的财务报告；

三、原有不合理占用的贷款的纠正情况；

四、抵押物、质物清单和有处分权人的同意抵押、质押的证明及保证人拟同意保证的有关证明文件；

五、项目建议书和可行性报告；

六、贷款人认为需要提供的其他有关资料。

第二十六条 对借款人的信用等级评估：

应当根据借款人的领导者素质、经济实力、资金结构、履约情况、经营效益和发展前景等因素，评定借款人的信用等级。评级可由贷款人独立进行，内部掌握，也可由有权部门批准的评估机构进行。

第二十七条　贷款调查：

贷款人受理借款人申请后，应当对借款人的信用等级以及借款的合法性、安全性、盈利性等情况进行调查，核实抵押物、质物、保证人情况，测定贷款的风险度。

第二十八条　贷款审批：

贷款人应当建立审贷分离，分级审批的贷款管理制度。审查人员应当对调查人员提供的资料进行核实、评定，复测贷款风险度，提出意见，按规定权限报批。

第二十九条　签订借款合同：

所有贷款应当由贷款人与借款人签订借款合同。借款合同应当约定借款种类、借款用途、金额、利率、借款期限、还款方式，借、贷双方的权利、义务，违约责任和双方认为需要约定的其他事项。

保证贷款应当由保证人与贷款人签订保证合同，或保证人在借款合同上载明与贷款人协商一致的保证条款，加盖保证人的法人公章，并由保证人的法定代表人或其授权代理人签署姓名。抵押贷款、质押贷款应当由抵押人、出质人与贷款人签订抵押合同、质押合同，需要办理登记的，应依法办理登记。

第三十条　贷款发放：

贷款人要按借款合同规定按期发放贷款。贷款人不按合同约定按期发放贷款的，应偿付违约金。借款人不按合同约定用款的，应偿付违约金。

第三十一条　贷后检查：

贷款发放后，贷款人应当对借款人执行借款合同情况及借款人的经营情况进行追踪调查和检查。

第三十二条　贷款归还：

借款人应当按照借款合同规定按时足额归还贷款本息。

贷款人在短期贷款到期1个星期之前、中长期贷款到期1个月之前，应当向借款人发送还本付息通知单；借款人应当及时筹备资金，按期还本付息。

贷款人对逾期的贷款要及时发出催收通知单,做好逾期贷款本息的催收工作。

贷款人对不能按借款合同约定期限归还的贷款,应当按规定加罚利息;对不能归还或者不能落实还本付息事宜的,应当督促归还或者依法起诉。

借款人提前归还贷款,应当与贷款人协商。

第七章 不良贷款监管

第三十三条 贷款人应当建立和完善贷款的质量监管制度,对不良贷款进行分类、登记、考核和催收。

第三十四条 不良贷款系指呆账贷款、呆滞贷款、逾期贷款。

呆账贷款,系指按财政部有关规定列为呆账的贷款。

呆滞贷款,系指按财政部有关规定,逾期(含展期后到期)超过规定年限以上仍未归还的贷款,或虽未逾期或逾期不满规定年限但生产经营已终止、项目已停建的贷款(不含呆账贷款)。

逾期贷款,系指借款合同约定到期(含展期后到期)未归还的贷款(不含呆滞贷款和呆账贷款)。

第三十五条 不良贷款的登记:

不良贷款由会计、信贷部门提供数据,由稽核部门负责审核并按规定权限认定,贷款人应当按季填报不良贷款情况表。在报上级行的同时,应当报中国人民银行当地分支机构。

第三十六条 不良贷款的考核:

贷款人的呆账贷款、呆滞贷款、逾期贷款不得超过中国人民银行规定的比例。贷款人应当对所属分支机构下达和考核呆账贷款、呆滞贷款和逾期贷款的有关指标。

第三十七条 不良贷款的催收和呆账贷款的冲销:

信贷部门负责不良贷款的催收,稽核部门负责对催收情况的检查。贷款人应当按照国家有关规定提取呆账准备金,并按照呆账冲销的条件和程序冲销呆账贷款。

未经国务院批准,贷款人不得豁免贷款。除国务院批准外,任何单位和个人不得强令贷款人豁免贷款。

第八章 贷款管理责任制

第三十八条 贷款管理实行行长（经理、主任，下同）负责制。

贷款实行分级经营管理，各级行长应当在授权范围内对贷款的发放和收回负全部责任。行长可以授权副行长或贷款管理部门负责审批贷款，副行长或贷款管理部门负责人应当对行长负责。

第三十九条 贷款人各级机构应当建立由行长或副行长（经理、主任，下同）和有关部门负责人参加的贷款审查委员会（小组），负责贷款的审查。

第四十条 建立审贷分离制：

贷款调查评估人员负责贷款调查评估，承担调查失误和评估失准的责任；贷款审查人员负责贷款风险的审查，承担审查失误的责任；贷款发放人员负责贷款的检查和清收，承担检查失误、清收不力的责任。

第四十一条 建立贷款分级审批制：

贷款人应当根据业务量大小、管理水平和贷款风险度确定各级分支机构的审批权限，超过审批权限的贷款，应当报上级审批。各级分支机构应当根据贷款种类、借款人的信用等级和抵押物、质物、保证人等情况确定每一笔贷款的风险度。

第四十二条 建立和健全信贷工作岗位责任制：

各级贷款管理部门应将贷款管理的每一个环节的管理责任落实到部门、岗位、个人，严格划分各级信贷工作人员的职责。

第四十三条 贷款人对大额借款人建立驻厂信贷员制度。

第四十四条 建立离职审计制：

贷款管理人员在调离原工作岗位时，应当对其在任职期间和权限内所发放的贷款风险情况进行审计。

第九章 贷款债权保全和清偿的管理

第四十五条 借款人不得违反法律规定，借兼并、破产或者股份制改造等途径，逃避银行债务，侵吞信贷资金；不得借承包、租赁等途径逃避贷款人的信贷监管以及偿还贷款本息的责任。

第四十六条　贷款人有权参与处于兼并、破产或股份制改造等过程中的借款人的债务重组，应当要求借款人落实贷款还本付息事宜。

第四十七条　贷款人应当要求实行承包、租赁经营的借款人，在承包、租赁合同中明确落实原贷款债务的偿还责任。

第四十八条　贷款人对实行股份制改造的借款人，应当要求其重新签订借款合同，明确原贷款债务的清偿责任。

对实行整体股份制改造的借款人，应当明确其所欠贷款债务由改造后公司全部承担；对实行部分股份制改造的借款人，应当要求改造后的股份公司按占用借款人的资本金或资产的比例承担原借款人的贷款债务。

第四十九条　贷款人对联营后组成新的企业法人的借款人，应当要求其依据所占用的资本金或资产的比例将贷款债务落实到新的企业法人。

第五十条　贷款人对合并（兼并）的借款人，应当要求其在合并（兼并）前清偿贷款债务或提供相应的担保。

借款人不清偿贷款债务或未提供相应担保，贷款人应当要求合并（兼并）企业或合并后新成立的企业承担归还原借款人贷款的义务，并与之重新签订有关合同或协议。

第五十一条　贷款人对与外商合资（合作）的借款人，应当要求其继续承担合资（合作）前的贷款归还责任，并要求其将所得收益优先归还贷款。借款人用已作为贷款抵押、质押的财产与外商合资（合作）时必须征求贷款人同意。

第五十二条　贷款人对分立的借款人，应当要求其在分立前清偿贷款债务或提供相应的担保。

借款人不清偿贷款债务或未提供相应担保，贷款人应当要求分立后的各企业，按照分立时所占资本或资产比例或协议，对原借款人所欠贷款承担清偿责任。对设立子公司的借款人，应当要求其子公司按所得资本或资产的比例承担和偿还母公司相应的贷款债务。

第五十三条　贷款人对产权有偿转让或申请解散的借款人，应当要求其在产权转让或解散前必须落实贷款债务的清偿。

第五十四条　贷款人应当按照有关法律参与借款人破产财产的认定与债权债务的处置，对于破产借款人已设定财产抵押、质押或其他担保的贷款债权，贷款人依法享有优先受偿权；无财产担保的贷款债权按法定程序和比例受偿。

第十章　贷款管理特别规定

第五十五条　建立贷款主办行制度：

借款人应按中国人民银行的规定与其开立基本账户的贷款人建立贷款主办行关系。

借款人发生企业分立、股份制改造、重大项目建设等涉及信贷资金使用和安全的重大经济活动，事先应当征求主办行的意见。1个借款人只能有1个贷款主办行，主办行应当随基本账户的变更而变更。

主办行不包资金，但应当按规定有计划地对借款人提供贷款，为借款人提供必要的信息咨询、代理等金融服务。

贷款主办行制度与实施办法，由中国人民银行另行规定。

第五十六条　银团贷款应当确定1个贷款人为牵头行，并签订银团贷款协议，明确各贷款人的权利和义务，共同评审贷款项目。牵头行应当按协议确定的比例监督贷款的偿还。银团贷款管理办法由中国人民银行另行规定。

第五十七条　特定贷款管理：

国有独资商业银行应当按国务院规定发放和管理特定贷款。

特定贷款管理办法另行规定。

第五十八条　非银行金融机构贷款的种类、对象、范围，应当符合中国人民银行规定。

第五十九条　贷款人发放异地贷款，或者接受异地存款，应当报中国人民银行当地分支机构备案。

第六十条　信贷资金不得用于财政支出。

第六十一条　各级行政部门和企事业单位、供销合作社等合作经济组织、农村合作基金会和其他基金会，不得经营存贷款等金融业务。企业之间不得违反国家规定办理借贷或者变相借贷融资业务。

第十一章 罚 则

第六十二条 贷款人违反资产负债比例管理有关规定发放贷款的，应当依照《中华人民共和国商业银行法》第七十五条，由中国人民银行责令改正，处以罚款，有违法所得的没收违法所得，并且应当依照第七十六条对直接负责的主管人员和其他直接责任人员给予处罚。

第六十三条 贷款人违反规定向关系人发放信用贷款或者发放担保贷款的条件优于其他借款人同类贷款条件的，应当依照《中华人民共和国商业银行法》第七十四条处罚，并且应当依照七十六条对有关直接责任人员给予处罚。

第六十四条 贷款人的工作人员对单位或者个人强令其发放贷款或者提供担保未予拒绝的，应当依照《中华人民共和国商业银行法》第八十五条给予纪律处分，造成损失的应当承担相应的赔偿责任。

第六十五条 贷款人的有关责任人员违反本通则有关规定，应当给予纪律处分和罚款；情节严重或屡次违反的，应当调离工作岗位，取消任职资格；造成严重经济损失或者构成其他经济犯罪的，应当依照有关法律规定追究刑事责任。

第六十六条 贷款人有下列情形之一，由中国人民银行责令改正；逾期不改正的，中国人民银行可以处以5千元以上1万元以下罚款：

一、没有公布所经营贷款的种类、期限、利率的；

二、没有公开贷款条件和发放贷款时要审查的内容的；

三、没有在规定期限内答复借款人贷款申请的。

第六十七条 贷款人有下列情形之一，由中国人民银行责令改正；有违法所得的，没收违法所得，并处以违法所得1倍以上3倍以下罚款；没有违法所得的，处以5万元以上30万元以下罚款；构成犯罪的，依法追究刑事责任：

一、贷款人违反规定代垫委托贷款资金的；

二、未经中国人民银行批准，对自然人发放外币贷款的；

三、贷款人违反中国人民银行规定，对自营贷款或者特定贷款在计收利息之外收取其他任何费用的，或者对委托贷款在计收手续费之外收取其他任何费用的。

第六十八条 任何单位和个人强令银行发放贷款或者提供担保的，应当依照《中华人民共和国商业银行法》第八十五条，对直接负责的主管人员和其他直责任人员或者个人给予纪律处分；造成经济损失的，承担全部或者部分赔偿责任。

第六十九条　借款人采取欺诈手段骗取贷款，构成犯罪的，应当依照《中华人民共和国商业银行法》第八十条等法律规定处以罚款并追究刑事责任。

第七十条　借款人违反本通则第九章第四十五条规定，蓄意通过兼并、破产或者股份制改造等途径侵吞信贷资金的，应当依据有关法律规定承担相应部分的赔偿责任并处以罚款；造成贷款人重大经济损失的，应当依照有关法律规定追究直接责任人员的刑事责任。

借款人违反本通则第九章其他条款规定，致使贷款债务落空，由贷款人停止发放新贷款，并提前收回原发放的贷款。造成信贷资产损失的，借款人及其主管人员或其他个人，应当承担部分或全部赔偿责任。在未履行赔偿责任之前，其他任何贷款人不得对其发放贷款。

第七十一条　借款人有下列情形之一，由贷款人对其部分或全部贷款加收利息；情节特别严重的，由贷款人停止支付借款人尚未使用的贷款，并提前收回部分或全部贷款：

一、不按借款合同规定用途使用贷款的。

二、用贷款进行股本权益性投资的。

三、用贷款在有价证券、期货等方面从事投机经营的。

四、未依法取得经营房地产资格的借款人用贷款经营房地产业务的；依法取得经营房地产资格的借款人，用贷款从事房地产投机的。

五、不按借款合同规定清偿贷款本息的。

六、套取贷款相互借贷牟取非法收入的。

第七十二条　借款人有下列情形之一，由贷款人责令改正。情节特别严重或逾期不改正的，由贷款人停止支付借款人尚未使用的贷款，并提前收回部分或全部贷款：

一、向贷款人提供虚假或者隐瞒重要事实的资产负债表、损益表等资料的；

二、不如实向贷款人提供所有开户行、账号及存贷款余额等资料的；

三、拒绝接受贷款人对其使用信贷资金情况和有关生产经营、财务活动监督的。

第七十三条 行政部门、企事业单位、股份合作经济组织、供销合作社、农村合作基金会和其他基金会擅自发放贷款的；企业之间擅自办理借贷或者变相借贷的，由中国人民银行对出借方按违规收入处以1倍以上至5倍以下罚款，并由中国人民银行予以取缔。

第七十四条 当事人对中国人民银行处罚决定不服的，可按《中国人民银行行政复议办法（试行）》的规定申请复议，复议期间仍按原处罚执行。

第十二章 附 则

第七十五条 国家政策性银行、外资金融机构（含外资、中外合资、外资金融机构的分支机构等）的贷款管理办法，由中国人民银行另行制定。

第七十六条 有关外国政府贷款、出口信贷、外商贴息贷款、出口信贷项下的对外担保以及与上述贷款配套的国际商业贷款的管理办法，由中国人民银行另行制定。

第七十七条 贷款人可根据本通则制定实施细则，报中国人民银行备案。

第七十八条 本通则自实施之日起，中国人民银行和各贷款人在此以前制定的各种规定，与本通则有抵触者，以本通则为准。

第七十九条 本通则由中国人民银行负责解释。

第八十条 本通则自1996年8月1日起施行。

九、中华人民共和国外汇管理条例

（1996年1月29日中华人民共和国国务院令第193号发布，根据1997年1月14日《国务院关于修改〈中华人民共和国外汇管理条例〉的决定》修订，2008年8月1日国务院第20次常务会议修订通过。）

第一章 总 则

第一条 为了加强外汇管理，促进国际收支平衡，促进国民经济健康发展，制定本条例。

第二条　国务院外汇管理部门及其分支机构（以下统称外汇管理机关）依法履行外汇管理职责，负责本条例的实施。

第三条　本条例所称外汇，是指下列以外币表示的可以用作国际清偿的支付手段和资产：

（一）外币现钞，包括纸币、铸币；

（二）外币支付凭证或者支付工具，包括票据、银行存款凭证、银行卡等；

（三）外币有价证券，包括债券、股票等；

（四）特别提款权；

（五）其他外汇资产。

第四条　境内机构、境内个人的外汇收支或者外汇经营活动，以及境外机构、境外个人在境内的外汇收支或者外汇经营活动，适用本条例。

第五条　国家对经常性国际支付和转移不予限制。

第六条　国家实行国际收支统计申报制度。

国务院外汇管理部门应当对国际收支进行统计、监测，定期公布国际收支状况。

第七条　经营外汇业务的金融机构应当按照国务院外汇管理部门的规定为客户开立外汇账户，并通过外汇账户办理外汇业务。

经营外汇业务的金融机构应当依法向外汇管理机关报送客户的外汇收支及账户变动情况。

第八条　中华人民共和国境内禁止外币流通，并不得以外币计价结算，但国家另有规定的除外。

第九条　境内机构、境内个人的外汇收入可以调回境内或者存放境外；调回境内或者存放境外的条件、期限等，由国务院外汇管理部门根据国际收支状况和外汇管理的需要作出规定。

第十条　国务院外汇管理部门依法持有、管理、经营国家外汇储备，遵循安全、流动、增值的原则。

第十一条　国际收支出现或者可能出现严重失衡，以及国民经济出现或者可能出现严重危机时，国家可以对国际收支采取必要的保障、控制等措施。

第二章　经常项目外汇管理

第十二条　经常项目外汇收支应当具有真实、合法的交易基础。经营结汇、售汇业务的金融机构应当按照国务院外汇管理部门的规定，对交易单证的真实性及其与外汇收支的一致性进行合理审查。

外汇管理机关有权对前款规定事项进行监督检查。

第十三条　经常项目外汇收入，可以按照国家有关规定保留或者卖给经营结汇、售汇业务的金融机构。

第十四条　经常项目外汇支出，应当按照国务院外汇管理部门关于付汇与购汇的管理规定，凭有效单证以自有外汇支付或者向经营结汇、售汇业务的金融机构购汇支付。

第十五条　携带、申报外币现钞出入境的限额，由国务院外汇管理部门规定。

第三章　资本项目外汇管理

第十六条　境外机构、境外个人在境内直接投资，经有关主管部门批准后，应当到外汇管理机关办理登记。

境外机构、境外个人在境内从事有价证券或者衍生产品发行、交易，应当遵守国家关于市场准入的规定，并按照国务院外汇管理部门的规定办理登记。

第十七条　境内机构、境内个人向境外直接投资或者从事境外有价证券、衍生产品发行、交易，应当按照国务院外汇管理部门的规定办理登记。国家规定需要事先经有关主管部门批准或者备案的，应当在外汇登记前办理批准或者备案手续。

第十八条　国家对外债实行规模管理。借用外债应当按照国家有关规定办理，并到外汇管理机关办理外债登记。

国务院外汇管理部门负责全国的外债统计与监测，并定期公布外债情况。

第十九条　提供对外担保，应当向外汇管理机关提出申请，由外汇管理机关根据申请人的资产负债等情况作出批准或者不批准的决定；国家规定其经营范围需经有关主管部门批准的，应当在向外汇管理机关提出申请前办理批准手续。申请人签订对外担保合同后，应当到外汇管理机关办理对外担保登记。

经国务院批准为使用外国政府或者国际金融组织贷款进行转贷提供对外担保

的，不适用前款规定。

第二十条　银行业金融机构在经批准的经营范围内可以直接向境外提供商业贷款。其他境内机构向境外提供商业贷款，应当向外汇管理机关提出申请，外汇管理机关根据申请人的资产负债等情况作出批准或者不批准的决定；国家规定其经营范围需经有关主管部门批准的，应当在向外汇管理机关提出申请前办理批准手续。

向境外提供商业贷款，应当按照国务院外汇管理部门的规定办理登记。

第二十一条　资本项目外汇收入保留或者卖给经营结汇、售汇业务的金融机构，应当经外汇管理机关批准，但国家规定无须批准的除外。

第二十二条　资本项目外汇支出，应当按照国务院外汇管理部门关于付汇与购汇的管理规定，凭有效单证以自有外汇支付或者向经营结汇、售汇业务的金融机构购汇支付。国家规定应当经外汇管理机关批准的，应当在外汇支付前办理批准手续。

依法终止的外商投资企业，按照国家有关规定进行清算、纳税后，属于外方投资者所有的人民币，可以向经营结汇、售汇业务的金融机构购汇汇出。

第二十三条　资本项目外汇及结汇资金，应当按照有关主管部门及外汇管理机关批准的用途使用。外汇管理机关有权对资本项目外汇及结汇资金使用和账户变动情况进行监督检查。

第四章　金融机构外汇业务管理

第二十四条　金融机构经营或者终止经营结汇、售汇业务，应当经外汇管理机关批准；经营或者终止经营其他外汇业务，应当按照职责分工经外汇管理机关或者金融业监督管理机构批准。

第二十五条　外汇管理机关对金融机构外汇业务实行综合头寸管理，具体办法由国务院外汇管理部门制定。

第二十六条　金融机构的资本金、利润以及因本外币资产不匹配需要进行人民币与外币间转换的，应当经外汇管理机关批准。

第五章　人民币汇率和外汇市场管理

第二十七条　人民币汇率实行以市场供求为基础的、有管理的浮动汇率制度。

第二十八条　经营结汇、售汇业务的金融机构和符合国务院外汇管理部门规定条件的其他机构，可以按照国务院外汇管理部门的规定在银行间外汇市场进行外汇交易。

第二十九条　外汇市场交易应当遵循公开、公平、公正和诚实信用的原则。

第三十条　外汇市场交易的币种和形式由国务院外汇管理部门规定。

第三十一条　国务院外汇管理部门依法监督管理全国的外汇市场。

第三十二条　国务院外汇管理部门可以根据外汇市场的变化和货币政策的要求，依法对外汇市场进行调节。

第六章　监督管理

第三十三条　外汇管理机关依法履行职责，有权采取下列措施：

（一）对经营外汇业务的金融机构进行现场检查；

（二）进入涉嫌外汇违法行为发生场所调查取证；

（三）询问有外汇收支或者外汇经营活动的机构和个人，要求其对与被调查外汇违法事件直接有关的事项作出说明；

（四）查阅、复制与被调查外汇违法事件直接有关的交易单证等资料；

（五）查阅、复制被调查外汇违法事件的当事人和直接有关的单位、个人的财务会计资料及相关文件，对可能被转移、隐匿或者毁损的文件和资料，可以予以封存；

（六）经国务院外汇管理部门或者省级外汇管理机关负责人批准，查询被调查外汇违法事件的当事人和直接有关的单位、个人的账户，但个人储蓄存款账户除外；

（七）对有证据证明已经或者可能转移、隐匿违法资金等涉案财产或者隐匿、伪造、毁损重要证据的，可以申请人民法院冻结或者查封。

有关单位和个人应当配合外汇管理机关的监督检查，如实说明有关情况并提供有关文件、资料，不得拒绝、阻碍和隐瞒。

第三十四条　外汇管理机关依法进行监督检查或者调查，监督检查或者调查的人员不得少于2人，并应当出示证件。监督检查、调查的人员少于2人或者未出示证件的，被监督检查、调查的单位和个人有权拒绝。

第三十五条　有外汇经营活动的境内机构，应当按照国务院外汇管理部门的规定报送财务会计报告、统计报表等资料。

第三十六条　经营外汇业务的金融机构发现客户有外汇违法行为的，应当及时向外汇管理机关报告。

第三十七条　国务院外汇管理部门为履行外汇管理职责，可以从国务院有关部门、机构获取所必需的信息，国务院有关部门、机构应当提供。

国务院外汇管理部门应当向国务院有关部门、机构通报外汇管理工作情况。

第三十八条　任何单位和个人都有权举报外汇违法行为。

外汇管理机关应当为举报人保密，并按照规定对举报人或者协助查处外汇违法行为有功的单位和个人给予奖励。

第七章　法律责任

第三十九条　有违反规定将境内外汇转移境外，或者以欺骗手段将境内资本转移境外等逃汇行为的，由外汇管理机关责令限期调回外汇，处逃汇金额30%以下的罚款；情节严重的，处逃汇金额30%以上等值以下的罚款；构成犯罪的，依法追究刑事责任。

第四十条　有违反规定以外汇收付应当以人民币收付的款项，或者以虚假、无效的交易单证等向经营结汇、售汇业务的金融机构骗购外汇等非法套汇行为的，由外汇管理机关责令对非法套汇资金予以回兑，处非法套汇金额30%以下的罚款；情节严重的，处非法套汇金额30%以上等值以下的罚款；构成犯罪的，依法追究刑事责任。

第四十一条　违反规定将外汇汇入境内的，由外汇管理机关责令改正，处违法金额30%以下的罚款；情节严重的，处违法金额30%以上等值以下的罚款。

非法结汇的,由外汇管理机关责令对非法结汇资金予以回兑,处违法金额30%以下的罚款。

第四十二条　违反规定携带外汇出入境的,由外汇管理机关给予警告,可以处违法金额20%以下的罚款。法律、行政法规规定由海关予以处罚的,从其规定。

第四十三条　有擅自对外借款、在境外发行债券或者提供对外担保等违反外债管理行为的,由外汇管理机关给予警告,处违法金额30%以下的罚款。

第四十四条　违反规定,擅自改变外汇或者结汇资金用途的,由外汇管理机关责令改正,没收违法所得,处违法金额30%以下的罚款;情节严重的,处违法金额30%以上等值以下的罚款。

有违反规定以外币在境内计价结算或者划转外汇等非法使用外汇行为的,由外汇管理机关责令改正,给予警告,可以处违法金额30%以下的罚款。

第四十五条　私自买卖外汇、变相买卖外汇、倒买倒卖外汇或者非法介绍买卖外汇数额较大的,由外汇管理机关给予警告,没收违法所得,处违法金额30%以下的罚款;情节严重的,处违法金额30%以上等值以下的罚款;构成犯罪的,依法追究刑事责任。

第四十六条　未经批准擅自经营结汇、售汇业务的,由外汇管理机关责令改正,有违法所得的,没收违法所得,违法所得50万元以上的,并处违法所得1倍以上5倍以下的罚款;没有违法所得或者违法所得不足50万元的,处50万元以上200万元以下的罚款;情节严重的,由有关主管部门责令停业整顿或者吊销业务许可证;构成犯罪的,依法追究刑事责任。

未经批准经营结汇、售汇业务以外的其他外汇业务的,由外汇管理机关或者金融业监督管理机构依照前款规定予以处罚。

第四十七条　金融机构有下列情形之一的,由外汇管理机关责令限期改正,没收违法所得,并处20万元以上100万元以下的罚款;情节严重或者逾期不改正的,由外汇管理机关责令停止经营相关业务:

(一)办理经常项目资金收付,未对交易单证的真实性及其与外汇收支的一致性进行合理审查的;

(二)违反规定办理资本项目资金收付的;

（三）违反规定办理结汇、售汇业务的；

（四）违反外汇业务综合头寸管理的；

（五）违反外汇市场交易管理的。

第四十八条　有下列情形之一的，由外汇管理机关责令改正，给予警告，对机构可以处30万元以下的罚款，对个人可以处5万元以下的罚款：

（一）未按照规定进行国际收支统计申报的；

（二）未按照规定报送财务会计报告、统计报表等资料的；

（三）未按照规定提交有效单证或者提交的单证不真实的；

（四）违反外汇账户管理规定的；

（五）违反外汇登记管理规定的；

（六）拒绝、阻碍外汇管理机关依法进行监督检查或者调查的。

第四十九条　境内机构违反外汇管理规定的，除依照本条例给予处罚外，对直接负责的主管人员和其他直接责任人员，应当给予处分；对金融机构负有直接责任的董事、监事、高级管理人员和其他直接责任人员给予警告，处5万元以上50万元以下的罚款；构成犯罪的，依法追究刑事责任。

第五十条　外汇管理机关工作人员徇私舞弊、滥用职权、玩忽职守，构成犯罪的，依法追究刑事责任；尚不构成犯罪的，依法给予处分。

第五十一条　当事人对外汇管理机关作出的具体行政行为不服的，可以依法申请行政复议；对行政复议决定仍不服的，可以依法向人民法院提起行政诉讼。

第八章　附　则

第五十二条　本条例下列用语的含义：

（一）境内机构，是指中华人民共和国境内的国家机关、企业、事业单位、社会团体、部队等，外国驻华外交领事机构和国际组织驻华代表机构除外。

（二）境内个人，是指中国公民和在中华人民共和国境内连续居住满1年的外国人，外国驻华外交人员和国际组织驻华代表除外。

（三）经常项目，是指国际收支中涉及货物、服务、收益及经常转移的交易项目等。

（四）资本项目，是指国际收支中引起对外资产和负债水平发生变化的交易项目，包括资本转移、直接投资、证券投资、衍生产品及贷款等。

第五十三条 非金融机构经营结汇、售汇业务，应当由国务院外汇管理部门批准，具体管理办法由国务院外汇管理部门另行制定。

第五十四条 本条例自公布之日起施行。

十、会计基础工作规范

（财会〔1996〕19号）

第一章 总则

第一条 为了加强会计基础工作，建立规范的会计工作秩序，提高会计工作水平，根据《中华人民共和国会计法》的有关规定，制定本规范。

第二条 国家机关、社会团体、企业、事业单位、个体工商户和其他组织的会计基础工作，应当符合本规范的规定。

第三条 各单位应当依据有关法律、法规和本规范的规定，加强会计基础工作，严格执行会计法规制度，保证会计工作依法有序地进行。

第四条 单位领导人对本单位的会计基础工作负有领导责任。

第五条 各省、自治区、直辖市财政厅（局）要加强对会计基础工作的管理和指导，通过政策引导、经验交流、监督检查等措施，促进基层单位加强会计基础工作，不断提高会计工作水平。国务院各业务主管部门根据职责权限管理本部门的会计基础工作。

第二章 会计机构和会计人员

第一节 会计机构设置和会计人员配备

第六条 各单位应当根据会计业务的需要设置会计机构；不具备单独设置会计机构条件的，应当在有关机构中配人员。事业行政单位会计机构的设置和会计人员的配备，应当符合国家统一事业行政单位会计制度的规定。设置会计机构，应当配备会计机构负责人；在有关机构中配备专职会计人员，应当在专职会计人员中指定会计主管人员。会计机构负责人、会计主管人员的任免，应当符合《中华人民共和国会计法》和有关法律的规定。

第七条　会计机构负责人、会计主管人员应当具备下列基本条件：

（一）坚持原则，廉洁奉公；

（二）具有会计专业技术资格；

（三）主管一个单位或者单位内一个重要方面的财务会计工作时间不少于2年；

（四）熟悉国家财经法律、法规、规章和方针、政策，掌握本行业业务管理的有关知识；

（五）有较强的组织能力；

（六）身体状况能够适应本职工作的要求。

第八条　没有设置会计机构和配备会计人员的单位，应当根据《代理记账管理暂行办法》委托会计师事务所或者持有代理记账许可证书的其他代理记账机构进行代理记账。

第九条　大、中型企业、事业单位、业务主管部门应当根据法律和国家有关规定设置总会计师。总会计师由具有会计师以上专业技术资格的人员担任。总会计师行使《总会计师条例》规定的职责、权限。总会计师的任命（聘任）、免职（解聘）依照《总会计师条例》和有关法律的规定办理。

第十条　各单位应当根据会计业务需要配备持有会计证的会计人员。未取得会计证的人员，不得从事会计工作。

第十一条　各单位应当根据会计业务需要设置会计工作岗位。会计工作岗位一般可分为：会计机构负责人或者会计主管人员，出纳，财产物资核算，工资核算，成本费用核算，财务成果核算，资金核算，往来结算，总账报表，稽核，档案管理等。开展会计电算化和管理会计的单位，可以根据需要设置相应工作岗位，也可以与其他工作岗位相结合。

第十二条　会计工作岗位，可以一人一岗、一人多岗或者一岗多人。但出纳人员不得兼管审核、会计档案保管和收入、费用、债权债务账目的登记工作。

第十三条　会计人员的工作岗位应当有计划地进行轮换。

第十四条　会计人员应当具备必要的专业知识和专业技能，熟悉国家有关法律、法规，规章和国家统一会计制度，遵守职业道德。会计人员应当按照国家有关规定参加会计业务的培训。各单位应当合理安排会计人员的培训，保证会计人员每年有一定时间用于学习和参加培训。

第十五条　各单位领导人应当支持会计机构、会计人员依法行使职权；对忠于职守，坚持原则，做出显著成绩的会计机构、会计人员，应当给予精神的和物质的奖励。

第十六条　国家机关、国有企业、事业单位任用会计人员应当实行回避制度。单位领导人的直系亲属不得担任本单位的会计机构负责人、会计主管人员。会计机构负责人，会计主管人员的直系亲属不得在本单位会计机构中担任出纳工作。需要回避的直系亲属为：夫妻关系、直系血亲关系、三代以内旁系血亲以及配偶亲关系。

第二节　会计人员职业道德

第十七条　会计人员在会计工作中应当遵守职业道德，树立良好的职业品质、严谨的工作作风，严守工作纪律，努力提高工作效率和工作质量。

第十八条　会计人员应当热爱本职工作，努力钻研业务，使自己的知识和技能适应所从事工作的要求。

第十九条　会计人员应当熟悉财经法律、法规、规章和国家统一会计制度，并结合会计工作进行广泛宣传。

第二十条　会计人员应当按照会计法律、法规和国家统一会计制度规定的程序和要求进行会计工作，保证所提供的会计信息合法、真实、准确、及时、完整。

第二十一条　会计人员办理会计事务应当实事求是、客观公正。

第二十二条　会计人员应当熟悉本单位的生产经营和业务管理情况，运用掌握的会计信息和会计方法，为改善单位内部管理、提高经济效益服务。

第二十三条　会计人员应当保守本单位的商业秘密。除法律规定和单位领导人同意外，不能私自向外界提供或者泄露单位的会计信息。

第二十四条　财政部门、业务主管部门和各单位应当定期检查会计人员遵守职业道德的情况,并作为会计人员晋升、晋级、聘任专业职务、表彰奖励的重要考核依据。会计人员违反职业道德的,由所在单位进行处罚;情节严重的,由会计证发证机关吊销其会计证。

第三节 会计工作交接

第二十五条 会计人员工作调动或者因故离职,必须将本人所经管的会计工作全部移交给接替人员。没有办清交接手续的,不得调动或者离职。

第二十六条 接替人员应当认真接管移交工作,并继续办理移交的未了事项。

第二十七条 会计人员办理移交手续前,必须及时做好以下工作:

(一)已经受理的经济业务尚未填制会计凭证的,应当填制完毕。

(二)尚未登记的账目,应当登记完毕,并在最后一笔余额后加盖经办人员印章。

(三)整理应该移交的各项资料,对未了事项写出书面材料。

(四)编制移交清册,列明应当移交的会计凭证、会计账簿、会计报表、印章、现金、有价证券、支票簿、发票、文件、其他会计资料和物品等内容;实行会计电算化的单位,从事该项工作的移交人员还应当在移交清册中列明会计软件及密码、会计软件数据磁盘(磁带等)及有关资料、实物等内容。

第二十八条 会计人员办理交接手续,必须有监交人负责监交。一般会计人员交接,由单位会计机构负责人、会计主管人员负责监交;会计机构负责人、会计主管人员交接,由单位领导人负责监交,必要时可由上级主管部门派人会同监交。

第二十九条 移交人员在办理移交时,要按移交清册逐项移交;接替人员要逐项核对点收。

(一)现金、有价证券要根据会计账簿有关记录进行点交。库存现金、有价证券必须与会计账簿记录保持一致。不一致时,移交人员必须限期查清。

(二)会计凭证、会计账簿、会计报表和其他会计资料必须完整无缺。如有短缺,必须查清原因,并在移交清册中注明,由移交人员负责。

(三)银行存款账户余额要与银行对账单核对,如不一致,应当编制银行存款余额调节表调节相符,各种财产物资和债权债务的明细账户余额要与总账有关账户余额核对相符；必要时，要抽查个别账户的余额，与实物核对相符，或者与往来单位、个人核对清楚。

（四）移交人员经管的票据、印章和其他实物等，必须交接清楚；移交人员从事会计电算化工作的，要对有关电子数据在实际操作状态下进行交接。

第三十条 会计机构负责人、会计主管人员移交时，还必须将全部财务会计工作、重大财务收支和会计人员的情况等，向接替人员详细介绍。对需要移交的遗留问题，应当写出书面材料。

第三十一条 交接完毕后，交接双方和监交人员要在移交注册上签名或者盖章，并应在移交注册上注明：单位名称，交接日期，交接双方和监交人员的职务、姓名，移交清册页数以及需要说明的问题和意见等。移交清册一般应当填制一式三份，交接双方各执一份，存档一份。

第三十二条 接替人员应当继续使用移交的会计账簿，不得自行另立新账，以保持会计记录的连续性。

第三十三条 会计人员临时离职或者因病不能工作且需要接替或者代理的，会计机构负责人、会计主管人员或者单位领导人必须指定有关人员接替或者代理，并办理交接手续。临时离职或者因病不能工作的会计人员恢复工作的，应当与接替或者代理人员办理交接手续。移交人员因病或者其他特殊原因不能亲自办理移交的，经单位领导人批准，可由移交人员委托他人代办移交，但委托人应当承担本规范第三十五条规定的责任。

第三十四条 单位撤销时，必须留有必要的会计人员，会同有关人员办理清理工作，编制决算。未移交前，不得离职。接收单位和移交日期由主管部门确定。单位合并、分立的，其会计工作交接手续比照上述有关规定办理。

第三十五条 移交人员对所移交的会计凭证、会计账簿、会计报表和其他有关资料的合法性、真实性承担法律责任。

第三章 会计核算

第一节 会计核算一般要求

第三十六条 各单位应当按照《中华人民共和国会计法》和国家统一会计制

度的规定建立会计账册，进行会计核算，及时提供合法、真实、准确、完整的会计信息。

第三十七条　各单位发生的下列事项，应当及时办理会计手续、进行会计核算：

（一）款项和有价证券的收付；

（二）财物的收发、增减和使用；

（三）债权债务的发生和结算；

（四）资本、基金的增减；

（五）收入、支出、费用、成本的计算；

（六）财务成果的计算和处理；

（七）其他需要办理会计手续、进行会计核算的事项。

第三十八条　各单位的会计核算应当以实际发生的经济业务为依据，按照规定的会计处理方法进行，保证会计指标的口径一致、相互可比和会计处理方法的前后各期相一致。

第三十九条　会计年度自公历1月1日起至12月31日止。

第四十条　会计核算以人民币为记账本位币。收支业务以外国货币为主的单位，也可以选定某种外国货币作为记账本位币，但是编制的会计报表应当折算为人民币反映。境外单位向国内有关部门编报的会计报表，应当折算为人民币反映。

第四十一条　各单位根据国家统一会计制度的要求，在不影响会计核算要求、会计报表指标汇总和对外统一会计报表的前提下，可以根据实际情况自行设置和使用会计科目。事业行政单位会计科目的设置和使用，应当符合国家统一事业行政单位会计制度的规定。

第四十二条　会计凭证、会计账簿、会计报表和其他会计资料的内容和要求必须符合国家统一会计制度的规定，不得伪造、变造会计凭证和会计账簿，不得设置账外账，不得报送虚假会计报表。

第四十三条　各单位对外报送的会计报表格式由财政部统一规定。

第四十四条　实行会计电算化的单位，对使用的会计软件及其生成的会计凭证、会计账簿。会计报表和其他会计资料的要求，应当符合财政部关于会计电算化的有关规定。

第四十五条　各单位的会计凭证、会计账簿、会计报表和其他会计资料，应当建立档案，妥善保管。会计档案建档要求、保管期限、销毁办法等依据《会计档案管理办法》的规定进行。实行会计电算化的单位，有关电子数据、会计软件资料等应当作为会计档案进行管理。

第四十六条　会计记录的文字应当使用中文，少数民族自治地区可以同时使用少数民族文字。中国境内的外商投资企业、外国企业和其他外国经济组织也可以同时使用某种外国文字。

第二节　填制会计凭证

第四十七条　各单位办理本规范第三十七条规定的事项，必须取得或者填制原始凭证，并及时送交会计机构。

第四十八条　原始凭证的基本要求是：

（一）原始凭证的内容必须具备：凭证的名称；填制凭证的日期；填制凭证单位名称或者填制人姓名；经办人员的签名或者盖章；接受凭证单位名称；经济业务内容；数量、单价和金额。

（二）从外单位取得的原始凭证，必须盖有填制单位的公章；从个人取得的原始凭证，必须有填制人员的签名或者盖章。自制原始凭证必须有经办单位领导人或者其指定的人员签名或者盖章。对外开出的原始凭证，必须加盖本单位公章。

（三）凡填有大写和小写金额的原始凭证，大写与小写金额必须相符。购买实物的原始凭证，必须有验收证明。支付款项的原始凭证，必须有收款单位和收款人的收款证明。

（四）一式几联的原始凭证，应当注明各联的用途，只能以一联作为报销凭证。一式几联的发票和收据，必须用双面复写纸（发票和收据本身具备复写纸功能的除外）套写，并连续编号。作废时应当加盖作废戳记，连同存根一起保存，不得撕毁。

（五）发生销货退回的，除填制退货发票外，还必须有退货验收证明；退款时，必须取得对方的收款收据或者汇款银行的凭证，不得以退货发票代替收据。

（六）职工公出借款凭据，必须附在记账凭证之后。收回借款时，应当另开收据或者退还借据副本，不得退还原借款收据。

（七）经上级有关部门批准的经济业务，应当将批准文件作为原始凭证附件；如果批准文件需要单独归档的，应当在凭证上注明批准机关名称、日期和文件字号。

第四十九条　原始凭证不得涂改、挖补。发现原始凭证有错误的，应当由开出单位重开或者更正，更正处应当加盖开出单位的公章。

第五十条　会计机构、会计人员要根据审核无误的原始凭证填制记账凭证。记账凭证可以分为收款凭证、付款凭证和转账凭证，也可以使用通用记账凭证。

第五十一条　记账凭证的基本要求是：

（一）记账凭证的内容必须具备：填制凭证的日期；凭证编号；经济业务摘要；会计科目；金额；所附原始凭证张数；填制凭证人员、稽核人员、记账人员、会计机构负责人、会计主管人员签名或者盖章。收款和付款记账凭证还应当由出纳人员签名或者盖章。以自制的原始凭证或者原始凭证汇总表代替记账凭证的，也必须具备记账凭证应有的项目。

（二）填制记账凭证时，应当对记账凭证进行连续编号。一笔经济业务需要填制两张以上记账凭证的，可以采用分数编号法编号：

（三）记账凭证可以根据每一张原始凭证填制，或者根据若干张同类原始凭证汇总填制，也可以根据原始凭证汇总表填制。但不得将不同内容和类别的原始凭证汇总填制在一张记账凭证上。

（四）除结账和更正错误的记账凭证可以不附原始凭证外，其他记账凭证必须附有原始凭证。如果一张原始凭证涉及几张记账凭证，可以把原始凭证附在一张主要的记账凭证后面，并在其他记账凭证上注明附有该原始凭证的记账凭证的编号或者附原始凭证复印件。一张原始凭证所列支出需要几个单位共同负担的，应当将其他单位负担的部分，开给对方原始凭证分割单，进行结算。原始凭证分割单必须具备原始凭证的基本内容：凭证名称、填制凭证日期、填制凭证单位名称或者填制人姓名、经办人的签名或者盖章、接受凭证单位名称、经济业务内容、数量、单价、金额和费用分摊情况等。

（五）如果在填制记账凭证时发生错误，应当重新填制。已经登记入账的记账凭证，在当年内发现填写错误时，可以用红字填写一张与原内容相同的记账凭证，在摘要栏注明注销某月某日某号凭证字样，同时再用蓝字重新填制一张正确的记账凭证，注明订正某月某日某号凭证字样。如果会计科目没有错误，只是金额错误，也可以将正确数字与错误数字之间的差额，另编一张调整的记账凭证，调增金额用蓝字，调减金额用红字。发现以前年度记账凭证有错误的，应当用蓝字填制一张更正的记账凭证。

（六）记账凭证填制完经济业务事项后，如有空行，应当自金额栏最后一笔金额数字下的空行处至合计数上的空行处划线注销。

第五十二条 填制会计凭证，字迹必须清晰、工整，并符合下列要求：

（一）阿拉伯数字应当一个一个地写，不得连笔写。阿拉伯金额数字前面应当书写货币币种符号或者货币名称简写和币种符号。币种符号与阿拉伯金额数字之间不得留有空白。凡阿拉伯数字前写有币种符号的，数字后面不再写货币单位。

（二）所有以元为单位（其他货币种类为货币基本单位，下同）的阿拉伯数字，除表示单价等情况外，一律填写到角分；无角分的，角位和分位可写00，或者符号～；有角无分的，分位应当写0，不得用符号～代替。

（三）汉字大写数字金额如零、壹、贰、叁、肆、伍、陆、柒、捌、玖、拾、佰、仟、万、亿等，一律用正楷或者行书体书写，不得0、一、二、三、四、五、六、七、八、九、十等简化字代替，不得任意自造简化字。大写金额数字到元或者角为止的，在元或者角字之后应当写整字或者正字；大写金额数字有分的，分字后面不写整或者正字。

（四）大写金额数字前未印有货币名称的，应当加填货币名称，货币名称与金额数字之间不得留有空白。

（五）阿拉伯金额数字中间有0时，汉字大写金额要写零字；阿拉伯数字金额中间连续有几个0时，汉字大写金额中可以只写一个零字；阿拉伯金额数字符位是0，或者数字中间连续有几个0、元位也是0但角位不是0时，汉字大写金额可以只写一个零字，也可以不写零字。

第五十三条 实行会计电算化的单位，对于机制记账凭证，要认真审核，做到会计科目使用正确，数字准确无误。打印出的机制记账凭证要加盖制单人员、审核人员、记账人员及会计机构负责人、会计主管人员印章或者签字。

第五十四条 各单位会计凭证的传递程序应当科学、合理，具体办法由各单位根据会计业务需要自行规定。

第五十五条　会计机构、会计人员要妥善保管会计凭证。

（一）会计凭证应当及时传递，不得积压。

（二）会计凭证登记完毕后，应当按照分类和编号顺序保管，不得散乱丢失。

（三）记账凭证应当连同所附的原始凭证或者原始凭证汇总表，按照编号顺序，折叠整齐，按期装订成册，并加具封面，注明单位名称、年度、月份和起讫日期、凭证种类、起讫号码，由装订人在装订线封签外签名或者盖章。对于数量过多的原始凭证，可以单独装订保管，在封面上注明记账凭证日期、编号、种类，同时在记账凭证上注明附件另订和原始凭证名称及编号。各种经济合同、存出保证金收据以及涉外文件等重要原始凭证，应当另编目录，单独登记保管，并在有关的记账凭证和原始凭证上相互注明日期和编号。

（四）原始凭证不得外借，其他单位如因特殊原因需要使用原始凭证时，经本单位会计机构负责人、会计主管人员批准，可以复制。向外单位提供的原始凭证复制件，应当在专设的登记簿上登记，并由提供人员和收取人员共同签名或者盖章。

（五）从外单位取得的原始凭证如有遗失，应当取得原开出单位盖有公章的证明，并注明原来凭证的号码、金额和内容等，由经办单位会计机构负责人、会计主管人员和单位领导人批准后，才能代作原始凭证。如果确实无法取得证明的，如火车、轮船、飞机票等凭证，由当事人写出详细情况，由经办单位会计机构负责人、会计主管人员和单位领导人批准后，代作原始凭证。

第三节　登记会计账簿

第五十六条　各单位应当按照国家统一会计制度的规定和会计业务的需要设置会计账簿。会计账簿包括总账、明细账、日记账和其他辅助性账簿。

第五十七条　现金日记账和银行存款日记账必须采用订本式账簿。不得用银行对账单或者其他方法代替日记账。

第五十八条　实行会计电算化的单位，用计算机打印的会计账簿必须连续编号，经审核无误后装订成册，并由记账人员和会计机构负责人、会计主管人员签字或者盖章。

第五十九条　启用会计账簿时，应当在账簿封面上写明单位名称和账簿名称。

在账簿扉页上应当附启用表，内容包括：启用日期、账簿页数、记账人员和会计机构负责人、会计主管人员姓名，并加盖名章和单位公章。记账人员或者会计机构负责人、会计主管人员调动工作时，应当注明交接日期、接办人员或者监交人员姓名，并由交接双方人员签名或者盖章。启用订本式账簿，应当从第一页到最后一页顺序编定页数，不得跳页、缺号。使用活页式账页，应当按账户顺序编号，并须定期装订成册。装订后再接实际使用的账页顺序编定页码。另加目录，记明每个账户的名称和页次。

第六十条 会计人员应当根据审核无误的会计凭证登记会计账簿。登记账簿的基本要求是：

（一）登记会计账簿时，应当将会计凭证日期、编号、业务内容摘要、金额和其他有关资料逐项记入账内；做到数字准确、摘要清楚、登记及时、字迹工整。

（二）登记完毕后，要在记账凭证上签名或者盖章，并注明已经登账的符号，表示已经记账。

（三）账簿中书写的文字和数字上面要留有适当空格，不要写满格；一般应占格距的二分之一。

（四）登记账簿要用蓝黑墨水或者碳素墨水书写，不得使用圆珠笔（银行的复写账簿除外）或者铅笔书写。

（五）下列情况，可以用红色墨水记账：

1．按照红字冲账的记账凭证，冲销错误记录；

2．在不设借贷等栏的多栏式账页中，登记减少数；

3．在三栏式账户的余额栏前，如未印明余额方面的，在余额栏内登记负数余额；

4．根据国家统一会计制度的规定可以用红字登记的其他会计记录。

（六）各种账簿按页次顺序连续登记，不得跳行、隔页。如果发生跳行、隔页，应当将空行、空页划线注销，或者注明此行空白、此页空白字样，并由记账人员签名或者盖章。

（七）凡需要结出余额的账户，结出余额后，应当在借或贷等栏内写明借或者贷等字样。没有余额的账户，应当在借或贷等栏内写平字，并在余额栏内用

○√表示。现金日记账和银行存款日记账必须逐日结出余额。

（八）每一账页登记完毕结转下页时，应当结出本页合计数及余额，写在本页最后一行和下页第一行有关栏内，并在摘要栏内注明过次页和承前页字样；也可以将本页合计数及金额只写在下页第一行有关栏内，并在摘要栏内注明承前页字样。对需要结计本月发生额的账户，结计过次页的本页合计数应当为自本月初起至本页末止的发生额合计数；对需要结计本年累计发生额的账户，结计过次页的本页合计数应当为自年初起至本页末止的累计数；对既不需要结计本月发生额也不需要结计本年累计发生额的账户，可以只将每页末的余额结转次页。

第六十一条　实行会计电算化的单位，总账和明细账应当定期打印。发生收款和付款业务的，在输入收款凭证和付款凭证的当天必须打印出现金日记账和银行存款日记账，并与库存现金核对无误。

第六十二条　账簿记录发生错误，不准涂改、挖补、刮擦或者用药水消除字迹，不准重新抄写，必须按照下列方法进行更正：

（一）登记账簿时发生错误，应当将错误的文字或者数字划红线注销，但必须使原有字迹仍可辨认；然后在划线上方填写正确的文字或者数字，并由记账人员在更正处盖章。对于错误的数字，应当全部划红线更正，不得只更正其中的错误数字。对于文字错误，可只划去错误的部分。

（二）由于记账凭证错误而使账簿记录发生错误，应当按更正的记账凭证登记账簿。

第六十三条　各单位应当定期对会计账簿记录的有关数字与库存实物、货币资金、有价证券、往来单位或者个人等进行相互核对，保证账证相符、账账相符、账实相符。对账工作每年至少进行一次。

（一）账证核对。核对会计账簿记录与原始凭证、记账凭证的时间、凭证字号、内容、金额是否一致，记账方向是否相符。

（二）账账核对。核对不同会计账簿之间的账簿记录是否相符，包括：总账有关账户的余额核对，总账与明细账核对，总账与日记账核对，会计部门的财产物资明细账与财产物资保管和使用部门的有关明细账核对等。

（三）账实核对。核对会计账簿记录与财产等实有数额是否相符。包括：现金日记账账面余额与现金实际库存数相核对；银行存款日记账账面余额定期与银行对账单相核对；各种财物明细账账面余额与财物实存数额相核对；各种应收、应付款明细账账面余额与有关债务、债权单位或者个人核对等。

第六十四条　各单位应当按照规定定期结账。

（一）结账前，必须将本期内所发生的各项经济业务全部登记入账。

（二）结账时，应当结出每个账户的期末余额。需要结出当月发生额的，应当在摘要栏内注明本月合计字样，并在下面通栏划单红线。需要结出本年累计发生额的，应当在摘要栏内注明本年累计字样，并在下面通栏划单红线；12月末的本年累计就是全年累计发生额。全年累计发生额下面应当通栏划双红线。年度终了结账时，所有总账账户都应当结出全年发生额和年末余额。

（三）年度终了，要把各账户的余额结转到下一会计年度，并在摘要栏注明结转下年字样；在下一会计年度新建有关会计账簿的第一行余额栏内填写上年结转的余额，并在摘要栏注明上年结转字样。

第四节　编制财务报告

第六十五条　各单位必须按照国家统一会计制度的规定，定期编制财务报告。财务报告包括会计报表及其说明。会计报表包括会计报表主表、会计报表附表、会计报表附注。

第六十六条　各单位对外报送的财务报告应当根据国家统一会计制度规定的格式和要求编制。单位内部使用的财务报告，其格式和要求由各单位自行规定。

第六十七条　会计报表应当根据登记完整、核对无误的会计账簿记录和其他有关资料编制，做到数字真实、计算准确、内容完整、说明清楚。任何人不得篡改或者授意、指使、强令他人篡改会计报表的有关数字。

第六十八条　会计报表之间、会计报表各项目之间，凡有对应关系的数字，应当相互一致。本期会计报表与上期会计报表之间有关的数字应当相互衔接。如果不同会计年度会计报表中各项目的内容和核算方法有变更的，应当在年度会计报表中加以说明。

第六十九条　各单位应当按照国家统一会计制度的规定认真编写会计报表附

注及其说明，做到项目齐全，内容完整。

第七十条 各单位应当按照国家规定的期限对外报送财务报告。对外报送的财务报告，应当依次编定页码，加具封面，装订成册，加盖公章。封面上应当注明：单位名称、单位地址，财务报告所属年度、季度、月度，送出日期，并由单位领导人、总会计师、会计机构负责人、会计主管人员签名或者盖章。单位领导人对财务报告的合法性、真实性负法律责任。

第七十一条 根据法律和国家有关规定应当对财务报告进行审计的，则务报告编制单位应当先行委托注册会计师进行审计，并将注册会计师出具的审计报告随同财务报告按照规定的期限报送有关部门。

第七十二条 如果发现对外报送的财务报告有错误，应当及时办理更正手续。除更正本单位留存的财务报告外，并应同时通知接受财务报告的单位更正。错误较多的，应当重新编报。

第四章 会计监督

第七十三条 各单位的会计机构、会计人员对本单位的经济活动进行会计监督。

第七十四条 会计机构、会计人员进行会计监督的依据是：

（一）财经法律、法规、规章；

（二）会计法律、法规和国家统一会计制度；

（三）各省、自治区、直辖市财政厅（局）和国务院业务主管部门根据《中华人民共和国会计法》和国家统一会计制度制定的具体实施办法或者补充规定；

（四）各单位根据《中华人民共和国会计法》和国家统一会计制度制定的单位内部会计管理制度；

（五）各单位内部的预算、财务计划、经济计划、业务计划第七十五条 会计机构、会计人员应当对原始凭证进行审核和监督。对不真实、不合法的原始凭证，不予受理。对弄虚作假、严重违法的原始凭证，在不予受理的同时，应当予以扣留，并及时向单位领导人报告，请求查明原因，追究当事人的责任。对记载不明确、不完整的原始凭证，予以退回，要求经办人员更正、补充。

第七十六条　会计机构、会计人员对伪造、变造、故意毁灭会计账簿或者账外设账行为，应当制止和纠正；制止和纠正无效的，应当向上级主管单位报告，请求作出处理。

第七十七条　会计机构、会计人员应当对实物、款项进行监督，督促建立并严格执行财产清查制度。发现账簿记录与实物、款项不符时，应当按照国家有关规定进行处理。超出会计机构、会计人员职权范围的，应当立即向本单位领导报告，请求查明原因，作出处理。

第七十八条　会计机构、会计人员对指使、强令编造、篡改财务报告行为，应当制止和纠正；制止和纠正无效的，应当向上级主管单位报告，请求处理。

第七十九条　会计机构、会计人员应当对财务收支进行监督。

（一）对审批手续不全的财务收支，应当退回，要求补充、更正。

（二）对违反规定不纳入单位统一会计核算的财务收支，应当制止和纠正。

（三）对违反国家统一的财政、财务、会计制度规定的财务收支，不予办理。

（四）对认为是违反国家统一的财政、财务、会计制度规定的财务收支。应当制止和纠正；制止和纠正无效的，应当向单位领导人提出书面意见请求处理。单位领导人应当在接到书面意见起十日内作出书面决定，并对决定承担责任。

（五）对违反国家统一的财政、财务、会计制度规定的财务收支，不予制止和纠正，又不向单位领导人提出书面意见的，也应当承担责任。

（六）对严重违反国家利益和社会公众利益的财务收支，应当向主管单位或者财政、审计、税务机关报告。

第八十条　会计机构、会计人员对违反单位内部会计管理制度的经济活动，应当制止和纠正；制止和纠正无效的，向单位领导人报告，请求处理。

第八十一条　会计机构、会计人员应当对单位制定的预算、财务计划、经济计划、业务计划的执行情况进行监督。

第八十二条　各单位必须依照法律和国家有关规定接受财政、审计、税务等机关的监督，如实提供会计凭证、会计账簿、会计报表和其他会计资料以及有关情况，不得拒绝、隐匿、谎报。

第八十三条　按照法律规定应当委托注册会计师进行审计的单位，应当委托注册会计师进行审计,并配合注册会计师的工作,如实提供会计凭证、会计账簿、会计报表和其他会计资料以及有关情况,不得拒绝、隐匿、谎报;不得示意注册会计师出具不当的审计报告。

第五章 内部会计管理制度

第八十四条 各单位应当根据《中华人民共和国会计法》和国家统一会计制度的规定,结合单位类型和内容管理的需要,建立健全相应的内部会计管理制度。

第八十五条 各单位制定内部会计管理制度应当遵循下列原则:

(一)应当执行法律、法规和国家统一的财务会计制度。

(二)应当体现本单位的生产经营、业务管理的特点和要求。

(三)应当全面规范本单位的各项会计工作,建立健全会计基础,保证会计工作的有序进行。

(四)应当科学、合理,便于操作和执行。

(五)应当定期检查执行情况。

(六)应当根据管理需要和执行中的问题不断完善。

第八十六条 各单位应当建立内部会计管理体系。主要内容包括:单位领导人、总会计师对会计工作的领导职责;会计部门及其会计机构负责人、会计主管人员的职责、权限;会计部门与其他职能部门的关系;会计核算的组织形式等。

第八十七条 各单位应当建立会计人员岗位责任制度。主要内容包括:会计人员的工作岗位设置;各会计工作岗位的职责和标准;各会计工作岗位的人员和具体分工;会计工作岗位轮换办法;对各会计工作岗位的考核办法。

第八十八条 各单位应当建立账务处理程序制度。主要内容包括:会计科目及其明细科目的设置和使用;会计凭证的格式、审核要求和传递程序;会计核算方法;会计账簿的设置;编制会计报表的种类和要求;单位会计指标体系。

第八十九条 各单位应当建立内部牵制制度。主要内容包括:内部牵制制度的原则;组织分工;出纳岗位的职责和限制条件;有关岗位的职责和权限。

第九十条 各单位应当建立稽核制度。主要内容包括:稽核工作的组织形式和具体分工；稽核工作的职责、权限；审核会计凭证和复核会计账簿、会计报表的方法。

第九十一条　各单位应当建立原始记录管理制度。主要内容包括：原始记录的内容和填制方法；原始记录的格式；原始记录的审核；原始记录填制人的责任；原始记录签署；传递、汇集要求。

第九十二条　各单位应当建立定额管理制度。主要内容包括：定额管理的范围；制定和修订定额的依据、程序和方法；定额的执行；定额考核和奖惩办法等。

第九十三条　各单位应当建立计量验收制度。主要内容包括：计量检测手段和方法；计量验收管理的要求；计量验收人员的责任和奖惩办法。

第九十四条　各单位应当建立财产清查制度。主要内容包括：财产清查的范围；财产清查的组织；财产清查的期限和方法；对财产清查中发现问题的处理办法；对财产管理人员的奖惩办法。

第九十五条　各单位应当建立财务收支审批制度。主要内容包括：财务收支审批人员和审批权限；财务收支审批程序；财务收支审批人员的责任。

第九十六条　实行成本核算的单位应当建立成本核算制度。主要内容包括：成本核算的对象；成本核算的方法和程序；成本、分析等。

第九十七条　各单位应当建立财务会计分析制度。主要内容包括：财务会计分析的主要内容；财务会计分析的基本要求和组织程序；财务会计分析的具体方法；财务会计分析报告的编写要求等。

第六章　附则

第九十八条　本规范所称国家统一会计制度，是指由财政部制定、或者财政部与国务院有关部门联合制定、或者经财政部审核批准的在全国范围内统一执行的会计规章、准则、办法等规范性文件。本规范所称会计主管人员，是指不设置会计机构、只在其他机构中设置专职会计人员的单位行使会计机构负责人职权的人员。本规范第三章第二节和第三节关于填制会计凭证、登记会计账簿的规定，除特别指出外，一般适用于手工记账。实行会计电算化的单位，填制会计凭证和登记会计账簿的有关要求，应当符合财政部关于会计电算化的有关规定。

第九十九条　各省、自治区、直辖市财政厅（局）、国务院各业务主管部门可以根据本规范的原则，结合本地区、本部门的具体情况，制定具体实施办法，报财政部备案。

第一百条　本规范由财政部负责解释、修改。

第一百零一条　本规范自公布之日起实施。1984年4月24日财政部发布的《会计人员工作规则》同时废止。

十一、中华人民共和国发票管理办法

(1993年12月12日国务院批准、1993年12月23日财政部令第6号发布 根据2010年12月20日《国务院关于修改〈中华人民共和国发票管理办法〉的决定》修订)

第一章　总则

第一条　为了加强发票管理和财务监督，保障国家税收收入，维护经济秩序，根据《中华人民共和国税收征收管理法》，制定本办法。

第二条　在中华人民共和国境内印制、领购、开具、取得、保管、缴销发票的单位和个人(以下称印制、使用发票的单位和个人)，必须遵守本办法。

第三条　本办法所称发票，是指在购销商品、提供或者接受服务以及从事其他经营活动中，开具、收取的收付款凭证。

第四条　国务院税务主管部门统一负责全国的发票管理工作。省、自治区、直辖市国家税务局和地方税务局(以下统称省、自治区、直辖市税务机关)依据各自的职责，共同做好本行政区域内的发票管理工作。

财政、审计、工商行政管理、公安等有关部门在各自的职责范围内，配合税务机关做好发票管理工作。

第五条　发票的种类、联次、内容以及使用范围由国务院税务主管部门规定。

第六条　对违反发票管理法规的行为，任何单位和个人可以举报。税务机关应当为检举人保密，并酌情给予奖励。

第二章 发票的印制

第七条 增值税专用发票由国务院税务主管部门确定的企业印制；其他发票，按照国务院税务主管部门的规定，由省、自治区、直辖市税务机关确定的企业印制。禁止私自印制、伪造、变造发票。

第八条 印制发票的企业应当具备下列条件：

（一）取得印刷经营许可证和营业执照；

（二）设备、技术水平能够满足印制发票的需要；

（三）有健全的财务制度和严格的质量监督、安全管理、保密制度。

税务机关应当以招标方式确定印制发票的企业，并发给发票准印证。

第九条 印制发票应当使用国务院税务主管部门确定的全国统一的发票防伪专用品。禁止非法制造发票防伪专用品。

第十条 发票应当套印全国统一发票监制章。全国统一发票监制章的式样和发票版面印刷的要求，由国务院税务主管部门规定。发票监制章由省、自治区、直辖市税务机关制作。禁止伪造发票监制章。

发票实行不定期换版制度。

第十一条 印制发票的企业按照税务机关的统一规定，建立发票印制管理制度和保管措施。

发票监制章和发票防伪专用品的使用和管理实行专人负责制度。

第十二条 印制发票的企业必须按照税务机关批准的式样和数量印制发票。

第十三条 发票应当使用中文印制。民族自治地方的发票，可以加印当地一种通用的民族文字。有实际需要的，也可以同时使用中外两种文字印制。

第十四条 各省、自治区、直辖市内的单位和个人使用的发票，除增值税专用发票外，应当在本省、自治区、直辖市内印制；确有必要到外省、自治区、直辖市印制的，应当由省、自治区、直辖市税务机关商印制地省、自治区、直辖市税务机关同意，由印制地省、自治区、直辖市税务机关确定的企业印制。

禁止在境外印制发票。

第三章 发票的领购

第十五条　需要领购发票的单位和个人,应当持税务登记证件、经办人身份证明、按照国务院税务主管部门规定式样制作的发票专用章的印模,向主管税务机关办理发票领购手续。主管税务机关根据领购单位和个人的经营范围和规模,确认领购发票的种类、数量以及领购方式,在5个工作日内发给发票领购簿。

单位和个人领购发票时,应当按照税务机关的规定报告发票使用情况,税务机关应当按照规定进行查验。

第十六条　需要临时使用发票的单位和个人,可以凭购销商品、提供或者接受服务以及从事其他经营活动的书面证明、经办人身份证明,直接向经营地税务机关申请代开发票。依照税收法律、行政法规规定应当缴纳税款的,税务机关应当先征收税款,再开具发票。税务机关根据发票管理的需要,可以按照国务院税务主管部门的规定委托其他单位代开发票。

禁止非法代开发票。

第十七条　临时到本省、自治区、直辖市以外从事经营活动的单位或者个人,应当凭所在地税务机关的证明,向经营地税务机关领购经营地的发票。

临时在本省、自治区、直辖市以内跨市、县从事经营活动领购发票的办法,由省、自治区、直辖市税务机关规定。

第十八条　税务机关对外省、自治区、直辖市来本辖区从事临时经营活动的单位和个人领购发票的,可以要求其提供保证人或者根据所领购发票的票面限额以及数量交纳不超过1万元的保证金,并限期缴销发票。

按期缴销发票的,解除保证人的担保义务或者退还保证金;未按期缴销发票的,由保证人或者以保证金承担法律责任。

税务机关收取保证金应当开具资金往来结算票据。

第四章　发票的开具和保管

第十九条　销售商品、提供服务以及从事其他经营活动的单位和个人,对外发生经营业务收取款项,收款方应当向付款方开具发票;特殊情况下,由付款方向收款方开具发票。

第二十条　所有单位和从事生产、经营活动的个人在购买商品、接受服务以及从事其他经营活动支付款项,应当向收款方取得发票。取得发票时,不得要求变更品名和金额。

第二十一条　不符合规定的发票,不得作为财务报销凭证,任何单位和个人有权拒收。

第二十二条　开具发票应当按照规定的时限、顺序、栏目,全部联次一次性如实开具,并加盖发票专用章。

任何单位和个人不得有下列虚开发票行为:

(一)为他人、为自己开具与实际经营业务情况不符的发票;

(二)让他人为自己开具与实际经营业务情况不符的发票;

(三)介绍他人开具与实际经营业务情况不符的发票。

第二十三条　安装税控装置的单位和个人,应当按照规定使用税控装置开具发票,并按期向主管税务机关报送开具发票的数据。

使用非税控电子器具开具发票的,应当将非税控电子器具使用的软件程序说明资料报主管税务机关备案,并按照规定保存、报送开具发票的数据。

国家推广使用网络发票管理系统开具发票,具体管理办法由国务院税务主管部门制定。

第二十四条　任何单位和个人应当按照发票管理规定使用发票,不得有下列行为:

(一)转借、转让、介绍他人转让发票、发票监制章和发票防伪专用品;

(二)知道或者应当知道是私自印制、伪造、变造、非法取得或者废止的发票而受让、开具、存放、携带、邮寄、运输;

(三)拆本使用发票;

(四)扩大发票使用范围;

(五)以其他凭证代替发票使用。

税务机关应当提供查询发票真伪的便捷渠道。

第二十五条　除国务院税务主管部门规定的特殊情形外,发票限于领购单位和个人在本省、自治区、直辖市内开具。

省、自治区、直辖市税务机关可以规定跨市、县开具发票的办法。

第二十六条 除国务院税务主管部门规定的特殊情形外,任何单位和个人不得跨规定的使用区域携带、邮寄、运输空白发票。

禁止携带、邮寄或者运输空白发票出入境。

第二十七条 开具发票的单位和个人应当建立发票使用登记制度,设置发票登记簿,并定期向主管税务机关报告发票使用情况。

第二十八条 开具发票的单位和个人应当在办理变更或者注销税务登记的同时,办理发票和发票领购簿的变更、缴销手续。

第二十九条 开具发票的单位和个人应当按照税务机关的规定存放和保管发票,不得擅自损毁。已经开具的发票存根联和发票登记簿,应当保存5年。保存期满,报经税务机关查验后销毁。

第五章 发票的检查

第三十条 税务机关在发票管理中有权进行下列检查:

(一)检查印制、领购、开具、取得、保管和缴销发票的情况;

(二)调出发票查验;

(三)查阅、复制与发票有关的凭证、资料;

(四)向当事各方询问与发票有关的问题和情况;

(五)在查处发票案件时,对与案件有关的情况和资料,可以记录、录音、录像、照像和复制。

第三十一条 印制、使用发票的单位和个人,必须接受税务机关依法检查,如实反映情况,提供有关资料,不得拒绝、隐瞒。

税务人员进行检查时,应当出示税务检查证。

第三十二条 税务机关需要将已开具的发票调出查验时,应当向被查验的单位和个人开具发票换票证。发票换票证与所调出查验的发票有同等的效力。被调出查验发票的单位和个人不得拒绝接受。

税务机关需要将空白发票调出查验时,应当开具收据;经查无问题的,应当及时返还。

第三十三条 单位和个人从中国境外取得的与纳税有关的发票或者凭证,税务机关在纳税审查时有疑义的，可以要求其提供境外公证机构或者注册会计师的确认证明，经税务机关审核认可后，方可作为记账核算的凭证。

第三十四条 税务机关在发票检查中需要核对发票存根联与发票联填写情况时，可以向持有发票或者发票存根联的单位发出发票填写情况核对卡，有关单位应当如实填写，按期报回。

第六章 罚则

第三十五条 违反本办法的规定，有下列情形之一的，由税务机关责令改正，可以处1万元以下的罚款；有违法所得的予以没收：

（一）应当开具而未开具发票，或者未按照规定的时限、顺序、栏目，全部联次一次性开具发票，或者未加盖发票专用章的；

（二）使用税控装置开具发票，未按期向主管税务机关报送开具发票的数据的；

（三）使用非税控电子器具开具发票，未将非税控电子器具使用的软件程序说明资料报主管税务机关备案，或者未按照规定保存、报送开具发票的数据的；

（四）拆本使用发票的；

（五）扩大发票使用范围的；

（六）以其他凭证代替发票使用的；

（七）跨规定区域开具发票的；

（八）未按照规定缴销发票的；

（九）未按照规定存放和保管发票的。

第三十六条 跨规定的使用区域携带、邮寄、运输空白发票，以及携带、邮寄或者运输空白发票出入境的，由税务机关责令改正，可以处1万元以下的罚款；情节严重的，处1万元以上3万元以下的罚款；有违法所得的予以没收。

丢失发票或者擅自损毁发票的，依照前款规定处罚。

第三十七条 违反本办法第二十二条第二款的规定虚开发票的，由税务机关没收违法所得；虚开金额在1万元以下的，可以并处5万元以下的罚款；虚开金额超过1万元的，并处5万元以上50万元以下的罚款；构成犯罪的，依法追究刑事责任。

非法代开发票的，依照前款规定处罚。

第三十八条　私自印制、伪造、变造发票，非法制造发票防伪专用品，伪造发票监制章的，由税务机关没收违法所得，没收、销毁作案工具和非法物品，并处 1 万元以上 5 万元以下的罚款；情节严重的，并处 5 万元以上 50 万元以下的罚款；对印制发票的企业，可以并处吊销发票准印证；构成犯罪的，依法追究刑事责任。

前款规定的处罚，《中华人民共和国税收征收管理法》有规定的，依照其规定执行。

第三十九条　有下列情形之一的，由税务机关处 1 万元以上 5 万元以下的罚款；情节严重的，处 5 万元以上 50 万元以下的罚款；有违法所得的予以没收：

（一）转借、转让、介绍他人转让发票、发票监制章和发票防伪专用品的；

（二）知道或者应当知道是私自印制、伪造、变造、非法取得或者废止的发票而受让、开具、存放、携带、邮寄、运输的。

第四十条　对违反发票管理规定 2 次以上或者情节严重的单位和个人，税务机关可以向社会公告。

第四十一条　违反发票管理法规，导致其他单位或者个人未缴、少缴或者骗取税款的，由税务机关没收违法所得，可以并处未缴、少缴或者骗取的税款 1 倍以下的罚款。

第四十二条　当事人对税务机关的处罚决定不服的，可以依法申请行政复议或者向人民法院提起行政诉讼。

第四十三条　税务人员利用职权之便，故意刁难印制、使用发票的单位和个人，或者有违反发票管理法规行为的，依照国家有关规定给予处分；构成犯罪的，依法追究刑事责任。

第七章　附则

第四十四条　国务院税务主管部门可以根据有关行业特殊的经营方式和业务需求，会同国务院有关主管部门制定该行业的发票管理办法。

国务院税务主管部门可以根据增值税专用发票管理的特殊需要，制定增值税专用发票的具体管理办法。

第四十五条 本办法自发布之日起施行。财政部1986年发布的《全国发票管理暂行办法》和原国家税务局1991年发布的《关于对外商投资企业和外国企业发票管理的暂行规定》同时废止。